I0046788

CHEMIN DE FER CIRCULAIRE

DE LA

BANLIEUE DE PARIS

——◦◦◦——

MÉMOIRE ET ANNEXES

——◦◦◦——

PARIS

SIÉGE DE LA SOCIÉTÉ

45, rue Joubert, 45

—

1872

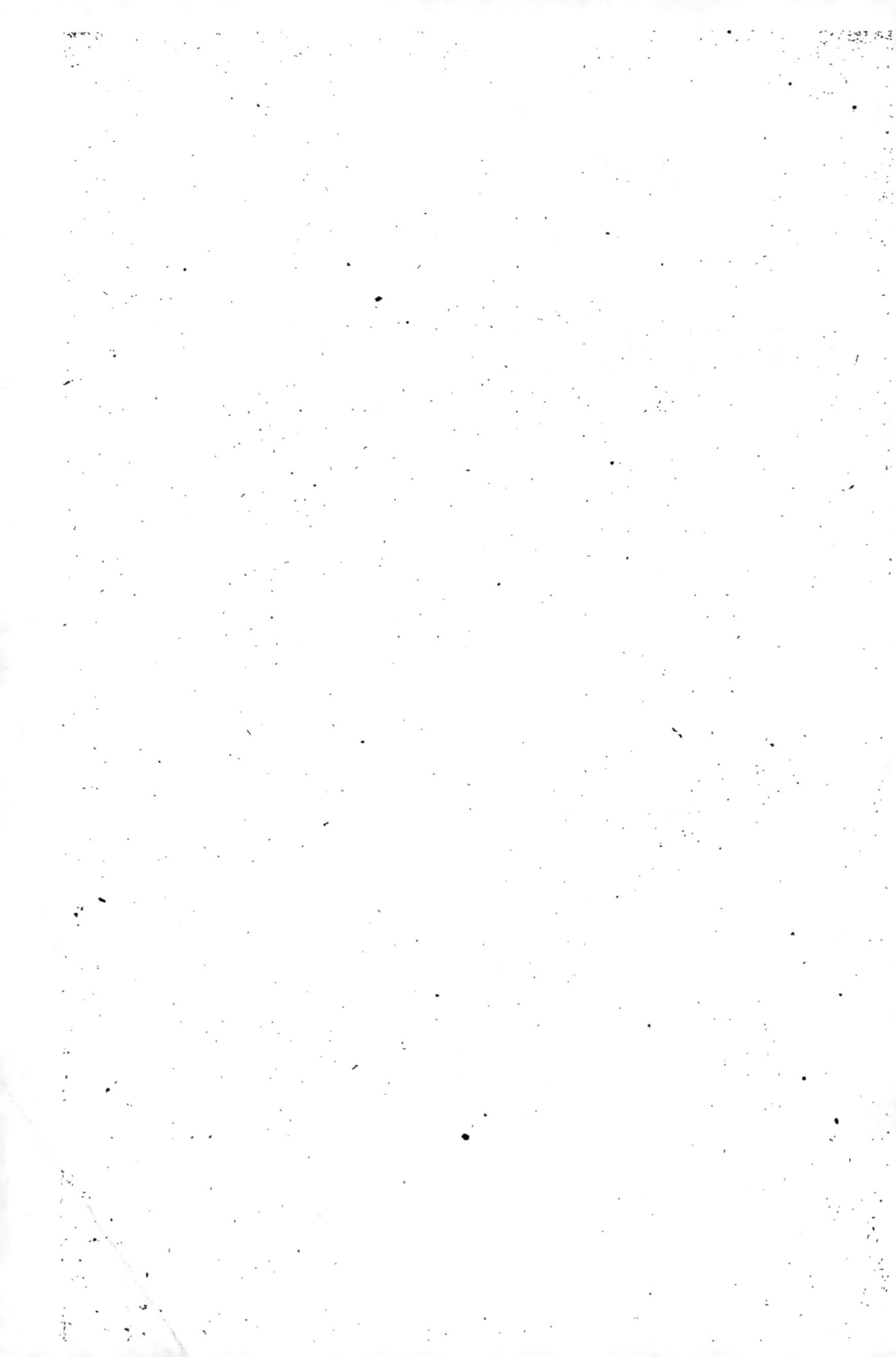

CHEMIN DE FER CIRCULAIRE

DE LA

BANLIEUE DE PARIS

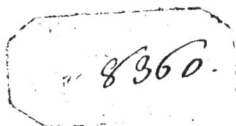

8360

MÉMOIRE

PARIS

SIÉGE DE LA SOCIÉTÉ

45, rue Joubert, 45

1872

V 13042

A Monsieur le Préfet,

A Monsieur le Président, et a Messieurs les
Conseillers généraux du département de la Seine.

Messieurs,

Dès l'année 1868, un projet avait été conçu dans le but de relier entre elles toutes les communes du département de la Seine,
comprises entre la ligne des fortifications de Paris et la limite du
département.

Ce qui était en 1868 une chose d'une utilité réelle, est devenu
actuellement une absolue nécessité, impérieusement commandée
par les besoins de l'industrie parisienne, à laquelle une plus longue attente serait certainement fatale.

En effet, lorsque, par l'annexion de sa première banlieue, Paris
portait son enceinte jusqu'à la ligne des fortifications, il obligeait
toutes les usines, entrepôts et fabriques, à émigrer au-delà de cette
enceinte, c'est-à-dire là où les matières premières employées dans
leur fabrication continueraient à jouir des franchises que Paris
ne pouvait plus leur accorder.

Cette émigration eut, pour premier résultat, de tripler et qua-
drupler même la population de toutes les communes de la nouvelle banlieue, et de porter, dans ces localités, un mouvement, une
activité inconnus jusqu'alors.

L'industrie, à peine installée dans ses nouvelles demeures,
s'aperçut des difficultés que l'insuffisance des voies de communication venait apporter, tant à son approvisionnement qu'à l'écoulement de ses produits. Il lui fallut accepter des frais de transport considérables, qui vinrent augmenter d'autant le prix de revient des marchandises, et rendre plus facile la concurrence des

nations voisines sur les marchés étrangers et même sur nos propres marchés.

L'opinion publique, émue à bon droit de cet état de choses, en a cherché la cause et a cru l'avoir trouvée dans le petit nombre de lignes aboutissant à Paris.

Erreur.

La cause est tout entière dans l'arrivée constante d'une masse considérable de marchandises, parvenant à Paris à des intervalles beaucoup trop rapprochés.

Tous ces wagons viennent s'accumuler sur cinq points différents, entassant sur les quais de nos gares les colis sans nombre dont ils sont porteurs. Quelque hâte que l'on apporte à la manipulation, il faut un temps matériel plus ou moins long pour décharger ces wagons, et faire passer les marchandises sur les camions qui doivent les transporter la fabrique, à l'entrepôt, à l'usine ou au magasin.

Aussi, quel charroi, quel encombrement de chevaux, charrettes, camions et voitures se pressant, se heurtant aux abords de nos gares!

C'est vainement que ces gares s'agrandissent chaque jour, et ce qui est malheureux, c'est qu'elles ne peuvent s'étendre qu'en s'éloignant de plus en plus du centre de Paris. Cependant, la presse entière soutient que ces gares, si vastes déjà, sont insuffisantes pour les besoins toujours croissants de l'industrie parisienne. — Et cela serait vrai, si un pareil système devait s'éterniser parmi nous, car jamais camions, chevaux, charrettes et tombereaux ne seraient assez nombreux pour débarrasser nos gares de ces arrivages quotidiens se succédant d'heure en heure, sans relâche, sans répit.

C'est pénétrés de cette vérité, et, à peine un réseau de chemin de fer est-il venu les toucher, que les grands centres industriels de l'étranger s'empressent de construire, contemporainement, des embranchements partant dans toutes les directions et reliant la nouvelle gare à toutes les fabriques, à tous les magasins, usines ou entrepôts du voisinage.

Ce qu'il résulterait d'aussi sages dispositions appliquées à Paris, c'est qu'un wagon arrivant de Marseille ou de tout autre point de France, n'aurait plus à décharger, comme aujourd'hui, sur les quais de la gare d'arrivée, mais continuerait sa route jusqu'à l'entrepôt, jusqu'à l'usine même de destination.

Il en résulterait encore que l'octroi et les douanes, qui, aujourd'hui, prennent quelquefois le tiers de l'emplacement de ces gares pour leur service, pourraient faire remiser les marchandises soumises aux droits sur des points déterminés, tels que les docks de Saint-Ouen par exemple.

Avec un semblable système, chevaux et camions deviennent suffisants, et la marchandise, qui, en définitive, paye ces frais énormes, se trouve dégrevée d'autant, et voit son prix de revient sensiblement diminué.

L'industrie parisienne, et, lorsque nous disons l'industrie parisienne, nous entendons parler de tout le département de la Seine, l'industrie parisienne, disons-nous, Messieurs, doit être placée au premier rang par son importance, par sa richesse, sa variété et le *quantum* qu'elle représente.

Le mouvement qu'elle imprime à nos gares est tel, qu'il justifie pleinement l'insuffisance dont on se plaint. Mais cette insuffisance cessera, si on adopte le système de *diramazione* employé avec tant de succès par l'étranger; car les gares de Paris ne seront plus qu'un lieu de passage, que le point central de cette grande distribution qui s'étendra sur toute la surface du département.

Et il n'existe pas d'autre solution à cette question primordiale, à moins de vouloir assister avant peu à la ruine complète de l'industrie parisienne, et de vouloir encourager le commencement d'émigration de nos plus notables industries, qui vont chercher dans les pays riverains les conditions de vitalité que le département de la Seine leur refuse.

En jetant les yeux sur l'ensemble de notre tracé, conçu sous l'inspiration des Conseils municipaux des communes suburbaines, vous vous apercevrez, Messieurs, que le but que nous poursuivons est :

De relier entre elles toutes les communes suburbaines ;

De les mettre toutes en communication directe avec les lignes aboutissant à Paris ;

De desservir, au moyen de nombreux tronçons, toutes les usines, entrepôts, fabriques et magasins ;

De pénétrer, enfin, dans Paris par des points déterminés, venant tous aboutir aux marchés, entrepôts et halles.

Tel est l'objectif principal que nous nous sommes proposé, et pour lequel nous avons l'honneur de vous remettre une demande en *concession* d'un chemin de fer d'intérêt local destiné à desservir la banlieue de Paris, demande accompagnée du mémoire, des plans, profils et devis.

Nous terminerons en appelant toute votre attention sur le chemin de fer circulaire de la banlieue de Paris, nous en remettant à votre patriotisme éclairé pour juger un projet qui a pour but de faire cesser un état de choses compromettant pour les plus chers intérêts de notre commerce, projet destiné à donner à l'industrie parisienne des facilités inconnues pour elle jusqu'à ce jour, et grâce auxquelles elle cessera de voir plus longtemps compromise la large place qu'elle a le droit d'occuper sur les marchés européens.

En vertu du dispositif de la loi de 1865, il vous appartient de prononcer, Messieurs, sur l'utilité de notre œuvre; nous attendons votre verdict avec confiance, parce que cet arrêt, quel qu'il soit, ne saurait être, venant de vous, que la haute et sincère expression de la vérité.

Le Président du Conseil d'administration,

COMTE DE VAUVINEUX.

Paris, le   septembre 1872.

CHEMIN DE FER CIRCULAIRE

DE LA

BANLIEUE DE PARIS

PREMIÈRE PARTIE

CONSIDÉRATIONS GÉNÉRALES

I

Avant les récents événements qui marquèrent si douloureusement leur funeste passage dans l'histoire de notre pays, la suprématie industrielle de la France sur toutes les autres nations n'était contestée par personne.

La dernière exposition universelle (celle de 1867) a démontré cette vérité d'une manière tellement irréfutable, que nous croyons inutile de nous appesantir davantage sur sa démonstration.

Cependant, parmi les conditions économiques indispensables pour atteindre un tel résultat, la plus importante faisait et fait encore défaut. Nous voulons parler des moyens faciles et économiques de transport.

En thèse générale, plus une contrée possédera de moyens rapides, faciles et économiques de transport, plus elle pourra produire à bon marché.

Cette règle, nous dirions presque cet axiôme, ne souffre d'exception que pour le pays dont le sol ne renfermerait aucune de ces

. sources de richesses connues sous le nom de mines, ou pour une contrée dont le sol ne serait pas hospitalier à l'égal du nôtre. Ce pays-là pourrait tout au plus racheter ces conditions manquantes par des moyens faciles de transport.

Mais, au lieu d'être une nation privilégiée, ce peuple ne saurait être qu'une réunion d'entrepositaires, de commissionnaires ou de négociants ; — telle est, par exemple, la Hollande. — La France possède, au contraire, tous les éléments de succès ; elle est, non-seulement grand producteur, habile fabricant, mais elle peut devenir aussi grand négociant.

Les moyens de transport que possède et que doit posséder la France, ne doivent pas se concentrer dans les étroites limites de ses chemins de fer, elle a besoin des cours d'eau, des canaux et des routes ordinaires.

A son point de départ, lorsque de peuple primitif une nation conquiert le rang de nation civilisée, elle commencera par se servir des cours d'eau tels que la nature les aura créés. Plus tard, la nécessité rendant cette nation inventive, elle transformera ses cours d'eau en canaux, elle créera des routes et, progressivement, arrivera à construire des chemins de fer.

Ces tranformations successives sont l'expression de la civilisation d'un pays, expression commandée par ses besoins et traduite par sa richesse.

La richesse d'une nation a sa source dans le travail, et le travail lui-même ne peut donner des résultats utiles qu'autant que les voies de transport existent, soit pour amener les matières premières à la fabrique, soit pour conduire les matières manufacturées au lieu de consommation.

Toute nation qui ne possède pas ces moyens de transport, cette facilité de communications économiques, est fatalement vouée d'avance à végéter dans un état d'infériorité voisin de la misère.

Les routes, les canaux, les chemins de fer, ne peuvent être créés par un seul individu ; ils doivent être l'œuvre de la collectivité ; or, cette collectivité, lorsqu'elle n'est pas le résultat de l'initiative privée, est représentée par le Gouvernement.

• En thèse générale, cela est si juste, que les routes, les canaux, les chemins de fer sont l'*outillage national*, comme les fabriques, les outils sont l'*outillage individuel*.

Plus l'outillage sera parfait, plus la nation sera riche ; car cet outillage facilitant la production par le travail, fait que chaque producteur acquiert une plus grande aisance, consomme plus et produit davantage.

La balance entre cette production et cette consommation se chiffre par l'importation et l'exportation.

Si l'exportation est supérieure à l'importation, il y a solde en faveur du pays, la fortune publique s'augmente d'autant ; si, au contraire, l'importation est supérieure, il y a déficit au détriment de la fortune publique, qui diminue d'autant.

Au dix-neuvième siècle, c'est-à-dire à une époque où la machine tend partout à remplacer les bras, tous les efforts d'un peuple doivent, s'il ne veut s'amoindrir et disparaître, doivent, disons-nous, tendre au perfectionnement de l'outillage.

Il serait impossible, aujourd'hui, à un chef d'industrie de travailler utilement, s'il s'obstinait à repousser les innovations du siècle au profit des errements anciens, et s'il continuait à se servir exclusivement des engins employés par ses devanciers. Ou il produirait mal, ou il produirait peu, ou enfin il produirait trop cher.

La nécessité, doublée de son intérêt propre, lui fait une loi de suivre le mouvement et d'adopter, non-seulement le nouvel outillage, mais encore les nouvelles idées.

Ce qui est vrai pour l'individu l'est à plus forte raison pour la nation ; si elle ne transforme pas ses cours d'eau en canaux, si elle ne construit pas de nouvelles routes, si enfin elle ne complète pas le réseau de ses chemins de fer, elle devra forcément tomber dans l'amoindrissement, ce qui, pour une nation, est l'équivalent de la ruine.

Si on en juge par son bilan annuel, la France est dans un grand état de prospérité; car, à de rares exceptions près, l'exportation l'emporte de beaucoup.

Mais, en étudiant attentivement les détails, on s'aperçoit que si, en somme, le résultat est satisfaisant, il pourrait cependant être décuplé et au delà, et que si ce résultat heureux n'est pas atteint, cela tient évidemment à ce que les voies de transport n'existent pas dans certaines parties du territoire, et que, sur d'autres points, elles sont ou insuffisantes ou d'un emploi trop coûteux.

Il est constant que les mines qui donnent aux fabriques et aux manufactures la matière première, arrivent difficilement ou rarement à pouvoir fournir à *pied d'œuvre.*

Il est évident que les ports de mer, où viennent aborder les matières premières que notre sol ne produit pas, ne sont pas reliés assez économiquement avec les fabriques et les manufactures que ces marchandises exotiques viennent alimenter. Il est plus évident encore que l'agriculture ne peut recevoir *partout,* et sous toutes ses formes, l'engrais dont elle a nécessité.

Il est évident, enfin, que la marchandise [est frappée de frais *énormes, inutiles,* et que cette marchandise, *ouvrée ou non,* subit des transbordements. sans fin, soit pour arriver à l'atelier, soit pour être rendue au lieu de consommation.

II

Les premières voies de transport, avons-nous dit, ont été les cours d'eau. Le jour où l'homme les a canalisés, il les a par cela même perfectionnés de telle sorte, qu'ils ont pu dès lors satisfaire et s'appliquer à tous ses besoins.

L'origine des canaux se perd dans la nuit des temps, et le canal de Suez lui-même n'est que la reprise d'une idée, non-seulement conçue, mais exécutée bien des siècles avant notre ère.

Au dix-neuvième siècle, les canaux sont encore le mode le moins coûteux, le plus considérable et le plus facile de communication.

Aussi toute nation, désireuse de voir grandir la fortune publique, s'applique à rectifier les sinuosités trop prononcées de ses fleuves, de ses rivières, cherche à relier les fleuves entre eux et en fait autant pour les bras de mer.

Nous les voyons aussi réglementer, discipliner les cours d'eau trop impétueux ; apporter un plus fort contingent à ceux qui en manquent, les endiguer, les désenvaser, les desrocher et quelquefois porter leur lit à des altitudes plus grandes.

Amenés à cet état, ils ne peuvent cependant encore répondre à toutes les exigences du commerce d'une nation. S'ils suffisaient aux besoins restreints des derniers siècles, s'ils répondaient à toutes les nécessités, voyageurs et marchandises, au dix-neuvième siècle, à de rares exceptions près, ils n'ont plus qu'un rôle, celui de voiturer de grosses marchandises. Les voyageurs et les colis n'appartiennent-ils pas au domaine exclusif des chemins de fer ?

Aussi, n'y a-t-il aucun point de comparaison à établir entre l'un et l'autre mode de transport, car ni l'un ni l'autre ne sont appelés à fournir le même travail.

Aux canaux appartient le transport des matières premières ;

Aux chemins de fer, les marchandises ouvrées et les voyageurs.

Les matières premières ne s'écartent guère des trois catégories suivantes :

Produits miniers ;

Provenances d'outremer ;

Denrées provenant de l'agriculture.

Des minerais, des céréales, du bois, des matières textiles n'ont jamais une valeur comparable à ces mêmes produits transformés par un travail de fabrication.

Ces deux valeurs, si différentes entre elles, font que l'un et l'autre mode de transport sont indispensables à une nation qui veut avoir un bon outillage.

Le dix-neuvième siècle, essentiellement positif, a pris pour devise le viel adage italien : « *Il tempo è moneta.* »

En toute chose il faut fabriquer vite, il faut donc transporter vite.

Les chemins de fer ont sur les canaux l'avantage de la rapidité.

Ils sont à parité en ce qui concerne leur établissement, car à peu de chose près, le prix de revient est égal pour l'un et pour l'autre.

Mais l'égalité cesse lorsqu'il s'agit du coût de l'exploitation.

Un bateau dure longtemps ; il n'est sujet qu'à de rares et peu coûteuses réparations ; un wagon, au contraire, s'use avec une grande rapidité et appelle d'incessantes réparations.

Un bateau est manœuvré par un personnel des plus restreint; la plupart du temps, il est conduit par une famille dont il constitue le patrimoine.

20 ou 30 wagons demandent, non-seulement une locomotive, mais exigent un personnel nombreux.

Par contre, ce bateau, qui porte autant que 20 ou 30 wagons, coûte 20 ou 30 fois moins.

Puis, tout compte fait, la traction de l'un revient à *un centime* par tonne kilométrique, alors que la traction de l'autre ne saurait s'effectuer à moins de *trois centimes*.

Ces avantages sont considérables, et cependant, au premier abord, ils semblent ne pas devoir être pris en sérieuse considération.

L'un et l'autre présentent des avantages inappréciables, suivant qu'ils sont bien ou mal appliqués.

Les matières premières, nous parlons bien entendu en général, n'ont pas une bien grande valeur. La houille, par exemple, *ce diamant noir* des Anglais, qui est notre pain industriel, vaut 8 francs la tonne prise à la mine ; moins cette tonne de houille supportera de frais pour arriver à pied d'œuvre, plus diminuera le prix de revient des objets manufacturés avec son aide. Toute la question se résume donc dans le prix du transport.

Il importe peu que le transport de cette tonne qui vaut 8 francs, soit effectué un peu plus vite, un peu moins rapidement. — C'est une question d'intérêt d'argent; or, sur 8 francs, que fait un intérêt de 5 0/0 pour 15 ou 20 jours de plus ou de moins, si on contrebalance cette perte par une différence de prix qui est de 2 centimes par tonne et par kilomètre, pour un parcours moyen de 300 kilomètres?

La différence est dans la proportion de 3 à 9 francs, suivant le mode de transport adopté.

Encore une fois, en présence de cette différence, quelle est l'importance acquise par cet intérêt annuel du 5 0/0 calculé sur vingt jours?

Par opposition, le contraire existe lorsqu'il s'agit de la marchandise ouvrée; supposons de la soie, du velours, des bronzes, etc. Dans ce cas, la valeur est telle que l'intérêt prime la différence de 3 à 9 francs.

Donc, il n'y a aucune analogie à établir entre les services rendus par les canaux et les chemins de fer ; mais une nation, jalouse de sa prospérité et désireuse de voir s'accroître tous les jours la fortune nationale, doit chercher à multiplier et à améliorer constamment ces deux modes de transport.

III

Nous dirons des routes ce que nous avons dit des canaux ; car, absolument comme le canal, la route ne peut prétendre qu'à des services définis.

Au dix-neuvième siècle, une route n'est qu'un embranchement, un trait d'union entre la ville, le port, la fabrique, la mine, la ferme et un chemin de fer ou un canal.

Aujourd'hui, la loi du progrès est si impérieuse que, lorsqu'une route est reconnue insuffisante, mais que cependant ce qu'elle a à desservir ne comporte pas les énormes frais de la création d'un chemin de fer, on transforme un des côtés de la route en un tramway, c'est-à-dire en un chemin de fer américain.

Ce chemin ferré consiste en deux rails plus ou moins espacés, et sur lesquels roulent des voitures traînées par les chevaux.

Ces chemins réunissent le double avantage d'un coût de premier établissement peu dispendieux, et d'une exploitation tout à la fois facile et économique.

IV

L'apparition des chemins de fer est de date récente ; nos pères les ont vu naître ; ils ont assisté aux premiers tâtonnements de cette invention destinée à changer, à bouleverser toute l'économie du commerce de nos devanciers.

Les premiers rails furent les essais d'une hardiesse timide, incertaine. Ces rails étaient destinés à voiturer les minerais du puits d'extraction au port d'embarquement.

Les résultats de l'application de la vapeur à la traction, nous sont connus ; ils sillonnent les cinq parties du monde et suppriment la distance entre le vieux·continent et le nouveau.

Mais ce point de perfectionnement auquel la locomotive est arrivée, elle l'a conquis en quelque sorte presque sans transition. Les chercheurs, les inventeurs se sont mis à l'œuvre, et pendant un instant la fièvre des études, la rapidité des inventions a été telle, qu'elle a mérité à notre siècle le nom de *siècle des machines*.

Puis, tout à coup et sans que l'on sache pourquoi, les esprits se sont arrêtés, se reposant dans les résultats acquis et pensant avoir assez fait.

Depuis quelques années, en effet, et pour tout ce qui a rapport aux chemins de fer, nous traversons une époque de stagnation complète, soit que l'ardeur des inventeurs se soit émoussée dans un travail d'enfantement trop hâtif, soit enfin que les frais considérables des essais et du renouvellement du matériel aient opposé un obstacle momentané à la loi constante du progrès.

Il ne saurait entrer dans le cadre de cette étude d'entreprendre l'historique de cette étonnante substitution de la force vapeur à la force animale ; tout au plus nous permettrons-nous d'esquisser à grands traits les principales phases de ses conquêtes.

L'Angleterre fut la première à profiter de la grande découverte la France vint ensuite; mais, nous devons bien le reconnaître, elle ne s'avança qu'en tâtonnant dans la nouvelle route ouverte; la Belgique suivit, et aborda la transformation presque avec autant de hardiesse que l'Angleterre, sa voisine.

En Angleterre, le tâtonnement ne pouvait exister; n'était-ce pas elle qui, la première, avait inauguré, à l'usage de ses mines, ces chemins ferrés, qui avait étudié avec le plus d'attention la question capitale des transports à prix réduits?

Le noviciat était fini, les études avancées, sinon complètes; aussi le Gouvernement n'avait-il pas à se préoccuper de pousser le pays à s'engager dans cette grande route du progrès; l'initiative privée, cette force presque inconnue chez nous, suffisait amplement.

Le Gouvernement laissa donc, toute liberté à ce nouveau mode de transport, comme il l'avait laissée à toutes les autres industries.

C'est grâce à ce régime de sage liberté franchement comprise, largement appliquée, que les chemins de fer sillonnèrent si promptement les Trois-Royaumes.

La Belgique inaugura ses chemins de fer en 1834.

Ce petit pays n'avait alors que quatre ans d'existence; il ne pouvait vivre de sa vie propre qu'à la condition de persévérer sans relâche dans un travail incessant. Sa population, si nombreuse, ne pouvait se suffire par les seuls produits de l'agriculture : il lui fallait songer à retirer des profondeurs du sol les richesses sans nombre que son tréfond possède.

D'un autre côté, sa position géographique en faisait le chemin obligé de l'Est à l'Ouest de toutes les nations européennes.

Mais, en Belgique, en 1834, tout était encore à créer. Sa violente séparation d'avec la Hollande laissait le nouvel Etat aux prises avec les plus grandes nécessités, et cela au moment où l'industrie privée n'existait pour ainsi dire pas, et ne pouvait pas être en mesure de se doter, du jour au lendemain, du nouvel outillage.

Les hommes d'Etat comprirent que le problème du *to be or not to be* se dressait brutal et inexorable devant cette nation née de la veille. Ils savaient qu'un peuple qui ressaisit ses droits politiques, qui s'affranchit, qui se fait libre enfin, n'arrive à ce résultat qu'après avoir beaucoup et longuement souffert.

Ils savaient que l'unique moyen pour atteindre à ce calme et à ce bien-être, qui devaient constituer les plus fermes garants de l'indépendance de la patrie, était de créer la sûreté des transactions, la rapidité et le bas prix des transports, enfin le développement immédiat de l'industrie locale.

Bien convaincu de cette vérité, le gouvernement décrète la construction d'un premier réseau ferré, et, désireux de donner jusqu'au bout l'exemple, se fait l'entrepreneur de ce travail dont il se réserve l'exploitation.

LE GRAND RÉSEAU, comme on l'appelait alors, fut construit en quelques années, et la révolution qu'il apporta dans l'activité industrielle du pays fut telle, l'exemple parla de si haut, qu'aussitôt l'initiative privée se mit à l'œuvre et compléta ces lignes ferrées qui sillonnent aujourd'hui toute la Belgique.

Cette initiative, cette marche adoptée par ce petit pays, est marquée d'un cachet pratique qu'il nous plaît de faire remarquer. En agissant ainsi, l'État donnait aux affaires du pays, à son industrie, à son agriculture, une telle impulsion que, vingt ans plus tard, la fortune publique s'était décuplée, tandis que la nation avait, dans cette même période de temps, conquis un des premiers rangs au concert européen.

Ce fut seulement en 1842 que la France se préoccupa sérieusement de la question des chemins de fer; non que son vaste territoire en fût complétement sevré, mais le peu qui existait était dû soit à la spéculation anglaise, soit à l'initiative de quelques hardies individualités financières ou industrielles.

Chose bizarre, contraste singulier, s'il n'y a pas de peuple qui plus que la nation française s'enthousiasme d'une idée nouvelle, il n'en est aucun de plus routinier, de plus attaché à des habitudes acquises.

Si on étudie quelque peu l'opinion publique en 1842, si on relit, dans les journaux de l'époque, le compte rendu des travaux des Chambres, on y voit des personnalités marquantes, des esprits éclairés, s'inscrire en faux contre l'établissement des chemins de fer, et soutenir leur opinion pessimiste avec toute la tenacité, l'obstination d'esprits prévenus.

Utopie, disait-on, paradoxe ruineux contre lequel le bon sens proteste; découverte ingénieuse, disaient les plus intelligents, mais qui, malgré son ingéniosité, ne résistera pas à l'application.

Le Gouvernement fut obligé de prendre la défense de l'invention nouvelle; il dut, malgré l'opposition de quelques-unes de nos sommités scientifiques, se mettre à la tête du mouvement progressiste et multiplier les efforts, les encouragements pour pouvoir doter le pays d'une invention qui devait assurer la richesse et la prospérité de son industrie.

C'est sous cette impression publique que la loi de 1842 fut votée; et c'est en se reportant à cette époque de notre histoire, qu'il faut en étudier l'esprit.

Cette loi fera que les chemins de fer français seront propriété de l'État; que celui-ci achètera les terrains nécessaires; que ses ingénieurs construiront la voie proprement dite ; puis, lorsque chaque chose sera en place, lorsque la route sera complétement achevée, toute prête enfin à être mise en exercice, l'État en fera la remise à la Compagnie qui se sera formée pour son exploitation, et qui présentera les meilleures garanties pour en assurer la bonne gestion.

C'était reprendre l'idée ancienne et faire, pour les chemins de fer, ce qui avait été fait pour les routes.

Sur les routes, l'État laissait librement circuler et puisait les frais d'entretien, soit dans son budget, soit dans les droits de barrière. Dans l'espèce, ces droits étaient acquités par les Compagnies sous diverses formes et appellations à établir.

Pendant un temps plus ou moins long, le chemin de fer était donc aliéné au profit de la Compagnie, et, ce temps écoulé, il revenait, avec ses plus-values, à son propriétaire, qui pouvait de nouveau en disposer à son gré.

En Angleterre, si les hommes d'État avaient jugé le pays assez avancé pour n'avoir nul besoin de l'intervention gouvernementale, c'est qu'à cette époque la Grande-Bretagne était bien plus instruite que la France.

N'oublions pas que c'est à peine si la France, en 1842, s'essayait à construire les machines propres à la fabrication de gros produits; jusqu'à cette époque, elle ne s'était appliquée qu'à perfectionner son agriculture; elle était fabricant-artiste, elle introduisait l'art dans toutes ses productions : elle créait ses produits mélangés de vrai et de faux, qui devaient aboutir à cette chose hybride baptisée du nom d'art industriel.

En 1842, bien des gens, ou pour mieux dire, l'opinion publique soutenait que nos fabriques ne pourraient jamais rivaliser avec les usines anglaises ; que le domaine de l'industrie française était les bronzes, les étoffes, les objets de fantaisie, toutes choses enfin dont elle avait, et a encore aujourd'hui, le monopole exclusif ; mais que, s'il lui fallait fonder des usines, créer des machines, contraindre l'indépendance de son esprit à scruter, à deviner les mystères des grands outillages des usines anglaises, son incapacité native se trahirait au premier pas, et son manque de tenacité, de volonté, la versatilité de son esprit, l'entraîneraient certainement loin du but.

Quantum mutatus ab illo !

V

La France commençait, en 1838, la construction de ses grands chemins de fer. Avant cette époque, elle n'était en possession que des petits tronçons de Rive-de-Gier, de Saint-Germain et de Versailles (R. G.)

C'est en 1842 qu'elle compléta son réseau, en créant les grandes lignes connues sous les noms de chemin de fer du Nord, de l'Est, de l'Ouest, du Midi, de Paris-Lyon-Méditerranée.

Certes, à cette époque (1842), les adjudicataires étaient difficiles à trouver, mais, d'année en année, ils se présentaient plus nombreux, et il arriva un jour où les offres furent surabondantes.

Ce qui prouve que si, en 1842, la spéculation n'avait pas cru à l'avenir des chemins de fer, dix ans plus tard elle y croyait si bien, que les hommes qui gouvernaient alors n'avaient que l'embarras du choix parmi les concurrents qui se pressaient au ministère.

On ne pouvait reprocher à la loi de 1842 que la lenteur de la construction des lignes.

Mais les stipulations de la loi n'avaient rien à voir dans la lenteur des constructions; c'était là le fait des gouvernants, qui prétendaient que, si les chemins de fer étaient utiles, le crédit public, auquel il fallait s'adresser, ne pouvait être mis à contribution qu'en raison directe de l'accroissement de la richesse publique.

Les hommes d'Etat de la royauté de juillet, comme ceux qui leur succédèrent en 1848, ont méconnu les lois les plus élémentaires de l'économie sociale; et cependant ils avaient sous les yeux un exemple plein d'enseignements, nous voulons parler de l'Angleterre, qui construisait sans relâche et multipliait ses lignes de chemins de fer avec une activité sans égale.

Oui, exemple plein d'enseignements : car ils ne pouvaient ignorer quels puissants éléments de richesse et de vitalité industrielle apportait l'établissement des voies ferrées. A côté de l'opulente Angleterre, sillonnée par des voies sans nombre, ils pouvaient voir l'Irlande, complétement privée de chemins de fer, se débattre dans un état d'infériorité telle, que ses habitants, menacés par la famine, émigraient en masse vers des rives lointaines, mais plus hospitalières.

« C'est après 1825, dit M. Culloc, que les progrès de l'agri« culture en Angleterre furent immenses. La principale raison de « ce fait est la conséquence des voies de transport par la vapeur, « qui mettait les pays les plus lointains à quelques heures de dis-« tance les uns des autres. »

Comment peut-il se faire, se demande-t-on aujourd'hui, que des hommes d'une valeur incontestable, au lieu de créer, *coûte que coûte*, cet outil national indispensable, puisqu'il procurait et assurait la richesse du pays, aient attendu, pour le créer, des ressources qui pouvaient d'autant moins se produire que l'élément qui devait leur donner naissance était lui-même à créer?

La conséquence de cet état d'indifférence ou d'imprévoyance a été de permettre aux Etats voisins, mieux inspirés et heureusement pour eux moins apathiques, de prendre une suprématie industrielle que la France aurait dû et pouvait conserver.

La conséquence a été encore que, pendant une longue suite d'années, la France n'a plus pu fabriquer que pour ses propres besoins, et encore, à la condition de protéger ses produits contre les importations du dehors à l'aide de droits de douane exorbitants. Quant à entrer en lice sur les marchés étrangers, il n'y fallait même point songer.

Si, au lieu de suivre des errements aussi contraires aux véritables intérêts du pays, les hommes d'Etat eussent simplement copié l'Angleterre, s'ils eussent ouvert au Grand-Livre de la dette publique un crédit sans limite, ils auraient doté la France d'une prospérité bien plus grande que celle qu'elle ne devait acquérir que beaucoup plus tard.

A cette époque, tout le monde savait déjà qu'un chemin de fer, quel qu'il fût, n'arrivait pas, de prime abord, à couvrir ses frais d'exploitation, et que, pour atteindre ce résultat, cinq, six, sept et même dix années étaient nécessaires.

Mais précisément cette connaissance ne servait-elle pas à prouver que la contrée que desservait le chemin de fer était, avant l'ouverture de cette voie de communication, dans un état peu fortuné, et que sa prospérité, qui allait ainsi chaque année en augmentant, était le résultat évident de l'établissement du chemin de fer?

Cette conséquence économique aurait dû parler hautement à l'attention de nos hommes d'État qui, s'ils n'avaient pas voulu prendre l'exemple en Angleterre, obéissant peut-être à leur insu à des sentiments que notre génération a oubliés, auraient du moins pu prêter l'oreille à ce qui se disait dans les Chambres belges. Ils auraient entendu le rapport annuel, le compte rendu de l'exploitation des chemins de fer de l'État, compte rendu signalant chaque année une amélioration constante, une progression industrielle qui s'était rapidement élevée de 1 à 5, et venait d'éteindre à tout jamais le paupérisme des Flandres.

Le gouvernement impérial a profondément modifié la loi de 1842. Il a eu tort, et le savait; mais la nécessité de sa situation l'y obligeait.

Lorsque cette loi vit le jour, elle répondait parfaitement aux besoins du moment; ceux qui la critiquent aujourd'hui encore, ne prennent pas la peine d'étudier la situation en 1842, mais raisonnent simplement au point de vue exclusif de 1872. Or, dans le cours de ces trente années écoulées, que de changements, que de transformations dont ils ne tiennent nul compte!

Quelque hardie, quelque intelligente que puisse être une nation, elle ne change ses habitudes qu'avec une répugnance bien manifeste.

N'avons-nous pas vu des gens fort honorables, fort instruits, nous dirons même des personnages haut placés dans l'estime publique, refusant d'ouvrir les yeux à l'évidence, et préférant, jusqu'au bout, au nouveau mode de locomotion les durs cahots de la chaise de poste, et les lenteurs interminables des relais?

Ceci est l'histoire de l'humanité, ou plutôt de cette force d'habitude si bien nommée *seconde nature*. Les meilleures choses s'improvisent, mais elles ne s'acclimatent pas du jour au lendemain.

Pour faire accepter et adopter les chemins de fer, pour imposer à une nation un changement aussi radical dans ses coutumes, il faut du temps; il faut que les esprits s'habituent à cette nouveauté qui séduit mais effraye; il faut que la génération qui a vu naître la locomotive fasse place à une génération dès l'enfance familiarisée avec le *Monstre*.

C'est une loi commune à tous les peuples, elle n'est pas particulière à la France, mais il faut dire, au compte de celle-ci, que les conséquences en sont plus directes et plus accentuées.

Sans contredit, le peuple est l'apôtre des nouvelles maximes et des nouvelles idées, mais, comme nous venons de le dire, il est en même temps le plus routinier, le plus attaché à ses vieilles habitudes.

Cette contradiction, cet illogisme, tiennent à son éducation.

Tous les gouvernements qui se sont succédé ont cru que leur premier devoir était de prendre en main la haute direction des aspirations et du travail national; et tous, sans exception, se sont appliqués, avec un soin jaloux, à faire rayonner ce travail et ses aspirations vers un centre commun : le Gouvernement.

Il en résulte qu'en France, c'est-à-dire chez un peuple dont l'intelligence n'en est plus à faire ses preuves, l'initiative privée n'existe pas.

On dirait même que la nation vise à devenir le gouvernement

le plus communiste qu'il soit possible de rèver. Pas un acte, pas une formalité, quelque simple qu'elle puisse être, sans qu'aussitôt l'administration intervienne.

Il résulte de cette immixtion inévitable, constante, perpétuelle de l'administration, qu'aux yeux de l'opinion générale, rien d'utile ne pourra se produire, rien de bon ne pourra être sérieusement tenté sans l'intervention directe et bien patente d'une autorité qui manifestera sa présence, soit par ses conseils, soit par des règlements, soit sous forme de subvention, en un mot, par une immixtion quelconque.

L'initiative individuelle, ainsi condamnée à une tutelle éternelle, s'est habituée (et Dieu sait ce qu'est une habitude en France!) à ne plus penser, à ne plus rien tenter, à ne plus rien produire, que par l'intervention de l'autorité supérieure, qui, en dernière analyse, et cela est logiquement juste, supporte les conséquences des échecs qu'elle n'aura pas su prévoir.

VI

A partir de 1852, la loi de 1842 fut abrogée en fait et devint une loi organique dont on pouvait ou non se servir, suivant la nécessité du moment, ou le bon plaisir du maître.

La première mesure adoptée fut l'uniformité dans la durée des concessions, qui toutes furent portées à quatre-vingt-dix-neuf ans; de telle sorte que le Nord, par exemple, qui devait faire à la nation la remise de son exploitation dans trente-trois ans, avait désormais soixante-sept ans pour se préparer à cette échéance désagréable.

Cette largesse impériale fit plus que doubler la fortune des porteurs de titres de chemins de fer.

Les hommes attachés à l'Empire, en conseillant un acte aussi onéreux, si contraire aux intérêts généraux, étaient animés de la volonté de faire prospérer cette grande industrie des chemins de fer.

Plus habiles ou plus expérimentés que leurs devanciers, ils avaient bien compris qu'en satisfaisant les volontés des populations, en leur donnant l'*outil-transport* qui leur manquait, ils s'attacheraient tout à la fois la masse des producteurs et le monde financier.

Le but que l'on se proposait, en reportant la fin des concessions à une époque uniforme, était dicté par le besoin de créer de grandes institutions et de puissantes Compagnies de chemins de fer qui, par leur importance, fussent à même d'exécuter le réseau entier en quelques années.

Cette fusion eut lieu.

Quelques écrivains, plus compétents que nous, disent que cette fusion se fit dans de telles conditions de bénéfices pour les heureux porteurs de titres, que leur fortune fit plus que doubler.

Pour rester dans la moralité et pour lutter contre l'opposition des partisans de l'ancien ordre de choses, la thèse suivante fut adoptée :

Si les avantages que donne l'établissement des chemins de fer sont en raison directe du temps, il est rationnel d'escompter une partie des bénéfices que réaliseront les générations pour lesquelles nous les avons créés ;

Ainsi, il est constant qu'un chemin de fer dans le cours des dix premières années, par exemple, ne rapporte rien; que les dix années qui suivent commencent à donner un dividende; il est probable que cette loi de progression sera constante, puisque les relations commerciales seront assurées. La facilité et l'économie des arrivages démontrent que dans vingt, trente, quarante ans, les chemins de fer, après s'être montrés avares de rémunération pour la génération actuelle qui les aura créés au prix de sacrifices sans nombre, seront, au contraire, prodigues envers nos petits-neveux qui n'auront, eux, apporté aucune pierre à l'édifice, mais qui recueilleront tous le bénéfice de notre labeur.

L'argument est spécieux, mais c'était une thèse que l'on pouvait présenter, surtout à une époque où il suffisait qu'une thèse fût à peu près soutenable pour être adoptée.

Et si certains esprits inquiets, dont l'admiration se double d'une réflexion quelque peu juste, ne s'enthousiasmaient pas, le chœur laudatif du pouvoir du jour laissait tomber sur eux le flot de ses sarcasmes, taxant leurs idées de perverses et, d'immorales.

Cependant l'exemple contraire n'avait pas besoin d'être cherché bien loin.

A deux pas de nous, la Belgique ne suivait-elle pas des errements diamétralement opposés?

Les économistes de ce petit pays disaient : Si un chemin de fer est un outil national, il doit alors être une chose mise au service de tous indistinctement.

En conséquence, il faut qu'il transporte au meilleur marché possible; il faudrait même qu'il pût transporter pour rien, mais il faut toujours qu'il ne transporte qu'au prix coûtant, augmenté de l'intérêt du capital.

Comme on le voit, ce sont là deux ordres d'idées absolument dissemblables.

Si vous suivez le système belge, vous arrivez au transport à prix réduit des marchandises et des voyageurs;

Si vous suivez le système français, vos chemins de fer deviennent un prétexte à spéculation et une source de bénéfices pour les Sociétés qui les exploitent.

Dans le premier cas, c'est la richesse nationale qui profite; dans le second, c'est l'augmentation de la fortune de celui qui possède au détriment de l'avoir de celui qui travaille, et ne possède pas encore.

C'est sous l'empire de cet état de choses que de nouvelles lignes vinrent se souder aux anciennes. Mais, en 1859, cette règle était loin d'être immuable, elle devait se transformer encore; tant il est vrai que rien ne peut résister, alors que l'on s'écarte des vraies doctrines économiques.

VII

Dès 1857, les provinces qui n'étaient desservies par aucun che-min de fer, réclamèrent énergiquement contre l'état d'infériorité dans lequel l'administration les oubliait.

Ces populations disaient avec une apparence de raison que l'é-galité n'existait pas pour elles; elles faisaient remarquer qu'il ne leur était plus possible de produire utilement, et que la diffi-culté des transports, leur lenteur, leur haut prix de revient, les mettaient dans l'impossibilité de lutter, à avantages égaux, avec les populations des provinces voisines; que cette difficulté, que cette lenteur, que ce haut prix des transports pesaient également sur tous les produits, soit qu'ils émanassent de l'agriculture, soit qu'ils eussent leur source dans les fabriques ou dans les mines.

L'Empire, qui avait basé son édifice social sur la satisfaction des intérêts matériels, ne pouvait rester sourd à d'aussi vives plaintes.

L'éveil était tellement grand, il était si général, la nation fran-çaise venait enfin de comprendre de quelle importance était pour elle la création des voies ferrées, qu'il était désormais impossible d'en différer l'exécution.

Ce n'étaient plus seulement quelques progressistes qui récla-maient la liberté des transports, mais bien l'intérêt général qui s'éveillait dans toutes nos provinces.

La nation ne comprenait pas la différence qu'il pouvait y avoir entre un entrepreneur de transports (le chemin de fer) et le fabri-cant d'un produit quelconque. Elle insistait, parlait de la liberté acquise, de l'abolition du monopole, etc.

Certes.

Le Gouvernement était fort entrepris, il était entré dans une voie fausse dont il ne pouvait désormais sortir qu'en mécontentant les positions acquises. N'osant pas ou ne pouvant pas lutter avec avantage contre les difficultés surgissantes, il prit un biais et négocia avec les grandes Compagnies.

Il les avait si richement dotées, alors que la largesse impériale édictait la loi de 1852, qu'il crut pouvoir compter sur ces Compagnies, et par leurs concours donner satisfaction aux vœux si légitimes des populations.

En cela encore il se trompait.

Les Compagnies ont les mêmes passions que les individus. Satisfaites du sort et de la position acquise, il est évident qu'elles devaient se montrer rebelles à toutes innovations.

C'est malheureusement là la loi commune : le progrès n'est jamais provoqué par celui qui n'en ressent pas un impérieux besoin. Comment dès lors pouvait-on espérer que les Compagnies, qui avaient de bonnes lignes en exploitation, iraient de gaieté de cœur se charger de lignes secondaires? Comment admettre qu'elles nourriraient d'autres soucis que de donner aux porteurs de ses titres de gros dividendes? Comment pouvait-on, enfin, s'imaginer que ces Compagnies iraient s'inquiéter d'intérêts nationaux, qui, pour être satisfaits, ne pouvaient l'être qu'au détriment des intérêts acquis par les actionnaires, puisqu'ils venaient rétablir l'équilibre détruit entre les contrées dotées de chemins de fer, et les contrées qui n'en avaient pas?

Au premier aspect, n'était-ce pas demander à ces Compagnies de construire des lignes *concurrentielles*, ou tout au moins leur demander de créer des lignes qui, pour longtemps, ne devaient donner aucun bénéfice?

Ces objections, si elles ont été faites, devaient être marquées au coin de cet esprit spécial nommé esprit d'affaire, et tel que l'est celui des administrations des grandes Compagnies.

Nous ne dirons pas qu'il importe peu aux grandes Compagnies que la France soit également prospère dans toute l'étendue de son territoire; nous sommes intimement certain du contraire, pour autant, toutefois, que ce patriotisme ne se soldera pas par un abandon des bénéfices réalisés par l'entreprise.

La loi de 1842 était sage, elle avait, pour un certain nombre d'années, aliéné les chemins de fer français à des conditions plus ou moins onéreuses. Les changements de 1852 empiraient ces con-

ditions, et nous allons voir, malheureusement, qu'elles vont deve
nir plus mauvaises encore.

Le moment était cependant venu de rendre la liberté aux transports; les grandes Compagnies avaient des concessions qu'elles
n'achevaient que difficilement, non qu'il leur manquât les capitaux,
mais simplement parce qu'elles n'avaient aucun intérêt à en activer la construction.

L'exploitation de ces nouveaux tronçons ne venait-t-elle pas
diminuer la moyenne du rendement kilométrique? Cela était si
vrai, que des rendements de 50 et 60 francs par action tendaient
à descendre à 35 et même à 33 francs.

En 1859, la Chambre vota que les Compagnies parachèveraient
les chemins de fer, mais qu'il leur serait fait deux concessions
distinctes : l'une, l'ancien réseau — *le riche*. l'autre, le nouveau
réseau, — *le pauvre*.

Le réseau riche continuerait à garder tout ce qu'il avait acquis;

On donnerait au réseau pauvre des subventions et des garanties
d'intérêt.

En lisant les débats auxquels donnèrent lieu la discussion de
cette loi, on y voit clairement que le Gouvernement reconnaît au
pays le droit de pouvoir exécuter ses chemins à des conditions
moins onéreuses. N'aurait-on pas dû, en même temps, en soutenir
le crédit?

Celui des Compagnies n'était-il pas mis en parallèle avec le
crédit de l'Etat? N'était-ce pas la même chose? n'était-ce pas
une association créée en vue d'exécuter des travaux d'utilité publique?

Ce que l'on oubliait de dire, c'est qu'il se présentait des Compagnies sérieuses, croyant fermement en l'avenir promis aux chemins de fer, et qui sollicitaient à des conditions bien moins onéreuses ces mêmes concessions que les grandes Compagnies ne se
souciaient pas d'obtenir. Il y avait intérêt, dans tous les cas, à
maintenir les contrats aux clauses et conditions de 1852, et à
revenir purement et simplement à la loi de 1842.

Le premier réseau, en intérêts et dividende, rapportait de 7 à
24 0/0; il continuerait à donner le même revenu à ses heureux
propriétaires. Le second réseau, dont les résultats semblaient
hypothétiques, jouissait d'une garantie d'intérêt de 4,65 0/0.

Le revenu kilométrique des six Compagnies fut établi comme suit :

Orléans, à 27,400 fr. par kilomètre.
Lyon,   37,400 —   —
Nord,   38,400 —   —
Est,   27,800 —   —
Ouest,   28,000 —   —
Midi,   19,500 —   —

La garantie gouvernementale serait pour le nouveau réseau, onstruit ou à construire, de :

601,000,000 pour Orléans
814,000,000 — Lyon
139,500,000 — Nord
505,000,000 — Est
307,500,000 — Ouest
119,000,000 — Midi

L'Etat prélèverait la moitié des bénéfices à dater de 1872, lorsque ces Compagnies atteindraient, comme Orléans par exemple, 32,000 francs pour l'ancien réseau, et 6 0/0 pour le nouveau.

C'est par ce mécanisme financier que l'Etat crut pouvoir donner satisfaction au pays.

Cependant, ces conventions si avantageuses aux Compagnies ne l'étaient probablement pas encore assez, puisqu'elles ne tardèrent pas à être modifiées.

VIII

Si les Compagnies de chemin de fer n'étaient pas satisfaites, le public l'était bien moins encore. Il réclamait à cor et à cri, non-seulement les lignes concédées et qui se construisaient beaucoup trop lentement à son gré, mais encore de nouveaux chemins.

Le Gouvernement ne savait quel parti prendre pour satisfaire, tout à la fois, les populations et les Compagnies, en dehors du concours desquelles les hommes d'État n'admettaient pas encore qu'une solution heureuse pût être trouvée. On criait bien fort que tout système qui s'écarterait des errements suivis jusqu'alors apporterait inévitablement la perturbation dans le crédit public, voire même un effondrement.

Aussi, de 1863 à 1868, ce ne sont, entre le Gouvernement et les grands feudataires des transports, que de nouvelles concessions ajoutées aux anciennes, avec des allocations telles, que les revenus des premiers réseaux sont dépassés et les subventions espèces toujours plus importantes.

Certes, on ne peut nier que ces continuelles concessions n'aient amené une construction plus rapide; mais on ne peut pas soutenir qu'elles aient amené des résultats tels qu'on n'aurait pas dû abandonner un système qui ne donnait satisfaction naturelle à la nation que dans un temps fort éloigné.

Le premier réseau était terminé, la construction du second fort avancée; on réclamait l'exécution du troisième et du quatrième.

La France possède aujourd'hui 22,000 kilomètres de voie ferrée; pour que l'outil national soit complet, on peut dire qu'il lui manque encore 22,000 kilomètres de chemin de fer.

En 1857, on savait ce que coûtait le kilomètre de chemin de fer, on savait aussi ce qu'il pouvait rapporter. L'art de calculer les revenus probables avait été mis à la portée de tous. De ce degré d'instruction, il résultait que l'on demandait à exécuter, en 1857, ce que l'on n'eût osé rêver en 1842, c'est-à-dire construire des chemins de fer à ses risques et périls.

Les offres radicales étaient encore timides, on en comptait peu ne demandant rien; mais, dans les contrées abandonnées, le besoin était tel, que les Conseils généraux, les communes, les particuliers, consentaient à subventionner ces compagnies nouvelles.

La révolution répondait à l'appel du progrès; les conservateurs, les apologistes quand même des idées gouvernementales, par la voix des conseillers généraux, disaient à l'Empereur qu'il était grand temps de faire cesser la tutelle de l'Etat et d'inaugurer la liberté des transports.

La nation désirait reprendre la direction de ses intérêts matériels, mais il ne résultait pas de ce désir qu'elle entendît que le Gouvernement revînt sur les conditions ni même sur les concessions accordées aux grandes Compagnies.

Un pays comme la France ne doit jamais revenir sur les termes d'un contrat *librement* accepté, quelque désavantageux, quelque onéreux qu'il puisse être. Tout au plus, et ce, lorsque l'intérêt général est bien apparent, tout au plus peut-il racheter les droits qu'il a concédés.

Donc, à notre avis, les gens qui conseillent à l'Etat de déposséder de leurs droits les Compagnies actuelles, sont mal inspirés et font œuvre mauvaise.

Les Compagnies ont des contrats; l'autorité n'a qu'à veiller à la scrupuleuse observance de toutes les conditions, d'autant plus qu'en fin de compte, ces Compagnies exploitent une propriété nationale qui, à une époque déterminée, fera retour à l'Etat.

Le mouvement commencé en 1857 recevait satisfaction en 1865, à l'époque où la loi du 21 mai fixa les règles qui, dorénavant, doivent présider à l'exécution des petits chemins de fer, des chemins dits à bon marché. Cette loi prit la dénomination de *Loi des chemins de fer d'intérêt local.*

Les grandes Compagnies firent, en cette occurence, ce que font tous ceux qui se sont habitués à un monopole : elles crièrent beaucoup, se remuèrent davantage et…. n'aboutirent à rien.

Elles eurent beau faire agir leurs mandataires, elles eurent beau être représentées au sein des Chambres législatives, rien n'arrêta l'essor du mouvement réclamant la liberté des transports.

C'est de cette époque que date réellement un nouvel ordre de choses, grâce auquel les contrées jusqu'à ce jour privées des bienfaits des transports rapides, vont posséder enfin cet élément du bien-être et de la prospérité.

XI

L'objection qui était faite à la loi de 1865, sur les chemins de fer d'intérêt local, était que les voies nouvelles, devant être construites à l'aide des départements ou des communes, créeraient une concurrence pour les lignes déjà établies avec le concours de l'Etat.

Les chemins de fer d'un même pays peuvent-ils se faire concurrence entre eux?

Certains esprits superficiels, qui ne sauraient apporter à l'étude de cette question toute l'attention qu'elle mérite, laissent tomber le mot de *chemin concurrentiel*, essayant, à l'aide de ce gros mot, de protéger la cause des monopoles acquis, et établis trop à la légère par le Gouvernement; mais un instant de réflexion suffit pour avoir raison de ce fantôme et pour démontrer que, loin de créer une concurrence, les chemins d'intérêt local sont au contraire un aide, un élément d'activité pour les grandes lignes, dont elles augmentent le trafic d'une façon notable, en leur apportant le tribut des campagnes et des petits centres manufacturiers.

Laissons donc ces appréhensions expressément exagérées, enveloppées à dessein dans des appellations sonores qui ne tromperont jamais que deux classes d'individus, c'est-à-dire ceux qui auront intérêt à l'être, et les imaginations éprises des phrases et des mots à effet.

Les chemins de fer établis et à établir sous le régime de la loi de 1842 sont les lignes des grands réseaux, dénommées du premier au quatrième réseau. Ce sont les grandes artères des transports, présentant une longueur kilométrique considérable et unissant le centre du pays à ses confins extrêmes.

C'est sur les points trop nombreux de notre territoire, où la locomotive est encore inconnue, que seront créées les lignes secondaires nommées chemin de fer d'intérêt local; voies ferrées dont le rôle sera d'unir ces centres écartés avec le grand réseau national, et d'apporter aux grandes lignes, dont elles sont tributaires, les produits de l'agriculture et de l'industrie que, sans leur utile et heureux concours, les grandes Compagnies auraient délaissés.

Ainsi donc, par la création du chemin de fer d'intérêt local, la France se trouvera un jour complétement enveloppée dans un immense réseau de voies ferrées, chemin de la paix, qui répandra partout indistinctement le bien-être, en ouvrant un écoulement facile à toutes les richesses de notre sol.

Les parties de territoire non encore desservies sont, actuellement, bien moins étendues que la surface d'un département. On conçoit, dès lors, que les lignes à construire auront toujours pour point de départ une ville, un port, une mine, et viendront aboutir à un point quelconque du grand réseau.

Un chemin de fer *concurrentiel* ne peut être qu'une ligne courant parallèlement avec une autre ligne déjà en exercice. Dans ce cas, les deux voies desservant les mêmes localités, se créeraient véritablement une concurrence; mais les chemins de fer dont nous nous occupons ici, et que les besoins des populations réclamaient impérieusement dès 1857, ne peuvent être confondus avec les lignes *concurrentielles*, puisqu'ils ne sauraient être que les affluents des grands voies concédées par l'État.

Un chemin de fer d'intérêt local qui vient s'unir à une grande ligne, joue, auprès de cette grande ligne, le rôle d'une voiture de correspondance, qui met en relation une ville et une gare de chemin de fer.

La différence est tout entière dans les conséquences, c'est-à-dire que ce chemin de fer secondaire produit un résultat auquel 20, 30, 40 omnibus auraient peine à atteindre. Voilà toute la différence.

Cependant, ce résultat ne se montrera pas immédiatement et dès le lendemain de l'ouverture d'une voie nouvelle. La première année d'exploitation est généralement marquée par une *quasi* absence de trafic, par un mouvement tellement peu important, que l'on serait tenté de penser que ce chemin de fer est venu à tort s'implanter là ; mais laissons passer un an, deux ans, et nous verrons que le nombre des rares camions et des quelques omnibus qui suffisaient aux premiers besoins du nouveau chemin, se sera décuplés, centuplés, et ne suffiront plus à des nécessités qui iront sans cesse en augmentant.

C'est ce que l'étude des chemins de fer établit aujourd'hui d'une façon péremptoire.

Ce n'est pas une chose nouvelle que vient créer l'établissement des chemins de fer d'intérêt local, mais bien un perfectionnement apporté à l'ancien mode de transport, et le remplacement de l'omnibus, du camion, par les wagons.

Les populations qui réclament l'établissement de ces voies secondaires sont donc parfaitement fondées dans leurs réclamations, car elles ont également droit à concourir à la grandeur et à l'augmentation de la richesse nationale.

Nous ne pouvons en aucun cas admettre la concurrence; les chemins de fer doivent être jugés dans leur ensemble et non au point de vue restreint de l'intérêt particulier de telle ou telle Compagnie.

Si, par extraordinaire, le chemin de fer à créer ne vient se relier à aucune autre ligne, c'est qu'il aura trouvé, dans le milieu qu'il desservira, des éléments de vitalité pour le service desquels les grands réseaux n'auront nulle prétention à élever.

Mais ce cas est peu dans l'ordre des choses possibles; un État qui possède des chemins de fer, a intérêt à les voir se relier les uns aux autres, de manière à former un tout dont chaque partie vient en aide à l'autre, sans cependant que ces divers tronçons constituent entre eux une concurrence.

Si plus tard, comme cela est à présumer, nos grandes lignes, telles qu'elles sont aujourd'hui, ne peuvent plus suffire au service d'un transport qui ira toujours en augmentant, les grandes Compagnies doubleront leurs rails, les porteront à quatre et à six au besoin.

Il est cependant une règle qui souffre la concurrence, règle qui s'appuie sur l'expérience acquise.

Les Anglais admettent que l'on doit créer une ligne concurrentielle alors que le chemin en exploitation est *plein,* c'est-à-dire lorsque son revenu kilométrique a atteint un intérêt rémunérateur qui permet de servir aux actionnaires un dividende convenable, tout en amortissant le capital en quatre-vingt-dix-neuf ans.

Ce jour-là, disent nos voisins, il faut songer à établir une nou-

velle voie de transport, par cette simple raison que le chemin de
fer étant un outil national, plus il sera à même de transporter à
bas prix, plus on pourra diminuer les prix de fabrication; et comme
ce bon compte et ce bon marché ne peuvent s'acquérir que par un
transport plus considérable, la nécessité d'établir une voie concurrentielle s'implique d'elle-même.

Mais, malheureusement, la France n'en est pas encore arrivée à
cet heureux degré de grandeur industrielle; nous n'avons donc pas
à examiner une éventualité qui se produira, sans doute, mais dans
un avenir auquel nous ne saurions fixer, dès à présent, une date
même approximative.

X

La promulgation de la loi de 1865 sur le chemin de fer d'intérêt
local a porté ses fruits. Au moment où éclatait la dernière guerre,
1,450 kilomètres étaient concédés. Depuis lors, un nombre de kilomètres plus considérable encore a également été concédé, et ce,
sans parler des demandes nouvelles qui n'attendent qu'une décision
de l'administration.

L'article 1er de cette loi dit :

« Les chemins de fer d'intérêt local peuvent être établis :

« 1° Par les départements ou les communes, avec ou sans le
« concours des propriétaires intéressés ;

« 2° Par des concessionnaires, avec le concours des départements
« ou des communes. »

Les commentaires ? nous les trouvons dans le rapport qui a précédé le vote de la loi.

« L'Angleterre et la Belgique » — dit M. le rapporteur au Conseil

d'Etat — « sont sillonnées de lignes et d'embranchements qui
« desservent non-seulement des centres de population de minime
« importance, mais aussi des mines de houille, de fer, des car-
« rières, des grandes usines. La France doit, à son tour, encou-
« rager et faciliter la création de pareils moyens. »

Le rapport présenté à l'Assemblée législative est bien plus
explicite encore :

« Si l'on compare la situation de la France avec celle des au-
« tres Etats de l'Europe, en prenant pour point de comparaison
« la superficie du territoire et la population, on voit que le réseau
« français, quant aux lignes concédées, occupe le sixième rang
« eu égard à la surface du territoire, et le quatrième, relative-
« ment à la population. Pour les lignes en exploitation, dans le
« premier cas, elles n'atteignent que la septième place, et, dans
« le second, la huitième. »

L'infériorité de notre outil national est, ici, bien établie, bien
constatée; tous commentaires deviennent superflus, et lorsque les
soixante-deux Conseils généraux de France portaient ces faits à
la connaissance du Gouvernement, celui-ci devait, sans hésita-
tion, répondre en décrétant immédiatement la liberté des transports.

En présence de la constatation officielle d'une situation aussi
inférieure, on se demande comment la France, la huitième sur les
rangs, a pu garder la position qu'elle occupe à la tête des puissances industrielles ?

Cette infériorité de l'outillage national, la France l'a rachetée
par son génie naturel, par son travail manuel, par la modicité
des salaires ; et comme une société ne dérange jamais impunément
l'équilibre des moyens par lesquels elle vit, nous sommes contraints de reconnaître dans ce fait une des causes qui contribuent
le plus à augmenter le mécontentement des classes ouvrières, qui
demandaient, et demandent encore à juste titre, une rémunération plus équitable du travail qu'elles fournissent.

Aux yeux de l'ouvrier, et cela est logique, le capital n'est apparent que sous la forme du patron. Le patron a donné la mesure
de son possible, lorsqu'il a créé, lorsqu'il a inventé, lorsqu'il a
amélioré son outillage particulier. Mais pouvait-il en faire autant
pour le grand outillage national qui commande tous les autres ?

Pouvait-il creuser des canaux, tracer des routes, construire des chemins de fer?.....

Lorsque tous ces grands travaux seront exécutés, la France sera la première parmi les plus riches puissances du monde; car, non-seulement elle les dominera par l'éclat et le rayonnement de son génie naturel, mais encore par la prospérité de son peuple, auquel elle ne marchandera plus le salaire, si bien et si légitimement acquis aux classes productives de la société.

L'article 1ᵉʳ de la loi du 21 mai 1865 donne aux Conseils généraux, aux communes même, le droit soit d'établir, soit de faire établir, à telles conditions jugées de leur convenance, des chemins de fer desservant leur territoire, c'est-à-dire dans un intérêt local.

Ainsi que le mot l'indique, l'intérêt local est de construire des chemins de fer destinés au service des besoins propres au pays, au département, c'est-à-dire, relier entre elles leurs usines, leurs fabriques, leurs communes, leurs mines et carrières, et venir mettre tous ces besoins, toutes ces nécessités, toutes ces forces productives, en relation directe avec les grandes lignes déjà existantes, de manière à faire cesser l'état d'infériorité où se trouve notre pays, lorsque nous le comparons à l'Angleterre ou à la Belgique.

Le législateur qui a étendu aux Conseils généraux, aux départements, aux communes, les droits que la loi de 1842 réservait à l'Etat, n'a pas voulu, cependant, que ce droit fût souverain; il a cru devoir en subordonner l'application à la décision gouvernementale.

L'article 2 de la loi dit, en effet :

« Le Conseil général arrête, après instruction préalable par le
« Préfet, la direction des chemins de fer d'intérêt local, le mode
« et les conditions de leur construction, ainsi que les traités et
« les dispositions nécessaires pour en assurer l'exploitation.

« L'utilité publique est déclarée et l'exécution est autorisée
« par décret délibéré en Conseil d'Etat, sur le rapport des Mi-
« nistres de l'intérieur et des travaux publics.

« Le Préfet approuve les projets définitifs, après avoir pris
« l'avis de l'ingénieur en chef, homologue les tarifs et contrôle
« l'exploitation. »

La discussion de cette loi, qui a été le but des modifications des intéressés à la conservation intégrale des monopoles, explique les restrictions apportées :

« On comprendra, disait le rapporteur, qu'il était impossible « d'attribuer un caractère d'intérêt local à d'autres chemins que « ceux pour lesquels les départements et les communes fournis- « saient leur contingent à la dépense. Sans cela, on aurait vu se « créer de nombreuses voies ferrées, n'ayant pas une destination « purement locale, et qui, au lieu d'être des affluents des grandes « lignes, seraient venues leur faire concurrence, établir des com- « munications plus directes, et déranger ainsi l'équilibre des ré- « seaux attribués aux grandes Compagnies. »

A notre point de vue, le législateur n'avait pas à se préoccuper de décréter que les chemins de fer d'intérêt local ne pouvaient être que des affluents des grandes lignes, nous venons de prouver qu'ils ne peuvent être autre chose ; il n'avait pas non plus besoin d'exi- ger que les communes, les départements vinssent apporter leur cote-part à la dépense, car il est certain que, dès les premières années d'exploitation, un chemin de fer ne peut subvenir à ses frais ; il lui faut un aide qui le soutienne et lui permette d'at- teindre à ce résultat.

Le chemin de fer d'intérêt local ne se soudera pas *toujours*, nous l'avons fait remarquer, avec le chemin de fer qui traversera le dé- partement. Il peut se faire qu'il trouve plus d'intérêt à ne s'y relier qu'en venant se rattacher à la frontière du département, avec un autre chemin d'intérêt local.

Ce fait n'est pas nouveau ; il s'est présenté déjà pour les che- mins de fer du Nord-Est, mais ni à nos yeux ni aux yeux du Gou- vernement il ne donne un corps aux craintes exprimées par le rapporteur de la loi sur la création de chemins de fer plus directs que ceux existants, et auxquels ils viendraient faire concurrence.

Cette crainte est si peu fondée, que nous voyons les chemins de fer, auxquels ces lignes secondaires pourraient nuire, ne pas hési- ter à les prendre en fermage.

L'article 3 de la loi est ainsi conçu :

« Les ressources créées en vertu de la loi du 21 mai 1836 peu- « vent être affectées, en partie, par les communes et les départe- « ments à la dépense des chemins de fer d'intérêt local.

« L'article 13 de ladite loi est applicable aux centimes extraor-
« dinaires que les communes et les départements s'imposeront
« pour l'exécution de ces chemins. »

En résumé, la loi de 1865 est celle qui domine aujourd'hui la
question des chemins de fer : c'est la règle, c'est le régime sous
lequel ils vivent, c'est la Loi en un mot; nous ne devons donc
plus examiner cette question, qu'au point de vue de son achèvement.

Que reste-t-il à construire pour que la nation soit armée d'un
réseau complet de transport?

Les grandes lignes sont terminées. Quelques-unes encore, appartenant aux troisième et quatrième réseaux, sont en construction.
D'autres lignes, qui n'ont pas été concédées aux grandes Compagnies, mais à des entreprises particulières, sont ou terminées ou
bien près de l'être.

Il reste les petits chemins de fer, ces affluents, comme les dé-
signe le rapporteur de la loi, ces auxiliaires les plus utiles, ceux
qui doivent être construits avec l'activité la plus grande, parce
que sans eux, sans leur concours, les grandes lignes ne peuvent
rendre que des services restreints à l'industrie, comme au commerce
et à l'agriculture. Ne sont-ils pas destinés à réunir, à souder nos
fabriques, nos usines, nos entrepôts, nos carrières et nos mines
avec les grands chemins de fer, et dégrever ainsi nos matières
premières et manufacturées de cet impôt écrasant, qui, sous les
noms de camionnage, réexpédition et autres, pèsent si lourdement
sur les produits du sol et de notre industrie ?

XI

Lorsque l'outillage national sera arrivé à ce point de perfectionnement, l'exploitation se transformera forcément d'elle-même,

et les tarifs de nos chemins de fer, aujourd'hui élevés, s'abaisseront.

Ils s'abaisseront d'abord par les innovations, par les progrès que toute industrie réalise chaque jour, mais ils s'abaisseront surtout *parce que le réseau sera terminé.*

L'exemple est sous nos yeux : de 1834 à 1848, les chemins de fer belges ne trouvaient pas, dans les ressources de l'exploitation, les fonds nécessaires au payement de l'intérêt des divers emprunts contractés pour leur construction. Mais, à partir de 1848, c'est-à-dire alors que le réseau fut complétement terminé, les charges furent couvertes, et si bien, que les tarifs étaient rapidement abaissés au taux où nous les voyons aujourd'hui.

Cela ne prouve-t-il pas cette vérité banale, que les services rendus par un outillage de transport sont en raison directe de son degré de perfectionnement?

Aussitôt que ces résultats furent acquis, le gouvernement belge s'empressa de retirer des bénéfices réalisés, l'intérêt, les sommes nécessaires à l'amortissement du capital employé ; puis, cela fait, il abaissa sans plus tarder les tarifs de transport, tant pour les marchandises que pour les voyageurs.

Ces mêmes conditions se réaliseront sûrement en France, car, dans ce pays comme dans tous les autres, les chemins de fer ne doivent être qu'un outil employé et exploité dans l'intérêt exclusif de la nation.

Il faut qu'à un moment donné, les Compagnies de chemins de fer ne soient plus que des entrepreneurs de force motrice ; il faut que sur toutes voies ferrées puisse courir indistinctement le matériel de n'importe quel chemin de fer, de telle sorte que la marchandise arrive à sa destination sur le même wagon qui l'a reçue au départ, et sans la surcharge actuelle de transbordement, réexpédition, factages en gare, manipulations de toutes sortes, qui augmentent d'une manière trop notable son prix de revient. Il faut que le réseau complet des chemins de fer soit terminé, et il ne peut l'être que par les chemins de fer d'intérêt local.

Une autre amélioration surviendra; on commence à signaler en France quelques lignes du premier réseau, complétement *chargées.* On dit que la marchandise éprouve de grands retards, et que cela tient au service actuel de traction.

Nos trains de voyageurs, comme nos trains de marchandises, sont réglés à la minute. Ils doivent arriver à chacune des gares qu'ils traversent sans dépasser un retard ou une avance supérieure à 2 minutes.

Nos voisins d'Outre-Manche, dans les premiers temps de leur exploitation, suivaient le même principe; mais, aujourd'hui, la nécessité les a placés dans l'obligation de changer cette règle, et d'y substituer la marche régulière des trains, soit marchandises, soit voyageurs, en séparant les convois les uns des autres par un nombre de mètres déterminés.

Exemple :

Supposons un wagon partant de Marseille et se dirigeant sur Paris. Son heure de passage, d'après le système français, est chiffré à toutes les gares; il doit arriver à telle minute, à telle seconde.

Si c'est un train express, il courra à toute vitesse; s'il est omnibus, il s'arrêtera sur tel ou tel point, afin de permettre à l'express de passer; si c'est un train de marchandises, il séjournera dans la plupart des gares, afin de laisser le passage libre aux convois express ou omnibus.

Donc, dans le premier cas, il ira très vite; dans le second, beaucoup moins vite, et dans le troisième, fort lentement.

Il en résulte que les rails sur lesquels roulent ces différentes catégories de convois, ne seront pas chargés continuellement ni également, puisqu'à tous moments tel ou tel wagon séjournera.

L'effet utile obtenu, en le rapportant au service du rail, est loin d'être complet.

Dans le système anglais, ce même convoi, partant de Marseille, est suivi à cinq minutes d'intervalle par un autre convoi, qui lui-même est suivi, cinq minutes après, par un nouveau train, et ainsi de suite de cinq minutes en cinq minutes, tant qu'il y aura quelque chose ou quelqu'un à transporter. Certes, ces convois ne seront pas tous dirigés sur Paris, beaucoup auront pour point d'arrêt une station intermédiaire, mais, au départ de Marseille, tous suivront cette même direction.

Or, comme cinq minutes d'intervalle entre deux trains représentent une distance de 5 à 6 kilomètres, il s'ensuit que train de voyageurs ou train de marchandises sont obligés de marcher avec une égale vitesse.

En suivant un semblable système, nos lignes de chemins de fer pourraient faire circuler sur leurs rails dix fois le matériel qu'elles possèdent actuellement.

Est-il nécessaire de faire ressortir les avantages de toute nature que le système anglais apporte avec lui?

DEUXIÈME PARTIE

———

UTILITÉ DU CHEMIN DE FER CIRCULAIRE

DE LA

BANLIEUE DE PARIS

DEUXIÈME PARTIE

UTILITÉ DU CHEMIN DE FER CIRCULAIRE DE LA BANLIEUE DE PARIS

I

Nous venons de voir quelles sont les conditions qui présidèrent à la construction des chemins de fer en France ; nous avons essayé de faire ressortir les avantages dont le législateur avait doté les départements et les communes, en leur concédant la faculté d'établir des chemins de fer, d'intérêt local ; nous nous occuperons maintenant de la question des voies ferrées à créer dans le département de la Seine.

Ces chemins doivent avoir pour but :

1° De relier entre elles les communes situées entre les murs d'enceinte de la capitale, et les confins du département ;

2° D'unir ces mêmes communes avec les chemins de fer existants, c'est-à-dire avec les grandes lignes du Nord, de l'Est, de l'Ouest, d'Orléans et de Lyon ;

3° De relier ce réseau circulaire avec le centre de Paris au moyen de lignes, nouvelles ou anciennes, pénétrant dans l'intérieur de la ville ;

4° Enfin, de faire que partout cette voie nouvelle puisse être mise en communication directe avec les fabriques, les usines, les entrepôts situés dans le département.

La question ainsi posée n'est pas nouvelle ; elle surgissait le jour où Paris reculait les barrières de son octroi jusques à la ligne de ses remparts. Elle se commandait impérieusement alors que, les barrières étant reculées, les fabriques, les entrepôts, que cet agrandissement venait frapper dans leurs œuvres vives, se virent contraints à se réfugier dans la nouvelle banlieue, et à chercher un asile dans les communes du département de la Seine.

De 1860 à 1867, toutes les grandes industries, et avec elles les nombreuses populations qu'elles font vivre, toutes les grandes industries, disons-nous, groupées entre le mur d'enceinte et les fortifications, durent émigrer au delà des nouvelles barrières, afin d'échapper aux droits qui venaient grever la houille ou les matières premières alimentant leur existence industrielle. Le temps de répit qui leur avait été accordé, soit pour l'entrepôt fictif, soit pour l'exemption des droits, étant bien près d'expirer, ces forges, ces laboratoires, ces métiers, cette armée de travailleurs, cherchèrent donc une hospitalité qui, sans les trop éloigner de Paris, les plaçât cependant hors de l'atteinte de l'octroi.

Cette grande émigration est à peu près accomplie aujourd'hui, et les quelques retardataires qui restent encore s'en vont un à un, mais en *apportant une perturbation profonde* dans les conditions économiques de la fabrication.

Les communes suburbaines ouvrirent leurs bras à ces transfuges du travail, et offrirent une large hospitalité à ces usines, à ces entrepôts, à ces industries fuyant l'octroi.

Une nouvelle banlieue surgit donc tout aussitôt, banlieue bruyante, mouvementée, pleine de travail, embrassant dans un immense circuit, véritable couronne d'activité industrielle, toutes les communes disséminées autour de la ville.

Les premiers arrivés assirent leur demeure sur le bord des chemins de fer, des grandes routes ou des cours d'eau; puis ceux qui vinrent ensuite, trouvant les premières places occupées, bâtirent leurs usines dans des conditions d'exploitation un peu moins avantageuses, et ainsi de suite, jusqu'au dernier venu d'hier, dont la fabrique languit oubliée, silencieuse, au bord de quelque chemin vicinal.

Dans ces nouvelles installations, l'éloignement, comme aussi l'insuffisance des voies de transport dont l'industrie est contrainte de se servir, puisqu'il n'en existe pas d'autres, créèrent dès le premier moment une lourde charge qu'elle ne saurait, sans danger, supporter plus longtemps.

Les grandes voies ferrées qui unissent Paris aux quatre coins de l'Europe, ne touchent que quelques rares points privilégiés, laissant les autres dans un abandon, dans un isolement complet.

On s'est demandé bien souvent comment il se fait que cette nouvelle banlieue ne se soit pas déjà reliée avec Paris; pourquoi toutes les communes qui la composent demeurent sans communications entre elles; d'où vient, enfin, que ces mêmes communes ne se soient pas reliées avec les chemins de fer?

Suivant un vieux préjugé, depuis longtemps passé dans nos mœurs, on fait peser sur l'Administration la responsabilité de cet état de chose. Et comme, en France, on n'agit que sous l'empire ou sous la protection de l'autorité, attendant d'elle le mot d'ordre, on s'est endormi dans une espérance vaine, bercé par la douce croyance qu'un jour viendrait où cette autorité donnerait le signal du réveil. Mais, en attendant cet heureux jour, on n'a rien fait.

Au reste, avant 1867, qu'était ce qui forme aujourd'hui la banlieue de Paris? Quelques villages, autour desquels se groupaient ces petites villas, où le Parisien, las d'un labeur hebdomadaire, venait chercher le repos du dimanche. Pas d'usines, peu de travail, quelques maraîchers, des pépiniéristes, des agriculteurs.

Que serait venu faire là un chemin de fer?

Quels sont les éléments de vitalité qu'il y aurait rencontrés?

Où aurait-il trouvé l'intérêt d'un capital toujours considérable?

Est-ce dans le transport des rares produits agricoles que ces campagnes auraient pu lui fournir?

Est-ce dans l'émigration du dimanche?

Non certes; car, à cette époque, les frais même de l'entretien n'eussent pas été couverts, et si, il y a dix ans, nous fussions venus présenter au Gouvernement notre projet de chemin de fer, il est certain qu'il eût été repoussé, sans même obtenir la stérile consolation d'une prise en considération, même momentanée.

De 1860 à 1865, les grandes Compagnies seules avaient été autorisées à s'occuper de cette question ; ne venaient-elles pas de construire le chemin de fer de Ceinture ?

Nous l'avons vu, ce n'est qu'à partir de 1865 que, par suite de l'émigration de l'industrie parisienne, ce chemin cessa de rendre les services en vu desquels il avait été construit. Ce fut également à la même époque que le Gouvernement octroya aux communes et aux départements le droit de créer des chemins de fer d'intérêt local.

Mais ce qui ne devait même pas être pensé, il y a dix ans, devient d'une impérieuse nécessité, aujourd'hui que les mille industries chassées de leur première résidence se sont répandues dans toutes ces communes suburbaines, cherchant un coin pour installer leurs machines, leurs enclumes, leurs établis, et traînant à leur suite des milliers de travailleurs ; car le désert est maintenant peuplé, et une vie d'activité s'est éveillée au sein de ces solitudes.

Comme nous l'avons fait remarquer, lorsque nous examinions la loi de 1865, pour que le Gouvernement ne s'oppose pas à la création d'un chemin de fer d'intérêt local, il faut qu'il présente un caractère irréfutable d'utilité pour le commerce et l'industrie du département.

Nous croyons avoir établi l'insuffisance des voies de transport dont dispose le département de la Seine. Tous ceux qui connaissent la banlieue de Paris seront parfaitement édifiés sur la nécessité de créer de nouvelles voies, sans qu'il soit nécessaire d'entrer dans de plus grands développements ; cependant, la question est tellement grave, que l'on nous excusera d'insister sur ce sujet, en essayant de prouver, commune par commune, l'absolue nécessité de cette création.

En jetant les yeux sur la carte du département de la Seine, on remarque que toutes les lignes de chemin de fer rayonnant de Paris, ne desservent que quelques localités.

Le nombre de ces heureuses communes, assez privilégiées pour être desservies par une voie ferrée, est tellement restreint, qu'il est facile de les compter, de même qu'il est facile de savoir le nombre des rares usines et entrepôts mis en communication avec ces chemins de fer.

Le *Chemin de fer du Nord* touche Saint-Denis, Épinay, et se raccorde avec les Magasins généraux de Saint-Denis.

Le *Chemin de fer de Soissons* dessert Pantin et le Bourget.

Le *Chemin de fer de Rouen* dessert Asnières et Colombes.

Le *Chemin de fer de Saint-Germain*, Nanterre.

Le *Chemin de fer de Versailles* (R. D.) touche Courbevoie, Puteaux, Suresnes.

Le *Chemin de fer de Versailles* (R. G.) passe par Vanves et Clamart.

Le *Chemin de fer de Sceaux* dessert Arcueil, Bourg-la-Reine et Sceaux.

Le *Chemin de fer d'Orléans* traverse Vitry et Choisy.

Enfin, le *Chemin de fer de Lyon* ne touche que Charenton et Maisons-Alfort.

Ces neuf lignes de chemin de fer desservent donc 19 communes. Sur ce nombre, déjà bien restreint, fort peu reçoivent la marchandise; car ce qui ne s'explique pas, c'est que les stations ne sont pourvues ni des voies, ni des bâtiments spéciaux pour l'expédition ou la réception des colis. Cela tendrait à faire croire que les Compagnies se sont imaginé que les habitants de la banlieue parisienne n'avaient pas le droit de recevoir ou d'expédier des marchandises.

Si ce service n'existe pas, le transport des voyageurs laisse également beaucoup à désirer, puisque les trains ne traversent ces localités que tout au plus une fois par heure.

A ces neuf lignes que nous venons de citer, il faut ajouter :

Le *Chemin de fer du Nord-Ouest* qui relie la gare du Nord à la gare de l'Ouest, en passant par Colombes, Argenteuil, Sannois, Enghien ;

Le *Chemin de fer de Vincennes*, desservant Saint-Mandé, Vincennes, Fontenay-sous-Bois, Nogent, Joinville, Saint-Maur;

Le *Chemin de fer d'Auteuil*, qui court en dedans des fortifications et qui fait suite au *Chemin de fer de ceinture*.

Ces derniers chemins de fer sont évidemment des lignes n'ayant en vue que le service du département, et cependant, en imitation sans doute des grandes voies, rien n'est disposé dans leurs gares pour le service des marchandises.

En résumé, le département de la Seine se compose de 71 communes; sur ce nombre, plus de la moitié ne peut ni facilement, ni économiquement se rendre à Paris; sur ce nombre, il n'en est pas une seule qui soit reliée avec sa voisine de droite ou de gauche, et infiniment peu pouvant recevoir ou expédier les marchandises.

Voici, à ce propos, ce que disait le rapport présenté à l'Assemblée législative, dans une discussion concernant le chemin de fer de Ceinture :

« En pénétrant dans Paris, comme on a commencé à le faire avec
« le chemin de fer de Vincennes, ce sera rendre, à tous les points de
« vue, d'immenses services au commerce, à l'industrie et surtout
« aux nombreux ouvriers ou employés qui résident dans la ban-
« lieue. On pourrait affirmer déjà, ajoutait le rapport, que le besoin
« de pénétrer dans Paris par plusieurs points, par des voies ferrées
« pour communiquer avec le chemin de fer de Ceinture, se faisait
« plus que jamais sentir d'une manière impérieuse, puisque déjà
« on réclamait des communications autres que celles qui existaient
« alors. »

M. le Directeur général des travaux de Paris, dans ses notes à l'appui du budget de 1872, faisait remarquer que :

« Si les omnibus peuvent suffire en temps ordinaire aux besoins
« de là population, ils deviennent complétement insuffisants les
« jours de fêtes pour la plupart des lignes, et quotidiennement sur
« les grandes artères, objet d'une circulation très active.

« Pour remédier à cette insuffisance, il faut employer des voi-
« tures de grande dimension, partant à des intervalles très rap-
« prochés. Mais alors les moyens ordinaires de traction sont in-
« suffisants et il devient indispensable de recourir soit à la vapeur,
« soit aux voies ferrées.

« Paris, sous ce rapport, est à l'état d'infériorité vis-à-vis des

« autres capitales. En Angleterre, en Amérique, à Bruxelles, à
« Vienne, il existe de nombreux chemins de fer posés sur le sol
« des rues et connus sous le nom de chemins de fer américains
« ou *tramway*.

« A Londres, des chemins de fer souterrains sillonnent une
« partie considérable de la ville. New-York possède, indépendam-
« ment des tramway, des chemins de fer aériens, posés au-des-
« sus du sol par un système de colonnes et de travées métal-
« liques.

« A Paris, au contraire, il n'existe qu'une faible section du tram-
« way concédé à la Compagnie Loubat, entre Sèvres et Vincennes,
« qui n'a jamais été prolongé au-delà de la place de la Concorde,
« et qui est encore à exécuter entre cette place et Vincennes. »

Un peu plus loin ces mêmes notes ajoutent :

« Il faut attendre, d'une part, que l'expérience ait prononcé
« sur les avantages et les inconvénients des tramway, sous le
« rapport du bon état de la voie publique et de la gêne apportée
« à la circulation, et, d'autre part, que le public se soit habitué
« à la circulation extérieure des grands véhicules, avant de les
« introduire dans l'intérieur de Paris. »

De ces quelques passages empruntés, comme nous venons de le
dire, au rapport présenté à l'Assemblée législative et aux notes
de M. le Directeur général des travaux de Paris, de ces notes, disons-nous, il ressort ce fait principal que, si Paris et le
département de la Seine ont besoin de moyens de transports
plus faciles et plus nombreux que ceux qui fonctionnent actuellement, il ne faut cependant user des tramway qu'avec modération.

Pour notre part, nous nous rallions complétement à l'avis
de M. le Directeur général des travaux qui, lui-même, implicitement, partage l'opinion de M. le rapporteur à l'Assemblée législative ; car, ainsi que le disaient les rapports concernant les chemins de fer du Nord et de Vincennes, il n'y a qu'un chemin de fer
ordinaire, à double voie et à traction de locomotive, qui puisse répondre, pour le présent comme pour l'avenir, aux besoins des
communes de la banlieue de Paris.

Les tramway rendent de grands services, et ils en rendront partout où ils seront installés. Comme nous l'avons fait remarquer, ils

constituent une transition, un compromis entre l'omnibus ordinaire et le chemin de fer ordinaire.

C'est ainsi que nous les voyons diparaître, alors que les besoins de circulation ou de transport sont devenus tels, qu'ils ne peuvent plus y répondre.

A Vienne, à Bruxelles, à Londres, à New-York et à Paris, les services qu'ils rendent sont nombreux et incontestables ; mais pourra-t-on en dire autant, alors qu'il s'agira de desservir les environs de Paris?

L'expérience prouve qu'ils ne peuvent s'étendre que sur une longueur de quelques kilomètres et qu'ils ne peuvent être employés qu'au transport des voyageurs et des petits colis.

Dans le cours de sa dernière session, le Conseil général a voté un réseau de tramway reliant Paris avec les localités les plus importantes de la banlieue; ces lignes partiront :

Du quai du Louvre jusqu'à Vincennes ;
De la Bastille à la gare de Lyon ;
De Vincennes à Charenton ;
De la rue de Montreuil à Montreuil ;
De la place du Château-d'Eau à Aubervilliers ;
De la rue Lafayette à Pantin ;
De la place de la Chapelle à Saint-Denis ;
De la place de Clichy à Saint-Ouen, à Clichy, à Gennevilliers ;
De la place Saint-Augustin à Neuilly et à Levallois ;
De la place de l'Ecole à la porte Maillot ;
Du pont de Neuilly au pont de Suresnes ;
De la rue de Sèvres à Clamart ;
De la rue de Rennes à Fontenay-aux-Roses ;
De la rue d'Enfer à Sceaux ;
De la rue des Écoles à Vitry ;
Du pont d'Austerlitz au pont de Bercy ;
Du pont d'Austerlitz à la gare de Lyon.

Enfin, toutes ces lignes seront soudées entre elles par un chemin circulaire courant sur les anciens chemins de ronde de Paris, depuis le pont de Bercy jusqu'à la place de l'Etoile, l'avenue Joséphine, l'avenue Bosquet, l'avenue de Trouville, les boulevards des Invalides, du Montparnasse, de Port-Royal, de Saint-Marcel et de l'Hôpital.

C'est là une décision excellente et qui, comme à Vienne et à Bruxelles, rendra des services signalés ; mais, comme nous le verrons en décrivant le tracé du chemin de fer circulaire de la banlieue de Paris, ces tramway seront son complément, car un vrai chemin de fer, celui que nous connaissons et que nous proposons, armé de ses deux rails, traîné par la locomotive, ne peut pénétrer partout dans Paris et y circuler librement, comme le fait si facilement le tramway.

Si la construction d'un chemin de fer comme celui que nous proposons est vivement souhaitée par ceux qui en apprécient tous les avantages, il est, d'un autre côté, l'objet de critiques émanant en général de personnes qui n'y sont nullement intéressées.

Quelle que soit la source de ces critiques, nous croyons qu'il est de notre devoir de démontrer combien peu elles sont fondées.

Le chemin de fer de Ceinture remplit, dit-on, à la satisfaction de tous, ou est à même de remplir ce service, qui consiste à transporter la marchandise à la fabrique, aux entrepôts, puisque cette voie sert de trait d'union entre toutes les grandes lignes de chemins de fer.

Une deuxième ligne placée, il est vrai, dans de meilleures conditions *pour la banlieue*, n'en serait pas moins une voie concurrentielle, puisque toutes les deux sont astreintes à un camionnage quelconque pour remettre la marchandise à destination.

Voyons ce qu'est le chemin de fer de Ceinture.

Cette ligne fut concédée le 10 décembre 1851. Pour justifier sa création, le Gouvernement disait :

« L'établissement autour de Paris d'un chemin de fer de Ceinture, « destiné à relier les gares des lignes qui rayonnent de la capitale « vers les principaux points du territoire, est une entreprise essen- « tiellement nationale, réclamée depuis longtemps par les intérêts « commerciaux et militaires du pays. »

Le décret du 9 février 1859, qui reculait les limites de Paris jusqu'à l'enceinte fortifiée, a eu comme conséquence de comprendre le chemin de fer dans l'intérieur de la ville.

En 1854, les relations étaient établies entre les gares des cinq principaux chemins, entre Ivry et Batignolles. Deux gares spéciales pour les marchandises furent créées à Belleville-Villette et à Charonne. L'achèvement du chemin de Ceinture entre Ivry et Auteuil, par Vaugirard, eut lieu en janvier 1867.

Quatre embranchements particuliers desservirent les usines de MM. Gouin, les Docks de Saint-Ouen, les Entrepôts et Magasins généraux.

Enfin, dans les derniers jours de 1868, les travaux de raccordement entre Courcelles et l'avenue de Clichy furent complétement terminés.

Comment a-t-il été nécessaire d'employer tant de temps pour l'établissement d'un chemin de fer dans Paris?

Les raisons? Nous les trouvons dans les rapports du Syndicat des cinq grandes Compagnies qui exploitent ce chemin de fer, et dans les faits que nous allons analyser.

Le but que l'on se proposait, en créant le chemin de fer de Ceinture, était de venir en aide à la population des communes suburbaines ; mais, en fait, il n'a servi qu'à relier entre elles les diverses lignes s'éloignant de Paris.

Le mouvement de marchandises qui s'y effectue, n'est autre chose que le passage d'une ligne sur une autre ; de telle sorte que le colis qui arrivait du Nord, de Lille, par exemple, devait passer par Paris, prendre le chemin de fer de Ceinture pour venir rejoindre la ligne d'Orléans, ou de Lyon ou autre, mais faisait ainsi fort inutilement un parcours considérable. Lorsque les lignes de grande circonvallation, aujourd'hui bien près d'être terminées, seront contruites, lignes qui d'Amiens viendront rejoindre Rouen, qui de Rouen seront en relations directes avec les lignes d'Orléans, de Lyon, de l'Est, ces envois ne viendront plus alimenter le chemin de fer de Ceinture.

Certes, le chemin de fer de Ceinture a rendu et rend encore des services, et il en rendra jusqu'à l'achèvement de ces lignes transversales, dites du premier réseau.

Ceci est d'autant plus vrai, que les services rendus par ce chemin de fer sont à peu près nuls pour Paris ; et la preuve, c'est qu'à part les quelques gares de marchandises qu'il a créées et les quelques embranchements qui desservent une fabrique, un chemin de fer ou un magasin, à part cela, disons-nous, il n'y a plus rien.

Si ce chemin de fer avait été réellement conçu en vue de venir en aide aux fabriques, chacune de ses gares aurait été pourvue de tout l'agencement nécessaire pour la réception des marchandises.

Mais c'est le contraire qui a lieu : la marchandise à destination soit de Paris, soit de la banlieue, s'arrête dans les gares des grandes Compagnies : c'est là qu'elle est déchargée, c'est là qu'elle est prise par les camions pour être transportée à sa destination.

« Aussi peut-on constater, rapporte M. Décombes, à toute heure « du jour que l'encombrement de Paris va toujours croissant par le « service du camionnage, que la création du chemin de fer de Cein- « ture avait eue pour but de diminuer dans une certaine proportion.

« *Chaque Compagnie a son entreprise spéciale de camionnage,* « qui est pour elle une source très importante de produits, et chaque « entrepreneur, *pour le compte de la Compagnie,* a intérêt à donner « le plus d'extension possible à ce service.

« Dans chacune des gares de Batignolles, La Chapelle, La Villette, « Bercy et Ivry, le chemin de Ceinture a des bureaux spéciaux pour « les expéditions et les arrivages de marchandises ; mais le tarif « élevé et les droits de gare rendant plus onéreux les transports « par ces intermédiaires, les expéditeurs ou réceptionnaires trou- « vent économie, malgré la distance, à remettre les marchandises « ou à en prendre livraison à la gare même de la ligne principale « qui effectue le transport.

« En résumé, le chemin de Ceinture ne sert réellement que pour « les marchandises par *wagons complets en transit,* entre Ivry et « Batignolles, pour la rive droite seulement, mais il ne sert pas à « faciliter les expéditions et les arrivages plus à proximité des « gares et à diminuer l'encombrement d'un camionnage traversant « souvent tout Paris dans tous les sens, sans avantage.

« En un mot, le chemin de Ceinture n'est pas un chemin public « dans la véritable acception du mot, *c'est le chemin privé des* « *Compagnies syndiquées.* »

L'auteur que nous venons de citer corrobore sa relation par des faits : il établit qu'une tonne de marchandises, arrivant à une des grandes gares, coûte bien moins à faire transporter directement à domicile que si elle se sert du chemin de fer de Ceinture dans le but d'abréger d'autant le service du camionnage.

Si ces faits sont l'expression sincère des choses, il devient évident que, si on voulait appliquer les services du chemin de fer de Ceinture à l'usage des communes suburbaines, le mal dont on se plaint aujourd'hui ne ferait qu'augmenter. Cela est évident même pour les plus incrédules, puisqu'à cette distance plus grande viendraient encore s'ajouter les ennuis de l'octroi.

Quel parallèle peut-on établir entre le chemin de fer de Ceinture et le chemin de fer circulaire de la banlieue de Paris? Ce dernier ne vient-il pas s'embrancher à toutes les lignes, à une distance de 4 à 5 kilomètres des gares de Paris? Ne conduira-t-il pas les marchandises, non-seulement aux gares de toutes les communes, gares disposées en vue de ce service, mais encore ne donnera-t-il pas à tous entrepôts, fabriques, usines et ateliers, la facilité de s'embrancher directement avec lui?

La meilleure objection, parmi toutes celles que l'on pouvait chercher pour démontrer qu'il est nécessaire de ne pas s'astreindre à vouloir faire desservir les intérêts de la banlieue par le chemin de fer de Ceinture, nous est fournie par la Compagnie du chemin de fer du Nord.

Par où donc le chemin de fer du Nord fait-il son service de transit, voyageurs ou marchandises? Est-ce par le chemin de fer de Ceinture, dont il est cependant l'un des cinq sociétaires? Est-ce par le Nord-Ouest?

D'Ermont à Argenteuil, la distance est de. . .   5 kilomètres
D'Argenteuil à Batignolles.   8   —

       Total . . . .   13 kilomètres

D'Ermont à La Chapelle (Nord-Ouest). . . . .   13 kilomètres
De La Chapelle à Batignolles   6   —

       Total. . . . .   19 kilomètres

La distance étant moindre, le coût de moitié moins élevé, la suppression du transport par le chemin de fer de Ceinture s'est naturellement opérée.

Et comme il n'y avait là aucune concurrence, l'augmentation du transport ne s'en est nullement ressentie : en 1868, l'Ouest transportait 876 tonnes de plus qu'en 1867, et le Nord 60,323 tonnes.

S'il est incontestable pour tous que les fabriques situées dans la banlieue de Paris doivent et recevoir et expédier au meilleur marché possible, d'une part, les objets nécessaires à leur fabrication, de l'autre, leurs produits manufacturés; s'il est certain que cette nécessité ne trouvera satisfaction que dans un chemin de fer qui les reliera avec les grandes lignes, il est tout aussi incontestable que les habitants des communes suburbaines du département de la Seine, recevant dans leur sein les ouvriers qui donnent la vie à ces fabriques, doivent s'affranchir au plus tôt des droits et des frais qu'ils payent actuellement à Paris.

Le tribut versé à Paris par les communes suburbaines est considérable. Ce tribut se compose de transports inutiles qui, sous forme de camionnage, grèvent la marchandise nécessaire à l'alimentation, des droits d'octroi que ces mêmes marchandises subissent en venant s'aventurer inutilement dans la capitale.

Les marchandises de toute nature et de toutes provenances, à destination du département de la Seine, entrent à Paris par le chemin de fer, par le canal, par la rivière, par la route.

Cette centralisation pouvait, jusqu'à un certain point, être admise avant 1860, c'est-à-dire alors que l'agglomération était concentrée dans la limite des fortifications; aujourd'hui, elle n'a plus de raison d'être. Pour que cet état de choses change, il faut mettre la banlieue à même de pouvoir recevoir directement les produits dont elle a besoin pour son alimentation.

On semble croire qu'il est tout à la fois plus facile et plus économique d'amener aux Halles tous les produits alimentaires pour être revendus là au détail, et réexpédiés dans la grande banlieue à l'aide de ces voitures spéciales que nous connaissons.

Pour rétorquer un semblable préjugé, il suffira de demander au voiturier si c'est gratuitement qu'il transporte ces denrées, et à l'octroi s'il rembourse à la sortie les droits perçus à l'entrée.

Est-ce que la population du département de Seine-et-Oise, Versailles par exemple, songe à s'approvisionner à Paris?

Ce qui manque à la banlieue, pour détourner ce mouvement et

faire cesser un abus, c'est non-seulement un chemin de fer qui unisse les communes entre elles et avec les grandes lignes, mais encore la création de marchés fréquents et périodiques.

Par la facilité des transports, chaque marchand se rendra tous les jours au marché, et ceux-ci étant approvisionnés s'affranchiront des droits d'octroi et des transports inutiles que Paris leur impose aujourd'hui.

Une autre objection soulevée est la suivante :

S'il est vrai que l'ancienne administration se soit trop préoccupée de refouler l'industrie parisienne hors de l'enceinte de la ville, l'administration actuelle fait absolument le contraire, et, par les mesures qu'elle vient de prendre en abandonnant, sous forme d'abonnements en faveur des fabriques de Paris, tous les droits qui pesaient sur les houilles, elle ôte bien du mérite à l'utilité du chemin de fer proposé.

Au premier aspect, l'objection paraît sérieuse, mais elle tombe d'elle-même si on considère que toute la grosse industrie parisienne est établie hors de Paris, et qu'elle ne peut réellement vivre que là; que les mesures protectrices édictées par l'administration ne couvrent que la petite industrie qui, elle, ne saurait exister ailleurs qu'au centre même de Paris.

Nous nommons *grosse industrie*, celles qui sont classées dans la première et deuxième catégories et qui sont réputées bruyantes ou malsaines; nous nommons *petite industrie* ces mille ateliers dans lesquels se confectionne l'article dit « de Paris. »

La première ne peut vivre qu'au grand air et loin des maisons; la seconde trouve, au contraire, son élément vital au cœur même de la ville, dans sa partie la plus populeuse.

Dans l'acception propre du mot, l'ancienne administration n'a rien changé en annexant les faubourgs; elle n'a fait qu'obliger les industries appartenant à la 1re et 2e catégorie à se déplacer, et ce, au profit de l'hygiène publique.

Quelques grandes usines sont cependant demeurées en place; elles sont, pour la plupart, situées sur les points les plus excentriques de la ville; mais, malgré le dégrèvement de tous droits sur leurs matières premières, un jour viendra, et d'après nous ce jour est proche, où ces retardataires suivront le mouvement d'émigration contre lequel elles luttent encore aujourd'hui.

Il ne suffit pas, en effet, que, par le dégrèvement, les droits sur les matières premières ne viennent plus peser sur la marchandise ouvrée, il est d'autres éléments qui influent aussi sur son prix de revient, éléments dont on doit tenir compte.

La main-d'œuvre, par exemple :

Il n'est pas vrai que le prix de la main-d'œuvre soit le même partout; tout au plus arrive-t-il à un certain équilibre lorsqu'il s'applique à quelque corps de métier privilégié, pour lequel les connaissances, le savoir, la science comptent plus que le travail manuel; mais l'industrie applique le savoir, la science au perfectionnement ou à l'invention d'une machine que l'ouvrier conduira ou fera mouvoir.

Comme on le voit, en dernière analyse, l'ouvrier devient le directeur d'une machine, le conducteur d'un outil, le manœuvre d'un engin, qui produira d'autant plus qu'il sera plus complétement perfectionné.

L'apprentissage d'un pareil métier n'égalera jamais celui qu'exige la petite industrie, celle de ces mille riens connus sous la dénomination d'*Articles de Paris*, production essentiellement parisienne comme son nom l'indique, et qui exige chez ses apprentis une certaine dose de connaissances et de savoir.

Le prix de la main-d'œuvre ne variera donc pas dans ce dernier cas; mais, dans le premier, il subira les exigences du moment et du milieu, et sera en proportion avec le coût de la vie animale, le boire, le manger, le gîte, etc.

Si sur quelques points de France la vie coûte peu, la main-d'œuvre en fabrique coûtera également peu : supposons 3 francs par jour, alors que cette même main-d'œuvre atteindra le double à Paris, où le pain, le vin, la viande, etc., coûteront également le double.

De là, cette nécessité obligée de transporter les fabriques hors des murs de Paris, à moins que la Ville, ne veuille abolir les droits d'octroi qui frappent les objets de consommation.

Et cela est si vrai, que les quelques communes de la banlieue qui ont eu soin d'affranchir ou tout au moins de réduire ces droits à des proportions insignifiantes, et de ne grever les objets de consommation que d'un impôt fort léger, sont celles qui ont vu venir se grouper autour d'elles le plus grand nombre d'établissements industriels.

Donc, là encore l'excellente mesure prise par le Conseil municipal de Paris n'apporte aucune entrave à l'émigration de l'industrie dans la banlieue.

Examinons à présent la troisième critique qui nous est faite :

Les tramway, moins coûteux d'établissement, rempliraient le but proposé ; les chemins de fer à double voie, tels que ceux qui existent, sont d'un prix de rèvient trop élevé, et s'ils sont si chers, ils ne pourront ni amortir leur capital ni même payer l'intérêt du coût.

Nous répondrons à la première partie de cette objection dans le chapitre consacré au tracé ; quant à la deuxième partie de cette même critique qui se réfère spécialement à la question du rendement, nous la résoudrons dans le chapitre du trafic et revenu probables.

Cependant, dès à présent, nous ferons remarquer que si, dans une agglomération telle que celle que nous nous proposons de desservir, les tramway pouvaient suffire, ce serait la condamnation la plus éloquente de ce que la France a fait depuis 1842, en créant cet outillage national qui doit lui permettre de demeurer la première nation industrielle du monde.

TROISIÈME PARTIE

TRACÉ

Les conditions qui doivent présider au tracé du chemin de fer circulaire de la banlieue de Paris sont les suivantes :

Relier les communes entre elles ; les relier aux chemins de fer existants ; les mettre en communication directe avec le centre de la métropole.

Tout le monde, sans exception, est d'accord sur cette nécessité ; aussi n'a-t-elle jamais été sujette à discussion.

L'ancienne administration préfectorale songeait sérieusement à résoudre ce problème ; seulement, le moyen qu'elle voulait employer ne devait répondre que d'une manière fort insuffisante aux besoins de la banlieue.

L'idée consistait à compléter les voies de terre qui entourent en partie la ville, à continuer, en un mot, le projet qu'avait en vue Louis XIV lorsqu'il fit construire cette route qui devait plus tard être connue sous le nom de route de la Révolte.

La dépense présumée était de 40 millions.

Ce projet nécessitant une dépense de 40 millions de francs, quoique reliant les communes entre elles et avec Paris, les reliant également aux chemins de fer, avait peu d'utilité lorsqu'il fut conçu, mais il nous semble qu'en 1872, cette utilité est encore moins définie.

La route ordinaire, le roulage en un mot, peut-il lutter sur les questions de rapidité et d'économie avec les voies ferrées ?

Voyageurs et marchandises ne doivent-ils pas aujourd'hui être transportés rapidement ?

Depuis les derniers événements, la question a été épuisée et ramenée à son véritable jour ; le programme tracé par le Conseil général de la Seine est net, bien défini.

Ce programme dit :

« Mettre les différentes parties du département de la Seine en
« communication avec un chemin de fer de ceinture, qui serait
« placé à l'intérieur de Paris, en dedans du chemin de Ceinture
« actuel. » Le programme ajoute encore : « Il faudra relier les dif-
« férentes gares de chemins de fer, soit entre elles, soit avec le
« nouveau chemin de fer, soit avec le centre de Paris. »

Le projet que nous avons présenté visait ces deux conditions.

L'autorité préfectorale n'a pas porté notre projet devant le Conseil général, non qu'elle en conteste l'utilité, comme le prouvent les paroles suivantes des Commissions des tramway ou des chemins de fer dans l'intérieur de Paris, mais bien parce que la question avait besoin d'être mieux élucidée.

La faute en est donc entièrement à nous, ingénieur, et non au défaut d'utilité de l'œuvre.

MM. les rapporteurs s'expriment ainsi :

« Serons-nous témoins un jour de nouveaux progrès ? Verrons-nous la locomotive se substituer au cheval, et circuler sur les rails de nos tramway, remorquant derrière elle des voyageurs et des marchandises ? *Il est permis de l'espérer, et cette éventualité doit être prévue et faire l'objet de réserves formelles dans les traités à intervenir.*

« Nul doute que, plus tard, les tramway seront remplacés par
« des railway ; et il est permis d'entrevoir que, sur certains
« points, cette transformation ne se fera pas brusquement, mais
« qu'il se manifestera un régime transitoire, d'une longue durée
« peut-être, pendant lequel les routes d'une largeur suffisante se-
« ront parcourues, sur un de leurs accotements, par des railway
« à traction de locomotives et à voie réduite, épousant les sinuosités
« du sol et remorquant des petits trains de voyageurs et même de
« marchandises, bagages, etc. Mais, sans attendre cette époque,
« plus ou moins rapprochée, votre Commission émet le vœu que,
« pour hâter l'épanouissement du réseau départemental, l'admi-
« nistration poursuive les études des lignes de chemin de fer en-
« treprises au point de vue particulier des besoins de la banlieue. »

Si le problème à résoudre est plus ou moins bien défini par les honorables rapporteurs, il est cependant incontestable que l'opinion émise manque de dialectique, si on la compare aux faits acquis depuis l'introduction des chemins de fer en France, alors qu'ils proposent de délaisser les moyens complets pour créer des moyens incomplets, qui ne sont pas appelés à donner satisfaction aux intérêts des populations.

Si l'ancienne administration préfectorale proposait d'enfouir 40 millions de francs dans la création de routes ordinaires desservant les alentours de Paris, le Conseil général, obéissant aux lois vraies et positives qui découlent du progrès, avait raison de proposer que cette voie de communication fût un chemin de fer. Et le Conseil général était dans le vrai, lorsqu'il disait, à l'appui de son opinion, qu'une nation qui ne transforme pas ses voies de transport au fur et à mesure que le progrès découvre de nouveaux moyens, se trouvera bientôt hors d'état de lutter industriellement contre la concurrence de ses voisins mieux outillés.

Dans leur rapport, les Commissions ne décident rien, en disant que le temps amènerait la transformation en voies ferrées des routes ou des tramway qu'elles proposaient.

Certainement on peut transporter voyageurs et marchandises par les routes ordinaires, mais peut-on transporter dans les mêmes conditions d'économie et de rapidité que par chemin de fer?

Comme nous le verrons lorsque nous aborderons la question du trafic, nous établirons notre point d'infériorité avec chiffres à l'appui. Mais, en attendant cette démonstration, il faut que nous réagissions sur les craintes que nous venons de signaler, en soutenant que, pour la banlieue de Paris, vous ne pouvez pas plus vous contenter de l'ancien système de roulage, que vous ne satisferez ses besoins par l'emploi des demi-mesures, c'est-à-dire par l'adoption de ce moyen-terme, fort à la mode aujourd'hui, sous le nom de tramway.

Nous n'avons pas l'intention de critiquer les tramway; loin de là, nous soutenons au contraire que leur établissement devrait être autorisé partout où la demande en est faite. Ils n'entraînent aucun embarras, aucun dérangement sur les points où ils sont placés, et ils peuvent être enlevés sans apporter le moindre obstacle à la circulation.

Mais cessons de les comparer aux chemins de fer; leur rôle est tout différent, car ils ne seront jamais qu'un moyen perfectionné pour faciliter le passage d'un omnibus; ils ne sont applicables que pour un faible parcours, et, dans le cas qui nous occupe plus spécialement, ils n'auront d'autre rôle que de transporter les voyageurs aux communes voisines plus facilement et plus économiquement que la voiture ordinaire. — Voilà tout leur rôle.

Peuvent-ils acquérir la même rapidité que les chemins de fer?

Le matériel des chemins de fer peut-il emprunter leurs rails? Si cela est impossible, les tramway ne peuvent prétendre être, dans le département de la Seine, le complément du réseau des grands chemins de fer français.

Par leur aide, un wagon provenant d'un point quelconque du territoire se rendra-t-il directement à la fabrique, à l'entrepôt de destination sans transbordement, et par conséquent de telle sorte que cette marchandise soit exonérée des énormes frais qu'elle supporte aujourd'hui?

L'administration préfectorale actuelle, et MM. les rapporteurs dont nous venons de citer le travail, sont implicitement du même avis que nous. En effet, d'une part, M. le Préfet promet que des études seront faites, et la Commission avoue qu'il est indubitable que, dans un moment donné, il faudra construire de vrais chemins de fer.

Cet accord est bien plus grand encore si l'on s'en rapporte au vote émis par le Conseil général dans sa dernière session. *La question est restée entière.* Les chemins de fer votés ne sont que des lignes intérieures, dans lesquelles la banlieue est absolument étrangère. Ces tramway convergent de l'intérieur de Paris vers divers points de la banlieue.

Il y a loin de là à la satisfaction réclamée par le département de la Seine.

Laissons donc à chaque chose le travail qui lui est propre, et ne demandons pas à un tramway le même service que nous exigerons d'un chemin de fer.

MM. les rapporteurs se trompent donc évidemment lorsqu'ils insinuent que l'on transformera avec le temps les tramway en railway; cette transformation n'aura jamais lieu, parce qu'il n'y a aucune analogie entre l'un et l'autre système.

CONDITIONS D'ÉTABLISSEMENT

Il résulte des conditions que nous venons de formuler dans le chapitre précédent que, pour desservir utilement les intérêts du département, il faut créer un chemin de fer à double voie, s'embranchant avec les chemins de fer en exploitation, les reliant aux communes, établir enfin une voie ferrée sur laquelle le matériel des grandes Compagnies puisse circuler, sans que l'on soit contraint à opérer aucun transbordement de marchandises.

Nous allons passer en revue les conditions nécessaires pour obtenir ce résultat.

Le chemin dont il s'agit doit être la reproduction scrupuleusement fidèle du système de construction adopté par les grandes lignes ; de telle sorte que les rampes, les courbes puissent recevoir sans obstacle le matériel de n'importe quelle Compagnie.

Il faut, en effet, que les lignes des chemins de fer de la Seine concourent à la disposition d'ensemble des autres lignes ; il faut que ce chemin de fer vienne s'unir aux autres lignes, non pas sur un point unique, mais sur divers.

Il faut que toutes les voies ferrées de France forment un système d'anneaux enlacés les uns aux autres et sans solution de continuité.

Il faut donc que partout où une voie ferrée en rencontrera une autre, elle se soude avec elle.

Mais il est certaines règles à suivre pour que cette jonction indispensable ne vienne pas jeter la perturbation dans le service des chemins de fer établis.

Il ne suffit pas de venir opérer cette jonction sur n'importe quel point, par une courbe bien réglée.

Les points à choisir préférablement sont les stations d'arrivée ou de départ. Venir se relier aux extrémités des lignes est, sans contredit, le meilleur des modes.

Dans notre première section, nous prolongeons le chemin de fer de Saint-Ouen à ses deux extrémités; nous prolongeons également le chemin de fer d'Auteuil jusqu'à Boulogne.

Dans la deuxième section, nous venons prendre le chemin de fer de Sceaux vers Bourg-la-Reine, et ne le quittons qu'au-dessus d'Arcueil, empruntant ou n'empruntant pas ses propres rails, construisant une double voie latéralement à la sienne, suivant ce que l'administration de ce chemin de fer décidera relativement à l'écartement de ses rails, écartement en complet désaccord avec les mesures adoptées par les autres chemins de fer français.

Dans la troisième section, nous venons nous relier à l'extrémité du chemin de fer de Vincennes.

Dans la quatrième section, nous venons également rencontrer ce même chemin de fer de Vincennes à Fontenay-sous-Bois.

Comme on le voit, nous sommes toujours et partout un prolongement des lignes existantes, et partant des affluents.

Dans nos jonctions avec les stations, nous passons soit au-dessus soit au-dessous. Nos rails ne se soudant pas avec les leurs, nous devenons pour eux une correspondance. Avons-nous besoin de faire remarquer qu'il ne saurait en être autrement, et qu'une ligne de chemin de fer ne doit jamais être coupée à angle droit par une autre ligne?

Nos jonctions avec les stations sont les suivantes :

Dans la première section, nous passons au-dessus du chemin de fer de l'Ouest, à la Garenne, où l'administration de cette ligne se propose d'établir une gare.

La deuxième section passe à Vanves, sous la ligne de Versailles.

La troisième section passe au-dessus du chemin de fer de Lyon, à Maisons-Alfort, et au-dessus de la ligne d'Orléans, à Vitry.

Ces correspondances sont établies en vue du service des voyageurs, et leur permettront de prendre l'une ou l'autre des directions desservies par ces lignes.

Mais le chemin de fer circulaire de la banlieue de Paris ne borne pas là son rôle; son autre but est le transport des marchandises, qui doivent atteindre le lieu de destination sans quitter le wagon qui les aura reçues au départ.

Dans la première section, nous venons nous souder à la ligne de l'Ouest, à la station de la Garenne; — au chemin de Ceinture, à Auteuil; — au chemin de fer des Docks, à Saint-Ouen.

La deuxième section rencontre le chemin de fer de Ceinture à Javel.

La troisième section se raccorde avec les chemins de fer d'Orléans et de Lyon, à Vitry et à Maisons-Alfort.

Dans la cinquième section, nous communiquons avec le chemin de Strasbourg, à Pantin; — avec la ligne de Soissons, à la Courneuve; — avec le chemin du Nord, à Saint-Denis.

Ces jonctions s'opèrent par des voies d'évitement qui viennent rejoindre la voie montante et la voie descendante.

Mais il ne suffit pas que, par nos raccords avec les lignes existantes, nous puissions aller prendre le wagon chargé, il faut encore que nous puissions le conduire à la fabrique, à l'entrepôt, à l'usine qui l'attend.

N'oublions pas, en effet, les leçons qui nous sont données par le chemin de fer de Ceinture.

Ce chemin ne rend des services que parce qu'il relie entre elles les grandes gares des chemins de fer. Ainsi, le wagon qui arrive du Nord ou du Midi poursuit sa route pour le Midi ou pour le Nord sans frais de camionnage.

Pour ce cas, le chemin de Ceinture remplit toutes les conditions voulues.

Mais lorsque ce wagon, qu'il vienne du Nord ou du Midi, est à destination de Paris, il n'y a plus aucun intérêt à lui faire emprunter le chemin de fer de Ceinture pour le rapprocher de sa destination.

Cela est si vrai que le charbon, par exemple, arrivant du Nord, s'arrête à La Chappelle pour de là être transporté par tombereaux à Auteuil.

Il en coûterait tout autant, si ce n'est plus, de le faire transporter à Auteuil par le chemin de fer de Ceinture.

Cela tient à ce que les distances ne sont pas assez grandes pour que les prix puissent être réduits.

Dans les transports, comme dans toutes les industries, il y a une *constante*, c'est d'abord le chargement et le déchargement, puis ensuite le prix du transport, qui sera augmenté d'une somme de... par chaque kilomètre parcouru en plus.

Or, nous avons eu l'occasion, dans un travail récent, d'établir que la moyenne du transport kilométrique pour une tonne de houille est de 80 centimes.

Il en résulte qu'il ne saurait suffire qu'un chemin de fer venant se relier à un autre rapproche simplement la marchandise de un, deux, trois kilomètres, il faut que cette marchandise arrive dans son wagon jusqu'à l'usine, jusqu'à la fabrique destinataire.

C'est là ce que le chemin de fer circulaire fera. Or, si la statistique affirme que la dépense du camionnage pour Paris seul s'élève à 60 millions par an, il est à espérer que le chemin de fer éteindra au moins le tiers de cette dépense.

Le premier objectif du chemin de fer que nous proposons est donc de se relier avec toutes les lignes partant de Paris; or, en jetant les yeux sur l'ensemble de notre tracé, on s'apercevra que cette question vitale est complétement remplie. Et remarquons bien qu'en reliant toutes les voies ferrées à la nôtre, nous donnons à toutes ces lignes une importance plus grande.

Pour les personnes peu au courant de la loi qui régit les chemins de fer, et qui s'étonnent de nous voir relier notre ligne à des chemins existants sans avoir au préalable obtenu l'approbation des Compagnies, pour ces personnes-là, disons-nous, nous ferons remarquer que la loi de 1865, en attribuant au Gouvernement seul le droit de déclarer *l'utilité* d'un chemin de fer d'intérêt local, se réserve la faculté d'approuver ou de rejeter tel raccordement, tel passage sur un chemin de fer déjà existant. C'est là un droit absolu auquel la Compagnie du chemin de fer avec laquelle nous voulons relier le chemin de fer de la banlieue n'a rien à objecter.

N'oublions pas, en effet, que les chemins de fer sont une propriété nationale affermée *pro tempore*, mais que pendant tout le temps que cette propriété demeure entre les mains des Compagnies, celles-ci sont obligées d'obéir aux volontés de l'Etat, lorsque celui-ci parle ou agit dans l'intérêt public.

Dans le cas qui nous occupe, voyons quels sont les termes des décrets de concession.

Pour le chemin de Saint-Ouen, l'article 32 du décret du 24 mars 1855 dit :

« ...... Les règlements dont il s'agit dans les deux paragraphes
« précédents, seront obligatoires pour le concessionnaire *et pour*
« *tous ceux qui obtiendraient ultérieurement l'autorisation d'éta-*
« *blir des lignes de chemin de fer d'embranchement ou de prolon-*
« *gement, et, en général, pour toutes les personnes qui emprunte-*
« *raient l'usage du chemin de fer.* »

L'article 42 du décret du 9 juillet 1835 autorisant l'établissement du chemin de fer de Saint-Germain dit :

« Les Compagnies concessionnaires des chemins de fer d'em-
« branchement ou en prolongement auront la faculté, moyennant
« les tarifs ci-dessus déterminés, et l'observation des règlements
« de police et de services établis ou à établir, de faire circuler leurs
« voitures, wagons et machines sur le chemin de fer de Paris à
« Saint-Germain. Cette faculté sera réciproque pour ce dernier
« chemin à l'égard desdits embranchements et prolongements.

Le décret du 18 avril 1852, qui concède le chemin de fer d'Auteuil, porte :

« Les clauses et conditions du cahier des charges annexé à
« la loi du 9 juillet 1835, relatives au chemin de fer de Paris à
« Saint-Germain, sont déclarées applicables au chemin qui fait
« l'objet des présentes. »

Or, nous venons de voir que ces clauses et conditions établissent un droit indiscutable pour la thèse que nous soutenons.

Le décret de concession du chemin de fer de Sceaux, 6 septembre 1844, dit encore :

« Il est expressément entendu et déclaré que les réductions
« de péage stipulées dans l'article 43 dudit cahier des charges,
« en faveur des chemins d'embranchement et de prolongement,
« s'appliquent non-seulement aux chemins qui seront autorisés
« par des lois, mais encore à ceux qui pourront l'être par or-
« donnance royale, conformément à la loi du 3 mai 1841. »

Enfin, les articles 54, 55 et 56 du décret du 17 août 1853, qui
concède le chemin de fer de Vincennes, affirme plus énergiquement encore ce que nous venons de citer :

Art. 54. « Dans le cas où le Gouvernement ordonnerait ou au-
« toriserait la construction de routes impériales, départementales
« ou vicinales, de canaux ou de chemins de fer, qui traverseraient
« les chemins de fer qui font l'objet de la présente concession, la
« Compagnie ne pourra mettre aucun obstacle à ces traversées,
« mais toutes les dispositions seront prises pour qu'il n'en résulte
« aucun obstacle à la construction ou au service des chemins de
« fer, ni aucun frais pour la Compagnie.

Art. 55. « Toute exécution ou toute autorisation ultérieure de
« route, de canal, de chemin de fer, de travaux de navigation,
« dans la contrée où sont situés les chemins de fer concédés en
« vertu du présent cahier des charges ou dans toute autre contrée
« voisine ou éloignée, ne pourra donner ouverture à aucune de-
« mande en indemnité de la part de la Compagnie.

Art. 56. « Le Gouvernement se réserve expressément le droit
« d'accorder de nouvelles concessions de chemin de fer s'embran-
« chant sur les lignes qui font l'objet du présent cahier des char-
« ges, ou qui seraient établies en prolongement du même che-
« min.

« La Compagnie ne pourra mettre aucun obstacle à ces embran-
« chements ni réclamer, à l'occasion de leur établissement, aucune
« indemnité quelconque, pourvu qu'il n'en résulte aucun obstacle
« à la circulation ni aucun frais particulier pour la Compagnie.

« Les Compagnies concessionnaires de chemins de fer d'em-
« branchement ou de prolongement auront la facilité, moyennant
« les tarifs ci-dessus déterminés et l'observation des règlements
« de police et de services établis ou à établir, de faire circuler
« leurs voitures-wagons ou machines sur les chemins de fer qui
« font l'objet de la présente concession, pour lesquels cette faculté

« sera réciproque à l'égard desdits embranchements et prolonge-
« ments.

« Dans le cas où les diverses Compagnies ne pourraient s'enten-
« dre entre elles sur l'exercice de cette faculté, le Gouvernement
« statuerait sur les difficultés qui s'élèveraient entre elles à cet
« égard. Dans le cas où une Compagnie d'embranchement ou de
« prolongement joignant les lignes qui font l'objet de la présente
« concession n'userait pas de la faculté de circuler sur ces lignes,
« comme aussi dans celui où la Compagnie concessionnaire de ces
« dernières lignes ne voudrait pas circuler sur les prolongements
« et embranchements, les Compagnies seraient tenues de s'ar-
« ranger entre elles, de manière que le service du transfert
« ne soit jamais interrompu aux points extrêmes des diverses
« lignes.

« Celle des Compagnies qui sera dans le cas de se servir d'un
« matériel qui ne serait pas sa propriété, payera une indemnité
« en rapport avec l'usage et la détérioration de ce matériel. Dans
« le cas où les Compagnies ne se mettraient pas d'accord sur la
« quantité de l'indemnité ou sur les moyens d'assurer la continua-
« tion du service sur toute la ligne, le Gouvernement y pourvoirait
« d'office et prescrirait toutes les mesures nécessaires.

« La Compagnie pourra être assujettie par les lois qui seront
« ultérieurement rendues pour l'exploitation des chemins de fer
« de prolongement ou d'embranchement joignant celui qui lui est
« concédé, à accorder aux Compagnies de ces chemins une réduc-
« tion de péage ainsi calculée :
« 1° Si le prolongement ou l'embranchement n'a pas plus de
« cent kilomètres, 10 0/0 du prix perçu par la Compagnie ;
2° « Si le prolongement ou l'embranchement excède cent kilo-
« mètres, 15 0/0 ;
3° « Si le prolongement ou l'embranchement excède deux cents
« kilomètres, 20 0/0 ;
4° « Si le prolongement ou l'embranchement excède trois cents,
« 25 0/0. »
Y a-t-il à ajouter un commentaire?

Nous venons de dire comment doit être conçu l'établissement
d'un chemin de fer, en ce qui concerne ses rapports avec les autres

lignes, avec les fabriques, les entrepôts, et quels sont les droits. que le législateur a su réserver pour l'avenir.

Il est une autre question qui doit arrêter un instant notre examen, c'est celle de l'exécution, en ce qui concerne les terrains nécessaires à l'établissement.

L'établissement d'une voie ferrée nécessite 2 hectares 1/2 de terrain par kilomètre ; si l'hectare coûte 10,000 francs dans le département, l'ingénieur n'a nulle difficulté à fixer le prix de revient du chemin projeté ; mais, à Paris, ces 2 hectares 1/2 ne vont-ils pas, par leur haut prix, rendre le projet irréalisable ?

Pour bien asseoir cette question, rappelons ce que M. le Directeur des travaux de Paris disait sur cette matière :

« Il est regrettable que l'étude des chemins de fer aériens ou « souterrains n'ait pas été faite au moment de la création des nou- « veaux percements des boulevards.

« Il eût été facile alors, en étendant un peu les expropriations, « de donner à la voie l'axe de largeur nécessaire pour construire, « au centre de la chaussée, des arcades en maçonnerie ou en « métal, dans le genre du viaduc d'Auteuil, pouvant porter une « voie de fer. Les soutènements de chemins de fer, combinés avec « l'établissement des égouts, n'auraient exigé qu'un faible sur- « croît de dépenses, sans gêne pour la circulation, et n'auraient « pas offert toutes les difficultés que présenterait aujourd'hui le « percement de ces souterrains, sous des voies publiques très fré- « quentées et au milieu de l'énorme réseau des égouts de Paris. »

Établir une voie au milieu d'une autre voie n'est pas une idée nouvelle ; tous ceux qui ont visité les villes du Nord ont vu des canaux coulant entre deux quais, et ces quais bordés de maisons, de magasins, d'entrepôts, venus se grouper là pour vivre du canal. De distance en distance, au débouché d'une rue, un pont établit la communication d'une rive à l'autre.

Le chemin de fer d'Auteuil n'a fait qu'imiter les canaux dont nous parlons : il est venu s'encaisser dans le milieu d'une chaussée, sur les bords du chemin, passant aux pieds des villas et des maisons.

M. le Directeur des travaux de Paris a certainement raison de regretter ce qui n'a pas été fait lors de la création des grandes voies dans Paris.

Mais ce qui ne peut plus être fait pour les voies magistrales, peut l'être encore pour celles qui ne sont pas encore exécutées, et même pour toutes celles qui présentent une largeur suffisante.

M. le Directeur des travaux de Paris parle d'installer sur ces voies, soit un chemin de fer aérien, soit un chemin souterrain. On dirait qu'il n'y a que l'un ou l'autre de ces deux modes qui puisse trouver là sa place.

Sans rechercher la pensée de l'ingénieur, nous dirons qu'un chemin de fer doit toujours être érigé sur des principes identiques. Il doit passer en souterrain, en viaduc, suivant les exigences du profil, et ce profil sera établi sur des données qui permettront des rampes et des courbes plus ou moins prononcées. Seulement, d'après nous, et pour le cas spécial qui nous occupe, il faudra, autant que faire se pourra, qu'il passe soit au-dessous, soit au niveau de ces chaussées.

C'est ainsi que nos plans indiquent :

Dans la 1ʳᵉ *section*, le passage du chemin de fer dans le milieu du boulevard des Batignolles, la création d'un boulevard de 30 mètres, partant de Clichy et venant aboutir au bois de Boulogne. Le passage de la voie le long de la berge du bois de Boulogne, et sur la berge du quai jusqu'au pont de Saint-Cloud. La traversée dans le Saut-de-Loup du boulevard du Sud, jusqu'à la gare d'Auteuil.

Dans la 2ᵉ *section*, le parcours sur les quais, de l'esplanade des Invalides aux Moulineaux.

Dans la 3ᵉ *section*, le parcours dans l'axe de la route d'Italie, de la place du même nom à Bicêtre.

Dans la 5ᵉ *section,* le tracé dans l'axe du boulevard à créer, dit des Amandiers, et des boulevards du Père-Lachaise, de Puebla et de la Dhuys, ce dernier également à créer (1).

Ce sont là les voies empruntées par le chemin de fer en projet ; toutes se prêtent parfaitement à cette installation ; aucune n'opposant ces difficultés créées par le passage des égouts et des conduites de gaz, il devient possible d'abaisser d'une manière sensible

(1) Il y a une variante à ce projet, celle de continuer, par l'avenue Puebla, le boulevard de Véra-Cruz.

le prix d'établissement, puisque nous n'aurons, dans ces circonstances, que la dépense de construction proprement dite, ces terrains, empruntés, devant nous être donnés à titre gratuit.

En passant en revue le tracé de chacune des sections, nous nous réservons de donner des détails qui trouveront là leur place naturelle.

Nous terminerons cet exposé en disant que nos travaux d'art se composeront de types identiques, recherchant la solidité, sacrifiant peut-être la beauté à l'utile.

Les gares que nous proposons sont l'œuvre de M. Letermelier. Elles sont conçues sur les mêmes principes; mais, pour cette question encore, nous réserverons les détails pour la partie de ce Mémoire traitant les tracés.

Bien des gens invoquent, pour retirer son caractère d'intérêt local, qu'un chemin de fer entourant Paris est un chemin de fer d'intérêt général, puisqu'il doit avoir, par la force des choses, une grande importance stratégique.

Le chemin de fer circulaire de la banlieue de Paris n'a pas été conçu dans la pensée d'être un des moyens de la défense future de Paris. Il a été inspiré par les nécessités, par les besoins commerciaux et industriels des communes qu'il traverse ou qu'il dessert dans son long parcours, et si, en quelques-unes de ses parties, il peut contribuer à rendre des services d'une autre nature, son importance se trouvera encore mieux démontrée.

Le rôle des chemins de fer, en temps de guerre, est de servir de moyens de défense, et à cet égard nous n'hésitons pas à dire : ils ont tous une importance stratégique; et, comme je le dis dans mon livre de *la Défense de la France* : « Si dans les premiers combats « nous sommes victorieux, c'est la marche en avant; si nous « sommes vaincus, c'est la retraite. Dans un cas comme dans « l'autre, l'utilité des chemins de fer sera la même; ils continue- « ront à remplir leurs fonctions. Dans le dernier cas, l'armée, « obligée de se retirer, abandonne les voies ferrées, kilomètre par « kilomètre; dans le premier cas, au contraire, elle s'empare des « voies de l'ennemi, kilomètre par kilomètre, de telle sorte que le « ravitaillement des troupes s'accomplit toujours, les trains de « transport continuant à convoyer l'armée sur ses derrières. »

Dans le cas spécial qui nous occupe ici, un chemin de fer circulaire enveloppant Paris aurait une importance considérable, en ce sens qu'il serait à même de transporter, dans un instant, des masses de troupes, des munitions, de l'artillerie, sur tel ou tel point de notre ligne de défense. Son rôle, dans un pareil cas, serait considérable, et son utilité tellement démontrée, qu'il nous semble superflu de nous appesantir davantage sur un tel sujet.

Mais ce rôle, si bien défini, est-il spécial à tel ou tel chemin de fer ? Nous ne le pensons pas, et nous croyons qu'en temps de guerre, les voies ferrées sont toutes appelées à rendre les mêmes services.

Si, incidemment, nous venons parler de cette question, qui est si étrangère au but que nous poursuivons, et qui consiste à créer autour de Paris un chemin de fer tout d'intérêt local, c'est pour que la confusion ne se fasse pas dans certains esprits, et qu'on ne nous reproche pas d'être resté, à certains égards, au-dessous de la mission que nous nous sommes imposée, et dont la marche et l'étendue nous ont été indiquées par les populations qui réclament l'exécution du chemin de fer circulaire de la banlieue de Paris.

Que la Marne, que Vincennes, que le mamelon de Romainville, aient besoin de nouveaux moyens de défense, il ne nous appartient pas de venir les présenter ou les discuter ; si notre chemin projeté ne contribue pas à augmenter ces moyens, il est indiscutable qu'il ne peut ni les entraver ni leur nuire ; il sera et il restera, au besoin, leur auxiliaire.

Bien entendu que si, dans quelques-unes de ses parties, notre tracé venait nuire, ou simplement gêner la nouvelle ligne de défense que le génie militaire veut élever autour de Paris, bien entendu que, dans un semblable cas, nous modifierions notre projet de manière à aider, plutôt qu'à nuire, des travaux qui tiennent tant au cœur de tous bons patriotes.

Il faut que, loin de suivre les errements anciens, qui voulaient tenir constamment éloignés de toutes fortifications les voies ferrées qui sillonnent la Erance, et ce, sous le prétexte que ces chemins de fer paralysaient leur défense, il faut, au contraire, que les lignes de nos chemins soient, le plus possible, couvertes par les feux des places militaires qui, en protégeant leur liberté, assureront en même temps et la retraite des troupes, et leur ravitaillement.

Et, nous le répétons en quelques mots, ce sont, avant tout, des besoins commerciaux, industriels et agricoles, auxquels nous avons voulu donner satisfaction dans le projet que nous avons conçu, et sur lequel le Conseil général de la Seine est appelé à délibérer et à statuer.

Aurions-nous besoin d'ajouter qu'il faut tenir compte de la nappe aquifère de Paris et de ses environs, car nous n'en parlerions pas si, dans ces derniers moments, il n'en a été tant question dans les discussions sur les chemins de fer souterrains.

En 1774, la crue des eaux atteint.	32	26
En 1836 — —	30	94

AUJOURD'HUI

Les crues ordinaires sont à.	29	75
Les hautes eaux de la navigation à. . .	27	50
Étiage ordinaire à.	24	50

Le niveau du chemin de fer doit donc, pour s'en tenir aux observations faites à 29 75, et la raison en est simple, les travaux qui ont été faits depuis 1836 sont nombreux. La Seine a été partout draguée, elle a été armée de barrages qui ne permettent plus aux eaux d'atteindre des hauteurs pareilles à celles relatées en 1774.

Si donc le chemin de fer ou toutes voies publiques étaient aux environs de la cote 30, elles ne pourraient être submergées que par les eaux de la Seine, qui feraient retour par les égouts. Mais ces égouts inondés, il peut arriver que, dans des pluies torrentielles, les tranchées de notre chemin de fer soient envahies par les eaux pluviales.

Le seul moyen d'obvier à cet inconvénient est celui de ménager aux abords du chemin des bouches d'égout en plus grande quantité, sans cependant pouvoir assurer que, dans ces cas fortuits, le chemin encaissé ne soit inondé pendant quelques heures.

CHEMIN DE FER CIRCULAIRE DE LA BANLIEUE DE PARIS

1re *Section*. — PARIS (PLACE DES MARTYRS) A ISSY

GARES ET STATIONS

DÉSIGNATION	DISTANCE de la GARE DE PARIS	DISTANCE de la station précédente	EMPLACEMENTS
Paris................	tête de ligne	»	Place des Martyrs.
Montmartre.........	872	872	Place Pigale.
Batignolles...	1.396	524	Avenue du Cimetière.
Les Grandes-Carrières	1.965	569	Rue Fauvet.
Avenue de Saint-Ouen	2.747	782	Avenue de Saint Ouen.
Clichy...............	5.787	3.040	Bd St-Vincent-de-Paul.
Levallois.............	7.202	1.415	Rue Cavé.
Neuilly.	9.642	2.440	Avenue de Neuilly.
Bagatelle.....*.......	10.949	1.307	Boulevard de Madrid.
Pont de Suresnes.....	12.661	1.712	Pont de Suresnes.
Longchamp..........	14.053	1.392	Raccordem.avec Auteuil (ch. de fer de Ceinture)
Pont de Saint-Cloud..	15.660	1.607	Pont de Saint-Cloud.
Boulogne............	17.028	1.368	Route n° 10, de Paris à Bayonne.
Les Moulineaux......	19.035	2.007	Chemin de grande communication n°2, de Clamart au b. de Boulogne.
Racc. avec la 2e section	19.528	493	»
TOTAL................		19.528	

1re *Section*. — PARIS (PLACE DES MARTYRS) A ISSY

COMMUNES TRAVERSÉES

DÉSIGNATION	PARCOURS EN MÈTRES	OBSERVATIONS
Paris...	3.527.90	
Saint-Ouen.............	959.10	
Clichy.................	2.184.00	
Levallois...............	1.427.00	
Neuilly................	2.902.00	
Bois de Boulogne........	3.297.00	
Boulogne..............	3.691.00	
Issy...................	1.540.00	
Total..... ...	19.528.00	

CHEMIN DE FER CIRCULAIRE DE LA BANLIEUE DE PARIS

1re *Section*. — LIGNE D'AUTEUIL AU BOIS DE BOULOGNE

GARES ET STATIONS

DÉSIGNATION	DISTANCE de la GARE D'AUTEUIL	DISTANCE de la station précédente	EMPLACEMENT
Paris (Auteuil).......	»	1.348	Raccordement avec le chemin de fer d'Auteuil.
Boulogne...........	1348	1.560	Porte de Boulogne.
Bois de Boulogne...	2908	»	Raccordement avec la 1re section de Saint-Ouen à Issy.

1re *Section*. — LIGNE D'AUTEUIL AU BOIS DE BOULOGNE

COMMUNES TRAVERSÉES

DÉSIGNATION	PARCOURS EN MÈTRES	OBSERVATIONS
Bois de Boulogne.........	275	
Boulogne.................	2.314	
Paris	319	
Total.......	2.908	

PREMIÈRE SECTION

Tracé. — LIGNE DE PARIS (place des Martyrs) A ISSY

La place des Martyrs est depuis longues années un point désigné pour recevoir une gare de voyageurs. D'après nos projets, cette gare s'élèverait sur les terrains appartenant à la Ville, sur un viaduc qui couvrirait une partie de la rue Choron, et enfin sur des terrains bâtis situés entre la rue Neuve-Coquenard et la rue Neuve-Bossuet. La façade s'ouvrirait sur les rues Lebas, Maubeuge et Choron.

La gare, dont les plans sont annexés à ce Mémoire, suffit amplement à tout un service de voyageurs, quelque actif qu'il puisse être ; l'espace qu'elle occupe et aussi étendu que celui qui est affecté à la gare de Vincennes.

1" *Station.* — Montmartre. — Nous traversons, en tranchée, la cité Fénélon (1), pour entrer en souterrain rue Condorcet, puis le bas de la Butte-Montmartre, par un tunnel de 500 mètres qui nous conduit à la place Pigale, où nous rencontrons notre première station.

2° *Station.* — Batignolles. — Nous atteignons cette station par une tranchée et un souterrain.

3° *Station.* — Les Grandes-Carrières. — Où nous parvenons par un souterrain et une tranchée.

---

(1) Voir, pour les longueurs, les tableaux spéciaux.

4° *Station*. — CHEMIN DE FER DE CEINTURE. — Continuant en tranchée, nous venons rejoindre la ligne des Docks de Saint-Ouen, après être passés sous le chemin de fer de Ceinture à l'aide d'un souterrain de 30 mètres. Par un arrangement à intervenir avec la Compagnie du chemin de fer de Ceinture, notre ligne amènerait et recevrait, sur ce point, les voyageurs et les marchandises. Cette station deviendrait donc une nouvelle tête du chemin de fer de Ceinture.

5° *Station*. — DOCKS DE SAINT-OUEN. — Notre tracé emprunte les rails de cette Compagnie jusqu'à leurs extrémités, dont l'une se dirige vers les magasins et l'autre se prolonge dans la direction de Saint-Ouen, vis-à-vis des ateliers de M. Farcot.

La station de Saint-Ouen, établie sur une vaste étendue de terrains, recevra les voyageurs et les marchandises venant du chemin de fer circulaire par ses trois directions : Boulogne, Saint-Denis et Gennevilliers.

Nous n'avons pas à nous faire les apologistes des Docks de Saint-Ouen, mais nous devons néanmoins insister sur les services que cet établissement est appelé à rendre, lorsqu'il sera relié avec les grandes lignes desservant Paris.

Le service des douanes ou de l'octroi occupe un tiers de l'espace réservé dans nos gares au remisage des marchandises. Ce service placerait là tous les arrivages grevés d'un droit, en attendant leur acquittement par le destinataire.

C'est là incontestablement une des causes de l'encombrement dont on se plaint. Les Docks de Saint-Ouen, comme les autres docks et magasins d'entrepôt, nous semblent parfaitement aptes à prendre l'exclusivité de cette branche du service. Dès lors que le chemin de fer circulaire viendra réunir cet important établissement avec les lignes de notre grand réseau, il sera possible d'écouler dans ce vaste entrepôt toutes ces masses de marchandises que la douane et l'octroi amoncellent dans nos gares, et le chemin de fer circulaire aura supprimé, dès ce moment, la principale des causes qui excitent le juste mécontentement du commerce parisien.

6° *Station*. — CLICHY-LA-GARENNE. — Notre ligne parcourt la plaine à niveau et établit sa station au boulevard Saint-Vincent-de-Paule.

Par la station de marchandises des Docks de Saint-Ouen, le

chemin de fer desservira non-seulement Clichy, mais aussi la partie d'Asnières située de l'autre côté de la Seine.

7ᵉ *Station.* — LEVALLOIS-PERRET. — En quittant le boulevard Saint-Vincent-de-Paule, notre voie vient se placer dans l'axe du boulevard de la Saussaye, dont nous proposons l'ouverture.

Ce boulevard, qui traverse le parc de Neuilly, a une largeur de 30 mètres. Comme l'indique le profil en travers (1), ce boulevard peut recevoir une voie ferrée, en réservant deux chaussées latérales de 11 mètres 50 chacune, en y comprenant les trottoirs.

- Dans la partie comprise entre la 6ᵉ station et le boulevard actuel de la Saussaye, et avant d'arriver à la station de Levallois-Perret, située, pour le service des voyageurs, entre la rue de Courcelles et la rue Cavé, et pour celui des marchandises, du côté de la Seine par un embranchement spécial, — avant d'arriver à la station de Levallois-Perret, disons-nous, il y a à rectifier la voie du cours des Chasses, afin de passer sous le chemin de fer de l'Ouest.

8ᵉ *Station.* — NEUILLY. — La gare des voyageurs est établie sous l'avenue de la Grande-Armée; un embranchement spécial conduit à la gare des marchandises, située près de la Seine, afin de pouvoir desservir en même temps Courbevoie.

Pour pouvoir joindre le boulevard de la Saussaye avec l'avenue de Neuilly, notre projet comporte la percée de ce boulevard et la démolition d'immeubles, comme l'indiquent les plans ci-annexés.

9ᵉ *Station.* — BAGATELLE. — Après avoir passé sous l'avenue de la Grande-Armée, notre voie s'engage dans le centre de la rue Basse de Longchamp, que notre projet propose de rectifier, en en faisant une continuation du boulevard de la Saussaye et portant sa largeur à 30 mètres.

10ᵉ *Station.* — PONT DE SURESNES. — Poursuivant notre route en côtoyant la Seine, mais restant sensiblement à niveau de la berge, afin de ne pas masquer la vue, nous venons établir une station près du pavillon des Courses et du pont de Suresnes.

Les jours de courses, de revues, les dimanches et les jours de fête, enfin pendant toute la belle saison, la foule trouvera dans

---

(1) Voir les plans. Voir les délibérations des Conseils municipaux.

notre chemin de fer un moyen facile et rapide d'écoulement ; cela d'autant mieux, que la gare sera dotée d'une ampleur et de dispositions particulières que nos plans font connaître.

11ᵉ *Station*. — LONGCHAMP. — Nous parvenons enfin à la limite du bois de Boulogne, où nous proposons une voie qui raccorderait notre chemin avec la gare d'Auteuil, en passant sur la lisière du bois, dans le *Saut-de-Loup*.

Par ce raccordement et au moyen d'une gare à établir sur la route des Princes, les voyageurs qui désireraient rentrer à Paris par la gare Saint-Lazare, auraient à leur disposition un chemin rapide et fort agréable à parcourir.

Une circonstance particulière à signaler, est que ce raccordement de Boulogne avec le centre de Paris est réclamé par les populations depuis l'ouverture du chemin de fer d'Auteuil.

Il est, en effet, difficile de comprendre que le chemin de fer d'Auteuil ne se soit pas relié à Boulogne. Il était bien plus facile, il y a dix ans, de prolonger ce chemin jusqu'à la Seine, soit au pont de Saint-Cloud, soit au pont de Sèvres.

12ᵉ *Station*. — BOULOGNE-SAINT-CLOUD. — La voie, en poursuivant son cours sur le bord du fleuve, rencontre une station mixte pour voyageurs et marchandises, établie au pont de Saint-Cloud, et tel que cela est représenté par les dessins figurés.

13ᵉ *Station*. — SÈVRES. — Une station serait élevée à la route de Sèvres, pour le desservir et desservir également Billancourt.

14ᵉ *Station*. — MOULINEAUX, BAS-MEUDON. — La voie traversant l'île Saint-Germain viendrait joindre une station destinée au service du Bas-Meudon et des Moulineaux.

Cette station assurerait les transports du *blanc*, de la capsulerie, et donnerait à l'industrie de cette partie de la banlieue une activité à laquelle le défaut de moyens de communication l'empêche de prétendre aujourd'hui.

En quittant la station du Bas-Meudon, la voie se rend à Issy, où elle opère sa jonction avec la 2ᵉ section de notre projet.

En résumé, cette première section, partant de la place des Martyrs et arrivant à Issy, met toutes les communes de cette partie de la banlieue parisienne en relations directes entre elles. Par notre ligne, ces communes sont reliées au chemin de fer d'Auteuil, elles ont un chemin rapide les mettant en communication avec la place des Martyrs, la place du Havre et l'esplanade des Invalides (2ᵉ section).

Par les ponts de Saint-Ouen, de Clichy, d'Asnières, de Bineau, de Neuilly, de Suresnes, de Saint-Cloud, de Sèvres et de Billancourt, le chemin de fer vient desservir toutes les communes de la rive gauche. Outre les voyageurs qui circulent journellement entre le faubourg Montmartre et Saint-Ouen, il a été constaté que le nombre de voyageurs, à partir de Ménilmontant jusqu'au bois de Boulogne, était de plus d'un million par an.

En 1867, il est parti ou arrivé, en un seul jour à la gare Saint-Lazare, 142,000, 145,000, 149,000 et même 159,742 voyageurs. Il a été officiellement déclaré (session de 1868) que c'était pour empêcher la trop grande affluence de la banlieue, que les prix étaient augmentés.

Il suit de là, qu'en l'état actuel les Compagnies sont impuissantes à satisfaire les besoins de la population.

Le bois de Boulogne est le lieu d'attraction, le point privilégié du Parisien et de l'étranger ; en toute saison, le dimanche surtout, le bois de Boulogne est la promenade obligée de toute famille parisienne.

Les jours de courses et de revues, c'est par centaines de mille que se comptent les promeneurs se transportant au Bois, et cela malgré les difficultés pour l'aller et surtout pour le retour. Cependant, il est une très notable partie de Paris pour laquelle l'accès du Bois est défendue, tant à cause de l'éloignement que de l'encombrement de la gare.

Cette sorte d'exclusion n'est pas juste. Les millions qu'a coûtés le bois de Boulogne, les sommes considérables que son entretien absorbe tous les ans, ne sont-ils pas fournis par tous les contribuables ?

Et pourquoi tous n'en pourraient-ils pas jouir également ? N'est-ce pas pour les ouvriers, les employés, le petit commerçant, la petite bourgeoisie et leurs familles, privés de maisons de campagne, que ce bois doit être d'un accès facile ?

On sait combien les bords de la Seine attirent de promeneurs ; le chemin de fer la côtoyant, facilitera la satisfaction de ce penchant.

Dans cette partie de la banlieue de Paris, la population se

presse, s'agglomère et augmente chaque jour, les terrains disparaissent sous les constructions, les dernières maisons de Clichy, Levallois, Neuilly, se touchent, se confondent, et ce sont d'incessantes relations de voisinage qui, tous les jours, prennent plus d'extension. Le projet du prolongement du boulevard de la Saussaye, reliant Clichy au bois de Boulogne, donnera toute satisfaction à ces intérêts qui, pour être desservis, n'ont aucun autre moyen de transport que la route du piéton ; car il n'existe même pas de service d'omnibus facilitant les rapports entre ces divers centres, au milieu desquels l'industrie parisienne est venue se réfugier.

Et cependant, combien grands sont les intérêts qui s'agitent dans ces diverses communes ! combien toutes ces usines, ces fabriques, éprouvent l'impérieuse nécessité de nouer entre elles des relations quotidiennes, que notre chemin de fer permettra enfin d'établir !

CHEMIN DE FER CIRCULAIRE DE LA BANLIEUE DE PARIS

1re *Section.* — SAINT-OUEN. — SURESNES

GARES ET STATIONS

DÉSIGNATION	DISTANCE de la gare de SAINT-OUEN	DISTANCE DE LA STATION précédente	EMPLACEMENTS
Saint-Ouen...........	point de départ	»	Les Epinettes.
Gennevilliers.........	4 976	4.976	Route départ. n° 7.
Asnières Lehot-Ville..	6.172	1.196	Route départ. n° 33.
Colombes-la-Garenne.	9.071	2.899	Av. du chemin de fer.
Courbevoie-Puteaux..	11.478	2.407	La Demi-Lune.
Suresnes..............	12.983	1.505	Chemin de com. n° 1.
TOTAL....................		12.983	

1re *Section.* — SAINT-OUEN. — SURESNES

COMMUNES TRAVERSÉES

DÉSIGNATION	PARCOURS en MÈTRES	OBSERVATIONS
Saint-Ouen........	2.109	
Ile Saint-Denis	310	
Gennevilliers..........	3.203	
Asnières..............	570	
Colombes..............	3.944	
Courbevoie.	1.110	
Puteaux..............	1.445	
Suresnes	292	
TOTAL...........	12.983	

Iʳᵉ SECTION

DE SAINT-OUEN A SURESNES

A partir de la gare des Docks de Saint-Ouen, notre chemin de
fer se dirigerait vers la presqu'île de Gennevilliers, empruntant la
ligne du chemin de fer de Saint-Ouen jusqu'en face des établissements de M. Farcot, traverserait la route de la Révolte et viendrait aboutir à la gare de Saint-Ouen, située au rond-point de la
Mairie.

Pour ce parcours, nous n'avons à compter que la longueur que
nous devons construire, c'est-à-dire la partie comprise entre la
route et la gare, l'autre partie du trajet étant un embranchement
déjà construit par le chemin de fer de Saint-Ouen.

1ʳᵉ *Station.* — Gennevilliers. — En quittant Saint-Ouen, notre
ligne vient traverser la Seine sur le pont que les derniers événements ont détruit et qu'il faudrait reconstruire.

La solution de cette question ne dépend pas de notre Compagnie,
la concession de ce pont appartenant à M. Martin; ce n'est donc
que le Gouvernement et le Conseil général qui pourront la résoudre.

Il serait certainement avantageux qu'un seul et même pont, jeté
sur la Seine, servît au passage du chemin de fer, des voitures et
des piétons; la navigation fluviale ne pourrait qu'y gagner.

Le rachat des ponts est chose admise en principe; il est à espérer
que, dans le cas qui nous occupe, ce rachat aura lieu.

La largeur du pont est de 10 mètres; pour pouvoir l'utiliser aux deux fins que nous proposons, il faudrait l'élargir, ce qui ne présente aucune difficulté de construction.

La reconstruction de ce pont coûterait 700,000 francs environ, le pont ayant 10 mètres de largeur, on pourrait porter cette largeur à 15 mètres, et la dépense n'atteindrait certainement pas 1 million.

Dans cette somme, la Compagnie supporterait une part à déterminer, et les communes, si intéressées à ne plus payer à l'avenir un droit de péage, contribueraient pour l'autre part.

Le chemin de fer se dirigerait vers Gennevilliers, en laissant sur la droite la route de Saint-Ouen, contournerait cette commune et viendrait aboutir à la route départementale n° 7, allant à Asnières, où serait établie la station.

2ᵉ *Station*. — ASNIÈRES, LEHOT-VILLE. — La ligne viendrait passer entre Colombes et Bois-Colombes, et rencontrerait une station à la bifurcation des routes nᵒˢ 14 et 33. Cette station, qui aurait une gare de marchandises desservirait toutes les localités de la plaine de Gennevilliers.

3ᵉ *Station*. — LA GARENNE. — Cette station pourrait avoir un service commun avec la ligne du chemin de fer de l'Ouest, de telle sorte que les voyageurs arrivant de Bezons, de la Garenne, de Charlebourg, jouiraient de la faculté d'atteindre Paris soit par le chemin de l'Ouest, soit par notre ligne.

4ᵉ *Station*. — COURBEVOIE. — Notre chemin de fer, passant au-dessous de la ligne de l'Ouest, arriverait au rond-point de Courbevoie, dit la Demi-Lune, où serait établie une gare pour voyageurs et marchandises, gare pouvant desservir Courbevoie, Puteaux et Suresnes.

Notre tracé, enfin, viendrait rejoindre la Seine, et même la ligne de la place des Martyrs à Issy, tel que cela est indiqué sur les plans et profils annexés au Mémoire.

Cette ligne, telle que nous venons d'en décrire le tracé, nous a été impérieusement demandée par toutes les communes de la presqu'île de Gennevilliers, qui se trouvent être, pour la plupart, sans services faciles pour les voyageurs et sans aucun moyen de transport pour les marchandises.

Entouré de tous côtés par la Seine, c'est incontestablement un lieu admirablement situé pour y créer de l'industrie ; aussi, tous les esprits soucieux des intérêts français ont-ils arrêté leur attention sur cette partie du département.

Nos ingénieurs, nos grands industriels y ont rêvé l'établissement d'une cité industrielle où viendrait aboutir toute la fabrique de Paris. — D'autres, renchérissant sur cette idée, ont songé à réunir par un canal les deux bras de la Seine, afin de faciliter l'arrivage de la houille anglaise.

Il est incontestable que ces travaux ne sont pas des rêves; il est incontestable qu'ils se réaliseront un jour, et que ce jour sera d'autant plus proche, que déjà un chemin de fer aura relié cette vaste plaine avec l'ensemble des réseaux français.

CHEMIN DE FER CIRCULAIRE DE LA BANLIEUE DE PARIS

2ᵉ *Section.* — PARIS (Esplanade des Invalides) A VILLEJUIF

GARES ET STATIONS

DÉSIGNATION	DISTANCE de la GARE DE PARIS	DISTANCE de la station précédente	EMPLACEMENTS
Paris................	tête de ligne	»	Esplanade des Invalides.
Champ de Mars.......	2.003	2.003	Quai de Grenelle.
Grenelle.............	4.415	2.412	Ch. de fer de Ceinture.
Issy.................	7.130	2.715	Au parc.
Vanves..............	8.950	1.820	Ch. de fer de Versailles.
Montrouge...........	10.000	1.050	Route départem. n° 34.
Bagneux, Châtillon, Fontenay....... ...	12.520	2.520	Id. n° 56.
Arcueil.............	16.575	4.055	Ch. de fer de Sceaux.
Gentilly.	18.050	1.475	Route départem. n° 65.
Villejuif.	20.000	1.950	Route nationale n° 7.
TOTAL................		20.000	

2ᵐᵉ *Section.* — PARIS (Esplanade des Invalides) A VILLEJUIF

COMMUNES TRAVERSÉES

DÉSIGNATION	PARCOURS EN MÈTRES	OBSERVATIONS
Paris	5.000	
Issy....................	3.060	
Vanves.................	1.966	
Bagneux	4.585	
Châtillon...............	82	
Fontenay-aux-Roses......	869	
Arcueil	2.885	
Gentilly................	890	
Villejuif	663	
TOTAL.............	20.000	

2ᵉ SECTION

PARIS (esplanade des Invalides) A VILLEJUIF

Dans le premier projet soumis par notre Société à l'approbation de la Commission instituée par M. le Préfet de la Seine, la deuxième section devait partir de la place de la Concorde et desservir Chaillot, Passy, Auteuil, le Point-du-Jour, Boulogne, Billancourt, l'île Saint-Germain, les Moulineaux, Issy, Vanves, Montrouge, Châtillon, Bagneux, Fontenay-aux-Roses, Bourg-la-Reine, Arcueil, Cachan et Villejuif. Le tracé partait donc de la rive droite de la Seine.

L'ensemble du parcours était de 22,250 mètres.

Le tracé que nous avons l'honneur de présenter aujourd'hui à l'approbation de M. le Préfet et de MM. les Conseillers généraux de la Seine, est modifié en ce qui touche son parcours dans Paris. Au lieu de suivre la rive droite du fleuve, il s'établit sur la rive gauche, et, d'après nous, donne aux intérêts généraux une satisfaction plus grande que ne le faisait notre premier tracé. Aussi nous y arrêterons-nous.

Toute la campagne, de ce côté de la banlieue parisienne, est riche, boisée, accidentée. Depuis l'établissement des chemins de fer, cette contrée a été si mal desservie ou si négligée, que sa prospérité attend encore son développement.

En effet, à l'exception de Vanves, desservi par le chemin de fer de l'Ouest (rive gauche), et de Bourg-la-Reine, desservi par la ligne de Sceaux, qui ne s'avance dans Paris que jusqu'à l'ancienne barrière d'Enfer, toutes ces communes sont, non-seulement sans communications par chemin de fer avec Paris, mais encore les communications entre elles sont des plus difficiles.

Depuis la création des chemins de fer, elles en sont encore, pour leurs relations avec Paris, ou à de petits omnibus appelés *rabatteurs*, ou à des voitures dites des environs de Paris, qui, à des prix élevés, ajoutent encore leur lenteur et des départs fort peu fréquents. Quelques-unes de ces communes ne possèdent même pas de voitures, et c'est au village voisin qu'elles sont obligées d'aller les chercher. Il faut donc être riche et posséder une voiture, pour habiter cette partie du département de la Seine si rapprochée de Paris.

Cette sorte d'abandon, dans lequel ces communes ont été laissées jusqu'à présent, explique la stagnation dans la valeur des propriétés. En effet, lorsque nous voyons le prix de l'hectare être souvent porté à 100,000 francs dans la première section, c'est à peine si ce prix s'élève à 10,000 dans celle-ci.

Nous pouvons également dire que le peu de développement de l'industrie dans cette région tient à la difficulté des transports; car le prix qu'atteignent les matières premières : bois, fers, houilles, est souvent aussi élevé que si ces produits venaient des extrémités de la France. C'est là l'objet des plaintes continuelles de la part des industriels, et c'est là ce qui arrête chaque jour l'installation d'industries nouvelles, que le bas prix relatif des terrains vient solliciter.

L'industrie n'est pas sans importance dans la plupart de ces communes : à Issy, ce sont les carrières de pierre, de chaux, de blanc de Meudon;

A Montrouge, Bagneux et Châtillon, c'est l'exploitation de la pierre de taille, du moellon;

A Fontenay-aux-Roses, ce sont les sables gras, supérieurs à tous pour les fondeurs de cuivre, de plomb, de fer, et qui s'exportent partout;

Bourg-la-Reine reste toujours un important point de transit aux portes de Paris;

Arcueil, Cachan, Bicêtre, ont leurs carrières de pierre;

Villejuif, ses champignonnières et son commerce de céréales.

Nous trouvons aussi de grands établissements, comme : les sémi-naires et de nombreuses maisons religieuses, les hospices des Petits-Ménages et des Villas, à Vanves; le Lycée et la Maison pour aliénés à Issy; l'asile Sainte-Anne et celui des sourdes et muettes, à Châtillon; le collége Sainte-Barbe, à Fontenay-aux-Roses, et quelques grands établissements industriels disséminés çà et là.

La tète de la deuxième section, ainsi que le parcours que nous allons décire, sont indiqués dans les plans annexés à ce Mémoire.

D'après les plans, la tète de ligne serait placée à l'esplanade des Invalides. Comme position centrale dans Paris, elle se trou-verait en face de la gare primitivement projetée au Palais de l'In-dustrie.

La voie suivrait les quais, et se conformant aux vœux des popu-lations ainsi qu'aux demandes directes des grands industriels de la rive gauche, à partir du champ de Mars jusqu'à la rencontre de la première section, à Issy, les quais seraient d'un libre accès, du bord de l'eau jusqu'aux fabriques et maisons riveraines; de telle sorte que le bateau qui vient s'amarrer le long de la rive n'a pas devant lui un mur ou une barrière le séparant de la fa-brique, de l'usine à laquelle il vient apporter ou prendre son char-gement.

Dans ces conditions, à partir du Champ de Mars, la voie suit pa-rallèlement le fleuve, laissant d'une part une berge suffisante pour le chargement et le déchargement des bateaux, de l'autre une chaussée pour le service des voitures et le passage des piétons.

La voie passe à niveau du pavé, permettant ainsi à toute fabri-que, entrepôt ou usine, de venir s'y relier facilement par un petit embranchement.

Le chemin est protégé, à sa droite et à sa gauche, par un garde-fou en fer, livrant passage chaque fois que le fabricant a besoin de se rendre de son usine au bateau.

Ce sont bien là les vraies conditions d'un chemin de fer indus-triel, et tel qu'il en faut lorsqu'il a pour but de rendre des services réels, comme ceux pour la satisfaction desquels notre ligne est créée.

Mais, dans ces conditions, nous dira-t-on, pourra-t-il faire le service des voyageurs?

Nous répondrons oui; et ce, tout aussi facilement que le fait un chemin de fer sur le quai de nos grands centres industriels, étant bien entendu que le train marche lentement et que le service soit fait avec soin, choses qui ne dépendent que de la volonté de ceux qui dirigent l'entreprise.

La station de départ s'ouvre sur l'Esplanade des Invalides, la façade regardant le fleuve. La gare est comprise entre la rue Saint-Dominique, l'esplanade des Invalides et la rue d'Iéna.

Au moyen d'un pont, la rue de l'Université franchit la gare, placée en contrebas.

Si on examine le plan, on y voit que le magnifique palais n'a pas sa perspective masquée par la création de cette gare; une place de près de 5,000 mètres et une esplanade de 4,400 mètres carrés lui permettent la vue sur la Seine.

La gare prend un des bas-côtés; celui qui lui fait face devient disponible et peut être aliéné par la Ville ou par l'Etat, suivant que cette propriété appartient à l'un ou à l'autre. C'est une grande valeur à aliéner et qui ne compromettra en rien la magnifique harmonie de la place.

1re *Station*. — CHAMP DE MARS. — La première station est située dans un terrain appartenant à la Ville, terrain qui, par son étendue, se prête parfaitement à l'établissement d'une gare pour voyageurs et pour marchandises.

2e *Station*. — JAVEL. — Cette station est depuis si longtemps réclamée par les manufacturiers, que l'Etat, sans doute pour aider à la réalisation de ce désir, cède à titre gratuit les terrains qu'il y possède.

Le tracé suit sensiblement celui qui avait été adopté, en 1867, par le chemin de fer de l'Exposition. Autant que possible, il passera à niveau et se trouvera en contre-bas à la rencontre des ponts de Grenelle, d'Iéna, des Invalides, de façon à ne jamais gêner la circulation.

3e *Station*. — ISSY. — Le tracé rejoint en suivant le quai, le tracé de la première section, tel qu'il est indiqué par les plans et profils.

4e *Station*. — VANVES. — Nous traversons, depuis la route d'Issy à Vanves, le parc presque en son entier, pour arriver à Vanves, où la station, conformément aux désirs des autorités de cette commune, serait la même que celle que doit établir la Compagnie du chemin de fer de l'Ouest; nous nous y raccorderions, de telle sorte que les voyageurs de l'un et de l'autre des chemins de fer pourront prendre telle ligne qui leur conviendra.

C'est une rentrée également dans Paris.

5ᵉ *Station*. — Montrouge. — La station est située sur la route de Châtillon ou départementale n° 34, à proximité du centre de la population.

6ᵉ *Station*. — Bagneux, Chatillon, Fontenay-aux-Roses. — Ici, nous proposons de créer une station commune pour ces trois localités, sur le bord de la route départementale n° 56 (1).

7ᵉ *Station*. — Arcueil. — Nous venons rejoindre le chemin de fer de Sceaux, dont nous empruntons les rails, comme nous l'avons déjà dit, ou que nous longerons, si leur écartement n'est pas ramené à la voie ordinaire. Dans un cas comme dans l'autre, Arcueil serait la station qui recevrait les voyageurs pour Paris, pour Bourg-la-Reine, à destination de Sceaux ou d'Orsay.

8ᵉ *Station*. — Gentilly. — Nous abandonnons la ligne de Sceaux, vers le cours des Chasses, où sera établie la station, à sa jonction avec la route départementale n° 65.

9ᵉ *Station*. — Villejuif. — Notre tracé arrive au bas de Villejuif à la route nationale n° 7, où nous nous raccordons à la troisième section, après avoir passé la Bièvre sur un viaduc, et le mamelon de Bicêtre en tranchée et en souterrain.

Tel est, en quelques mots, le tracé dont le parcours est de 20,000 mètres, et dont nous donnons le détail dans les tableaux indiquant les gares et stations, et les communes traversées.

---

(1) Les délibérations des trois communes demandent deux stations; nous ne voyons aucune objection sérieuse à opposer à ce désir.

CHEMIN DE FER CIRCULAIRE DE LA BANLIEUE DE PARIS

3me *Section.* — PARIS (Notre-Dame) A BONNEUIL

GARES ET STATIONS

DÉSIGNATION	DISTANCE de la GARE DE PARIS	DISTANCE de la station précédente	EMPLACEMENT
Paris....................	Tête de ligne	»	Quai Montebello.
Halle aux vins...........	465	465	R. des Fossés St-Bernard.
Halle aux cuirs....	1.350	885	Rue Santeuil.
Place d'Italie...........	2.239	889	Place d'Italie.
La Maison-Blanche	3 354	1.115	Ch. de fer de Ceint.
Bicêtre-Villejuif.........	5.231	1.877	Raccord¹ avec la 2ᵉ section
Ivry-Vitry	7.525	2.294	Voie des Noyers.
Maisons-Alfort...........	10.591	3.066	Route nation. nᵒ 5.
Créteil..................	12.414	1.823	Chemin de gᵈᵉ comᵒⁿ de Choisy au pont de Créteil
Bonneuil................	15.152	2 738	Allée du Raincy.
Raccordement avec le chemin de fer de Vincennes.	16.852	1.700	»

3me *Section.* — PARIS (Notre-Dame). — BONNEUIL

COMMUNES TRAVERSÉES

DÉSIGNATION	PARCOURS EN MÈTRES	OBSERVATIONS
Paris.....................	4.000	
Villejuif.................	1.958	
Vitry....................	2.148	
Ivry.....................	1.340	
Maisons-Alfort	1.864	
Créteil..................	2.719	
Bonneuil.................	2.823	
TOTAL............	16.852	

3ᵉ SECTION

PARIS (Notre-Dame), BONNEUIL

Les populations des quartiers de Paris appartenant à la rive gauche de la Seine, aussi bien que les habitants des communes situées au sud du département, sont, il faut bien le reconnaître, des plus déshérités, au point de vue de la difficulté des voies de communication.

Le flot des agglomérations n'a cessé, depuis des siècles, de se porter vers le nord et vers l'est de Paris, abandonnant peu à peu ce qui fut le berceau de l'antique Lutèce. Malgré cette tendance, toujours de plus en plus accentuée, les quartiers de la rive gauche ont conservé des éléments de vitalité tels, que, pour se développer, il suffirait d'y amener ce qui n'a cessé de leur faire défaut, c'est-à-dire des moyens de communication aussi faciles et aussi nombreux que ceux si largement répartis jusqu'à présent aux populations de la rive droite.

Quand, des abords de l'antique basilique de Notre-Dame, on jette un coup d'œil sur les quartiers situés sur la rive opposée de la Seine, on est frappé du peu d'animation relative qui y règne, si on la compare à la vie et à l'animation qui mouvementent ce côté-ci du fleuve.

Et cependant, près de là, nous voyons les annexes de l'Hôtel-Dieu en construction, l'Entrepôt général des liquides et le marché Saint-Victor.

Que de besoins, que de nécessités de toutes sortes vont être satisfaits, le jour où ces points si intéressants de Paris seront reliés directement avec les communes suburbaines et avec les grandes lignes de chemins de fer !

En effet, si ce n'est les gares de Montparnasse, de Sceaux et d'Orléans, qui, toutes, éloignées les unes de autres, desservent une partie seulement, et bien restreinte, des communes du Sud, la rive gauche vit comme en dehors du grand centre commercial et industriel de Paris.

Après l'Entrepôt général des liquides, l'École Polytechnique, de nombreuses institutions, la Halle et les Magasins généraux, la Halle aux Cuirs, sollicitent de nouveaux moyens de communication.

Puis vient le grand hospice de la Pitié, entouré de rues étroites et d'un accès peu facile, la prison de Sainte-Pélagie, qui le longe, tout ce vieux quartier, qui, s'étendant jusqu'à la place d'Italie, ne profite pas des avantages si largement répartis aux habitants de la rive droite.

Enfin, au delà des fortifications, nous rencontrons Gentilly, Villejuif, Ivry, Vitry, Maisons-Alfort, Créteil, Bonneuil, peu reliés avec les points déjà parcourus, désireux de communications nouvelles et de moyens de transport faciles et économiques, qui leur permettent de recevoir directement, par les grandes lignes, les produits qui leur manquent, comme d'expédier ceux qui leur appartiennent.

Un des plus plus grands avantages que présente la troisième section du chemin de fer circulaire de la banlieue de Paris, est de traverser deux des plus grandes voies ferrées de France, et de pouvoir s'y raccorder aux stations de Vitry et de Maisons-Alfort.

GARE NOTRE-DAME. — Notre gare s'élèvera sur le quai Montebello, en face de Notre-Dame, et le premier avantage qu'elle apportera avec elle, sera de donner à ce quartier si solitaire, si peu mouvementé aujourd'hui, l'activité et la vie qui font la rive droite si animée. Notre projet de construction de la gare Notre-Dame comprend, dans son rez-de-chaussée, un large emplacement destiné à devenir le marché des arbustes et des fleurs, marchés qui, jusqu'à ce jour, encombrent les quais environnants.

La troisième section traversant la commune de Vitry, tous les arboriculteurs et jardiniers-fleuristes qui nous arrivent, comme

7

chacun sait, de Vitry, trouvant dans notre chemin de fer un moyen de locomotion rapide et économique, tant pour eux-mêmes que pour les produits faisant l'objet de leur commerce, ayant en outre, dans le rez-de-chaussée de la gare, tout l'emplacement désirable pour leur exposition, arriveront plus nombreux, plus empressés et cesseront d'obstruer les quais de la rive gauche.

Notre ligne desservira le marché Saint-Victor, y amenant les maraîchers des communes traversées par elle, et qui, vu la commodité qu'ils auront d'arriver là à peu de frais, perdront bientôt l'habitude de se rendre aux Halles centrales.

Sur ce point encore, le chemin de fer circulaire aura donc contribué à amener le désencombrement des grandes Halles.

2ᵉ *Station.* — HALLE AUX VINS. — Notre tracé arrive ensuite à l'Entrepôt général des vins et liquides.

Dans le dossier remis à M. le Préfet de la Seine, se trouve l'avis exprimé par les négociants de ce vaste entrepôt, que l'ancienne administration, dans un rêve de grandiose utopie, voulait raccorder avec les quais de Bercy; dans cet avis, disons-nous, les négociants de l'Entrepôt général des vins expriment leur désir d'être mis directement en rapport avec les gares d'Orléans, de Lyon et du Nord. Ils demandent que les principales rues de leur entrepôt soient pourvues de rails et de plaques tournantes, et enfin que le chemin soit relié au quai pour venir y former une voie d'embarquement, s'étendant du pont d'Austerlitz au pont de la Tournelle.

Le désir des négociants n'a rien d'exagéré et peut facilement être exaucé.

Nous n'avons pas à faire ressortir ici l'importance de l'Entrepôt général des vins et liquides; il suffira de dire que les arrivages quotidiens atteignent 300 tonnes par jour, ce qui représente 1,200 pièces de vins ou de spiritueux. Or, dans l'état actuel, la pièce de vin est grevée d'un droit de transport de 0 fr. 75 centimes, ce qui fait bien 900 francs de frais journaliers, applicables uniquement aux arrivages.

Par le chemin de fer circulaire de la banlieue de Paris, l'Entrepôt général des vins se trouvera en relations directes avec toutes les gares de chemins de fer.

STATION DE MARCHANDISES DU QUAI SAINT-BERNARD. — Les quais s'étendant du pont d'Austerlitz au pont Notre-Dame, sont les quais les plus vastes de Paris ; ils semblent, par leur aspect, être appelés à desservir les besoins du centre de la capitale, et cependant ils n'ont d'autre destination que le débarquement des cailloux et des sables nécessaires à l'entretien de nos chaussées.

L'ingénieur, qui les a créés, avait conçu pour eux une toute autre destinée, car aucun de nos quais n'est aussi bien disposé pour le chargement et le déchargement de nos marchandises ; mais précisément à cause de cet éloignement que le commerce montre pour la rive gauche, depuis des siècles implicitement abandonnée à la science et à l'étude, ces quais n'ont que les arrivages de la basse-Seine, arrivages ne consistant qu'en bois de charpente, bois et charbons à brûler, tous produits qui se remisent aujourd'hui en dehors des limites de l'octroi.

Il ne peut être vrai qu'un quai de si grande importance en soit réduit à ne recevoir que du sable ; aussi les négociants et les entrepositaires aux vins ont déjà commencé à se l'approprier.

En effet, pour eux, n'est-ce pas un lieu d'arrivage par eau ?

Nous voulons en faire plus, nous voulons créer, au centre de Paris, une gare d'arrivée et de départ ; nous voulons que les produits puissent arriver ou partir par la voie de terre ou par le fleuve, conditions, comme nous l'expliquions dans la première partie de notre travail, indispensables à *l'outil national de transport* du département de la Seine.

Or, pour la réalisation d'un semblable projet, toutes les conditions sont là réunies ; pour s'en convaincre, il suffit de jeter les yeux sur les plans.

Ce sera un entrepôt naturel, une sorte de succursale de la Halle aux vins, et, en même temps, le point le plus apte pour l'expédition et la réception de toutes les marchandises ayant pour objectif, d'arrivée ou de départ, le centre de Paris.

C'est un emplacement marqué par les travaux de nos prédécesseurs, emplacement auquel il ne manque, pour acquérir toute l'importance que nos devanciers voulaient y attacher, que la création d'un chemin de fer venant le relier avec nos grandes gares.

LA HALLE AUX CUIRS. — Cette gare sera plutôt un aiguillage qu'une station proprement dite, car les trains ne s'y arrêteront que pour porter à ce marché spécial les peaux et les cuirs qu'il a mission de vendre.

Cet établissement n'a rendu jusqu'ici que des services limités, mais lorsqu'une voie ferrée viendra l'unir avec les gares, avec les abattoirs de la Villette, avec les tanneries établies le long de la Bièvre, son importance se développera dans des proportions considérables.

3ᵉ *Station*. — PLACE D'ITALIE. — Nous proposons sur cette place la création d'une gare faisant face à la mairie projetée du 13ᵉ arrondissement.

Pour venir du quai Montebello à l'Entrepôt général des vins et liquides, notre tracé traverse en viaduc le boulevard Saint-Germain et la rue des Fossés-Saint-Bernard. De là, en quittant l'Entrepôt général des vins, il passe en tunnel sous la rue Rollin, vient déboucher à niveau rue Santeuil, où il rencontre la Halle aux cuirs, et arrive au boulevard Saint-Marcel.

De ce boulevard à la rue de la Pitié, il formerait une large voie de 31 mètres, au milieu de laquelle notre chemin vient s'engager, laissant de chaque côté une chaussée de 12 mètres.

Notre passage à travers ce quartier ne toucherait ni édifices, ni maisons de quelque importance, mais bien de vieilles masures qui font, au milieu de nos constructions modernes, une tache hideuse; notre passage serait une continuation de l'œuvre entreprise par l'ancienne administration, qui était désireuse d'apporter là l'air et la circulation, c'est-à-dire deux choses qui y font complétement défaut.

Notre tracé traverse, en dessous, le boulevard Saint-Marcel et la rue Lebrun, en souterrain le boulevard Mouffetard, et arrive à la place d'Italie.

4ᵉ *Station*. — CHEMIN DE FER DE CEINTURE. — De la place d'Italie, nous poursuivons notre route en souterrain jusqu'à la Maison-Blanche et l'avenue d'Italie, où nous venons franchir le chemin de fer de Ceinture, passant au-dessus de lui et établissant là une station.

5ᵉ *Station*. — BICÈTRE, GENTILLY. — Nous descendons ensuite l'avenue d'Italie, en nous couvrant partout où il se présente une route, un chemin, et arrivons jusqu'au bas de la côte qui mène à Villejuif, où nous nous raccordons avec la deuxième section.

De la station de la place d'Italie à celle de Villejuif, nous nous proposons d'établir notre chemin de fer au milieu même de la chaussée de l'avenue d'Italie.

Nous savons que la plate-forme du chemin est de 7 mètres, que la chaussée en a 40, qu'il reste de chaque côté de l'axe du rail 16 m. 50, avec lesquels on établirait deux chaussées munies de leurs trottoirs.

6° *Station*. — IVRY. — De la station de Villejuif, nous nous dirigeons sur la commune d'Ivry, que notre tracé vient traverser. La station de cette importante commune ferait face à l'Asile des incurables qui renferme aujourd'hui plus de 2,500 pensionnaires.

7° *Station*. — VITRY. — Avant de franchir la Seine, notre ligne se rencontre avec le chemin de fer d'Orléans, à la station de cette Compagnie, où de la gare aux marchandises un embranchement sera créé pour mettre les fabriques qui se trouvent sur le bord de l'eau en relation directe avec le chemin de fer. Cet embranchement est exclusivement destiné au service des marchandises.

Choisy-le-Roi est en relation directe avec le chemin de fer circulaire, et permet ainsi à cette ville, si importante, des relations plus faciles que celles qu'elle possède actuellement avec toutes les communes suburbaines du département. Qui ne sait, en effet, que Choisy-le-Roi est un des entrepôts les plus importants de la banlieue.

8° *Station*. — MAISONS-ALFORT. — Après avoir franchi la Seine, nous nous raccordons, comme nous venons de le faire pour Orléans, avec le chemin de fer de Lyon, passant au-dessus pour ce qui regarde le service des voyageurs, nous soudant avec la station de cette Compagnie, en ce qui regarde le service des marchandises.

9° *Station*. — CRÉTEIL.

10° *Station*. — BONNEUIL. — C'est au sortir de cette dernière station que notre ligne vient se joindre avec le chemin de fer de Vincennes.

Notre raccordement avec la ligne de Vincennes, ce grand tronçon du chemin de fer circulaire de la banlieue de Paris, a lieu avant le passage de la Marne, ce qui nous économise les dépenses de construction d'un pont; nous empruntons donc la ligne de Vincennes jusqu'à Fontenay-sous-Bois, point d'attache de la quatrième section.

CHEMIN DE FER CIRCULAIRE DE LA BANLIEUE DE PARIS

4me Section. — FONTENAY-SOUS-BOIS. — ROMAINVILLE

GARES ET STATIONS

DÉSIGNATION	DISTANCE de la GARE DE PARIS	DISTANCE de la station précédente	EMPLACEMENT
Paris-Bastille............	Tête de ligne	»	Chemin emprunté.
Fontenay-sous-Bois......	7.600^m	7.600^m	Place de la station.
(Raset avec le chemin de fer de Vincennes).			
Montreuil-sous-Bois......	10.510	2.910	Route dép^le n° 41.
Bagnolet................	12.355	1.855	Rue de Montreuil.
Jonction avec la 5e section.	13.960	1.595	Chemin de Romainville à Montreuil.

4me Section. — FONTENAY-SOUS-BOIS. — ROMAINVILLE

COMMUNES TRAVERSÉES

DÉSIGNATION	PARCOURS EN MÈTRES	OBSERVATIONS
Fontenay-sous-Bois......	1.100	
Vincennes...............	1.050	
Montreuil-sous-Bois......	1.517	
Bagnolet...............	2.383	
Romainville............	310	
Total............	6.360	

4ᵉ SECTION

FONTENAY-SOUS-BOIS A ROMAINVILLE

De la place de la Bastille, c'est-à-dire à son point de départ, notre tracé emprunte la ligne du chemin de fer de Vincennes, et la suit jusqu'à Fontenay-sous-Bois. De là, se dirigeant vers le Nord, il dessert Fontenay-sous-Bois, Montreuil, Bagnolet et Romainville, où s'opère sa jonction avec la cinquième section.

En quittant Fontenay, notre ligne longe dans le bas, c'est-à-dire dans les conditions les plus favorables, de nombreuses carrières de gypse en pleine exploitation.

Le jour où le chemin de fer sera établi, ces carrières prendront immédiatement une importance d'autant plus grande, que, l'accès de Paris leur étant facilité, elles n'auront plus à lutter contre les entraves d'un transport onéreux ; leurs débouchés s'en trouveront augmentés et notre chemin de fer trouvera là les éléments d'un transport assuré et continu.

Avant l'annexion de 1860, la fourniture du plâtre était exclusivement faite par les carrières entourant l'ancienne enceinte. Les habitants de Montmartre et de La Villette en avaient en quelque sorte le monopole exclusif ; mais l'annexion est venue détruire cette ressource de nos faubourgs, et les carrières de Seine-et-Oise se sont empressées de recueillir un héritage aussi fertile en résultats heureux. Mettant à profit l'avantage de pouvoir transporter leur produit par eau, les carrières de Seine-et-Oise amenèrent leur plâtre au canal Saint-Martin qui, depuis lors, est devenu l'entrepôt général des plâtres consommés par Paris.

Si nous ¦réfléchissons maintenant à l'importance des carrières de gypse qui s'étendent de Fontenay à Romainville, à la facilité de transport que leur donnera notre chemin de fer, passant au pied même des carrières, on est bien forcé de conclure que le nombre de tonnes de plâtre transportées par nous au canal Saint-Martin atteindra sûrement un chiffre considérable.

Mais cette importance ne s'arrête pas là.

Depuis que Francklin a signalé que l'amendement le plus énergique pour nos prairies artificielles était le plâtre, son emploi en agriculture n'a fait qu'augmenter.

Nous avons relevé, auprès des Compagnies des chemins de fer fer de Lyon à la Méditerranée et d'Orléans, l'importance des expéditions; nous n'avons pu en faire autant pour les expéditions qui ont lieu par les chemins de fer de l'Ouest et par les voies d'eau.

GARES EXPÉDITRICES	1869	OBSERVATIONS
	tonnes	
Bercy.	9.822	
— (ceinture)	3.507	
Charenton.	3.250	
Ivry.	50.120	
Choisy.	16.143	
Ensemble.	82.842	

Nous ajouterons à l'éloquence de ces chiffres, qu'ils seraient bien supérieurs si les voies de transport étaient moins coûteuses.

Notre chemin de fer peut-il arriver à ce *desiderata?* peut-il assurer une révolution telle, que l'agriculture puisse faire usage du plâtre partout, et fournir ainsi l'élément le plus puissant à la fertilité de nos campagnes, à l'élevage de nos bestiaux?

Il suffit, pour nous en convaincre, de jeter les yeux sur le projet de la quatrième section ; nous avons fait passer la ligne, à la sortie de Montreuil, en contre-bas des carrières actuellement ouvertes, de telle sorte qu'elles pourront venir se relier directement par un rail au chemin de fer circulaire ; elles pourront ainsi recevoir les wagons des Compagnies des grands chemins de fer dans l'intérieur de leur carrière, y charger directement la pierre à plâtre, qui, sans autre valeur que son coût d'extraction, n'aura plus à subir un charroi de 2 fr. 50 par 1,000 kilogrammes pour être rendue à Bercy, à Ivry ou au port.

Or, si nous admettons que l'importance de ces envois est actuellement de 100,000 tonnes, c'est une économie de 250,000 fr., sur laquelle, il est vrai, il y aura lieu de diminuer le transport dû au chemin de fer circulaire, pour le passage de ces wagons.

Après avoir passé Bagnolet, le chemin s'encaisse profondément dans la montagne, et cet encaissement est fait à dessein, afin de permettre qu'à sa droite et à sa gauche s'établissent les mêmes exploitations de gypse que celles existant à Bagnolet et au bas de la côte de Romainville.

Mais cette industrie a amené, depuis dix ans, d'autres industries ; nous voulons parler de la fabrication des tuiles, des carreaux, de la brique, du ciment.

Ces fabrications sont une conséquence de l'extraction du plâtre. On sait que le gypse est recouvert de bancs d'argile et de marne ; en le découvrant, on utilise aujourd'hui ces déblais, en les convertissant en poterie grossière.

De ce fait résulte un transport considérable de ces produits pour le chemin de fer, puisqu'ils peuvent s'affranchir en grande partie, comme le plâtre, des frais de voiturage.

Cette section, qui n'est que le complément du chemin de fer de Vincennes, aura une activité plus grande que ce dernier, parce que les communes qu'il desservira ont une importance supérieure à celles parcourues par ce premier chemin de banlieue ; quant à la question mercantile, elle ne saurait entrer en parallèle. Nous avons, croyons-nous, suffisamment démontré, en quelques mots, les immenses ressources de transport qui nous attendent aux pieds des coteaux de Fontenay, Montreuil, Bagnolet et Romainville, pour qu'il soit nécessaire d'insister plus longtemps sur ce sujet.

1re *Station.* — MONTREUIL. — Notre chemin de fer se relie à la gare même de Fontenay, traverse toute la plaine entre Montreuil et Fontenay, en se rapprochant de Vincennes, et rencontre sa première station au chemin de Vincennes à Montreuil.

Il y sera créé une gare de voyageurs et de marchandises, gare commune à ces deux importantes localités.

Dans cette position, notre chemin de fer dessert non-seulement Montreuil, mais encore Vincennes, car ces deux communes, par leur agrandissement successif, sont arrivées à ne plus former aujourd'hui qu'une seule localité.

2e *Station.* — BAGNOLET. — De Montreuil, notre chemin de fer se dirige sur Bagnolet, en côtoyant toujours les carrières de gypse, et atteint sa deuxième station au sentier des Fossillons.

De là, continuant son parcours en tranchée, notre voie vient rejoindre la cinquième section, entre les communes de Romainville et de Noisy-le-Sec.

CHEMIN DE FER CIRCULAIRE DE LA BANLIEUE DE PARIS

5ᵐᵉ *Section.* — PARIS (CHATEAU-D'EAU) A SAINT-OUEN

GARES ET STATIONS

DÉSIGNATION	DISTANCE de la GARE DE PARIS	DISTANCE de la station précédente	EMPLACEMENT
Paris................	tête de ligne	»	Hôtel des Douanes.
Père-Lachaise........	1.773	1.773	Rue du Chemin-Vert.
Charonne............	3.848	2.075	Place Puebla.
Les Lilas............	5.897	2.049	Sentier.
Romainville.........	8.296	2.399	Rue de la Montagne.
Pantin..............	10.068	1.772	Route nationale n° 3.
Fort d'Aubervilliers..	12.245	2.177	Route de Paris à Maubeuge.
Aubervilliers-La Courneuve..	13.696	1.451	Route départ. n° 21.
Saint-Denis..........	15.897	2.201	Route de Paris.
Saint-Ouen	18.277	2.380	Rue de Paris.
Raccordement à la 1ʳᵉ sect on.	18.552	275	Aux Epinettes.
TOTAL.......		18.552	

5ᵐᵉ *Section.* — PARIS (CHATEAU-D'EAU) A SAINT-OUEN

COMMUNES TRAVERSÉES

DÉSIGNATION	PARCOURS EN MÈTRES	OBSERVATIONS
Paris	5.264	
Les Lilas	1.457	
Romainville..........	2.758	
Pantin..............	2.787	
Aubervilliers...........	2.163	
La Courneuve..........	291	
Saint-Denis............	2.800	
Saint-Ouen	1.033	
TOTAL......	18.552	

5e SECTION

PARIS (place du Château-d'Eau) A SAINT-OUEN

Une des plus grandes préoccupations du commerce d'importation
et d'exportation de Paris, c'est la difficulté qu'il éprouve à se
mettre, depuis le centre même de Paris, en communication directe
avec tous les grands chemins de fer de l'Europe.

Ce commerce, groupé sur un point particulier dont les abords
de la place du Château-d'Eau peuvent être considérés comme
le centre, se plaint, s'agite avec juste raison, proteste contre
les conditions actuelles et sollicite la création d'un nouvel entrepôt de douane, dont la nécessité se fait d'autant plus sentir,
que des lois nouvelles viennent de modifier profondément tout
notre système économique commercial.

Mais ce n'est pas seulement notre grand commerce qui a besoin
de se relever de l'état d'infériorité relative dans lequel il est tombé
à la suite des déplorables événements de 1870-1871, c'est notre
industrie tout entière qui a besoin de prendre un essor nouveau,
et surtout cette nombreuse et riche industrie qui, vivant sous les
murs de Paris, y forme, avec la grande ville, cet ensemble mer-
veilleux de richesses de toutes sortes que nous voyons s'étaler
sous nos yeux.

Aubervilliers, la plaine Saint-Denis, Saint-Denis, sont au premier rang dans l'industrie de la France; là se trouvent accumulés

sous toutes les formes les produits de cette fabrication parisienne
que tous nous envient et qui, nulle part, n'a pu encore être égalée.

Saint-Denis est destiné à devenir le véritable centre de toute
l'industrie qui l'entoure.

Cette section, partant des abords de la place du Château-d'Eau,
parvient à Romainville et se dirige par Aubervilliers et Saint-Denis
sur Saint-Ouen, où elle vient se raccorder à la première section,
dont le parcours vient d'être indiqué.

L'état d'isolement dans lequel se trouvent la place du Château-
d'Eau et ses abords est aujourd'hui un fait tellement acquis, qu'une
Commission spéciale du Conseil municipal de Paris s'exprimait ainsi,
dans son rapport en date du 14 septembre 1871 :

« *Laissée comme elle est tracée, la place du Château-d'Eau*
« *n'est plus qu'un espace vague, qui a pour premier résultat*
« *de créer le soir des solitudes qui tuent le commerce du quar-*
« *tier.* »

C'est cet état d'isolement qui avait engagé deux hommes d'initiative, MM. Warnod et Deutsch, à soumettre à M. le Préfet de la
Seine et au Conseil municipal de Paris un projet pour la rectification et l'achèvement de la place du Château-d'Eau. Les publica-
tions qu'ils ont faites à cet égard ont eu pour résultat de constater une fois de plus combien il importait d'appeler dans cette soli-
tude une vie et une activité nouvelles.

Et ce qui vient encore augmenter aujourd'hui le vide de la place
du Château-d'Eau, c'est l'insuccès de cette opération, tant critiquée
par les uns, si vantée par les autres, qui a eu pour conséquence
la construction d'un palais, désigné sous le nom de *Magasins-
Réunis*, dont l'utilisation, encore discutée et recherchée, ne peut
devenir définitive et profitable que le jour où une voie ferrée viendra lui apporter des éléments de vitalité qui lui font, en ce moment, défaut.

Mais, aux abords de la place du Château-d'Eau se trouve situé
un autre établissement dont l'importance et l'utilité, au point de
vue des relations commerciales, tient le premier rang entre tous :
nous voulons parler de la Douane de Paris.

La solution de la question du second entrepôt des Douanes se
rattache tout naturellement aux facilités que le commerce pourrait
rencontrer dans le local actuellement occupé par l'administration

de la Douane, par suite de sa mise en communication avec tous les chemins de fer.

Le commerce de Paris s'adressant, le 30 novembre 1871, à M. le Ministre de l'agriculture et du commerce, lui disait :

« C'est toujours au centre des villes et à proximité des affaires que doivent être établis les docks entrepôts réels des Douanes.

« Les Magasins généraux de Paris satisfaisaient à cette condition. Depuis longtemps ils étaient placés rue de l'Entrepôt, lorsqu'une spéculation particulière sur les terrains, spéculation faite malheureusement sans tenir compte des intérêts du commerce, fit transporter ces Magasins à la Rotonde de La Villette. Là, la Compagnie fit élever, à l'aide de matériaux de démolition et sur une hauteur de six étages, un établissement que les vices inhérents à sa construction rendaient plus facile à servir d'aliment à l'incendie. Les événements ne l'ont que trop prouvé...

« Aujourd'hui que les Magasins de La Villette sont devenus la proie des flammes, ils sont provisoirement installés au pont de Flandre, c'est-à-dire sur un point extrême de Paris où, non-seulement le commerce ne peut pas lui-même diriger ses opérations, mais encore où il lui est impossible, devant une dépense précieuse de temps, d'aller et d'amener ses clients (1).

« Dans cette circonstance, qui rendrait impraticables les affaires sous régime de douane, les commerçants sont forcés, à leur grand détriment, de laisser leurs marchandises dans les entrepôts des ports de mer. Ces commerçants, en effet, en dehors des commissions qu'ils payent, sont obligés de livrer à leurs correspondants le secret de leurs affaires et de leurs relations !

« Si cet état de choses se prolongeait, il amènerait en peu de temps la cessation de tout le commerce direct entre l'Amérique et Paris. Cette fâcheuse perspective, Monsieur le Ministre, est digne, au plus haut degré, de fixer votre attention.

« Il faudrait que Paris fût en possession de plusieurs entrepôts réels de douane, dont la place, si le privilége de la Compagnie des Docks n'existait pas, serait naturellement les gares de chemins de fer... »

Il serait difficile de justifier mieux que ne l'ont fait les notabi-

---

(1) Ces magasins viennent d'être reconstruits dans les mêmes conditions.

lités du grand commerce de Paris, l'utilité d'amener une voie ferrée aux abords de la place du Château-d'Eau, alors que cette voie
est, en outre, destinée à relier avec Paris les populations des quartiers de Charonne, Belleville, le cimetière du Père-Lachaise, le
parc des Buttes Chaumont, ainsi que les communes des Lilas, de
Romainville, Pantin, Aubervilliers, Saint-Denis, Saint-Ouen.

Le parc des Buttes Chaumont, si merveilleusement situé, est
presque inconnu au plus grand nombre des habitants de Paris, et les
étrangers ne se décident que difficilement à entreprendre le long
et coûteux voyage qui doit les y conduire.

Quant au cimetière du Père-Lachaise, chacun sait combien
l'affluence y est considérable et combien, malgré les voies nouvelles qui en ont facilité l'accès, sont inévitables les ennuis et
les lenteurs qu'on rencontre, tant pour y arriver que pour en
revenir.

Charonne, Belleville sont, dans certaines de leurs parties, des
localités complétement ignorées, et si ce n'est la population qui y
habite, bien peu sont désireux de s'y rendre. A certains points de
vue, il serait à désirer que ces quartiers, composés d'éléments tout
différents des quartiers du centre de la ville, puissent se trouver
plus intimement liés à ces derniers et en communion plus fré-
quente avec eux.

Les Lilas, cette commune de création si récente, ne pourra prendre le développement auquel elle est appelée, que le jour où ses
communications avec Paris et avec ses voisines seront devenues
plus faciles et plus économiques. Quant à Romainville, l'accès aujourd'hui en est si difficile, qu'il est presque impossible.

A Pantin, des usines sont déjà groupées, nombreuses et riches, mais bien d'autres encore viendront s'y établir le jour où,
non-seulement en communication avec Paris, elles se verraient, en
outre, reliées avec la Seine par Aubervilliers et par Saint-Denis.

Ces deux centres industriels sollicitent, réclament aussi de nouvelles facilités, car c'est chez eux que se porte de plus en plus
cette principale source de la fortune publique : l'industrie.

Or, à quel degré de prospérité la grande plaine, qui commence
à Pantin et qui finit à Saint-Ouen, déjà bien sillonnée, n'attein-
drait-elle pas le jour où les groupes de population qui y sont établis se trouveront, en outre, reliés entre eux ?

Saint-Denis est appelé à devenir, ce qu'il est presque déjà, un véritable faubourg de Paris, et l'importance de sa population et des intérêts qui s'y trouvent réunis, justifierait à elle seule l'utilité de la cinquième section du chemin de fer circulaire de la banlieue de Paris.

Ce n'est plus là une section où le trafic des voyageurs joue le premier rôle, c'est la marchandise, la matière première qui, de Saint-Ouen à Pantin d'abord, et ensuite au centre même de Paris à la Douane, vient solliciter des moyens nouveaux, des voies plus faciles pour lui permettre de soutenir, au profit de notre industrie, une lutte dont nous devons sortir vainqueurs.

Au premier aspect, il paraît que le tracé de la cinquième section du chemin de fer circulaire de la banlieue de Paris aurait dû rechercher dans Paris même et à son point de départ des facilités plus grandes que celles qui consistent à lui faire traverser, dans Paris, les quartiers les plus accidentés et, à sa sortie, des localités dont les terrains sont, au moins, aussi mouvementés.

On aurait pu, par exemple, en prenant les bâtiments de la Douane pour point de départ, établir un tracé qui, longeant le canal Saint-Martin jusqu'à la gare des marchandises des chemins de fer, à La Villette, se serait ensuite dirigé facilement vers la plaine Saint-Denis. Pour le tracé proprement dit, il n'y aurait pas eu de difficultés sérieuses ; mais la voie, dans ce cas, tout en longeant le canal, aurait apporté une perturbation profonde dans le service de la navigation, au point de vue du **chargement** et du déchargement des bateaux.

On aurait pu songer à traverser le canal par un viaduc qui, toujours dans la même pensée, pouvait servir à mettre en communication directe la Douane avec la gare de l'Est; mais là encore des inconvénients sérieux se seraient présentés, et ils auraient dépassé les avantages à en retirer.

Le tracé provisoirement adopté prend, au contraire, son point de départ au grand édifice si bien connu sous le nom de *Douanes*. Dans les îlots de maisons situés entre les rues de la Douane et le faubourg du Temple, se trouvera la gare de Paris. De là, il franchit, par un viaduc de 325 mètres, les rues de Malte, le boulevard Richard-Lenoir, les rues Folie-Méricourt, d'Angoulême et Gambey.

Après avoir laissé ce viaduc, il traverse d'abord la rue de Nemours, sur laquelle une rectification sera nécessaire, puis les rues Oberkampf, Saint-Maur, Servan et du Chemin-Vert.

1re *Station.* — PÈRE-LACHAISE. — Cette station est destinée à desservir le cimetière du Père-Lachaise et les populations des quartiers si populeux au centre desquels s'élèvent les deux prisons de la Roquette et des Jeunes Détenus, ainsi que la grande succursale de l'administration du Mont-de-Piété de Paris; elle est située au coin des rues du Chemin-Vert et de Ménilmontant.

La ligne se continue ensuite sous le boulevard Ménilmontant, où elle se couvre, en entraînant toutefois une légère rectification de la chaussée.

Pour parvenir au cimetière du Père-Lachaise, nous avons emprunté l'avenue des Amandiers, dont une simple amorce est seule ouverte pour le moment. Nous nous sommes inspirés des idées émises par M. le directeur des travaux de Paris, dans les notes soumises par lui au Conseil municipal, à l'appui du budget de 1872.

Nous n'avons donc pas hésité à emprunter l'avenue des Amandiers dans les conditions suivantes :

La largeur de cette avenue est fixée à 30 mètres; avec deux chaussées de 11 mètres 50 centimètres chacune, soit 23 mètres pour les deux; 7 mètres se trouvent réservés pour le chemin de fer. La ligne passe presque toujours en tranchée; cette tranchée aura, au minimum, une profondeur de 5 mètres; elle constituera, bien entendu, la plate-forme du chemin.

De plus, partout où il y aura un croisement de rues, la tranchée sera couverte par un pont ayant la même largeur que la rue.

La voie, sur ces données, passe entre le cimetière du Père-Lachaise et la rue de Bagnolet, traverse le chemin du Parc, le sentier des Basses-Vignes, celui de la Cloche, pour arriver, par un petit souterrain, à la place de Puebla.

2e *station.* CHARONNE — C'est à la place de Puebla que nous établissons cette station, destinée surtout aux besoins de la population du quartier de Charonne.

C'est là que l'on construit un des plus grands hôpitaux de Paris.

3e *Station.* — LES LILAS. — L'importance, déjà bien grande, de

8

la commune des Lilas, est assez connue pour qu'il ne soit pas utile d'insister sur l'avenir qui est réservé à ce nouveau centre de population, et à la station qui le desservira.

4ᵉ *Station.* — ROMAINVILLE. — Ici, la station sera commune à Romainville et à Noisy-le-Sec.

5ᵉ *Station.* — PANTIN. — La situation de Pantin est d'autant plus intéressante que des groupes nombreux d'industries diverses s'y sont déjà réunis, à cause surtout des facilités qu'elles rencontrent dans les lignes de fer et la voie d'eau : le canal, le chemin de fer de l'Est. Cet ensemble de facilités sera complet quand notre ligne, exécutée, achevée, se reliera sur ce point à la ligne des chemins de l'Est, comme, du reste, les municipalités l'indiquent et le désirent.

En quittant la route nationale de Paris à Metz, le tracé provisoire franchit le canal de l'Ourcq, passe au-dessous du chemin de fer de l'Est, traverse à niveau la route n° 24, pour arriver aux abords du fort d'Aubervilliers, où serait établie la 6ᵉ station.

6ᵉ *Station.* — FORT D'AUBERVILLIERS. — C'est un des points des environs de Paris où se trouvent le plus de fabriques.

Quittant les approches du fort d'Aubervilliers, le tracé, passant à niveau du chemin rural n° 8, se poursuit par les chemins vicinaux n° 5 et n° 2, et arrive, sans difficultés, au chemin vicinal n° 1, qui met en communication, actuellement, les communes de la Courneuve et d'Aubervilliers, et c'est là que, pour desservir utilement et également ces deux communes, nous nous proposons de fixer la station d'Aubervilliers-La-Courneuve.

7ᵉ *Station.* — AUBERVILLIERS-LA-COURNEUVE. — A notre point de vue, la commune de La Courneuve, dont nous ne traversons le territoire que sur une petite partie, ayant une station à 400 mètres environ de sa mairie, aurait toute satisfaction, et Aubervilliers, que nous traversons dans son entier, recevrait une satisfaction égale avec ses deux stations, celle du fort d'Abervilliers, puis celle qui nous occupe en ce moment et que nous désignons sous le nom d'Aubervilliers-La-Courneuve.

Nous n'ajouterons rien ici à ce que nous avons dit sur l'importance et l'avenir d'Aubervilliers, au point de vue industriel; cette commune, cette ville bientôt, aura, par le chemin de fer circulaire de la banlieue de Paris, ce qui lui manque : des moyens de transport par voie ferrée, comme elle possède déjà des moyens de communications faciles par eau.

Aussi, ne traitant que du tracé proprement dit, nous le poursuivons ainsi : passer au-dessus du ru de Montfort, arriver à la grande ligne de Soissons et s'y raccorder, traverser ou suivre la sente de la Fontaine, le ru de Montfort, la sente du Franc-Moisin, franchir les digues des fortifications, le chemin de Saint-Denis à Aubervilliers, franchir encore, par un viaduc de 100 mètres, la route de Saint-Denis, et arriver ainsi à la porte de Paris à Saint-Denis, point où se trouverait établie une station dite de Saint-Denis.

8ᵉ *Station*. — Saint-Denis. — De tous les centres industriels qui avoisinent Paris et le département de la Seine, le plus considérable est Saint-Denis, déjà desservi par les lignes de la Compagnie du Nord, par le canal, par la Seine.

Saint-Denis est une des deux sous-préfectures de la Seine ; or, les populations de son arrondissement, qui commence à Boulogne pour finir à Vincennes, sont complétement privées des moyens de s'y rendre, si ce n'est à grands frais et en traversant Paris.

Bientôt il n'en sera plus ainsi, et notre chemin projeté, dès qu'il sera exécuté, fera cesser une situation aussi anormale que préjudiciable à tous les intérèts.

Quittant Saint-Denis, le tracé traverse le canal par un viaduc de 50 mètres, puis le chemin des Fruitiers, franchit, sur un pont, le chemin de fer du Nord, puis se continue par la route départementale n° 20, l'avenue du Château, la rue du Landy, la route de la Révolte et vient enfin se raccorder à Saint-Ouen à la première section du chemin de fer circulaire de la banlieue de Paris.

Le parcours total du tracé que nous venons de résumer, depuis la place du Château-d'Eau jusqu'à Saint-Denis, est de 28,552 mètres.

Nous avons posé en principe que les nombreuses usines ou établissements industriels situés entre Pantin et Saint-Ouen pourront, chaque fois que notre ligne passera près d'elles, s'y relier directement par des voies particulières, comme cela se pratique en Belgique et dans la plupart des Etats du Nord de l'Europe.

En résumé, la cinquième section du Chemin de fer circulaire

de la banlieue de Paris, destinée à mettre en communication la Douane de Paris avec les Docks de Saint-Ouen, traversant et desservant le cimetière du Père-Lachaise, Charonne, Belleville, les Lilas, Romainville, Pantin, Aubervilliers, La Courneuve et Saint-Denis, répond à des besoins qui ne peuvent être contestés.

Tracé. — DEUXIÈME RÉSEAU

Nous venons de parcourir le tracé des cinq sections qui composent le premier réseau du chemin de fer circulaire de la banlieue de Paris, tracé établi entre les Commissions nommées par les municipalités et avec le concours de nos ingénieurs.

Ce tracé ne touche que les communes les plus importantes du département, c'est-à-dire les centres industriels, et qui se trouvent les plus rapprochées des fortifications de la ville de Paris.

Par les rapports des Commissions municipales, le lecteur verra que toutes les communes reconnaissent l'impérieuse nécessité de créer des chemins de fer; que toutes ont voté le tracé que nous venons de décrire; mais il constatera aussi que les communes qui ne sont pas desservies par le tracé, demandant que la Compagnie soit astreinte au plus tôt à construire un nouveau chemin de fer plus éloigné des murs de Paris.

La Société promet de répondre à ces vœux, après que le premier chemin de fer sera créé, et lorsqu'il aura donné un intérêt de 7 0/0, somme qui assure la rémunération des capitaux engagés.

Le réseau réclamé par les délibérations des communes de Stains, Dugny, le Bourget, Drancy, Bobigny, Bondy, réunira ces communes entre elles, ainsi qu'avec les chemins de fer déjà existants et avec le chemin de fer circulaire projeté.

Ce vœu sera bientôt réalisé, si nous devons en juger par le projet de M. l'ingénieur en chef des ponts et chaussées Duverger, soumis en ce moment au vote de l'Assemblée nationale, et connu sous le nom de *Chemin de fer de circonvallation.*

On trouvera sur nos cartes, teinté en jaune, ce tracé, qui donne satisfaction aux réclamations de ces communes.

Une autre demande nous a été faite; cette demande consiste :

A rejoindre Saint-Maur à Nogent;

A rejoindre Nogent au chemin de fer de Vincennes en passant par Champigny.

Le projet du même ingénieur en chef donne également satisfaction à la demande des communes de Champigny et de Petit-Brie.

On verra encore, par le tracé de l'ingénieur en chef, que satisfaction va être apportée aux réclamations des communes de Choisy, Orly, Rungis, Fresnes et Antony.

Le deuxième réseau à construire par la Compagnie, et qui est marqué en bleu sur les cartes, ne consisterait donc qu'à relier :

Stains à Gennevilliers;

Montrouge à Arcueil;

Puteaux à la ligne de Boulogne, c'est-à-dire à notre première section.

COUT PRÉSUMÉ DU CHEMIN DE FER

Examinons maintenant les éléments divers composant le coût d'un chemin de fer.

Acquisition des terrains. — Nous évaluerons le prix des terrains en prenant pour base les ventes effectuées dans le courant des années 1868-1869, certains de n'avoir pas ainsi de grands mécomptes.

Pour les détails de ce travail, nous renvoyons aux tableaux « *Acquisition de terrains,* » renfermé dans les *Annexes* de ce Mémoire.

Nous ne tiendrons pas compte des terrains constituant des éléments de revente ; nous ne nous occuperons que de la surface indispensable à l'établissement du chemin. C'est ainsi, par exemple, que notre voie ferrée nécessitant dans quelques points de son trajet des chaussées latérales de 23 mètres de largeur, les 23 mètres ne sont pas comptés, parce que, ou le propriétaire riverain gardera à sa charge l'emplacement occupé par la chaussée, ou il voudra que ce soit la Compagnie ; mais, dans ce cas, la Compagnie demandera, non pas 23 mètres, mais bien 100 mètres, de manière à pouvoir revendre les façades du boulevard dans le milieu duquel le chemin de fer est installé, et rétablir ainsi l'équilibre des pri-

Notre chemin de fer, tout comme les autres voies ferr'

l'ont précédé, entraînera une plus-value pour les propriétés riveraines. Grâce à la solidarité, à l'entente qui existe entre les Conseils municipaux des communes suburbaines et nous, on doit compter que le plus grand nombre des propriétaires, en nous cédant leurs terrains à l'amiable, nous permettront de rester dans des limites fort au-dessous de nos appréciations.

Si la Compagnie rencontre des exigences déraisonnables, sans manquer à sa mission, notre chemin peut passer un peu plus à droite, un peu plus à gauche sans inconvénient.

D'après les évaluations faites, le COUT DES TERRAINS s'élèverait (1):

Pour la 1re section, à.		4,580,959 26
— 2e —	. . . .	279,919 32
— 3e —	. . . .	6,564,090 09
— 4e —	. . . .	321,807 58
— 5e —	. . . .	2,380,493 31
	Total.	14,127,269 56

Terrassements. — Nous en rapportant aux calculs exposés dans les *Annexes* de ce Mémoire, nous arrivons aux chiffres suivants :

Pour la 1re section, à.	. . .	1,112,652 97
— 2e —	. . . .	957,680 77
— 3e —	. . . .	1,318,118 49
— 4e . —	. . . .	909,108 11
— —	. . . .	1,077,913 89
	Total.	5,375,474 23

Travaux d'art. — Tous les ouvrages à exécuter : ponts, viaducs, passage, au-dessus ou au-dessous, tunnels, gares, sont ramenés à des types uniformes, n'empruntant rien à l'*art* proprement dit, mais réunissant à une sévère élégance la solidité et l'économie.

Comme on le verra par l'examen des types des divers travaux

(1) **Voir aux Annexes.**

annexés à ce Mémoire, l'architecte de la Compagnie, M. Letermelier, s'est surtout appliqué à ne pas sacrifier l'utile à l'enjolive-
ment. Ayant en vue le service des voyageurs et des marchandises,
il a dessiné nos gares de telle sorte qu'elles fussent avant tout
disposées pour ce double service, et que la commodité fût la règle
générale.

Dans ces conditions, les dépenses présumées sont :

Pour la 1ʳᵉ section. . . . . Fr.	4,347,393	»
— 2ᵉ —	3,065,092	25
— 3ᵉ —	5,118,600	30
— 4ᵉ —	170,514	08
— 5ᵉ —	9,664,897	»
Total.	22,366,496	63

Armement de la voie. — Sans tenir compte des nouvelles améliorations apportées à l'établissement des voies de chemins de fer,
notamment l'installation des voies sans traverses en bois actuellement employées en Belgique et en Allemagne, nous nous conten-
terons de prendre pour base les prix suivants :

Travaux d'assiette de la voie :

	Mémoire	
Balast 2,20 sable à fr. 3 le mètre cube.	6	60
0;10 bois pour traverses.	7	50
Rails. . . . . 70 kilos à 300 francs la tonne. . . .	21	»
Coussinets. . 20 » à 270 »	5	20
Chevillettes . 1 » à 48 francs le kilogramme.	»	50
Coins. . . . . 18 » à 17 50 le cent.	»	32
Déplacement de matériaux dans les chantiers de réception.	1	»
Déplacement des chantiers à pied-d'œuvre et pose. .	2	»
Frais imprévus.	»	88
Par mètre courant de voie.	45	»
Pour deux voies.	90	»

La 1ʳᵉ section comporte. . . . . , . . Kilomètres. 35,419

  » 2ᵉ   —   . . . .   —   20,000

  » 3ᵉ   —   . . . .   —   16,852

  » 4ᵉ   —   . . . .   —   6,360

  » 5ᵉ   —   . . . .   —   18,552

                          Total général. .   —   97,183

A ajouter :

1/10ᵉ pour la longueur des voies supplémentaires et

de garage   9,718

                                           .   105,901

A 90 fr. le mètre de double voie : 9,621,090.

Cependant, comme nous l'avons fait pour les autres devis, ajoutons un dixième en plus, soit : 10,583,199 fr.

Stations. — Dans la demande en concession soumise au Conseil général de la Seine, nous sollicitons, à titre de subvention, soit de la part de la ville de Paris, soit des communes suburbaines, la remise gratuite des terrains nécessaires à l'installation de nos gares.

Pour l'établissement de ce compte de dépenses, nous n'avons donc à nous occuper que de la valeur des constructions, soit des bâtiments, gares, magasins, soit des voies, plaques tournantes, aiguillages, de ce que l'on nomme enfin *la construction par destination*, puisque, dans un laps de temps déterminé, la propriété du sol fera retour au cédant avec toutes les constructions et améliorations que ce sol comportera.

Comme nous venons de le dire, les gares, les stations sont réduites à un modèle unique ; seules nos gares dans Paris subissent forcément l'influence du milieu dans lequel elles s'élèveront. C'est ainsi que les gares de la place des Martyrs, des Invalides, de Notre-Dame, du Château-d'Eau sont, par nous, évaluées à 1,500,000 francs l'une, soit 6,000,000 fr.

Les stations intermédiaires situées dans la banlieue de Paris sont au nombre de :

Pour la 1ʳᵉ section.   20

    —   2ⁿ   —   8

    —   3ᵉ   —   7

    —   4ʳ   —   2

    —   5ᵉ   —   9

Total des stations de voyageurs. . . .   46

Nous évaluons le coût de chaque gare à 30,000 fr., soit ensemble 1,380,000 fr.

Il reste à augmenter cette dépense du coût d'établissement des gares de marchandises :

Nous avons pour la	1re section	. . . .	8
—	2e —	. . . .	7
—	3e —	. . . .	3
—	4e —	. . . .	2
—	5e —	. . . .	4
	Ensemble	. . . .	24

Que nous évaluons également à une dépense de 30,000 fr. l'une, soit 720,000 fr.

Si nous récapitulons ces diverses sommes, nous trouverons que l'établissement de ces gares, en y comprenant les gares de l'Esplanade des Invalides, de Notre-Dame, de la place des Martyrs et du Château-d'Eau, comporte un chiffre total de 8,100,000 fr., et ajoutons à ce chiffre un dixième en plus, soit 8,910,000 fr.

Clôtures. — La longueur totale de notre voie est de 97,183 mètres qui, s'ils pouvaient être uniformément enclos comme le sont les chemins de fer desservant les départements, reviendraient, à raison de 75 c. le mètre courant, à 145,774 fr. 50 c.

Mais il y a lieu d'ajouter à cette dépense une somme bien plus importante, occasionnée par des travaux plus sérieux, quand il s'agit d'enclore nos passages sur le milieu des boulevards ou des chaussées.

Ces clôtures valent 12 fr. le mètre courant, et le nombre en est :

Pour la	1re section, de	. . . .	11,120 mètres.
—	2e —	. . . .	10,000 —
—	3e —	. . . .	10,918 —
—	4e —	. . . .	» —
—	5e —	. . . .	3,600 —
	Total	. . . .	35,638 mètres.

A répartir la dépense dans les proportions suivantes :

Clôtures ordinaires, 158,738 mètres, à 75 c. . . . 119,046 »
— en fer   35,638   — à 12 fr. . . . 427,656

Dépenses présumées . . . 546,702 »
Un dixième en plus. 54,670 20

601,372 20

D'où il résulte que la dépense présumée nécessaire pour l'établissement du chemin de fer circulaire de la banlieue serait la suivante :

Achats de terrains 14,127,269 56
Terrassements. . . . . . . ! 5,375,474 23
Travaux d'art 22,366,496 63
Armement de la voie . . . . 10,583,199 »
Stations . . . . 8,910,000 »
Clôtures 601,372 20

Ensemble. 61,963,811 62

Le coût du chemin de fer est prévu pour une somme de 61,963,811 fr. 62 c.

Sa longueur en mètres est de 97,183 mètres.

Il y a lieu d'ajouter à ce coût celui du *matériel roulant?*

Dans les Mémoires antérieurs, le matériel roulant présumé nécessaire avait été calculé en raison de la recette probable, estimée devoir être égale à celle du chemin de fer de Vincennes, soit 135,000 fr. par kilomètre.

N'y a-t-il pas lieu, pour le chemin de fer circulaire de la banlieue, de changer cette évaluation? Car ce chemin de fer n'est à proprement parler qu'une continuation des autres lignes, sur laquelle passe et circule le matériel des grandes Compagnies.

Quoi qu'il en soit, pour rester dans les limites les plus optimistes, quant à la dépense à prévoir, nous porterons ces dépenses à 130,000 fr. par kilomètre, soit, pour 97,183 mètres, 12,633,790 fr.

RÉCAPITULATION

Etablissement du chemin.	61,963,811	62
Matériel roulant.	12,633,790	»
Intérêts pendant la construction (1)	7,500,000	»
Administration	500,000	»
Sommes à prévoir pour imprévu . .	2,402,398	38·
Total général. . . .	85,000,000	»

Ce prix n'a rien d'exagéré lorsque l'on songe que le *chemin de fer de Vincennes* a coûté près de *un million quatre cent mille francs* par kilomètre.

Tant pour faciliter nos calculs que pour aller au devant des objections que l'on pourrait élever, et encore pour parer à toutes éventualités, nous augmenterons le coût, et nous le porterons au chiffre de *un million par kilomètre :* ce sera donc une dépense présumée de 97,183,000 fr., soit plus d'un dixième au-dessus du coût présumé.

Le trajet se décompose ainsi :

Voies hors Paris. .	79,755	mètres
» dans Paris. .	17,428	»
Ensemble. .	97,183	mètres

Si l'on fait la distinction des dépenses de constructions, travaux d'art, achat de terrains et autres, on arrive à cette proportion que le kilomètre de voies construites dans Paris coûtera environ 1,700,000
Hors Paris. 550,000

---

(1) Nous évaluons que le capital actions, nécessaire à la constitution de la Société, soit improductif pendant cinq ans, et que cinq ans représentent le temps indispensable au parachèvement de la ligne.

REVENU PROBABLE

Bien des personnes craignent que le chemin circulaire de la banlieue de Paris, malgré son utilité désormais reconnue, ne soit, en dépit de tout, qu'une déception, une ruine. A l'appui de ces craintes, ils évoquent l'exemple du chemin de fer de Béziers, et comparant les résultats financiers acquis, les appliquent à notre œuvre, en tirant une conclusion infiniment trop pessimiste pour qu'il nous soit possible de demeurer muets.

« Si nous applaudissons de tous nos vœux à cette création, disent-ils, nous soutenons cependant qu'elle ne peut vivre qu'à l'aide de subventions considérables que la ville de Paris, tout comme les communes suburbaines, sont hors d'état de fournir en ce moment. Or donc, il convient d'adopter le projet, mais d'en remettre l'exécution à des temps meilleurs, sans égard à l'indispensabilité d'une œuvre dont la pressante exécution est réclamée de tous. »

Notre projet comporte une dépense kilométrique de 1 million. Il est un moyen terme entre le coût du chemin de fer de Vincennes et celui du chemin de fer de Ceinture, le premier ayant exigé 1,400,000 fr. et le second environ 900,000 fr.

Notre moyenne de 1 million se justifie, si on tient compte de ce que nous demandons, c'est-à-dire de pouvoir disposer gratuitement de l'emplacement nécessaire pour le passage de notre ligne, sur cette longue file de terrains qui s'appellent les routes, les avenues, les bois appartenant aux communes et à la Ville, traversés par le chemin de fer circulaire, ainsi que l'emplacement nécessaire pour nos stations.

Voyons ce que disent les auteurs des quelques autres projets discutés dans le cours de la dernière session du Conseil général, pour prouver que le trafic des chemins préconisés par eux servira l'intérêt et l'amortissement du capital engagé.

Ils établissent que le coût de traction et d'administration sera de 45 0/0, et à ce sujet nous n'y reviendrons plus, car tous ingénieurs, sans exception, admettront cette base de calcul, que nous avions eu l'intention de fixer à 40 0/0, taux qui ne sera pas dépassé par une bonne administration.

Voici, du reste, ce que nous trouvons dans un Mémoire publié par M. Lemasson.

« Bases d'évaluations. — Dans nos évaluations des produits des
« diverses lignes, nous avons pris pour base les recettes des lignes
« de banlieue qui aboutissent à la gare Saint-Lazare et à la Bas-
« tille. Si, dans les belles vallées que parcourent les lignes de
« Lyon et d'Orléans, la circulation n'a pas pris le même dévelop-
« pement, on ne peut évidemment attribuer cet état de choses qu'à
« l'éloignement des gares terminales.

« Dans l'intérieur de Paris, nous avons attribué à chaque ligne
« *la recette de la ligne d'omnibus parallèle la plus rapprochée.*

. . . .

« Les lignes de banlieue ont donné, en 1868, les recettes kilométriques ci-après :

Saint-Germain	114,000 fr.
Argenteuil	95,000
Versailles (r. dr.)	96,000
Versailles (r. g.)	73,000
Vincennes	128,000

« La ligne Auteuil-Saint-Lazare a donné, en 1865, une recette
« kilométrique de 117,000 fr.

« La circulation ne se répartira évidemment pas, entre les divers
« services, dans les proportions que nous indiquons. Ainsi les services
« vices de banlieue, en traversant Paris, s'empareront d'une partie
« de la circulation intérieure. Mais cette répartition n'influe en rien
« sur le total.

. . . .

« *Recettes kilométriques*. — D'après le tableau qui précède, la
« recette brute annuelle serait, en nombre rond, de   33,000,000 fr.
« La recette kilométrique ressortirait à . . . . .   300,000 »

Ainsi M. Lemasson, admet *une recette de* 300,000 *francs par
kilomètre*.

C'est beaucoup, d'après nous... Et cependant peut-on raisonnablement
blement limiter un champ d'exploitation comme celui du département
ment de la Seine?

Rappelons et citons aussi les paroles suivantes, que nous trouvons
vons dans le rapport présenté par M. Mention, ingénieur en chef
des ponts et chaussées, directeur du chemin de fer de Ceinture, à
la Commission spéciale nommée par M. le Préfet de la Seine pour
étudier tous les projets qui ont été présentés, et concernant les chemins
mins de fer dans Paris. M. Mention a dit :

« La population de Londres est à peu près double de celle de
Paris; mais, excepté dans la Cité, elle est beaucoup moins condensée.
densée. Des squares étendus, des maisons distinctes par famille,
le petit nombre des étages, les jardins et dépendances, toutes ces
causes concourent à produire ce résultat qu'une population double
occupe un espace au moins quadruple ou d'un diamètre double. De
là, on tire cette conclusion que la longueur moyenne des courses
est double à Londres de ce qu'elle est à Paris. En supposant, pour
chaque habitant de deux pays la même activité, le même nombre
de courses annuelles, il y a déjà de grandes chances pour que le
Parisien fasse beaucoup plus de courses à pied que l'habitant de
Londres. Le nombre de voyages par tête, en voiture, omnibus ou
chemin de fer, doit donc être plus réduit à Paris qu'à Londres.

« On arrive *a fortiori* à cette conclusion, si on ajoute que le climat de Paris est beaucoup plus beau que celui de Londres, que l'argent est moins abondant ici que là-bas, et que l'activité de l'Anglais est supérieure à celle de nos compatriotes. Toutes ces considérations conduisent à supposer beaucoup moins de voyageurs par tête qu'à Londres, et, avec une population moindre, on ne doit pas même compter sur des recettes égales à la moitié de celles du *Métropolitain* anglais, *ce qui conduirait à prévoir des recettes kilométriques de* 200 *à* 250,000 *fr.* »

Il nous serait difficile de produire de meilleures preuves pour justifier la certitude d'un trafic rémunérateur.

Les chemins proposés par M. Lemasson étaient ceux des Halles, des boulevards et enfin des pointes rayonnant dans la banlieue. Ce tracé ne renferme pas l'ensemble, la concordance du projet du chemin de fer circulaire, qui relie presque toutes les communes de la banlieue et qui met des populations considérables en relation avec Paris, avec toutes les gares, et enfin avec elles-mêmes. Mais nous croirons plus juste de résumer nos chiffres probables, en prenant pour base les recettes du chemin de fer de Vincennes, qui est un des *cinq segments* du chemin de fer circulaire de la banlieue de Paris, chemin déjà tout agencé, et qui, comme les autres sections qui desserviront les environs, traverse les communes suburbaines dans les mêmes conditions de population, de beauté de sites, d'attraits, et qui entre également dans Paris, pour venir aboutir en un point central, mais qui n'a pas cependant en main les immenses ressources que l'industrie nous offre sur les autres points de notre parcours.

Ces bases, diront quelques sceptiques, ne sont pas celles que nous aurions désirées; il nous semble que la science de l'ingénieur ne devait pas, dans une question aussi terre à terre comme celle-ci, être la seule base d'appréciation.

Ne peut-on établir par des faits palpables ce trafic?

Nous allons essayer de le faire.

Divisons ce trafic en deux parties :

Voyageurs et Marchandises.

VOYAGEURS

Nous avons établi, dans l'un de nos Mémoires présentés à la dernière session du Conseil général, et d'après la statistique, qu'il fallait multiplier le nombre des habitants des localités desservies, par 12 quand il s'agirait du département de la Seine, par 9 lorsqu'il s'agissait du département du Nord, et par 4 pour les départements du Midi. Ajoutons que bien des ingénieurs établissent ce multiple par 7, et par 3 pour les deux derniers cas.

Les populations desservies par le chemin de fer circulaire de la banlieue de Paris se subdivisent ainsi :

PREMIÈRE SECTION

Neuvième arrondissement	104.236
Dix-septième arrondissement	99.281
Saint-Ouen	6.000
Clichy	13.000
Levallois-Perret	15.763
Neuilly	15.442
Boulogne	20.000
Gennevilliers	2.000
Asnières	6.000
Colombes	5.133
Courbevoie	13.000
Puteaux	9.590
Suresnes	4.600
Total	314.045

DEUXIÈME SECTION

Septième arrondissement	78.553
Quinzième arrondissement.	75.449
Issy	9.500
Vanves	7.825
Montrouge	4.377
Bagneux	1.712
Châtillon	2.238
Fontenay-aux-Roses	2.386
Arcueil et Cachan.	5.252
Gentilly.	8.871
Villejuif.	2.508
Bourg-la-Reine.	2.000
Sceaux	2.823
Total.	203.494

TROISIÈME SECTION

Cinquième arrondissement.	96.680
Treizième arrondissement	69.431
Ivry.	13.000
Vitry	3.630
Maisons-Alfort	4.500
Créteil	2.541
Bonneuil	350
Total.	190.132

QUATRIÈME SECTION

Fontenay-sous-Bois.	2.600
Montreuil.	9.200
Vincennes.	10.273
Bagnolet.	2.597
Noisy-le-Sec.	2.976
Romainville.	1.700
Total.	30.046

CINQUIÈME SECTION

Onzième arrondissement.	164.531
Dix-neuvième arrondissement.	88.930
Vingtième arrondissement.	92.772
Les Prés Saint-Gervais.	5.500
Les Lilas	3.800
Romainville.	(mémoire)
Pantin.	10.000
Aubervilliers..	15.000
La Courneuve.	1.500
Saint-Denis.	32.000
Saint-Ouen.	(mémoire)
Total.	414.033

TOTAL GÉNÉRAL

1ʳᵉ section.	314,045
2ᵉ —	203.494
3ᵉ —	190.132
4ᵉ —	30.046
5ᵉ —	414.033
Ensemble.	1.151.760

Dans un des Mémoires présenté par nous à la dernière session du Conseil général, nous avions pris pour multiple du nombre d'habitants le coëfficient 12, cela nous donnait un transport annuel de 13,821,000 voyageurs.

Il est évident que ce chiffre de 13,821,000 doit être de beaucoup en dessous de la vérité. Nous n'en voulons pour preuve que les lignes suivantes, que nous trouvons dans un rapport fait par M. l'ingénieur Vauthier, conseiller général de la Seine, et certainement l'une des individualités les plus expertes en la matière.

« Avec leurs 32 lignes, dit M. Vauthier, d'un parcours total de 200 kilomètres environ, les omnibus ont transporté, en 1869, près de 117 millions de voyageurs. Rapporté à la population de Paris, ce trafic correspond à 65 voyages d'omnibus par tête d'habitant. Mais les 32 lignes ne desservent pas rigoureusement la totalité de la surface. En admettant que l'attraction exercée sur le voyageur s'étende seulement à 500 mètres de part et d'autre de la ligne, il échappe à leur action une surface de 1,140 hectares, contenant une population de 150,000 habitants. En tenant compte de cette circonstance, ce n'est pas 65, mais 70 voyages que donne annuellement chaque habitant de la surface desservie. »

Devons-nous prendre pour base de nos calculs les données fournies par M. Vauthier, qui vont nous conduire à transformer nos prévisions de 13,821,000 voyageurs en ⊦0,622,500 voyageurs?

Devons-nous, au contraire, adopter les chiffres fournis par un chemin de fer desservant la banlieue de Paris?

Après avoir fait ces calculs, trouverons-nous, enfin, la base véritable sur laquelle il faille asseoir le revenu probable du chemin?

Rappelons ce que nous disions dans la première partie de ce Mémoire : le trafic d'un chemin de fer ne se crée pas du jour au lendemain; il est le résultat des améliorations économiques qu'il apporte avec lui; il n'est pas une conséquence de l'état de choses, mais bien l'outil qui produit la conséquence.

Un grand économiste des temps modernes l'a dit avant nous : « La population s'accroît en raison de la facilité et de la multiplicité des voies de communication. »

De la place de la Bastille, c'est-à-dire à son point de départ, notre tracé emprunte, comme nous le savons, la ligne du chemin de fer de Vincennes, et la suit jusqu'à Fontenay-sous-Bois.

Nous trouvons ici un point de comparaison, la *pierre de touche* que nous cherchons : ce chemin, établi depuis 1861, chemin spécial de banlieue, dont la longueur n'excède pas 17 kilomètres et qui a produit 135,000 fr. brut par kilomètre; dans ce rendement, le service des voyageurs figure seul, ce chemin ne transportant pas de marchandises.

Nous insérerons ici le tableau des recettes du chemin de fer de Vincennes de 1861 à 1871 :

1861. . . . . fr.	76,583	(1re année d'exploitation)
1862.	80,403	
1863. . . . , ...	92,180	
1864.	102,507	
1865.	104,612	
1866.	106,153	
1867.	121,450	
1868.	127,326	
1869.	130,146	
1870.	112,364	(la guerre)

Est-il nécessaire de faire remarquer la gradation constamment croissante des recettes de cette ligne, qui de 76,500 fr., chiffre atteint par la première année de son exercice, s'élève à 112,300 fr. en 1870, c'est-à-dire pendant une année terrible pour tous, et dont le souvenir douloureux n'a pas à être rappelé ici?

Ainsi, les recettes n'ont jamais faibli, mais, au contraire, elles ont suivi une règle de progression constante, qui plaidera éloquemment, aux yeux de tout homme sérieux, l'utilité incontestable de ces chemins de banlieue, destinés à réunir les points extrêmes d'un aussi grand cercle que Paris, pour les grouper dans un centre commun.

Et, puisque les chiffres ont leur éloquence, voyons quel a été le produit de chacune des stations de cette ligne :

NOMS DES STATIONS	POPULATION	NOMBRE DES VOYAGEURS	PRODUIT	MOYENNE DU PRODUIT PAR VOYAGEUR	NOMBRE de tonnes expédiées grande vitesse	Produit	MOYENNE DU PRODUIT PAR TONNES	MOYENNE du produit par habitant de la localité desservie
Paris (Bastille)........ ...	150.000	2.179.892	938.681 51	0.45	2.083	25 661 21	12.28	6.42
Joinville-le-Pont...........	2 290	451.365	194.657 65	0.43	185	2.641 78	14.28	8.61
Vincennes...................	10.245	644.364	171.152 80	0.26	276	3.675 44	13.31	17.06
Nogent-sur-Marne	4.976	351.861	147.807 45	0.42	424	2.080 90	4.90	30.12
Saint-Mandé	4.561	454.744	127.763 40	0.28	130	1.795 65	13.79	28.19
Bel-Air								
La Varenne-Saint-Maur.....	5.318	121.036	97.540 30	0.80	172	1.941 80	11.29	34.67
Parc-Saint-Maur...........		130.675	83.431 60	0.64	123	1.494 90	12.15	
Fontenay-sous-Bois	2.567	214 843	76.386 »	0.35	107	1.123 25	10.49	30.19
TOTAUX............	177.957	4.548.805	1.837.414 71	0.43	3.505	20.414 93	5.82	10.54

· Pour une population de 177,957 habitants, desservie par ce chemin de banlieue, il y a eu un mouvement de 4,548,895 voyageurs ; ce qui donnerait un peu plus de 25 voyages par habitant.

Il y a loin de là à nos propres appréciations, qui multipliaient le nombre d'habitants par douze, puisqu'en réalité il faut le multiplier par vingt-cinq.

Nous sommes également fort loin des appréciations de M. Vauthier, qui prétend que l'on doit le multiplier par soixante-dix.

M. Vauthier aurait raison, si le chemin de fer de Vincennes, qui nous sert pour notre démonstration, ne desservait qu'une partie des communes placées sur son parcours.

Il est vrai que le chemin de fer de Vincennes a pour lui les bénéfices du service militaire, et ceux, non moins importants, que lui procure le Bois ; mais aussi, contre quelle concurrence n'a-t-il pas à lutter ! et, sans parler des nombreuses voitures de toutes sortes qui, du samedi soir au lundi matin, établissent un service à volonté entre Paris et Vincennes, transportant ainsi un nombre considérable de voyageurs, ce chemin de fer n'a-t-il pas encore la concurrence bien plus sérieuse qui lui est faite par les omnibus, dont le service est admirablement organisé et dont les voitures desservent toutes les directions par des départs continus, n'ayant entre eux que cinq minutes d'intervalle ?

Et cependant, malgré cette formidable concurrence, à quels magnifiques résultats n'atteint pas cette exploitation ?

Si nous prenions un terme moyen entre les diverses appréciations, c'est-à-dire, celle des ingénieurs, celle qui nous est fournie par les recettes du chemin de Vincennes, nous arriverions à un facteur de trente-cinq.

Mais, pour rester dans les limites les plus modérées, laissant au temps le soin de prononcer entre MM. Vauthier, Lemasson, Mention, bornons-nous à accepter le chiffre de vingt-cinq.

Nous avons vu que le nombre d'habitants desservis par le chemin de fer circulaire de la banlieue de Paris est de 1,151,750 qui, multiplié par 25 forme 28,793,750 voyageurs.

Quel est le prix moyen à donner à chaque voyageur transporté ?

Faut-il que nous établissions les calculs de la recette probable en prenant les chiffres du chemin de Vincennes pour bases de nos évaluations?

Le prix moyen de transport est, d'après le tableau que nous venons de voir, de 0,43 ; or, en multipliant 28,793,750 voyageurs par 43 centimes, la recette probable serait de 12,831,312 fr. 50 c. Ce prix moyen de transport est celui qui a été homologué par les actes de concession ; il est juste que la nouvelle Compagnie bénéficie des avantages accordés au chemin qu'il va compléter, et ce pendant les premières années de l'exploitation.

Mais ce prix, relativement élevé, devra-t-il faire la règle, ou ne devra-t-il être que l'exception, créée par les difficultés premières attachées à sa fondation ?

Cette question mérite tout particulièrement notre attention, et nous la traiterons dans notre dernier chapitre : *Conclusion*.

MARCHANDISES

Nous aurons encore ici recours à la statistique, afin d'assurer les bases de notre calcul.

On compte que le rendement en marchandises d'un chemin de fer, dans les conditions ordinaires, doit être établi d'après le nombre des habitants des localités qu'il dessert et être multiplié par deux tonnes.

Mais, en basant nos calculs sur la statistique, n'oublions pas que nous les basons sur un chemin de fer dans des conditions ordinaires, tel que serait celui du chemin de fer de Seine-et-Oise, par exemple. Aucun parallèle ne peut exister entre ces deux situations différentes. Quand les ingénieurs assignent deux tonnes de marchandises par tête d'habitant, c'est qu'ils [admettent [deux tonnes de produits consommées par tête d'individus ; mais ils n'ont pas à tenir compte, comme nous devons le faire, que si chaque habitant du département de la Seine consomme deux tonnes, il produira dix fois, vingt fois davantage que, sous la désignation d'industrie parisienne, il répand sur le monde entier. — D'un autre côté, ne construit-il pas dans des proportions centuples de ses voisins? Et ce foyer de productions de tous genres n'est-il pas l'aliment du chemin de fer circulaire de la banlieue de Paris?

Il résulte d'un travail de statistique auquel nous nous sommes livrés avec le concours des municipalités, que les deux tonnes de marchandises doivent être portées à un chiffre de quatre tonnes, ce qui établira l'importance du trafic de marchandises.

Ceci est le résultat fourni par la banlieue proprement dite ; il y a lieu d'y ajouter une partie du trafic intérieur de Paris.

La centralisation qui a été créée à Paris est tellement vivace, que ce ne sont pas seulement les chemins de fer qui amènent d'abord à Paris les produits pour la banlieue, mais que les produits de dix lieues à la ronde y viennent également, pour retourner en partie dans la banlieue.

Cela est si vrai, que nous connaissons tous, ces messagers, qui font avec leurs voitures les transports *des environs de Paris*, voitures toutes particulières, qui pénètrent dans la ville, y amenant les produits de la banlieue.

Aucun de ces transports ne s'arrête en route.

Entrant dans Paris. — Quelle est l'importance de ces transports?

Les Compagnies de chemins de fer transportent moyennement *viâ* Paris :

Articles de messageries	100,000 tonn.
Articles, petite vitesse.	2,700,000 »
Marchandises diverses entrant dans Paris, par voiturage, par chemins de fer, par maraîchers, payant l'octroi	6,000,000 »
Marchandises ne payant pas l'octroi	800,000 »
Total.	9,600,000 »

Sortant de Paris. — Les marchandises en destination de l'étranger.   40,000
Les marchandises portées par les chemins de fer. 1,100,000
Les marchandises, grande vitesse, sortant par
chemin de fer   200,000

               Total.   1,340,000

Nous pouvons, sans craindre d'exagération, porter : Les transports de ou pour Paris, à 12 millions de tonnes.

Sur ces 12 millions, il y a lieu d'assigner 4 millions de tonnes
comme représentant les marchandises qui sont camionnées et
connues sous le nom de factage, et 8 millions les matières à con-
sommer, à fabriquer.

Ces 8 millions de tonnes passent des entrepôts aux magasins de
gros, de là aux magasins de demi-gros, de là entre les mains des
consommateurs, et, comme matières brutes, vont d'ateliers en
ateliers, pour recevoir la forme marchande sous laquelle ils seront
transportés, sous forme de marchandises fabriquées, chez les
intermédiaires, pour arriver au consommateur.—Ce mouvement
d'aller, de revenir, est bien supérieur à 8 millions de tonnes, puisque ce chiffre ne représente que le premier déplacement; il peut
être, sans exagération, porté à 12 millions de tonnes.

Mais quelle sera la part, dans ces tonnages, pour le chemin de
fer qui nous préoccupe?

Loin de nous la pensée que les 12 millions de tonnes que nous
venons de relever, vont être transportées par le chemin de fer.

Si on devait, comme nous l'avons fait pour les voyageurs, traduire le trafic probable, en le ramenant au nombre d'habitants
desservis par le chemin de fer, nous aurions en chiffres ronds :
12 millions de tonnes à répartir entre deux millions d'habitants,
représentant la population de Paris, soit 6 tonnes par habitant.

Or, nous avons vu, dans notre chapitre *Voyageurs* que la population desservie par le chemin de fer est de 1,151,750, ce qui, à
6,000 kilos, ferait espérer un trafic de 6,610,500 tonnes de marchandises.

Pour apprécier le prix auquel le transport peut se faire, il est indispensable d'évaluer le chiffre de transport en *tonnes kilomé-triques.*

Recherchons à quelle distance moyenne une tonne est trans-portée.

Nous savons que la course moyenne d'un voyageur en omnibus dans Paris, était en 1869 de 6 kilomètres.

Pouvons-nous appliquer cette moyenne aux marchandises, quelle est la moyene qu'il faudra appliquer?

Nous croyons que nos calculs doivent être basés sur un par-cours égal à chacun des segments, et qu'en portant ce chiffre à 17 kilomètres, nous serons bien prêts de la vérité.

Nous avons donc : 6,910,500 tonnes à mnltiplier par 17 kilomètres formant, à raison de 0 08 par tonne et par kilomètre, une recette probable de 9,398,280 francs.

CONCLUSION

Le soin de tirer les conclusions de ce Mémoire devrait être laissé à MM. les conseillers généraux, aux maires des communes suburbaines de la Seine, aux fabricants, aux ouvriers, qui doivent profiter des avantages signalés par nous comme devant dériver de la création d'un chemin de fer reliant les communes entre elles, les reliant aux chemins de fer existants et au centre de Paris.

Mais pour l'autorité supérieure, à qui notre demande de concession est adressée, il faut que, nous aussi, nous concluions, et c'est ce que nous allons faire.

La première partie du Mémoire a rappelé, aussi sommairement que nous l'avons pu, ce que sont les chemins de fer, les bienfaits qu'ils apportent, les lois et les règlements qui les régissent, afin que ceux qui n'ont pas fait une étude spéciale de ces questions, puissent être mis au courant et discuter en connaissance de cause.

Puis nous avons abordé la véritable question qui devait nous occuper, c'est-à-dire : le *Chemin de fer circulaire de la Banlieue de Paris.*

Nous avons fait ressortir les intérêts généraux du département;

Nous avons montré au doigt l'importance de ces intérêts, leur nature, leur situation;

Nous avons prouvé que la création de ce chemin n'était qu'une continuation, que des *prolongements de ceux déjà existants ;*

Nous avons répondu aux critiques qui avaient été faites, lorsque nous avions présenté ce projet à la dernière session du Conseil général de la Seine.

Le tracé présenté aujourd'hui diffère, dans quelques-unes de ses parties, de celui présenté antérieurement.

Cela devait être.

Ce tracé n'est-il pas le fruit d'un travail fait pas à pas, entre les Commissions nommées par chacune des communes de la Seine et nos ingénieurs?

Il est donc devenu, aujourd'hui, une œuvre qui pourrait être exécutée, si le Conseil général et le Gouvernement l'autorisaient, de telle sorte qu'il serait possible de le commencer dès les premiers jours de l'arrière-saison, et donner du travail aux nécessiteux.

Nous ne craignons point que le tracé, dont les plans, les profils sont joints ici, puisse être sérieusement critiqué, car ceux qui voudraient accomplir un pareil travail devraient critiquer les études et les vœux de la population du département de la Seine.

Après le chapitre du tracé, nous avons abordé le coût probable.

Dans nos appréciations, nous avons tenu compte, autant que faire se peut, des éléments qui peuvent faire varier les devis de l'ingénieur, le jour de leur exécution, et nous croyons qu'en ayant fixé à un prix moyen de *un million par kilomètre* le coût probable, nous serons bien près de la vérité.

Du *coût*, nous sommes passés au *revenu probable.*

Que devions-nous faire?

Donner les appréciations des ingénieurs les plus autorisés de France, résumer le plus de renseignements possibles, et de tous ces éléments, établir le revenu probable?

Dans cette conclusion, nous ajouterons, ce qui n'a pas été fait dans le Mémoire proprement dit, les opinions émises par M. le préfet sur la nécessité d'un chemin de fer à créer dans le département de la Seine, et celles des divers membres du Conseil général.

La sous-commission nommée par le Conseil général disait :

« C'est pourquoi la sous-commission a pensé, et la Commission
« a partagé cet avis, que le tracé des chemins de fer à créer dans
« Paris devait suivre les voies publiques, de manière à éviter
« toute expropriation coûteuse. »

Comme nous l'avons vu, nous avons suivi cette règle, en logeant le plus souvent possible la voie ferrée dans le milieu des chaussées, et en créant ainsi une deuxième édition du *boulevard Péreire.*

M. le Préfet, dans son rapport au Conseil général disait : …. « Le
« problème ainsi posé, comporte la solution de deux questions: la
« première est relative au transport des marchandises, c'est la
« question du *camionnage;* la seconde au transport des *voyageurs.* »
« L'importance du camionnage n'échappe à personne. Une tonne
« de houille, prise à la frontière de Belgique, paye 7 francs pour
« venir jusqu'au fossé des fortifications, 7 francs pour le franchir,
« 5 ou 6 francs pour être camionnée dans Paris jusqu'au lieu de
« destination.
« Ainsi, le prix du transport est triplé dès qu'on pénètre dans
« Paris; *le même fait se produit à peu près pour le transport des*
« *marchandises encombrantes aux usines des environs de Paris;*
« IL Y A LA UNE SITUATION FACHEUSE A LAQUELLE IL FAUT CHER-
« CHER A REMÉDIER…… Un des systèmes présentés, le système
« Brunfaut avait paru donner satisfaction à ce besoin de l'indus-
« trie parisienne; mais il ne fournissait pas une solution complète
« de la question, et a dû être écarté. »

Il n'y a rien à ajouter.
M. le Préfet de la Seine n'est-il pas l'économiste le plus distin-

gué que nous ayons, et ces questions ne lui sont-elles pas plus
familières qu'à nous?

Faisons remarquer que si nos premières études étaient insuffisantes, elles ne peuvent plus l'être aujourd'hui que nous les repré-
sentons mûries, étudiées avec le concours des municipalités, les
meilleurs juges en pareille occurrence.

Voyons, parmi les discours qui ont été prononcés au sein du
Conseil général dans sa dernière session, et lorsqu'il s'agissait du
chemin de fer métropolitain et des tramway, ce que disaient quel-
ques-uns des honorables conseillers sur le chemin de fer circulaire :

M. Dupuy « voit quel immense avantage il y a à mettre ainsi
« en communication les différentes parties de la banlieue? Les
« communes suburbaines ont demandé un *chemin de fer circulaire*
« *extérieur*. »

M. Gouin « fait connaître tout d'abord que la principale pensée
« de la Commission a été de desservir les localités de la banlieue. »

M. Béclard « veut examiner la question au point de vue des
« intérêts de la banlieue. A la suite de plusieurs réunions avec ses
« collègues des cantons suburbains, M. Béclard s'est convaincu
« que la meilleure solution réside dans la création d'un *chemin de*
« *fer de ceinture extérieure* desservant toutes les communes de la
« banlieue, en se raccordant à tous les chemins de fer rayonnant
« autour de Paris. Il y aurait là, au point de vue du commerce et
« de l'industrie, une grande œuvre, d'un intérêt bien autrement
« élevé que celui du chemin de fer de Ceinture actuel, parce que
« cette ligne nouvelle desservirait toutes les grandes usines
« agglomérées dans le voisinage de Paris, et aurait le transport de
« toutes les marchandises passant en transit par la capitale. Sans
« doute on peut objecter que ce serait un chemin de fer non d'in-
« térêt local, mais d'intérêt général; l'orateur ne veut pas aborder
« à ce point de vue l'interprétation de la loi de 1865; il pense que
« le chemin dont il vient de parler doit être réalisé tôt ou tard; il le
« signale à l'attention de M. le Préfet et s'en rapporte à lui pour
« en recommander l'étude au Gouvernement. »

M. Codur « donne son adhésion aux observations présentées par
« M. Béclard. »

M. Dehaynin ajoute : « Quant à l'idée exprimée par M. Béclard,
« dans le discours qu'il a prononcé dans la première partie de la
« séance, M. Dehaynin est loin de la repousser. Les intérêts des
« communes suburbaines ne sauraient être négligés, et le chemin
« de fer demandé par M. Béclard sera exécuté à son heure (1). »

A ces appréciations, ajoutons celles qui ont été formulées dans
les Commissions des municipalités (2), par des représentants des
plus grands établissements industriels de France, et par d'autres,
tout aussi autorisés à formuler une opinion sur un pareil sujet.

L'utilité du chemin est donc reconnue par tous.

Nous ajouterons, comme ingénieur, ayant une longue pratique de ces choses, que le trafic de ce chemin sera *le plus élevé
de tous les chemins connus dans les quatre parties du monde. Ce
résultat ne s'obtiendra pas de suite*, mais bien progressivement,
donnant, en moins de deux ans, l'intérêt aux capitaux engagés,
et, en moins de dix ans, un intérêt tel, qu'il sera permis alors de
satisfaire aux vœux de tous, en créant de nouvelles voies qui desserviront les populations de la Seine, qui, pendant ces quelques
années de répit, voyant leurs voisins s'enrichissant, voudront,
et à juste titre, avoir à eux l'*outil national*.

Ce sera là un nouveau réseau à construire, qui, comme l'a di
un de nos conseillers généraux, embrassera, reliera les *communes agricole*, ces pays charmants qui se trouvent sur la lisière
du département.

Pour ce second réseau, les dépenses de son installation seront
moindres que pour le premier réseau ; il n'aura plus besoin de
rentrées dans Paris, si coûteuses ; et, étant plus éloigné des
habitations, les ouvrages d'art ne seront plus aussi nombreux,
la valeur des terrains sera moindre, toutes circonstances qui
ramèneront le coût à des conditions et à un prix de revient
ordinaire.

Si le coût du chemin de fer est élevé, cela tient, avons-nous dit,

---

(1) Procès-verbaux de la session extraordinaire d'avril et mai 1872.
(2) Voir, aux Annexes, les délibérations des communes.

à des circonstances inhérentes à Paris et à ses environs; mais, les résultats qu'il donnera compenseront dans une proportion équivalente ceux que produirait un chemin qui coûterait moins.

En effet, l'intérêt et l'amortissement d'un million coûte 70,000 fr. L'intérêt et l'amortissement d'un chemin de 400,000 fr. coûte 28,000 fr. (1).

C'est une différence de 42,000 francs; mais les frais d'exploitation de l'un ou de l'autre de ces chemins sont les mêmes; ils sont tout aussi élevés pour le chemin à bon marché que pour le chemin coûteux; reste cette différence de 42,000 francs par kilomètre qui s'évanouira suivant l'importance de la recette.

La recette probable d'un chemin de fer de 400,000 francs, donne, d'après les arrangements intervenus entre le Gouvernement impérial et les grandes Compagnies 28,000 francs par kilomètre.

Le chemin de fer de Vincennes donne 130,000 francs; il est vrai qu'il a coûté 1,400,000 francs.

Est-il bien nécessaire de terminer ce travail par d'autres considérations que celles qui s'y trouvent? Faut-il cependant examiner quelle pourra être l'exploitation.

Le revenu probable en voyageurs et en marchandises a été évalué devoir être de 22 millions environ.

Le coût des 97,183 mètres du chemin comprenant le premier réseau a été évalué à 1 million, soit 97,183,000 fr.

Avec ces éléments, établissons le capital nécessaire à l'exécution de l'entreprise.

Le capital actions serait de 1/3, soit.	32,394,333 fr.
— obligations serait de 2/3, soit . . .	64,788,666
On prélèverait annuellement :	
5 0/0 sur le capital actions, soit.	1,619,716
6,66 0/0 sur le capital obligations, soit	4,314,880
Total.	5,934,596

(1) Nous supposons, pour les besoins du raisonnement, qu'un chemin de fer dans les conditions ordinaires revient à 400,000 fr.

Le trafic étant évalué à 22 millions, il y a lieu de diminuer 45 0/0, applicables aux frais d'entretien, de traction, d'administration, soit 10 millions.

Le jour où le service des intérêts et de l'amortissement sera assuré aux actions et aux obligations du chemin, le département de la Seine viendrait, dans une certaine mesure, prendre une partie des bénéfices. (1).

C'est là une règle aujourd'hui généralement adoptée en matière de concession de chemin de fer. L'administration départementale s'y conformera sans nul doute, et il est probable que, ne voulant que le bien, l'intérêt, en un mot, du département de la Seine, elle suivra les errements de nos voisins les Belges, et diminuera d'autant les tarifs.

Et sans avoir besoin d'aller bien loin chercher l'exemple, nous n'avons qu'à voir ce qui se fait sur les *bateaux-mouches*, qui sillonnent la Seine depuis l'Exposition de 1867.

Ces bateaux étaient un essai d'application à Paris des Mouches-Lyonnaises, dont ils empruntèrent le nom. Au dire des incrédules, ce nouveau service ne devait avoir qu'une existence éphémère. Née avec l'Exposition, cette flottille devait disparaître avec la cause qui l'avait fait naître.

L'Exposition est passée, et les petits bateaux de la Seine sont aujourd'hui sous le coup d'une concurrence imminente!

Leur prix de passage est uniformément fixé à 15 centimes, n'importe le point du parcours auquel le voyageur prend ou quitte le bateau.

Qu'arrive-t-il en présence de la modicité de ce prix? C'est que le bateau ne dépense pas davantage et ne fatigue pas plus, qu'il soit plein ou qu'il soit vide. Dans l'un et l'autre cas, les frais sont les mêmes.

Convaincu qu'en fait de chemin de fer, il faut que le matériel soit toujours rempli, et non comme il l'est actuellement, seulement dans la proportion de 40 0/0, convaincu qu'il convient, pour at-

---

(1) Tout le monde a compris que, par la loi de 1865, *c'est le département qui serait le propriétaire du chemin de fer circulaire de la banlieue de Paris.*

teindre à ce *desiderata*, que les tarifs soient abaissés, nous croyons que la Compagnie gagnera à porter le prix du passage sur ses lignes (aller et retour) à 50 centimes, sans tenir compte des lieux de départ et d'arrivée.

La rapidité des trains ne peut être grande ; 30 kilomètres à l'heure, il faut qu'ils s'arrêtent partout, qu'ils desservent toutes les localité, car il n'y a si petits hameaux qui n'aient un droit égal aux bienfaits du chemin de fer.

Les gares, pour toutes ces communes, seront simples et commodes, les plans qui accompagnent le projet en feront connaître toute l'économie.

L'Ingénieur de la Compagnie,

JULES BRUNFAUT.

Paris, septembre 1872.

Paris. — Imprimerie Nouvelle, 14, rue des Jeûneurs. — G. Masquin et Cᵉ.

CHEMIN DE FER CIRCULAIRE

DE LA

BANLIEUE DE PARIS

ANNEXES AU MÉMOIRE

PARIS

SIÉGE DE LA SOCIÉTÉ

45, rue Joubert, 45

—

1872

DÉLIBÉRATION DES COMMUNES

DU

DÉPARTEMENT DE LA SEINE

CANTON DE COURBEVOIE

Procès-verbal de la réunion du **21 juin 1872**, tenue dans une des salles de la Mairie de Colombes, sous la présidence de M. LESAGE, conseiller général de la Seine.

PRÉSENTS :

MM. Charpentier, maire.	Saint-Ouen.
Forest, —	Bezons.
Lacroix, —	Gennevilliers.
Guillot, —	Colombes.
Lecloux, conseiller municipal.	Colombes.
Expert, —	—
Charlot, —	—
Bouts, —	—
Lépine (Armand) —	—
Hue, —	—
Teste, —	—
Leroux, —	—
Durand, —	—
Rinet, —	—
Lonsagne, —	—
Caron, —	—
Lalou, —	—
Leseine, —	—

MM. Decaux,	—	(adjoint).	Colombes.
Gillet,	—		—
Mauriac,	—		—
Sauriac,	—	(adjoint).	Saint-Ouen.
Farcot,	—		—
Dupuys,	—		—
Guérin,	—		—
Paret,	—		—
Delacroix,	—	(adjoint).	Gennevilliers.
Retrou,	—	—	—
Dezert,	—		—
Hulin,	—		—
Boursier-Brocoli,	—		--
David	—		Bezons.
Caradan,	—		—
Panier,	—		—
Omer (Louis)	—		Asnières.
Rispal,	—		—
Derel,	—	(adjoint.)	—
Retrou,	—		—
Joret,	—		—
Gaudriot, agent voyer cantonal.			Courbevoie.
Michaël,	—		Saint-Ouen.
Richard, propriétaire.			Bezons.
Richard,	—		—
Forestier, président du Val Notre-Dame.			Bezons.
Trit, propriétaire.			Bois-de-Colombes.
Baron,	—		—
Bruet, ingénieur-constructeur.			Bezons.
Sidot, employé aux Docks.			Saint-Ouen.
Simon, administrateur de la Compagnie.			Bezons.
De Vauvineux, président de la Compagnie.			Paris.
J. Brunfaut, ingénieur de la Compagnie.			—

M. Lesage, conseiller général de la Seine, invité à présider la réunion, accepte.

M. le comte de Vauvineux, président du Conseil d'administration de la Compagnie du chemin de fer circulaire de la banlieue de Paris, expose en quelques mots le but de la convocation, et termine en disant : Que si les communes reconnaissent l'utilité du chemin projeté, il est indispensable qu'elles unissent leurs efforts à ceux de la Compagnie, afin de la mettre à même de pouvoir plus efficacement poursuivre, par devant le Conseil général de la Seine, la demande en concession.

M. Brunfaut, ingénieur de la Compagnie, développe l'ensemble du projet; puis, M. le conseiller général Lesage demande si quelqu'un, dans l'assistance, désire prendre la parole.

M. Caron interpelle la Compagnie pour savoir si elle demande la gratuité complète des terrains nécessaires, tant au passage de la ligne qu'à l'emplacement des gares.

M. Lesage répond que la Compagnie demande la gratuité du passage sur les seuls terrains appartenant aux communes, et un espace à déterminer pour l'emplacement des gares, emplacement qui devra comprendre une gare pour les voyageurs et une gare pour les marchandises.

M. Guillot, maire de Colombes, demande si les communes qui s'intéressent au projet seraient responsables, dans le cas où la Compagnie ferait de mauvaises affaires.

M. Brunfaut répond que, dans un semblable cas, la concession serait retirée à la Compagnie, et que l'autorité supérieure remettrait le chemin en adjudication.

Un membre interpelle la Compagnie sur la question des expropriations.

M. de Vauvineux répond qu'en ce qui touche les expropriations, la Compagnie se réglerait sur la loi de 1834, qui a établi les bases les plus équitables.

M. le conseiller général Lesage propose que chaque commune nomme une Commission composée de cinq membres, choisis comme suit : Trois conseillers municipaux et deux propriétaires ou fabricants.

Cette Commission, ajoute M. le conseiller général, aurait pour objet de s'entendre avec la Compagnie pour arrêter définitivement le tracé de la ligne et de discuter la nature de la subvention à accorder, ainsi que le cahier des charges à imposer à la Compagnie.

Cette proposition est adoptée à l'unanimité, et l'assemblée décide que chaque commune formera sa Commission dans le plus bref délai possible, et qu'aussitôt après sa formation, elle se mettra en rapport avec la Compagnie qui demande la concession.

M. le conseiller général Lesage convoquera les divers Commissions aussitôt qu'il aura reçu avis de leur formation, et s'engage à hâter, le plus possible, la solution de cette question qui intéresse si vivement le pays.

La séance est levée à cinq heures du soir.

Procès-verbal de la réunion tenue à Courbevoie, le 10 juillet 1872, sous la présidence de M. le Conseiller général Lesage.

ÉTAIENT PRÉSENTS :

MM. les maires des communes de Courbevoie, Nanterre, Puteaux, Suresnes, ainsi que la majeure partie des conseillers municipaux des mêmes communes et des communes de Clichy, Gennevilliers, Colombes.

M. le conseiller général Lesage propose que le fauteuil de la présidence soit occupé par M. le maire et député de Nanterre ; mais, sur les observations qui lui sont présentées, qu'il est nécessaire que la réunion soit présidée par le conseiller général du canton, M. Lesage accepte la présidence, et MM. les maires de Nanterre et Courbevoie prennent place au bureau.

M. le conseiller général Lesage fait l'historique de ce qui s'est passé au Conseil général en ce qui touche les chemins de fer de la banlieue, et du peu de succès obtenu par MM. les conseillers généraux de la banlieue parisienne, réclamant leur exécution.

M. le Préfet de la Seine a, il est vrai, promis de faire étudier la question, mais M. Lesage croit qu'il est préférable de faire ses affaires soi-même ; il est donc d'avis qu'il faut examiner attentivement la question et accepter l'offre de la Société du chemin de fer qui propose de faire les études.

Il prie, en conséquence, les représentants des communes de Courbevoie, Nanterre, Puteaux et Suresnes, après avoir entendu les explications des représentants de la Société et leur avoir demandé tous les renseignements qui peuvent les intéresser, de se joindre à leurs collègues des communes de Gennevilliers, Asnières et Colombes, pour nommer une Commission, qui aurait à arrêter avec la Compagnie :

1° Le tracé ;

2° Les subventions ;

3° Le cahier des charges.

Sur l'invitation de M. le Président, M. Brunfaut, ingénieur de la Société, exprime les regrets de M. le comte de Vauvineux qui, obligé de s'absenter, a délégué pour le représenter M. Letermelier, administrateur de la Société.

M. Brunfaut développe le tracé du chemin de fer qui, partant de la place des Martyrs, vient aboutir à Auteuil en desservant Saint-Ouen, Clichy, Levallois-Perret, Neuilly, Boulogne et l'embranchement de Saint-Ouen à Colombes, en passant par Gennevilliers, et rejoignant la ligne de Saint-Germain.

M. le maire de Puteaux et M. le maire de Courbevoie croient que ces tracés doivent être modifiés et qu'il serait désirable que la ligne qui s'arrête au chemin de fer de Saint-Germain fût continuée sur Puteaux, vînt traverser la Seine pour desservir Boulogne, et rentrer ensuite à Paris soit par Auteuil, soit par la place de la Concorde.

L'ingénieur de la Compagnie répond que son administration se préoccupe tellement de fixer définitivement le tracé, qu'elle renouvelle la demande que l'étude en soit faite contradictoirement entre elle et les municipalités, et que l'on n'arrivera à contenter tous les intérêts que par les nominations des Commissions.

M. le maire de Nanterre insiste vivement pour que chaque commune nomme sa Commission dans le sein même du Conseil municipal.

Cette proposition, mise aux voix, et adoptée à l'unanimité. Il est décidé ensuite que les Commissions nommées, et composées de cinq membres, se mettront le plus vite possible en rapport avec M. le conseiller général du canton.

Procès-verbal de la réunion de MM. les Membres des Commissions instituées pour donner leur avis sur le projet du Chemin de fer circulaire de la banlieue de Paris.

Séance du 3 septembra 1872

TENUE A LA MAIRIE DE COURBEVOIE, SOUS LA PRÉSIDENCE DE M. LESAGE, CONSEILLER GÉNÉRAL DE LA SEINE

ÉTAIENT PRÉSENTS :

MM. les maires et les membres des Commissions nommées par les communes de

Gennevilliers,
Asnières,
Colombes,
Courbevoie,
Puteaux,
Suresnes,
Nanterre.

La Société du chemin de fer circulaire de la banlieue de Paris est représentée par l'un des administrateurs, M. Letermelier, et par son ingénieur, M. Brunfaut.

M. le conseiller général fait un exposé de ce que doit être un chemin de fer d'intérêt local, au point de vue du service des besoins du département de la Seine; mais il prie MM. les membres de chacune des Commissions de se préoccuper, avant toute chose, de l'intérêt général du canton. On ne peut, dit M. le conseiller général, demander à un chemin de fer de passer au pied de l'habitation de chacun, il faut donc ne voir dans cette création qu'un intérêt général, et sacrifier, s'il le faut, l'intérêt d'une commune pour assurer l'intérêt de tous.

M. Brunfaut est prié de donner connaissance de ce qu'a résolu la commune de Saint-Ouen, car c'est à la Seine que commence la ligne qui doit venir rejoindre le chemin de fer circulaire de la banlieue de Paris.

M. l'ingénieur remet un tracé du chemin qui a été étudié par sa Compagnie, et qui passe par Gennevilliers, Asnières, Colombes, Courbevoie,

Puteaux, Suresnes, et donne lecture du rapport de la Commission de Saint-Ouen.

M. le maire de Gennevilliers donne lecture du rapport des membres nommés par la Commission représentant sa commune.

M. le conseiller communal [de Jouy appelle l'attention sur le rachat du pont de Saint-Ouen et sur les études de la Compagnie.

M. l'ingénieur Brunfaut répond que la question du rachat du péage du pont de Saint-Ouen est une question essentiellement du ressort de l'Etat et du Conseil général; que sa Compagnie n'a aucun titre pour entrer en conférence à ce sujet, mais qu'il résulte des pourparlers engagés avec M. Martin, concessionnaire du pont, que la traversée pourrait avoir lieu avec une dépence de 2 à 300,000 francs, au lieu de 700,000 francs que coûterait un nouveau pont à l'usage exclusif du chemin de fer.

Un des conseillers municipaux de la commune d'Asnières donne lecture du rapport de la Commission, qui approuve le tracé proposé.

Ensuite vient la lecture du rapport de la commune de Colombes, qui approuve le tracé du chemin de fer, sauf une légère modification.

M. le député Morin, maire de Nanterre, dit : qu'il se rallie au tracé proposé par la Compagnie et, cependant, ce tracé ne donne aucune satisfaction à la commune qu'il représente; mais il doit s'inquiéter tout d'abord des intérêts généraux du canton.

D'après M. Morin, Nanterre est suffisamment desservi; il y a tout lieu d'espérer qu'avant peu la Compagnie du chemin de fer de l'Ouest, faisant droit à de nombreuses réclamations, créera une gare de marchandises à Nanterre. Ce qu'il faut, ajoute-t-il, c'est venir en aide à notre industrie; c'est Courbevoie, Puteaux, Suresnes, qui ont besoin d'un rail venant alimenter leurs nombreuses fabriques; votons, Messieurs, le trajet proposé, car il remplit parfaitement ce but.

M. le maire de Courbevoie se rallie au projet présenté par la Compagnie, à la condition, cependant, qu'une vaste gare à marchandises sera créée aux abords de la demi-lune, afin de desservir les besoins des nombreux manufacturiers de sa commune.

M. le maire de Puteaux, en donnant lecture du rapport de la Commission, est heureux d'être d'accord avec l'ingénieur de la Compagnie; cependant, il ne comprend pas que la ligne projetée vienne s'arrêter aux abords du parc de M. de Rothschild et qu'elle n'aille pas jusqu'à la Seine, qu'elle devrait traverser.

L'ingénieur de la Compagnie répond qu'il ne voit pas d'intérêt à ce qu'il soit fait d'aussi lourdes dépenses que celles nécessitées par la traversée de terrains de grandes valeurs et par la construction d'un pont sur la Seine.

M. le Maire de Suresnes lit le rapport de la Commission qui donne un tracé de chemin de fer complétement en désaccord avec celui qui est présenté par la Compagnie. Après une longue discussion, M. le Maire de Suresnes déclare, dans l'intérêt général, se rallier au tracé proposé par la Compagnie.

M. le président met aux voix le projet de la Compagnie.

Ce projet est adopté à l'unanimité, et il demeure bien entendu que M. le président, en sa qualité de conseiller général de la Seine, est chargé d'en soutenir l'opportunité vis-à-vis de l'administration et du Conseil général de la Seine, de telle sorte qu'il soit mis en construction le plus tôt possible.

RAPPORTS

Déposés à la réunion générale tenue à Courbevoie

Le 5 septembre 1872

DÉPARTEMENT DE LA SEINE	MAIRIE DE GENNEVILLIERS
ARRONDISSEMENT DE SAINT-DENIS	**Extrait du Registre des délibérations du Conseil municipal**
CANTON DE GENNEVILLIERS	*Séance extraordinaire du* 20 *août* 1872

Procès-verbal de la séance extraordinaire du 20 août 1872

ÉTAIENT PRÉSENTS ET DÉLIBÉRANTS :

M. Charles Lacroix, maire, président; MM. Retrou, adjoint; Flandin, Bendelé, Dezert, Royer (Auguste), Royer (Philippe), Decaux, Hulin, Royer (Justin), Boursier père et Crépin (Louis).

La séance étant délarée ouverte, M. Bendelé, à la majorité, a été élu et a accepté les fonctions de secrétaire.

Cette formalité acccomplie :

M. le Maire expose au Conseil que M. le président de la Compagnie des chemins de fer suburbains, dont le siége est à Paris, rue Joubert, 45, lui a écrit pour l'informer que la commune de Saint-Ouen venait d'arrêter le tracé que cette ligne de chemin de fer doit parcourir sur cette commune, et l'invitait à réunir la Commission nommée à Gennevilliers pour qu'elle veuille bien, avec celle de Saint-Ouen, déterminer le point où cette voie ferrée devra traverser la Seine.

il émettait en même temps le désir qu'un projet de passage de cette ligne sur le pont à reconstruire soit étudié, et que la Commune veuille bien formuler son adhésion au passage de cette voie sur le territoire de Gennevilliers.

M. le Maire fait ressortir que la commune est éloignée de plus de 4 kilomètres de toute station de chemin de fer; que le projet dont il s'agit ne peut qu'être avantageux à la commune de Gennevilliers, tant sous le rapport de la facilité qu'offrirait cette voie, communiquant par Deux-Ponts avec Paris, avec des avantages sérieux, comparativement à ceux qu'offrent les transports des voyageurs, soit par omnibus, soit par voie ferrée et la facilité d'écoulement des produits provenant tant de la culture que des fabriques qui y sont installées, il invite, en conséquence, le Conseil à délibérer.

Sur quoi,

Le Conseil est d'avis, à l'unanimité, de faciliter par tous les moyens en son pouvoir l'établissement de cette voie sur le territoire de Gennevilliers, sollicite de l'administration supérieure toute décision qui pourrait amener la réalisation du projet dont il s'agit, sauf à la Commission nommée par lui, aux premières communications qui ont été faites, de déterminer le tracé définitif de la ligne, le lieu d'établissement de la station, comme aussi le moyen à employer pour assurer la conservation des chemins vicinaux et communaux et les divers moyens de communication entre les parties de la plaine traversée par la ligne ferrée.

Délibéré en séance, les jour, mois et an que d'autre part,

(Suivent les signatures.)

Pour copie certifiée conforme :

Le Maire,
LACROIX.

COMMUNE D'ASNIÈRES

Rapport

L'an mil huit cent soixante-douze, le 16 août, à sept heures du matin, la Commission nommée par le Conseil municipal, dans sa séance du 27 juin, pour examiner et suivre un projet de chemin de fer, dit circulaire, ayant pour but de mettre en communication certaines communes de l'arrondissement de Saint-Denis et plus spécialement celles du canton de Courbevoie, dont Asnières fait partie, s'est réunie à la mairie, sous la présidence de M. Durand, maire, assisté de MM. Joret, conseiller secrétaire, de M. Dérel, adjoint et de MM. Rispal et Retrou, conseillers municipaux.

La Commission, après avoir examiné le tracé teinté en rouge sur la carte déposée par la Compagnie en instance, s'est transportée sur les lieux afin de se rendre un compte plus exact.

A l'unanimité, elle a reconnu que ce tracé, partant du pont de Saint-Ouen, passant dans le voisinage du cimetière de Gennevilliers et atteignant Asnières dans une partie extrême de son territoire, s'éloigne beaucoup trop du village bâti pour lui être de quelque avantage.

Elle pense qu'il est possible de modifier ce tracé en le rapprochant du point d'arrivée de la nouvelle route n° 14, en voie de création et devant aboutir à la route n° 33 d'Asnières à Argenteuil, juste en face du débouché du chemin vicinal des Bourguignons, sur cette même route.

A cet endroit et sur le territoire d'Asnières, il y aurait lieu, pour la Compagnie, d'établir une station et une gare de marchandises qui ne pourraient manquer d'avoir une grande importance, en raison du point de jonction des cinq débouchés qui vont, d'ici à quelques mois, forcément y converger.

De ce point, le tracé reprendrait sa direction vers Colombes.

A l'unanimité encore, elle a décidé de soumettre son rapport au Conseil municipal pour avoir son avis, ce qui va avoir lieu à l'instant, le Conseil se trouvant réuni. .

(Suivent les signatures.)

Pour copie conforme,

Le Maire,
DURAND.

Le Conseil municipal,

Après avoir entendu la lecture du présent procès-verbal et les explications fournies par la Commission, en ce qui concerne la modification du tracé, l'établissement d'une station et d'une gare à marchandises *sur le territoire d'Asnières,*
Donne son approbation pleine et entière.

Certifié conforme à la délibération du 16 août 1872.

Le Maire,
DURAND.

MAIRIE D'ASNIÈRES

Extrait du registre des délibérations du Conseil municipal

Délibération prise par le Conseil municipal, le 16 août 1872

L'an mil huit cent soixante-douze, le 16 août, à huit heures du soir, les membres composant le Conseil municipal d'Asnières se sont réunis au nombre de quatorze, au lieu ordinaire de leurs séances, sous la présidence de M. Durand, Maire, pour la tenue de la session ordinaire pour laquelle ils ont été convoqués individuellement et par écrit, par le Maire, le 12 courant.

ÉTAIENT PRÉSENTS :

MM. Remondon, adjoint, Gratiot, Lavaicol, Rispal, Huet, Retrou, Joret, Tocquart, Imbart, Latour, Tranquerel, Fauvety, Dupré, lesquels peuvent délibérer valablement.

Le Président ayant ouvert la séance et fait l'appel nominal, il a été procédé à l'élection d'un secrétaire pris dans le sein du Conseil, pour la présente session.

M. Huet, ayant obtenu la majorité des suffrages, a été désigné pour remplir ces fonctions, qu'il accepte.

Ces formalités remplies, il est donné lecture du rapport de la Commission chargée d'examiner le projet de chemin de fer, dit circulaire, ayant pour but de mettre en communication certaines communes de l'arrondissement de Saint-Denis et plus spécialement celles du canton de Courbevoie, rapport au point d'arrivée de la nouvelle route n° 14 en voie de création, et à demander à l'intersection de cette route et de l'avenue d'Argenteuil, sur le territoire d'Asnières une station et une gare de marchandises.

Le Conseil,

A l'unanimité, adopte les conclusions de sa Commission et donne son entier assentiment à ce projet modifié.

Pour extrait conforme :

Le Maire,
Signé : DURAND.

DÉPARTEMENT
DE LA SEINE

ARRONDISSEMENT
DE SAINT-DENIS

CANTON
DE COURBEVOIE

MAIRIE DE COLOMBES

Rapport de la Commission municipale

L'an mil huit cent soixante-douze, le lundi 2 septembre, à quatre heures du soir,

Les soussignés, Binet, adjoint, Retrou, Ledoux, Hue et Durand, membres du Conseil municipal, délégués pour étudier les bases d'exécution d'un chemin de fer circulaire qui traverserait le territoire de Colombes, se sont réunis à la Mairie pour donner un avis sur ce projet.

Après examen et discussion du plan, avant-projet, la Commission donne un avis favorable à l'exécution de ce chemin de fer, et exprime le désir que le tracé de cette voie ferrée traverse la commune aux points désignés au plan par une ligne bleue, partant du chemin de fer d'Argenteuil au chemin de fer de Rouen.

Point A, sur la ligne d'Argenteuil, à 600 mètres environ de la gare de Colombes ;

Point B, ligne de Rouen, à 1,200 mètres environ des Quatre-Routes, à Petit-Colombes.

La Commission fait observer que le tracé qu'elle a fait peut être modifié dans l'exécution, mais elle émet le vœu que les deux points A et B figurés au plan soient joints par le chemin de fer projeté.

Et les membres présents ont signé :

BINET, *adjoint*. — F. DURAND. — E. HUE. — LEDOUX. — E. RETROU.

DÉPARTEMENT
DE LA SEINE

ARRONDISSEMENT
DE SAINT-DENIS

CANTON
DE COURBEVOIE

MAIRIE DE SURESNES

Suresnes, le 26 août 1872.

MONSIEUR LE CONSEILLER GÉNÉRAL,

J'ai l'honneur de vous adresser ci-joint les deux rapports de la Commission nommée par le Conseil municipal de Suresnes, chargée d'étudier le

projet d'établissement du chemin de fer circulaire de la banlieue, contenant les observations et avis de cette Commission, qui ont été approuvés
par le Conseil municipal.

Comptant sur votre puissant concours, je serai toujours prêt à répondre
aux communications que vous voudrez bien m'adresser.

Agréez, Monsieur le Conseiller général, l'expression de mes sentiments
les plus distingués.

Le Maire,
HUCHÉ.

Projet proposé par la Commission de Puteaux

Le tracé proposé par la Compagnie n'a aucun intérêt pour les communes
du canton de Courbevoie.

Une gare dans le bois de Boulogne ne pourrait pas être utilisée pour les
marchandises; la houille, les produits de teinture et les matériaux de construction abîmeraient totalement une partie des promenades et, en outre de
cela, on serait dans la zone de l'octroi, c'est-à-dire dans l'obligation, comme
cela existe actuellement, de déposer la valeur des droits pour venir ensuite
se faire rembourser, puis, pour les expéditions, de présenter les colis ouverts
et de terminer les emballages à la gare (1).

Les marchandises de toutes provenances importées dans le canton représentent un poids de plus de 200,000 tonnes. Les expéditions pour les départements et l'étranger sont très-considérables, et une grande gare centrale,
en communication avec les grandes lignes par la grande ceinture, éviterait
bien des frais et diminuerait beaucoup l'encombrement des gares de Paris.

Le tracé de la Compagnie partant de Saint-Ouen, pour arriver au Champ
de courses du bois de Boulogne, en longeant la Seine, serait très coûteux
d'établissement, à cause du prix des propriétés et des nombreuses tranchées
qu'il exigerait.

Nous venons proposer un autre tracé qui donne satisfaction aux diverses
communes du canton, qui ne traverse en général que des terrains de peu
de valeur et sans constructions importantes, et, enfin, qui aurait pour la
Compagnie l'avantage de lui assurer un transport très-considérable de marchandises sans diminuer le chiffre des voyageurs.

Voici notre tracé :

La ligne destinée au canton, au lieu de se brancher à Saint-Ouen, part
de Colombes, elle traverse la plaine pour venir passer sous le chemin de

(1) Ce projet est celui qui dessert Clichy, Levallois, Neuilly.

Versailles à Courbevoie, dans sa partie en remblais, près de la route de Colombes (route départ. nº 192) (1).

Au rond-point de Courbevoie, une vaste gare de marchandises serait établie. Cette position est très bonne pour toutes les communes de Courbevoie, Puteaux, Nanterre, Rueil, le Mont-Valérien, Suresnes, Neuilly.

Les terrains pour établir cette gare sont de peu de valeur, une partie appartient aux communes de Courbevoie, Puteaux et Neuilly, une autre, la vieille route, appartient à l'Etat, le reste est en culture.

A partir du rond-point, la ligne, qui n'a plus qu'un service de voyageurs, descend le coteau en biais avec une rampe de 7 à 8 millimètres (l'altitude du rond-point est de 29 mètres, le pont sur la Seine et le viaduc qui traverserait le quai étant de 5 mètres, il resterait 24 mètres pour un trajet de plus de 3 kilomètres).

Le passage de la Seine se ferait au point de jonction des deux communes, Puteaux-Suresnes, et une gare de voyageurs serait établie dans les terrains mis en vente, de Rothschild. Le pont traverserait les deux bras de la Seine, ainsi que l'île Rothschild, et, s'il était mixte, il est probable que M. de Rothschild ferait de larges concessions, à cause de la valeur importante qu'il donnerait aux terrains. A l'extrémité du pont, le chemin de fer suivrait l'ancien tracé proposé par la Compagnie, avec gare au Champ de courses et rentrée à Paris vers le Point-du-Jour.

Comme complément de ce projet, les communes pourraient, à partir de la gare du rond-point, établir à peu de frais des tramways pour le service des marchandises, savoir :

1º Un pour Nanterre et Rueil ;
2º Un pour le Mont-Valérien ;
3º Un pour descendre au frein jusqu'au pont de Neuilly ;
Puis là, se diviser en un branchement sur Courbevoie ;
—   —   —   Neuilly ;
—   —   —   déjà projeté sur le quai pour Puteaux et Suresnes.

Dans ces conditions, la plus grande partie des manufactures pourrait, à l'aide d'une plaque tournante, recevoir les wagons directement dans l'usine.

Le service des marchandises se ferait de grand matin, et celui des voyageurs toute la journée.

Pour la Commission,
Le Maire,
A. BLANCHE.

Puteaux, 1er septembre 1872.

---

(1) C'est le tracé proposé par la Compagnie et voté à l'unanimité.

MAIRIE DE PUTEAUX

Extrait du registre des délibérations du Conseil municipal de Puteaux

Délibération prise par le Conseil municipal,
le 26 août 1872

Session ordinaire

L'an mil huit cent soixante-douze, le 26 août, à huit heures du soir, les membres composant le Conseil municipal de Puteaux se sont réunis au lieu ordinaire de leurs séances, sous la présidence de M. le Maire, pour la tenue de la session.

ÉTAIENT PRÉSENTS :

MM. Blanche, Foucault (Nicolas), Guillaumet, Deloudre, Bunot, Coret, Combes, Foucault (Jacques), Arlot, Germe, Battut et Launay, lesquels forment la majorité des membres en exercice et peuvent délibérer valablement, en exécution de l'article 17 de la loi du 5 mai 1855.

Le Président ayant ouvert la séance et fait l'appel nominal, il a été procédé, en conformité de l'article 19 de la loi précitée, à l'élection d'un secrétaire, pris dans le sein du Conseil, pour la présente session.

M. Bunot, ayant obtenu la majorité des suffrages, a été désigné pour remplir ces fonctions, qu'il accepte.

M. le Maire donne connaissance au Conseil d'un nouveau projet de chemin de fer de grande ceinture devant desservir la commune de Puteaux. Dans ce projet, une ligne, partant de Paris et passant par Saint-Ouen, se dirigerait sur Asnières, Gennevilliers, Colombes, puis de là à Courbevoie, où une gare de marchandises serait établie au lieu dit le Rond-Point. Cette ligne descendrait ensuite par une rampe sur le coteau de Puteaux, pour aboutir à la rue de la Paix, avec gare de voyageurs en face de la rue du Baron, limite des deux communes de Suresnes et de Puteaux.

Le Conseil, après avoir entendu l'exposé de M. le Maire, a adopté ce projet à l'unanimité; mais il émet le vœu que la ligne ferrée ne s'arrête pas là, qu'elle soit prolongée de manière à traverser le quai, la Seine, puis l'Ile, et qu'elle fasse sa jonction avec la ligne projetée qui longe le fleuve sur la rive droite, et rentre ensuite à Paris par Boulogne et le Point-du-Jour.

(Suivent les signatures.)

Pour copie conforme :

Le Maire,
Signé : BLANCHE.

Observations générales de la Commission nommée par la commune de Suresnes.

AVANT-PROJET

I

L'idée de la création du chemin de fer circulaire de la banlieue de Paris a eu pour but principal de faciliter l'industrie, et subsidiairement l'arrivée sur la place de Paris des produits des halles.

C'est cette idée première qui, dans la pensée de la Commission, doit être suivie.

Le transport des voyageurs ne doit occuper qu'une place peu importante dans la question.

II

Dans l'état actuel des choses, les chemins de fer qui desservent la banlieue de Paris ne rendent aucun service à l'industrie, ne sont d'aucune utilité pour l'écoulement des produits naturels du sol.

Ils n'ont établi aucune gare de marchandises.

Il n'existe aucun service de nuit pour le transport du produit des halles.

Il s'agit donc aujourd'hui d'arriver le plus promptement possible à combler cette lacune importante.

III

Les produits industriels ne peuvent lutter avec avantage avec les produits similaires étrangers qu'autant qu'ils pourront être présentés moyennant un prix au moins égal.

Bour atteindre ce résultat, il faut donc que les matières premières arrivent sur le lieu même où elles doivent être employées, et que les produits manufacturés puissent eux-mêmes s'écouler du lieu de leur transformation sans avoir à supporter les frais de manutention et de transport qui, aujourd'hui, sont en double et quelquefois en triple emploi.

Il faut également que l'industriel soit assuré d'une expédition prompte et de presque tous les instants.

IV

Pour les produits de halles, il est indispensable d'avoir un service de nuit, et un matériel spécial et suffisant pour leur écoulement assuré aux Halles centrales.

Nous concevons qu'au moyen de tramways, les produits qui nous occu-

2

pent pourront être expédiés immédiatement vers les Halles centrales, et on rappelle ici qu'il s'agit d'un service de nuit.

V

Les communes de Suresnes et de Puteaux présentent, dans leur ensemble, une agglomération industrielle considérable, occupant un rang relativement élevé dans l'industrie générale.

Un trafic, dont on peut déjà se rendre compte par les octrois de ces deux communes, est, dès maintenant, largement assuré.

Le trafic sera augmenté des produits non soumis à l'octroi, destinés à l'exportation (commerce général).

A l'égard des produits de halles, on peut, quant à présent, en donner l'importance; mais ils sont d'une grande étendue dans les mois de mai, juin, juillet, août, septembre et même octobre.

D'après ces données, il y aurait lieu de déterminer ultérieurement les heures de service.

VI

Aujourd'hui, il s'agit de donner son avis sur le tracé.

La Commission ne peut admettre le tracé sur la rive droite de la Seine, puisqu'il ne doit rencontrer aucun centre de production ni manufacturier.

Aussi propose-t-elle ce tracé sur la rive gauche.

Le tracé, indépendamment des deux communes dont on vient de parler, desservirait également les communes importantes de Courbevoie et d'Asnières, et même celle de Nanterre, dont on connaît la richesse en matériaux de construction.

Pour arriver à ce but, un double tracé par le plateau et par la vallée devient obligatoire.

La ligne sera-t-elle indépendante de toute ligne actuellement existante? Où se raccordera-t-elle avec l'une de celles-ci?

Ce dernier mode serait peut-être le plus rationnel, sauf à demander une voie spéciale pour notre embranchement, de manière à lui assurer un service certain.

On a dit qu'il fallait nécessairement un train de plateau et de vallée, sauf à les raccorder à un point donné.

Eu égard aux altitudes du parcours, cela paraît indispensable.

La ligne de plateau partant d'Asnières, un peu avant le pont des Quinze-Perches, se dirigerait vers la garenne de Colombes, Charlesbourg, la plaine de Nanterre, la Boule royale, Rueil, Buzenval, Fouilleuse, la Croix-du-Roi, suivrait le chemin des Veaux d'or, pour passer sous le viaduc du chemin de Versailles et se diriger vers la Seine, suivrait la rive jusqu'au parc Rothschild.

La ligne de vallée, partant d'Asnières, suivrait la rue du Château jusqu'au pont Bineau, puis de ce pont joindrait la rive de la Seine pour la suivre

sans interruption jusqu'au parc Rothschild, où les deux lignes se raccorde-
raient.

VII

Il y aurait lieu de doter chaque commune d'une station de marchandises,
répondant à ses besoins généraux et particuliers, à des points qui seraient
ultérieurement indiqués après enquête.

VIII

Dans le tracé proposé, il y aurait autant d'embranchements particuliers
qu'il en serait demandé par les manufacturiers et les exploitants de carrières, afin que les produits puissent venir directement à leur établissement
et en sortir.

Ces raccordements seraient établis à des conditions qui seraient précisées
dans le cahier des charges des concessions.

IX

Pour compléter les avantages qui ressortiraient d'un chemin établi dans
ces conditions, ne pourrait-on pas demander à l'administration des douanes
d'établir un service d'employés ambulants, se transportant, à des jours et à
des heures déterminés, dans les gares pour plomber les colis devant seulement traverser Paris?

On éviterait, de cette manière, aux manufacturiers des frais de camionnage et surtout la visite aux bureaux d'octroi, visites qui ont quelquefois
pour résultat de modifier complétement l'emballage et de causer une perte
assez considérable à la marchandise.

X

Pour compléter l'ensemble du projet, une voie de raccordement entre la
ligne de Normandie et celle de Bretagne, entre la station de Colombes
embranchement et le rond-point de l'Empereur, devrait être établie et desservir en même temps notre voie de plateau.

XI

Les propositions ci-desus ne détruisent pas celles faites par la Compagnie
de desservir le champ de courses de Longchamp, de Suresnes, à un point
qui serait à déterminer entre le chemin des Veaux d'or et une ligne qui
pourrait se diriger vers ce champ de courses et de là à Boulogne et
Auteuil.

COMMUNE DE SURESNES

—

—

AVIS

La Commission, vu son avant-projet,
Attendu qu'il répond, pour la grande partie, à l'avis qu'elle a à émettre ;
Complétant cet avant-projet :
Après s'être rendu compte, sur la carte de l'état-major, des différentes altitudes, décide, à titre d'avis, ce qui suit :

TRACÉ

I

Le tracé par la vallée devra partir d'Asnières, presque immédiatement après la traversée sur la Seine du chemin de fer de Versailles, suivra la rue du Château, à Courbevoie, droite de ce chemin, afin d'éviter sa traversée, jusqu'au delà du pont Bineau ; de ce point joindra la Seine, passera sous le pont de Neuilly, en utilisant la petite arche de la navigation, et suivra sans interruption la rive du fleuve jusqu'au chemin des Veaux-d'Or, à Suresnes.

II

Le tracé, par le plateau, partira du pont des Quinze-Perches, se dirigera vers la Garenne de Colombes, Charlebourg, la Folie de Nanterre, entrera dans la région des carrières de cette commune, vers la maison dite des Voleurs, se continuera, en passant par ou près le Moulin-des-Gibets, l'ancien Moulin-de-Rueil, se rapprochera de Buzenval et du chemin dit de l'Empereur, se dirigera vers le Bel-Air et la Croix-du-Roi, et joindra la Seine, par le vallon dit des Veaux-d'Or, pour se raccorder, vers la limite du département, avec le tracé de vallée.

TERRAINS A OCCUPER (LIGNE DE VALLÉE)

La Seine présente, à partir du pont Bineau, sur les terrains de Courbevoie et de Puteaux, et sur une partie de celui de Suresnes, des terrains en dehors du chemin de halage, autrefois en prairie.

Dans les parties où cet avantage n'existe pas, il y aurait peut-être lieu de changer l'alignement de la route nationale n° 187, longeant presque entièrement des terrains sur lesquels n'existent pas de constructions.

Il y aurait lieu de supprimer la plantation qui existe le long de cette route, en se servant de cet espace rendu libre pour la voie, en empruntant, pour la compléter, sur le chemin de halage, en établissant un nouveau chemin de cette nature aux dépens des berges du fleuve.

LARGEUR DE LA VOIE

Dans la partie longeant la Seine, à partir du pont Bineau, le chemin n'aurait qu'une voie, sauf l'exécution de quelques lignes d'évitement.

Dans les autres parties du parcours, il serait établi deux voies.

ÉLÉVATION. — SÉPARATION

Le tracé de vallée longeant le fleuve et les voies publiques, il y aurait nécessité de l'élever faiblement au-dessus des voies, pour éviter les inconvénients qui pourraient se produire.

Du reste, le chemin devrait être séparé de la voie publique par un mur ou des planches jointoyées.

Les deux passages sur le quai seraient à niveau.

Traversée sous les ponts de Neuilly et de Suresnes

PORTS — BARRAGE

La voie devant passer, au pont de Neuilly, sous l'arche réservée à la navigation, on pourrait substituer à son cintre actuel un plancher en fonte, à l'effet d'en augmenter l'élévation.

Le chemin de halage serait reporté sous la première arche, ce qui serait une amélioration pour la navigation, ce changement supprimant la solution de continuité que comporte l'arche actuelle.

Le pont de Suresnes allant être reconstruit, cette reconstruction aurait lieu en ménageant le passage de la voie.

La traversée des ports de Courbevoie, Puteaux et Suresnes se ferait à niveau et ce mode ne pourrait que procurer un avantage pour les marchandises qui y arrivent et qui y sont embarquées.

L'espace entre la maison éclusière et le barrage de Suresnes est plus que suffisant pour le passage de la voie, sans nuire au service de ce barrage.

Le tracé des plateaux ne devra nécessiter que le passage sur la route départementale n° 32, des deux routes nationales du Havre et de Cherbourg et quelques chemins vicinaux.

La voie devra nécessairement passer sous le viaduc des Veaux-d'Or.

LOCALITÉS DESSERVIES — INDUSTRIE

Garenne de Colombes, Charlebourg, Nanterre, Rueil, Bel-Air, Croix-du-Roi, Saint-Cloud (partie basse), Suresnes, Puteaux, Courbevoie et Asnières.

Usines de Courbevoie, au nombre desquelles est celle si importante de M. Durenne.

Usines de Puteaux, au nombre de quarante environ.

Usines de Suresnes. — Usines de la Folie. — Carrières à pierres et à moellons, chaux, briques et carreaux de Nanterre. — Briqueteries du chemin de l'Empereur, plâtrières, briqueteries et produits céramiques de Suresnes.

Produit du sol et de halles considérables.

STATION

Elles pourront être nombreuses ; la Commission ne croit pas utile de les indiquer ici.

Mais, ainsi qu'elle l'a dit en l'avant-projet, les embranchements directs dans les établissements industriels et les exploitations devront rendre moins importantes les gares de marchandises.

On croit inutile de faire ressortir que les embranchements directs dont on vient de parler seraient desservis par des plaques tournantes.

EXTENSION DU RÉSEAU

Le tracé présenté par la Commission ne devant s'étendre qu'à sa localité, elle croit pourtant devoir faire remarquer que le réseau pourra s'étendre bien au-delà, et notamment aux communes de Garches, Vaucresson, La Celle-Saint-Cloud, Bougival, Louveciennes et Marly-le-Roi.

MAIRIE DE GENNEVILLIERS

—

**Extrait du registre des délibérations du Conseil municipal
de la commune de Gennevilliers**

—

Séance extraordinaire du 5 septembre 1872

Du procès-verbal de la séance extraordinaire du Conseil municipal du cinq septembre mil huit cent soixante-douze, où étaient présents et délibérants :

M. Ch. Lacroix, maire, président et MM. Retrou, adjoint, Hulin, Benselé, Royer (Justin), Royer (Auguste), Marin, Boursier père, Dezert (Félix) et Pommier.

La séance étant déclarée ouverte, M. Benselé a été élu et a accepté les fonctions de secrétaire.

Cette formalité accomplie,

M. le Maire expose au Conseil que la Commission nommée par lui pour arrêter le tracé définitif que doit parcourir la ligne ferrée des chemins de fer suburbains, sur la convocation de M. Lesage, conseiller général, s'est rendue à Courbevoie, le 3 du courant ;

Qu'à cette réunion, où la généralité des communes était représentée, il a été décidé que cette voie ferrée traverserait la Seine sur le pont à construire ; que la Compagnie laissait à la commune de Gennevilliers toute latitude pour déterminer son parcours, demandant seulement au Conseil une adhésion morale au projet présenté par elle.

M. le Maire rappelle au Conseil que cette adhésion a été donnée par délibération du 20 août dernier, mais qu'il ne saurait trop insister pour obtenir la réussite de cette ligne et l'invite, en conséquence, à motiver son adhésion par une nouvelle délibération.

Sur quoi :

Le Conseil, à l'unanimité,

Reconnaissant que la voie projetée ne peut être qu'une source de commerce pour la commune de Gennevilliers ; qu'en lui donnant accès par deux points avec Paris, c'est lui faciliter les communications et ouvrir les portes à l'écoulement de ses produits, qu'il accepte avec reconnaissance le projet présenté par la Compagnie, et qu'ainsi qu'il là déjà exprimé dans la délibération précitée, il s'engage, par tous les moyens en son pouvoir, à en aider et faciliter la réalisation,

Sollicite de nouveau de l'administration supérieure toute décision en faveur de cette Compagnie.

Délibéré en séance, les jour, mois et an que dessus.

Suivent les signatures.

Pour copie conforme :

Le Maire,
Signé : LACROIX.

COMMUNE DE COURBEVOIE

Rapport de la Commission

L'an 1872, le 3 septembre, les membres composant la Sous-Commission nommée à l'effet de donner son avis sur la question d'opportunité du projet de chemin de fer dit de Banlieue, se sont réunis en séance, sous la présidence de M. Durenne.

Après avoir entendu les explications données par MM. les représentants du Comité dudit chemin de fer, dans la séance qui a eu lieu le même jour à la Mairie, et à laquelle assistaient MM. les délégués des administrations municipales du canton, sous la présidence de M. Lesage;

Attendu que :

MM. les membres du Comité dudit chemin de fer, à la suite des observations qui leur ont été faites, consentent à rectifier le tracé primitif qu'ils avaient proposé; qu'ils consentent à faire passer le nouveau tracé sur la limite de la commune, nuisant ainsi moins au développement qui s'opère sur ce point en ce moment; qu'ils s'engagent, en outre, à établir une gare de marchandises aussi près que possible du lieu dit le Rond-Point, et d'établir des routes rendant cette gare d'un accès facile pour desservir, dans chaque direction, les communes de Courbevoie, Puteaux, Nanterre, Colombes, etc. ;

Qu'ils donnent ainsi satisfaction entière et complète aux désirs exprimés par lesdites communes ;

La Sous-Commission, à l'unanimité, émet un avis favorable à la création dudit chemin de fer, posant avant tout, comme condition première, l'établissement de la gare de marchandises.

Le Président,
Signé : DURENNE.

Courbevoie, le 3 septembre 1872.

MAIRIE DE COURBEVOIE

Extrait du registre des délibérations du Conseil municipal

Délibération prise par le Conseil municipal, le 6 septembre 1872, relativement au chemin de fer de Ceinture de la banlieue.

L'an mil huit cent soixante-douze, le six septembre, à huit heures du matin, les membres composant le Conseil municipal de Courbevoie se sont réunis au nombre de quatorze, au lieu ordinaire de leurs séances, sous la présidence de M. DURENNE, Maire, pour la tenue de la présente séance, pour laquelle ils ont été convoqués individuellement et par écrit, par le Maire, le trois septembre mil huit cent soixante-douze.

Ont été convoqués : MM. Blondel, Vilhelin, Lefèvre, Bove, Weiss, Bourgin, Ledoux, Bouchy, Regnault, Charbonnel, Barbier, Chapon, Desnoix, Colas, Thomain, Adam, Barlhy, Zipperlen, Poly, Helitas, Maurice et Lesort.

ÉTAINT PRÉSENTS :

MM. Durenne, Vilhelm, Charbonnel, Barbier, Chapon, Desnoix, Colas Thomain, Adam, Poly, Hélitas et Lesort, lesquels forment la majorité, des membres en exercice et peuvent délibérer valablement, en exécution de l'article 17 de la loi du 5 mai 1855.

Le Président ayant ouvert la séance et fait l'appel nominal, il a été procédé, en conformité de l'article 19 de la loi précitée, à l'élection d'un secrétaire pris dans le sein du Conseil, pour la présente session.

M. Barbier ayant obtenu la majorité des suffrages, a été désigné pour remplir ces fonctions, qu'il accepte.

Le Maire expose au Conseil que la réunion qui a eu lieu à la mairie, le 3 de ce mois, des divers délégués des administrations municipales du canton et des représentants du Comité de chemin de fer circulaire de la banlieue de Paris, sous la présidence de M. Lesage, a eu pour résultat une approbation complète du projet de chemin de fer dont il s'agit. Le Comité, en effet, a donné satisfaction aux observations qui lui ont été présentées à la suite des premières déclarations des Conseils municipaux de Puteaux et de Courbevoie, et comme aujourd'hui on est à peu près certain de voir cette Compagnie créer au Rond-Point une gare à marchandises, il y a une satisfaction complète pour les intérêts du pays.

Le Maire propose dès lors de renouveler l'approbation déjà donnée à ce projet, tout en maintenant le refus de subvention, à cause de la pauvreté des ressources de la commune.

Le Conseil municipal, après en avoir délibéré, a déclaré à l'unanimité être d'avis de l'approbation complète dudit chemin de fer circulaire, tout en spécifiant l'impossibilité de fournir la moindre subvention.

Ainsi fait et délibéré en séance, les jours, mois et an indiqués ci-dessus, et ont signé, les membres présents, après lecture.

Pour copie conforme :

Le Maire,

Signé : BOVE, adjoint,

MAIRIE DE SURESNES

Extrait du registre des délibérations du Conseil municipal de la commune de Suresnes.

Séance du 14 septembre 1872.

L'an mil huit cent soixante-douze, le quatorze septembre, à sept heures du soir,

Le Conseil municipal de la commune de Suresnes, dûment convoqué, s'est assemblé au lieu ordinaire des séances, sous la présidence de M. Huché, maire.

PRÉSENTS :

MM. Sentou, Philippe, Cochois, Héros Langot, Fermé, Meunier, Pouthot, Bocquet, Saltel, Marie, Lamarre, Barbier, Renard, Moireau, Graindorge, Lanne, Jary et Deprez.

ABSENTS :

MM. Chabrier, Marchand, Gault.

Les membres présents formant la majorité de ceux en exercice, il a été procédé immédiatement à l'élection d'un secrétaire pris dans le sein du Conseil, M. Langot ayant obtenu la majorité des suffrages, a été désigné pour remplir ces fonctions, qu'il a acceptées.

M. le président a ouvert la séance, et il expose qu'il s'est rendu, avec les membres de la Commission nommée à cet effet, à la réunion générale de la Commission instituée dans le canton pour la création d'un nouveau chemin de fer devant particulièrement desservir l'industrie.

Qu'à cette réunion, l'ingénieur de la Compagnie, formée par les soins de

M. Jules Brunfaut, a présenté un tracé devant donner satisfaction à tous les intérêts;

Que ce tracé, qui n'était pas connu de la Commission nommée à Suresnes, a modifié complétement celui présenté par elle;

Que le tracé indiqué par la Compagnie ayant reçu une approbation presque générale, il a cru devoir s'y rallier, sous la réserve qui lui a été faite de présenter ultérieurement la partie du projet de la commune de Suresnes longeant la Seine.

Que le tracé adopté dans cette réunion emprunte son point de reliement, avec le chemin de fer Ceinture, au chemin de fer des Docks de Saint-Ouen; qu'il traverse la Seine en amont du pont de cette commune, se dirige sur Gennevilliers, Le Hotville, Colombes, La Garenne de Colombes, Charlebourg, suit la route Nationale du Havre jusqu'au rond-point de l'Empereur; puis, de ce point, se dirige vers Puteaux et Suresnes, et s'arrête, sur le territoire de cette dernière commune, au chemin du Ratelet.

Il invite le Conseil à donner son avis sur ce tracé, et les points à sigaler sur le parcours de la commune, au point de vue notamment des voies publiques.

Le Conseil,

Vu l'exposé de M. le Maire;

Vu le tracé par lui déposé sur le bureau;

Attendu que la création de ce chemin présente des avantages réels au point de vue industriel;

Attendu également que le tracé proposé donne satisfaction aux intérêts généraux et particuliers de la commune;

Emet l'avis suivant:

Il y a lieu de donner son appui et son concours à la Compagnie formée par M. Jules Brunfaut, ayant pour but la création d'un chemin de fer faisant partie de ceux dits: de la banlieue de Paris, destiné à desservir les communes du canton de Courbevoie.

Le tracé ci-dessus indiqué doit être adopté.

Cet avis favorable est donné sous les conditions ci-après:

La station à établir sur la commune de Suresnes devra être affectée, non-seulement aux voyageurs, mais surtout aux marchandises de grande et de petite vitesse.

Des passages devront être ménagés pour toutes les voies à traverser, y compris les sentes qui sont indiquées au cadastre.

Délibéré à Suresnes, les jour, mois et an que dessus.

Et ont signé:

Pour copie copie conforme,

Le Maire,
Signé: Huché.

(*Suivent les signatures.*)

MAIRIE DE NANTERRE

Extrait du Registre des délibérations du Conseil municipal

Session ordinaire de mai. — *Séance du samedi 28 Septembre 1872*

L'an mil huit cent soixante-douze, le samedi vingt-huit septembre, à sept heures et demie du soir, MM. les membres du Conseil municipal, sur la convocation de M. Morin, maire, et, sous sa présidence, se sont réunis à la mairie, lieu ordinaire de leurs séances, à l'effet de s'occuper des affaires de la session de mai, en vertu de la loi.

ONT ÉTÉ CONVOQUÉS :

MM. Moreau, adjoint; Foullon, Gauthier, Plainchamp, adjoints; Valdin, Terneau, Hude, Simon, Barot, Guéniard, Leperche, Philippe, Delahaye, Pascal, Giroust, Castillon, Cornet, Duval, Bachelet, Fougeray et Roulleau.

ÉTAIENT PRÉSENTS :

MM. Morin, maire, président; Moreau, adjoint; Foulon, Gautier, Plainchamp, adjoints; Terneau, Hude, Barot, Guéniard, Leperche, Delahaye, Pascal, Giroust, Castillon, Cornet, Duval, Bachelet, Fougeray et Roulleau, lesquels, au nombre de dix-neuf, forment la majorité des membres en exercice et peuvent délibérer valablement, en conformité de l'article 17 de la loi du 5 mai 1855.

M. le Président ayant déclaré la séance ouverte et fait faire l'appel nominal, il a été procédé à l'élection d'un secrétaire pris dans le sein du Conseil, en conformité de l'article 19 de la loi précitée.

M. Gautier, ayant obtenu l'unanimité des suffrages, a été désigné pour remplir ces fonctions, qu'il accepte, et prend place au bureau.

Ces formalités remplies, M. le Président met sous les yeux du Conseil le plan d'un chemin de fer circulaire dans la banlieue de Paris, dont le tracé, sur le canton de Courbevoie, traverserait les territoires de Gennevilliers, Colombes, Courbevoie, Puteaux et Suresnes, en le priant de bien vouloir émettre son avis sur ce projet.

Bien que ce chemin de fer ne puisse intéresser directement Nanterre, il est cependant appelé à rendre des services au canton, et c'est à ce point de vue que le Conseil municipal peut se prononcer sur son utilité.

Le Conseil,

Ouï l'exposé fait par son Président;

Considérant qu'en effet le chemin de fer projeté n'intéresse pas d'une manière directe la commune de Nanterre, mais que cependant les intérêts généraux du canton ne pourraient que profiter de son établissement;

Donne un avis favorable à la création du chemin de fer dont le projet de tracé lui est soumis. (*Suivent les signatures*)

Pour extrait conforme :

Le Maire.
Signé : PAUL MORIN.

CANTON DE VILLEJUIF

Procès-verbal de la réunion du 23 août 1872, tenue à la mairie de Villejuif, sous la présidence de M. Pompée, Maire d'Ivry et conseiller général de la Seine.

L'an mil huit cent soixante-douze, le vendredi vingt-trois août, à deux heures du soir, les maires, adjoints et conseillers municipaux des douze communes du canton de Villejuif, convoqués individuellement par lettres en date du 20 août, se sont réunis à la mairie du chef-lieu, sous la présidence de M. Pompée, maire d'Ivry et conseiller général de la Seine.

Assistaient à la séance : M. Jules Brunfaut, ingénieur de la Compagnie qui propose l'établissement de ce chemin de fer circulaire ; M. Combes, conseiller municipal du 13e arrondissement de Paris ; M. Brisset, maire de Gentilly ; M. Levenant, maire d'Arcueil ; M. Capy, maire de Villejuif ; M. Hache, maire de l'Hay ; M. Cretté, maire de Chevilly ; M. Raveneau, maire de Fresnes ; M. Petit, maire de Rungis ; M. le maire d'Orly ; M. Panhard, maire de Thiais ; M. Michel, adjoint de Choisy ; M. Boncorps, adjoint au maire de Vitry ; plusieurs autres adjoints et un grand nombre de conseillers municipaux des douze communes.

La séance ouverte, M. Pompée expose aux membres de la réunion l'importance et l'intérêt que l'établissement d'un chemin de fer circulaire doit avoir pour les communes du canton de Villejuif. Il prie les personnes qui sont présentes de vouloir bien écouter l'exposé du projet qui va leur être soumis par M. Brunfaut, l'ingénieur de la Compagnie, et il les invite à faire leurs observations sur le tracé qui va leur être présenté.

M. Brunfaut dit qu'il a eu l'honneur de présenter au Conseil général de la Seine le tracé d'un chemin de fer qui relierait les principales communes entre elles et avec le centre de Paris ; que ce chemin de fer d'intérêt local a été approuvé non seulement par le Conseil général, mais encore par toutes les municipalités du département.

Il fait observer néanmoins qu'il est impossible en ce moment de relier entre elles les 71 communes du département ; qu'il serait nécessaire pour parvenir à ce but d'établir immédiatement deux lignes de ceinture : la première desservant principalement toutes les agglomérations industrielles situées aux portes de Paris ; la seconde s'étendant presque à l'extrémité du département et desservant tous les intérêts agricoles.

Se trouvant en présence de ces deux intérêts, qui réclament avec la même insistance l'établissement d'un chemin de fer, la Compagnie qu'il représente ne peut prendre l'engagement de construire immédiatement que la ligne la plus lucrative, c'est-à-dire celle qui desservirait les nombreuses industries qui environnent Paris. Il faut donc que la réunion examine le tracé qui satisfera le plus complétement les communes intéressées, tout en produisant le trafic le plus grand.

M. le maire de Gentilly adresse quelques observations à M. l'ingénieur sur la modification de son tracé primitif. M. l'ingénieur répond que les motifs qui l'ont déterminé à modifier son tracé primitif trouveront plus utilement leur place dans le sein de la Commission qui va être nommée pour étudier le projet.

M. Pompée, après avoir expliqué à la réunion ce qu'il avait fait à l'époque de la dernière session du Conseil général, relativement à l'établissement de tramway dans le canton, pense qu'il y a lieu de ne pas entrer dans le détail des objections faites par chaque commune au sujet du chemin de fer ; il croit qu'il est préférable de nommer tout d'abord plusieurs membres dans chaque localité, pour en étudier et en exposer les besoins.

Cette proposition est adoptée, et il est décidé que, dans chaque commune, une Commission, composée au minimum de trois membres et au maximum de cinq, présentera à quinzaine un travail écrit sur les vœux et observations de chaque commune.

La séance est levée à trois heures et demie.

Le Secrétaire,
Signé : LEJEUNE.

Procès-verbal de la réunion du 6 septembre 1872, tenue à la mairie de Villejuif, sous la présidence de M. Pompée, maire d'Ivry et conseiller général de la Seine.

L'an mil huit cent soixante-douze, le vendredi six septembre, à deux heures du soir, les délégués des douze communes du canton de Villejuif se sont réunis à la mairie du chef-lieu, sous la présidence de M. Pompée, maire d'Ivry et conseiller général de la Seine.

M. Jules Brunfaut, ingénieur de la Compagnie, assiste à la séance.

M. le Président donne la parole au secrétaire, pour la lecture du procès-verbal de la séance du 23 août dernier.

Après une observation faite par M. Breton, relativement à l'autorisation donnée aux communes de pouvoir se grouper suivant leurs intérêts, le procès-verbal est adopté.

M. Pompée demande que chaque Commission locale veuille bien déposer le rapport qu'elle a été invitée à présenter dans la dernière séance.

M. Lavenant, maire d'Arceuil; M. Brisset, maire de Gentilly; M. Robine, représentant la commune d'Ivry; M. Mornard, représentant la commune de Villejuif et M. Boncorps, adjoint au maire de Vitry, lisent leurs rapports, dont les conclusions, sauf quelques modifications de tracé, sont pour l'établissement d'un chemin de fer qui emprunterait la ligne de Sceaux, un peu avant son arrivée à la route nationale n° 20, et suivrait ladite ligne jusqu'au chemin vicinal de grande communication n° 41, de Montrouge à Villejuif; puis, après avoir décrit une courbe à tracer, se dirigerait entre le fort de Bicêtre et l'hospice de la Vieillesse et viendrait enfin rejoindre, à la montagne de Villejuif, le tracé indiqué par la Compagnie.

MM. les représentants des communes de Choisy-le-Roi, de Thiais, d'Orly, de Chevilly, de l'Hay, de Fresnes et de Rungis, se rallient au projet d'un chemin de fer desservant leurs localités.

Après une discussion approfondie sur les avantages qu'offrirait l'établissement d'un chemin de fer circulaire dans le canton de Villejuif, M. Jules Brunfaut, ingénieur, explique que, quant à présent, la Compagnie qu'il représente ne saurait prendre l'engagement de construire simultanément les deux projets nécessaires pour desservir les différents intérêts industriels et agricoles du canton; que, sans méconnaître le bien-fondé des observations présentées par les représentants des communes agricoles, il pense qu'il faut tout d'abord s'occuper de la construction de la ligne la plus lucrative, c'est-à-dire, celle qui doit servir les nombreuses industries avoisinant Paris; que, du reste, la Compagnie qu'il représente ne verrait aucun inconvénient à ce qu'on lui demandât la construction de la deuxième ceinture, lorsque les intérêts des capitaux nécessaires à l'établissement de la première pourraient être servis sur le taux de 7 0/0.

Après quelques observations de M. le Maire de Chevilly, qui demande qu'on en revienne au projet primitif, modifié par suite des réclamations d'Arcueil et de Gentilly, la séance est close à trois heures et demie.

Le Secrétaire,
Signé : LEJEUNE.

MAIRIE DE GENTILLY

L'an mil huit cent soixante-douze, le trente-un août, les soussignés, délégués des Conseils municipaux des communes de Gentilly et d'Arcueil, se sont réunis pour émettre leur opinion sur un tracé de chemin de fer circulaire devant desservir les communes suburbaines.

Les délégués des deux communes, dont la proximité rend les intérêts communs, sont unanimes pour déclarer que le projet qui leur est soumis, et dont le tracé passerait par L'Hay, est absolument contraire à leurs intérêts, par les motifs suivants :

1° Un chemin de fer passant par L'Hay ne desservirait nullement ni Gentilly ni Arcueil, qui auraient plus d'avantage à continuer leur trafic d'importation et d'exportation par les voies jusqu'ici employées, que d'aller chercher le chemin de fer à L'Hay.

2° Que la population de Gentilly est de............ 8.871 h. ⎫
    Idem   d'Arcueil .... 5.252 ⎬ 14.123
    Idem   de l'Hay.................... 647 ⎭

Donc, au point de vue de la circulation, la Compagnie sacrifierait un chiffre de population de plus de vingt fois supérieur. Au point de vue commercial, les communes d'Arcueil et de Gentilly sont essentiellement industrielles; elles sont traversées dans toute leur longueur par la rivière de Bièvre, qui alimente des usines importantes : tanneries, teintureries, lavage de laines, fabrique de capsules pour bouchage, de nombreuses blanchisseries, savonnerie, conserves alimentaires, vinaigrerie, fabrique de bougies, le vaste hospice de la Vieillesse, le pénitentier militaire, nos innombrables carrières de pierres et de glaise, les briqueteries que les difficultés de sortir du pays forceraient à prendre la voie ferrée. D'un autre côté, les importations de houille, de vins, de cuirs verts, de laine, de tan, de dégras et autres matières premières, sont considérables; il serait donc peu rationnel de sacrifier les intérêts de Gentilly et d'Arcueil à ceux de L'Hay, et nous nous demandons vainement quelles sont les raisons qui ont pu déterminer les auteurs de ce projet.

Après délibération, les délégués sont unanimes à proposer les modifications indiquées en jaune au plan produit: Au point d'intersection de la route nationale n° 7, le tracé passerait entre le fort de Bicêtre et l'hospice de la Vieillesse, déboucherait dans la vallée de la Bièvre en coupant la route départementale n° 65, à égale distance d'Arcueil et de Gentilly, et viendrait se raccorder avec le chemin de fer de Sceaux, dont il emprunterait la voie, pour la quitter vers Bourg-la-Reine et aller desservir les communes de Bagneux et de Châtillon.

Ce projet a été soumis à M. l'ingénieur Brunfaut qui, après une visite sur le terrain, en a reconnu le bien-fondé, et qui lui a paru pouvoir être exécuté sans occasionner les travaux d'art que pourrait faire supposer la configuration de notre vallée, et, en tout cas, à beaucoup moins de frais que le long circuit par L'Hay.

Par ces motifs, les soussignés prient instamment M. le Préfet de la Seine et MM. les membres du Conseil général de vouloir bien accorder un bienveillant accueil à cette rectification, qui donnerait pleine satisfaction aux exigences industrielles des deux communes de Gentilly et d'Arcueil.

(Suivent les signatures.)

CHAMBRE SYNDICALE
DU COMMMERCE EN GROS
DES VINS ET SPIRITUEUX
DE PARIS
—

Paris, le 12 avril 1872.

Monsieur le comte de Vauvineux, président du Comité d'entreprise du chemin de fer circulaire de la banlieue

Monsieur,

M. J. Brunfaut, ingénieur de votre Comité, a bien voulu communiquer aux principaux négociants de l'Entrepôt général le tracé et le plan du chemin de fer dont vous demandez la concession au Conseil général de la Seine, et il a provoqué les avis qui pouvaient être, soit favorables, soit défavorables à l'entreprise.

J'ai l'honneur, comme président de la Chambre syndicale du commerce en gros des vins et spiritueux du département de la Seine, de vous transmettre, en les analysant, les déclarations du commerce de l'Entrepôt.

Ce dernier est on ne peut plus favorable à l'exécution de votre projet, dont il reconnaît tous les avantages, et voici, au point de vue pratique, les principales observations qui ont été faites :

Il ne faut pas que les frais de traction du nouveau chemin, y compris les frais de déchargement et de traction supplémentaire devant la porte des magasins, dépassent le prix de 2 francs la tonne, pour les marchandises venant des gares d'Ivry et de Bercy.

Il est indispensable, pour que le chemin projeté rende tous les services qu'on est en droit d'attendre de lui, qu'il prolonge sa voie jusque sur le port annexé, qui servirait au besoin de quai de débarquement.

Il y a lieu d'étudier les moyens de faire, par voie ferrée, le service des buttes de la Seine et de la Loire, afin que tous les négociants de l'Entrepôt puissent profiter de l'installation de la nouvelle voie ferrée.

Et, attendu que les rues de l'Entrepôt n'ont qu'une largeur suffisante et que la rampe indiquée au plan viendrait prendre une partie de la rue de

3

Touraine, dont la largeur deviendrait insuffisante, il est émis le vœu que cette rampe soit établie en partie sur le trottoir extérieur de l'Entrepôt, rue des Fossés-Saint-Bernard, trottoir à peu près inutile le long de la grille actuelle.

J'ajouterai, pour votre gouverne, Monsieur, que, pendant les dix années qui se sont écoulées, de 1857 à 1867, des documents que j'ai recueillis me permettent d'évaluer, d'une façon certaine, à cent vingt mille tonnes, soit plus d'un million d'hectolitres, le mouvement des marchandises à *l'entrée* de l'Entrepôt. En déduisant de cette quantité un quart pour les arrivages par eau et les livraisons des entrepôts de Bercy ou autres, il faut admettre que l'Entrepôt général pourra fournir à votre entreprise un aliment de 90,000 tonnes *au moins* par année, sans compter les réexpéditions de futailles pour tous les vignobles, et les expéditions de vins et de spiritueux pour la banlieue de Paris.

Je demeure, Monsieur, à votre disposition, pour les renseignements nouveaux dont vous pourriez avoir besoin.

Je vous prie d'agréer, etc.

Signé : L. Célérier.

MAIRIE DE VILLEJUIF

Procès-verbal de la réunion qui a eu lieu, le 29 août 1872, des délégués des neuf communes du canton de Villejuif

Choisy demande à être relié au tracé proposé par un embranchement spécial avec gare, ou mieux encore par une gare commune avec le chemin de fer d'Orléans.

Vitry demande que le tracé passe par la station du chemin de fer d'Orléans qui dessert cette commune.

Orly propose le passage du chemin le long de l'avenue de Versailles, à la sortie de Choisy, qui serait relié au chemin projeté par Maisons-Alfort.

Thiais dépose des propositions écrites, tendant à deux autres tracés sur lesquels la Commission aura à faire son choix.

Rungis, Fresnes et Chevilly se rallient aux propositions de Thiais.

Villejuif dépose aussi une proposition écrite.

L'Hay demanderait que le tracé proposé se rapprochât de L'Hay, dont il est distant de 450 mètres.

Choisy.	MM. Boulanger.
Vitry.	Girardot.
Orly.	Le Curé.
Thiais.	Garnier.
Rungis.	Petit, maire.
Fresnes.	Denis.
Chevilly.	Breton.
L'Hay.	Delanoue.
Villejuif.	Mesnard.

Une réunion de la Commission est indiquée pour le mardi 3 septembre, à 2 heures, à la mairie de Villejuif.

Note des délégués de Villejuif

Les membres délégués de la Commission de Villejuif ont l'honneur d'exposer qu'ils considèrent la ligne de ceinture projetée comme devant passer au bas de la côte de Villejuif, par les motifs ci-après :

Cette ligne étant destinée à grouper autour d'elle et relier des industries de toute nature, il sera plus facile d'aborder, et ce ne serait certes pas encourager ces mêmes industries, que de les obliger de franchir par voie de terre une côte aussi rapide que celle de Villejuif.

Attirer l'attention des industriels et leur laisser la possibilité de s'établir, sans trop s'éloigner de Paris relativement, c'est donner la vie aux localités environnantes. Là est le point le plus important, après la question stratégique, bien entendu.

Quant à l'agriculture, il nous semble que, pour le transport des denrées venant des départements voisins, les lignes de chemin de fer en vigueur sont suffisantes, puisqu'elles se relieront avec ladite ligne circulaire.

Comme voie de terre pour arriver aux stations de Ceinture, quelques tours de roues en plus ou en moins sont insignifiants;

Ce qui s'applique en particulier à une localité dans les réflexions ci-dessus, s'applique également à toutes les localités où ladite ligne circulaire devra passer; on pourra donc serpenter dans la mesure du possible pour arriver au but.

Dans cette appréciation qu'une deuxième ligne circulaire extérieure devra se faire ultérieurement, il y a avantage à ce que la première ligne ne s'éloigne pas trop du centre industriel de la banlieue.

Déposé le 29 août 1872, par les membres délégués soussignés.

Note des délégués de Thiais.

MESSIEURS,

Après avoir mesuré le tracé que l'on vous a présenté, j'ai trouvé que les distances parcourues, depuis Bonneuil jusqu'au Bas-Meudon, étaient :

1° de Bonneuil à Ivry..............................	6.500 mètres.
2° de Bicêtre à L'Hay..............................	3.500 —
3° d'Ivry près de Bicêtre..........................	2.000 —
4° de L'Hay à Châtillon............................	4.000 —
5° de Châtillon à Vanves..........................	2.300 —
6° de Vanves au Bas-Meudon......................	2.700 —

Ce qui, de Bonneuil au Bas-Meudon, donne un parcours total de .... 21.000 mètres.

Après avoir prié plusieurs de vous de me faire connaître ses intentions, par où ils désiraient que passât le chemin de fer, voici leur réponse :

Une partie a désiré que ce chemin passât entre la Gare-aux-Bœufs et le cimetière de Choisy. J'ai mesuré le parcours, et voici ce que j'ai trouvé de distance dans ce tracé :

1° de Bonneuil au chemin de fer d'Orléans, près la Gare-aux-Bœufs..	5.000 mètres.
2° de cet endroit à L'Hay..........................	5.400 —
3° de L'Hay au Bas-Meudon........................	9.000 —
Ensemble......................	19.000 mètres.

Ce nouveau tracé a une différence en moins de 1,600 mètres, vu la distance de la Gare-aux-Bœufs pour pouvoir joindre le plateau, en y élevant une chaussée jusqu'à la route départementale de Choisy à Vitry, où un pont serait construit. L'on pourrait, passant près de la source d'eau, arriver au plateau sans creuser beaucoup le sol, et par ce moyen éviter un tunnel. Ce tracé étant entre Villejuif, L'Hay et Chevilly, et entre Vitry et Choisy, profiterait à ces cinq communes, sans changer rien au tracé primitif, pour le surplus du parcours.

Plusieurs autres de vous, Messieurs, m'ont dit que le tracé serait mieux en passant près du parc de M. Lagoutte, de là à Orly, à Rungis, à la Croix-de-Berny jusqu'au Bas-Meudon.

J'ai mesuré ce chemin, voici les distances que j'ai trouvées :

1° De Bonneuil à la gare de Choisy..................	5.000 mètres.
2° De la gare à la Croix-de-Berny....................	7.500 —
3° De la Croix-de-Berny au Bas-Meudon.............	7.000 —

Ce parcours, malgré son éloignement de Paris, n'a que 19.500 mètres, et ne serait pas plus long que le tracé proposé ; il s'éloignerait de Vitry, Villejuif, mais passerait à Choisy, près d'Orly, Thiais, Chevilly, Rungis, Fresnes, Bourg-la-Reine, Sceaux ; et par ce tracé il parcourt des terrains qui sont occupés par des fabriques et des cultivateurs, et de plus il mettrait Sceaux en communication avec toutes ces communes.

Quant aux frais pour la confection de ce chemin de fer, je ne vois aucune différence dans le tracé, et, dans les deux derniers tracés, l'expropriation des terrains serait moins coûteuse que pour celui présenté, vu leur éloignement de la capitale.

Il serait inutile qu'une gare fût établie au bout de l'avenue Pompadour, pour mettre en communication toutes nos communes avec le chemin de fer de Lyon, afin de nous éviter d'aller à Paris, pour y faire transporter nos produits tant industriels qu'agricoles.

Voici, Messieurs, les trois tracés ; les deux derniers seraient les plus utiles. Tâchons de nous entendre sur le tracé à adopter et sur les considérations à présenter à l'appui ; nous pourrons espérer ainsi du Conseil général un accueil favorable.

Procès-verbal de la réunion du 3 septembre 1872 des délégués représentant neuf communes du canton de Villejuif

A dix heures un quart la séance est ouverte.

M. le curé d'Orly s'enquiert du motif qui a fait remettre la réunion à dix heures du matin, au lieu de deux heures du soir.

M. Mornard, présidant l'assemblée, a répondu être allé chez M. l'ingénieur, qui n'aurait pu se rendre à l'heure de la convocation ; dès lors, ayant jugé la présence de M. l'ingénieur indispensable, M. Mornard a télégraphié à chacun des membres, pour les convoquer à dix heures du matin.

M. Girardot, de Vitry, s'est fait excuser de ne pouvoir assister à la réunion, pour motifs personnels.

A l'appel nominal des délégués présents, chacun d'eux a successivement pris la parole.

Se sont prononcés pour le premier projet :

M. Boulanger, de Choisy, qui a déposé une note écrite à consulter ;

M. Garnier, de Thiais, qui a fait ressortir les avantages dudit projet ;

M. Petit, maire de Rungis, qui a déposé des notes à consulter ;

M. Breton, de Chevilly ;

M. Delanoue, de L'Hay.

Se sont également prononcés pour le deuxième projet, dont copie au procès-verbal de la réunion du 29 août dernier :

M. le curé d'Orly ;

M. Denis de Fresnes.

M. Mornard, au nom de la commune de Villejuif, a déclaré formellement qu'il demandait le maintien du tracé de la ligne traversant le chemin de fer de Sceaux, passant au milieu des deux communes d'Arcueil à Gentilly pour arriver, en longeant le fort de Bicêtre, au milieu de la côte de Villejuif et se dirigeant ensuite sur Ivry.

M. Mornard s'appuie des considérations indiquées en la note qu'il a jointe au procès-verbal de la réunion du 29 août dernier.

M. Jules Brunfaut, ingénieur, a été consulté par chacun des membres de la Commission. Il a apporté de justes observations ; la proposition qu'il a faite du maintien de son tracé est acceptée à l'unanimité, sous cette réserve cependant que le Conseil général adoptera simultanément la création d'une ligne annexe, qui donnera satisfaction aux communes de Choisy, Thiais, Orly, Chevilly, Fresnes, L'Hay, Antony, etc.

A l'effet de donner satisfaction auxdites communes, il a été pris rendez-vous, pour dimanche prochain, entre M. l'ingénieur et M. Denis de Fresnes, pour étudier le parcours et prendre des notes.

Une réunion, sous la présidence de M. Pompée, membre du Conseil général, a été rappelée pour vendredi prochain, à deux heures, en la mairie de Villejuif.

COMMUNE DE VITRY

Rapport de la Commission municipale de Vitry

La Commission s'étant transportée sur les lieux, est d'avis que le tracé le plus avantageux pour la traverse du territoire de Vitry serait de faire relier le chemin de fer projeté avec la gare du chemin de fer de **Lyon** à **Maisons-Alfort**, et celle du chemin de fer d'Orléans, station de Vitry, au moyen d'un pont jeté sur la Seine au barrage, dont on pourrait utiliser les piles pour sa construction, ce qui serait une notable économie dans ce travail.

Dans l'intérêt général, il y aurait un grand avantage à ce que sur ce pont un passage soit réservé pour les piétons et les voitures ; cette mesure permettrait aux communes situées sur les deux rives de la Seine de communiquer directement entre elles, notamment pour les localités de la rive droite, dont le parcours serait beaucoup moins long pour se rendre à la sous-préfecture de Sceaux.

Ce pont, s'il était construit sur le barrage, serait en communication directe avec la voie de Seine, qui est en bon état de viabilité et aboutit à la route départementale n° 59.

De la station du chemin de fer d'Orléans à Vitry, la meilleure direction à donner à la ligne projetée serait de passer le plus près possible du centre de la commune, en longeant le chemin vicinal n° 11, dit rue Eugène Dubois, de contourner la montagne pour arriver à la route nationale n° 7, au bas de la côte de Villejuif, près de l'avenue de l'hospice de Bicêtre.

L'établissement de ce chemin de fer ne peut être qu'avantageux pour la commune, où il ne peut qu'amener un grand nombre de fabriques, les moyens de transport et les communications étant faciles.

MAIRIE D'ARCUEIL

Rapport de la Commission sur le projet de chemin de fer circulaire, dit chemin des usines de la banlieue

Ainsi qu'il avait été décidé lors de la dernière réunion, la commune d'Arcueil a nommé, le samedi 24 août, la Commission pour l'étude des plans du chemin de fer circulaire, dit chemin de fer des usines de la banlieue. La Commission nommée par le Conseil municipal assemblé *ad hoc* a désigné les membres dudit Conseil ci-après nommés, pour faire partie de ladite Commission : MM. Nouvéal, architecte ; de Sainte-Marie, ingénieur-usinier ; Romanet, fermier ; Gogue, adjoint-fermier ; Lavenant, propriétaire et maire de la commune, comme président de ladite Commission.

Dès le lendemain, le Président se mit en relation avec M. Brunfaut, qu'il alla trouver, emporta une copie des derniers plans étudiés, pour les examiner avec les membres de la Commission, et obtint un rendez-vous pour le mardi 28 août.

Au rendez-vous fixé, on examina trois projets :

1° Le projet présenté à la réunion de Villejuif, partant de la route de Fontainebleau, passant devant le fort de Bicêtre, lieu dit Moulin de la Roche, descendait en tunnel à travers la plaine, établissant une servitude dans toute cette partie du territoire pour les masses à extraire ; puis, coupant l'aqueduc de la Vanne près le garde des eaux, traversait la propriété de Mme Besson, coupait la rue de l'Aqueduc, passait derrière le cimetière, tombait dans l'axe du pont de l'avenue de Cachan, chemin de fer de Sceaux, où aurait probablement existé une station, et quittait le territoire en coupant en mouchoir toute la plaine comprise entre l'avenue de Cachan et la voie Creuse.

Ce projet causait à la commune de grands dommages, en sillonnant de tranchées et de viaducs le territoire déjà si éprouvé par les servitudes de la Vanne, de l'ancien aqueduc et des faits de montagnes et de hautes bruyères, et le chemin de fer de Sceaux.

De plus, ce projet, qui pouvait desservir Arcueil, ne satisfaisait en rien la commune de Gentilly, qui a des intérêts connexes avec Arcueil. On décida de le rejeter.

2° Le second projet examiné était le dernier projet présenté par l'administration qui, à partir de la route d'Orléans, venant des plaines de Bagneux et de Fontenay-aux-Roses, se reliait avec le chemin de fer de Sceaux dont il empruntait la voie, qu'il quittait à la rue Berthollet, en coupant une partie du jardin des Dominicains, une partie de la propriété du général marquis de la Peace, pour traverser la vallée par un grand viaduc situé à 300 mètres de l'aqueduc de la Vanne, déjà si élevé et s'enfonçant en tunnel en traversant la plaine dit Moulin de Roche, passait devant le fort de Bicêtre et aboutissait, en passant par le Mons-Ivry, à la route de Fontainebleau.

Ce second projet, bien que moins défavorable pour Arcueil, coupait néanmoins une partie du territoire, détruisant l'établissement du collége Albert-le-Grand, qui est appelé à de grands développements et manque déjà de surface, et encaissait Arcueil entre deux viaducs.

3° Le troisième projet surgit séance tenante. Puisque la Compagnie devait se servir du chemin de fer de Sceaux, pourquoi le quitter à la rue Berthollet et ne pas le suivre jusque dans la partie comprise entre le pont de la route Laplace et le pont de la route stratégique, dit pont des Hannetons?

En prenant une courbe entre ces deux ponts et baissant insensiblement la pente, on se dirigerait sur la voie des Chasses, limite des territoires de Gentilly et d'Arcueil, on traverserait la vallée de la Bièvre ; en faisant un viaduc sur les prés, on irait dans les carrières abandonnées s'enfoncer dans un tunnel qui, passant entre l'hospice et le fort de Bicêtre, irait aboutir au point fixé sur la route de Fontainebleau.

Ce projet, mûri et étudié sur place, fut adopté à l'unanimité par la Commission et par M. l'ingénieur, qui a parcouru les lieux et fait étudier ce projet sur cette idée.

La station, qui n'a pu être été fixée avant l'étude du projet, serait placée sur la route de Gentilly, à l'angle de la voie des Chasses, soit sur la route d'Arcueil à Gentilly.

Restait à s'entendre avec la Commission de Gentilly.

Un rendez-vous fut donné à la mairie de Gentilly : M. le maire et ses deux adjoints s'y trouvèrent et se mirent immédiatement d'accord avec la Commission d'Arcueil pour l'approbation du dernier projet, qu'ils s'engagèrent à soutenir de tous leurs efforts.

La Commission croit, Monsieur le Président, que ce projet aura la sanction de l'autorité supérieure, car il aurait l'avantage de donner à Arcueil et Gentilly une gare à proximité des deux pays, pour les voyageurs et les marchandises, sans couper en quoi que ce soit leurs territoires, laquelle gare desservirait aussi le quartier de Montsouris, appelé à un grand avenir.

Les dépenses seraient beaucoup moindres, tant par l'emploi du chemin de fer de Sceaux, que par la place que trouveront les terres du tunnel dans les prés bas et dans les vieilles carrières abandonnées. Cette station desservirait, tant à Gentilly qu'à Arcueil et Montrouge, environ 18,000 habitants.

Signé : ROMANET, G. DE SAINTE-MARIE, J. MOUVIAL, GOGUE-LAVENANT.

COMMUNE D'IVRY

Observations de la municipalite d'Ivry au sujet du tracé du chemin de fer circulaire de la banlieue de Paris.

Le Conseil municipal d'Ivry, invité à présenter ses observations sur le tracé du chemin de fer de la banlieue de Paris, remarque tout d'abord que ce tracé, figuré en rose sur le plan qui a été remis par M. l'ingénieur Brunfaut, traverse la Seine au barrage du Port-à-l'Anglais, le chemin de fer d'Orléans à la gare de Vitry, passe au pied du fort d'Ivry et de là se dirige vers l'ouest, pour couper la route de Fontainebleau à l'origine du chemin dit de Mons-Ivry.

Ainsi, dans tout le parcours ci-dessus, le territoire d'Ivry n'est touché dans aucun point, et cette commune, l'une des plus importantes de l'arrondissement de Sceaux, est laissée complétement en dehors du tracé.

La commune d'Ivry a une population de 13,000 habitants, et son Conseil municipal a pensé que les raisons à donner à l'appui de ses observations sur le tracé qui lui est présenté, devaient être résumées par des chiffres. En conséquence, il a été fait, avec le plus grand soin, un relevé général du tonnage des produits fabriqués, des matières et des combustibles dans les principaux établissements industriels, ainsi que du nombre d'ouvriers employés dans ces établissements.

Le mouvement des liquides, des viandes et des fourrages, dans la commune, a été constaté d'une manière authentique par les rapports de l'octroi, et ce travail a donné les résultats suivants :

Le nombre des grands établissements industriels est de 30, qui occupent 3,000 ouvriers.

Ces établissements expédient, tant en France qu'à l'étranger, 14,000 tonnes de produits fabriqués de toutes matières, ci.....   14.000 tonnes. c'est-à-dire un chargement de 2,000 wagons environ par année, sans compter les opérations du petit commerce, ni la menue consommation ordinaire de la population.

Ils reçoivent en matières premières et combustibles..   38.000   —

La consommation en liquides, viandes et fourrages, constatée par l'octroi, est de........................   8.000   —

Total des produits fabriqués, des matières premières, des combustibles, des liquides, viandes, fourrages, etc.   60.000 tonnes

Il résulte évidemment des données ci-dessus que la commune d'Ivry doit être classée au nombre de celles qui ont le plus besoin d'être desservies par le chemin de fer projeté, et qu'elle présente aujourd'hui à la Compagnie des opérations de transports dont l'importance semble devoir être prise en sérieuse considération.

En conséquence de ce qui précède, les soussignés, sans entrer dans une discussion technique du tracé qui leur paraîtrait le plus conforme aux intérêts de la communes d'Ivry, appellent l'attention de MM. les ingénieurs sur la nécessité de modifier celui qui figure sur le plan, de façon à se rapprocher le plus possible du centre industriel de ladite commune, et, pour cela, de le faire passer dans la plaine qui avoisine la voie dite de l'Orme-aux-Chats, où le chemin de fer dont il s'agit appellera certainement l'accroissement du nombre des établissements industriels qui s'y trouvent déjà.

Le Conseil municipal d'Ivry termine son exposé en faisant remarquer que la commune n'a pas, comme ses voisines, l'avantage d'avoir une gare sur le chemin de fer d'Orléans.

(Suivent les signatures.)

Ivry, le 15 septembre 1872.

COMMUNE D'IVRY

Rapport de la Commission

La Commission nommée par le Conseil municipal de la commune d'Ivry s'est réunie, le 17 septembre 1872, pour examiner de nouveau sur place, avec M. l'ingénieur Brunfaut, le tracé proposé par cet ingénieur et les modifications demandées par ladite Commission, dans ses observations présentées le 6 du même mois.

Il résulte d'une visite faite des lieux, que le premier vœu exprimé par la Commission est changé, en ce sens : 1° qu'en adoptant le passsage du tracé à la gare de Vitry, ce tracé, après avoir traversé la route départementale n° 59 et le chemin vicinal de grande communication n° 29, suivrait le chemin rural dit des Noyers, dans toute sa longueur, pour arriver dans le voisinage de la rue des Œillets, où une gare de voyageurs serait construite à l'entrée du tunnel, nécessaire pour franchir la côte, en avant du fort, et rejoindrait le tracé primitif à la route départementale n° 51, près du débouché, sur cette route, du chemin dit de la Voie-Gagnée; 2° qu'un embranchement, partant de la gare de Vitry, serait dirigé vers le rond-point de la Bosse-de-Marne, où une gare à marchandises serait établie, le plus près possible du centre industriel du quartier dit de la Gare, de manière à donner également satisfaction aux intérêts de cette partie de la commune.

Les nouvelles dispositions ci-dessus ayant été adoptées à l'unanimité, le présent rapport a été rédigé séance tenante, pour être adressé à qui de droit.

Les membres de la Commission :

(Suivent les signatures.)

Ivry, le 12 septembre 1872.

COMMUNE DE CHOISY-LE-ROI

—

Rapport

La commune de Choisy-le-Roi est une commune essentiellement industrielle et commerciale, dont la situation sur la Seine et le chemin de fer d'Orléans, reliée à Juvisy, au chemin de fer de Lyon, fait permettre d'espérer un agrandissement prochain et considérable.

Les moyens de transports avec Paris et la province sont faciles ou à peu près, mais Choisy se trouve dans de très mauvaises conditions pour les relations avec l'arrondissement de Sceaux et les cantons de Charenton et de Vincennes, qu'elle est appelée à desservir par sa situation.

La route, qui de Paris va à Choisy, est sans issue..

Il y aurait donc intérêt à ce que ce centre industriel et commercial, déjà un peu éloigné de Paris, puisse se relier directement avec Bonneuil, Maisons-Alfort, Créteil, etc., sur la rive droite; avec Sceaux, Meudon, etc., sur la rive gauche de la Seine.

Je rappelle qu'actuellement Choisy-le-Roi, port sur la Seine et gare du chemin de fer d'Orléans, alimente, comme marchandises, les communes d'Orly, de Thiais, Chevilly, L'Hay, Rungis, Bourg-la-Reine, Sceaux, Villejuif, Cachan, Arcueil, Bagneux, etc., et que, entre Sèvres, qui se trouve sur le chemin de fer de l'Ouest et sur la Seine, et Choisy, il y a une contrée très grande, complétement déshéritée au point de vue des transports économiques.

Au point de vue général, je crois pouvoir dire aussi que les chemins de fer n'apportent des économies, et, par conséquent, ne sont utiles qu'à la condition de parcours relativement longs; or, plus on se rapprochera de Paris, moins les transactions pour le centre de Paris seront nombreuses et économiques; car, arrivant même au centre de Paris, le chemin de fer ne pourra éviter le camionnage pour rendre à domicile.

Il y aura donc chargement à la gare expéditrice, après, transport à cette gare par voiture, puis déchargement à Paris et rechargement sur camions, etc., soit, en tout, trois chargements et trois déchargements.

Ces six opérations devront être comptées, bien entendu, et reviendront grever la marchandise.

Or, si les 1,000 kilogrammes à 12 kilomètres coûtent par voie de terre 5 francs par 1,000 kilogrammes, à 4 kilomètres, ils ne coûtent que le tiers, soit 1 fr. 70, les frais nécessaires aux quatre opérations supplémentaires de chargement et de déchargement, et à celles du camionnage dans Paris.

D'accord avec le Conseil municipal de Choisy-le-Roi, je suis donc d'avis que le premier projet émis par M. Germain, de Thiais, est, sans contredit, le plus favorable aux intérêts de Choïsy, aussi bien qu'à ceux des communes dont ce tracé approcherait ou qu'il traverserait, et qui se trouveraient ainsi reliées à la Seine et aux chemins de fer d'Orléans et de Lyon, via Juvisy;

Qu'à défaut du premier projet, le second rallie toutes les opinions. Enfin, et dans le cas où l'un de ces tracés ne pourrait être adopté pour des raisons stratégiques ou autres, j'ajoute, en ne me plaçant plus qu'au point de vue de Choisy, qu'il y a lieu de réclamer instamment, au passage du chemin de fer circulaire à Vitry sur le chemin d'Orléans, la fusion des deux gares. Ce serait alors seulement une concurrence au chemin de Ceinture. (1)

Signé: H. BOULENGER.

Note des délégués de Fresnes

Distances parcourues du tracé proposé par la Compagnie, depuis Bonneuil jusqu'à l'axe de la route de Bagneux à Châtillon, environ.. 17.400 mètres.

Distances parcourues par le tracé qui partirait de Bonnueil, en passant par Choisy-le-Roi, Thiais, Orly, Rungis, Fresnes, Antony, Berny, Chatenay, Sceaux, Fontenay, Bagneux et Châtillon, environ........................ 20.200

Tracé de la Compagnie............................ 17.400

Différence en plus.................... 2.800 mètres.

On voit donc que, malgré le plus grand circuit donné par le tracé passant par Choisy-le-Roi, etc., la ligne n'aurait que 2,800 mètres en plus que le tracé de la Compagnie.

Mais il aurait les avantages suivants sur celui proposé par la Compagnie, qui s'en rapproche beaucoup trop. Ledit tracé n'a pas les avantages qu'il offre à la première vue pour les communes de Créteil, Charenton, Maisons-Alfort, Ivry, Bicêtre, etc. Malgré l'écart du tarif de 8 à 18 centimes par tonne, les kilomètres que fait en plus la Compagnie, depuis Saint-Denis jusqu'à Bicêtre, point milieu environ, enlèveront le bénéfice apparent que laisse la différence du prix de tonnage.

Le tracé, au point de vue des frais d'exécution, aurait les avantages suivants:

1° De Bonneuil à Choisy-le-Roi, on passe dans une plaine plate, à peu

(1) Voir le Mémoire. — Vitry est désigné par nous comme devant desservir Choisy.

près sans aucun frais de terrassement; de Choisy, pour monter à Belle-Épine, le tracé obliquerait un peu à gauche pour profiter d'une déclivité du sol; on aurait un remblai et un déblai de 4 à 6 mètres seulement, avec une pente de 12 à 14 millimètres par mètre à peu près, la distance de Choisy au-dessus du rond-point étant de 2,200 mètres environ, et la différence de niveau, de 45 m. 83 cent. Du rond-point de Choisy à la route de Fresnes, le tracé passerait sur le sol sans travaux, le terrain étant de niveau; de la route de Fresnes au chemin de fer d'Orsay, on infléchirait un peu à gauche pour avoir peu de terrassement à faire pour traverser la vallée de la Bièvre; de la route de Fresnes au carrefour de la Croix-de-Berny, la différence est de 16 à 18 centimètres, selon la courbe que l'on prendrait, la différence de niveau étant de 34 m. 64 c., avec un remblai et un déblai de 4 à 6 mètres, on descendrait avec une pente de 12 à 14 centimètres environ.

De la Croix-de-Berny à Chatenay, Sceaux et Fontenay, on aurait des déblais et des remblais n'excédant pas 1 à 3 mètres.

Comme on le voit par ce qui précède, il est impossible d'établir une ligne qui coûterait moins cher, au point de vue de l'exécution des travaux; il ne faut pas perdre de vue qu'excepté pour le passage de Choisy, tous les terrains peuvent être acquis à raison de 10,000 francs l'hectare. En plus, comme nous empruntons un des bas-côtés de la route, qui a 32 mètres de largeur depuis le carrefour Pompadour jusqu'à Fresnes, lesdites routes étant à peu près de niveau, excepté pour traverser Choisy sur une longueur de 400 mètres environ et sur une longueur de 1,000 à 1,200 mètres, pour éviter des frais de terrassement pour monter la rampe de Choisy, nous avons un parcours de 9,500 mètres sans achat de terrains, c'est-à-dire, presque la moitié du trajet entre Bonneuil et Châtillon. Nous pensons qu'avec de telles conditions d'économie, notre projet sera pris en sérieuse considération.

De cette manière, on desservirait donc directement :

1° Le carrefour Pompadour, où les industries peuvent s'établir avec de grands avantages, en se raccordant à la ligne de Lyon et Marseille;

2° Choisy-le-Roi, où il y a de grandes industries de toutes espèces, notamment la fabrique de porcelaine de M. Boulanger, la maroquinerie de M. Baynet, etc. ;

3° Thiais et Orly, où l'eau abonde à fleur de sol ;

4° Le carrefour de la Belle-Épine ;

5° Rungis, où l'on extrait beaucoup de pierre dure pour l'entretien des routes, et ayant de l'eau de bonne qualité et en abondance (c'est là où est la source des eaux dites d'Arcueil) ;

6° Fresnes, possédant une fabrique de colle-forte, une fabrique de chaux et ciment romain, une fabrique de briques, tuyaux, canaux et tuiles mécaniques, un moulin à eau et à vapeur. Lesdites fabriques emploient annuellement un million quatre-vingt-quinze mille kilogrammes de houille.

Inutile d'ajouter qu'il ne manquerait pas de s'en établir dans la large vallée que forme la Bièvre, entre Fresnes, Antony et Berny ;

7° La Croix-de-Berny, où la distillerie de M. Rayon brûle à elle seule huit cent mille kilogrammes de houille. Nous ferons remarquer qu'il y a, à Antony et à Berny, d'immenses auberges qui servaient autrefois à loger des bestiaux venant du marché de Sceaux, et qui seraient facilement transformées en fabriques, étant surtout sur les bords ou à peu de distance de la Bièvre ;

8° Antony, où il est consommé environ 365,000 kilogrammes de houille dans les féculeries et blanchisseries, moulin et fabrique de chaux ;

9° Chatenay ;

10° Sceaux, qui serait desservi par le haut, au lieu que le tracé, passant près de Bagneux, ne le dessert qu'indirectement et forcerait toutes les marchandises à monter la côte de Fontenay à Sceaux, qui a 7 centimètres de pente par mètre.

Si le Conseil général ne voulait pas admettre le tracé que nous proposons, nous demanderions que le tracé de la Compagnie fût modifié de la manière suivante :

Au lieu de traverser la vallée de la Bièvre à la hauteur de Bagneux, ce qui nécessiterait un viaduc fort coûteux, allonger la ligne en suivant à mi-côte jusqu'à la hauteur de Fresnes et Berny, où la vallée de la Bièvre peut être traversée sur un simple remblai de 3 à 4 mètres, et revenir ensuite desservir Chatenay et Sceaux directement, ce que ne fait pas le tracé de la Compagnie.

Ce rallongement de parcours ne coûterait pas plus cher, vu que l'on n'aurait pas de viaduc à établir, et donnerait pleinement satisfaction aux intérêts de L'Hay et Bourg-la-Reine, qui auraient une gare commune à Fresnes, Berny, Antony, Chatenay et Sceaux, qui sont complétement délaissés dans le projet de la Compagnie.

Nous ferons aussi remarquer que le chemin de fer de Sceaux et Orsay, n'ayant pas la voie réglementaire des autres chemins de fer et, par conséquent, ne se soudant à aucune ligne, n'est d'aucune utilité, au point de vue du transport des marchandises.

Dans l'état actuel des choses, Sceaux, Bourg-la-Reine, Chatenay, L'Hay, Fresnes, Berny et Antony, sont obligés de faire par voiture un trajet de 8 à 15 kilomètres pour aller chercher leur charbon ou toutes autres marchandises ; aussi ne doit-on pas s'étonner si ces pays ont moins d'industrie que leurs voisins, mieux favorisés. Nous pensons qu'il est juste de faire cesser un état de choses aussi préjudiciable à l'intérêt desdits pays. (1)

---

(1) Le tracé réclamé par les délégués de Fresnes est à peu de chose près celui présenté par M. l'ingénieur en chef Duverger, et indiqué par une ligne jaune sur la carte du chemin de fer circulaire de la Banlieue.

CANTON DE VINCENNES

ÉTUDE D'UN PROJET DE CHEMIN DE FER CIRCULAIRE DE LA BANLIEUE DE PARIS

Commission cantonale de Vincennes

En date du 1er août, M. Sueur, membre du Conseil général du département de la Seine et président de la Commission, a convoqué pour le 5 août, huit heures du matin, à la mairie de Vincennes,

MM. les membres de la Commission cantonale de Vincennes, pour l'étude d'un projet de chemin de fer circulaire de la banlieue de Paris.

Réunion du 5 août 1872, à la mairie de Vincennes, à huit heures du matin.

ETAIENT PRÉSENTS :

MM. Sueur, Lépère, Mabille, Morel, Marinier, Richebois, Charlier, Cavaré, Marquay, Richard, Lepaute, Parizot, Foucques, Bataille, Chenier, Larmelais, Leroyer, Jumel, Lebeau, Lebel.

L'appel nominal terminé, on procéda à la nomination d'un vice-président et d'un secrétaire.

4

Votants, 20 :

M. Lepaute obtient 10 voix et M. Leroyer en obtient 9, pour la vice-présidence;

En conséquence, M. Lepaute est nommé vice-président.

M. Morel obtient 16 voix, et est nommé secrétaire.

La Commission cantonale est donc ainsi formée, pour son bureau :

Président :   MM. Sueur,   *Vice-président :*   M. Lepaute,
Secrétaire :   Morel.

La Commission cantonale est ainsi répartie :

LOCALITÉS		LOCALITÉS	
Fontenay-sous-Bois:	MM. Bochot,	Saint-Mandé :	MM. Quihou,
—	Mennier,	—	Lepaute,
—	Richebois,	—	Parisot,
—	Charlier.	—	Quehant.
Montreuil-sous-Bois :	Sueur,	Villemonde :	Foucques,
—	Lepère,	—	Bataille,
—	Morel,	—	Chenier,
—	Mabille.	—	Larmelais.
Rosny :	Cavaré,	Vincennes :	Leroyer,
—	Marquay,	—	Jumel,
—	Richard,	—	Lebeau,
—	Duché.	—	Lebel.

Dans la réunion du 5 août, le Président prend la parole et fait connaître le but que doit se proposer la Commission :

1° Etat du tracé ;

2° Etude du trafic ;

3ª Evaluation de la dépense à faire.

M. Lepaute demande que l'ingénieur de la Compagnie remette un rapport, afin que la Commission cantonale puisse contrôler les chiffres de la dépense et ceux du trafic probable.

En réponse, M. le Président donne communication d'une lettre l'informant que la Compagnie tient à notre disposition tous plans et renseignements nécessaires, et que M. Brunfaut, ingénieur de la Compagnie, 45, rue Joubert, à Paris, est tout à notre disposition et se transportera sur les lieux, si on le désire, pour l'étude du tracé.

Sur ces données, la séance est close et procès-verbal en est dressé par le secrétaire soussigné.

Signé : MOREL.

COMMISSION CANTONALE DE VINCENNES

Etude du projet d'un chemin de fer circulaire de la banlieue de Paris

Le 1er août 1872, M. Sueur, membre du Conseil général et président de la Commission, a convoqué, pour le cinq août, à la mairie de Vincennes, MM. les délégués des communes du canton de Vincennes, afin de se livrer à l'étude d'un projet de chemin de fer circulaire de la banlieue de Paris.

A cette première séance assistaient les délégués communaux dont les noms suivent :

Pour la commune de Fontenay :
MM. Bochot, Marinier, Richebois, Charlier.

Pour la commune de Montreuil :
MM. Sueur, Lepère, Mabille, Morel.

Pour la commune de Rosny :
MM. Cavaré, Marqué, Richard, Duché.

Pour la commune de Saint-Mandé :
MM. Quihou, Lepaute, Parizot, Quéhan.

Pour la commune de Villemonble :
MM. Fouques, Bataille, Chenier, Larmelais.

Pour la commune de Vincennes :
MM. Leroyer, Jumel, Lebeau, Lebel.

L'appel nominal terminé, on procède à la nomination d'un vice-président et d'un secrétaire : M. Lepaute est élu vice-président, et M. Morel, secrétaire.

M. le Président prend alors la parole, et, après avoir développé l'utilité, en général, d'une nouvelle voie de communication tendant à relier entre elles des localités voisines et à les faire jouir des avantages d'une grande voie ferrée, il fait connaître à la Commission que son but principal doit être surtout l'étude du tracé, l'emplacement des gares et l'importance du trafic.

A cet effet, M. le vice-président demande que l'ingénieur de la Compagnie remette un rapport, afin que la Commission cantonale puisse contrôler les chiffres de la dépense et estimer ceux du trafic probable.

En réponse, M. le Président donne communication d'une lettre dans laquelle la Compagnie met à la disposition de la Commission tous les plans et tous les renseignements qui lui seront nécessaires, et lui fait même l'offre de lui prêter le concours gracieux de son ingénieur, M. Brunfaut, qui se transportera, si on le désire, sur les lieux pour l'étude du tracé.

Après cette lecture, M. le Président informe la Commission qu'il va écrire à M. l'ingénieur pour le prier d'envoyer à la mairie de Vincennes tous les plans et les documents nécessaires à l'étude du projet; puis il lève la séance.

A partir de ce jour, les délégués se sont livrés, dans chaque commune, à l'étude du tracé; ils ont étudié, notamment, s'il y avait intérêt pour eux à la création d'une ou de plusieurs gares, et sont venus enfin, le 12 septembre, discuter leurs opinions au sein de la Commission convoquée ce jour-là, à Vincennes.

Sur l'invitation de M. le Président, l'ingénieur de la Compagnie a bien voulu se rendre à cette séance, pour fournir à la Commission certains renseignements.

A la demande de M. Lepaute sur les subventions exigées par la Compagnie, M. l'ingénieur en a donné le résumé suivant :

1° Abandon par le département et les communes des terrains départementaux et communaux sur lesquels devra passer le chemin de fer;

2° Acquisition par les communes des terrains affectés à l'emplacement des gares de voyageurs et de marchandises.

La Commission accepte ces propositions; mais, à son tour, elle demande à la Compagnie quelles seront les conditions de ses tarifs.

Elle émet le vœu qu'ils ne dépassent pas 20 à 25 0/0 des tarifs généraux de nos grandes voies ferrées; car il est évident que, si le département et les communes font un sacrifice par l'abandon des terrains ci-dessus mentionnés, la Compagnie doit, pour rendre ses propositions acceptables, offrir quelques avantages qui permettent à la voie nouvelle, non-seulement de s'établir, mais aussi de fonctionner avec succès, au point de vue des intérêts relatifs aux contrées qu'elle doit parcourir.

M. l'ingénieur affirme que les tarifs n'excèderont pas huit centimes par tonne et par kilomètre.

La Commission demande encore une petite modification au tracé qui lui a été soumis : elle désirerait que le raccordement du chemin de fer circulaire de la banlieue de Paris eût lieu, avec la ligne de Vincennes, au point milieu compris entre les gares de Vincennes et de Fontenay.

On donnerait ainsi juste satisfaction aux communes de Vincennes et de Montreuil, qui demandent depuis longtemps à la Compagnie de l'Est l'établissement d'une gare intermédiaire.

Enfin, dans le but de satisfaire les intérêts réciproques des communes de Montreuil, Vincennes et Saint-Mandé, on décide, à l'unanimité, qu'une gare unique à voyageurs et à marchandises suffira pour desservir les communes intéressées, à la condition que cette gare soit placée sur la commune de Montreuil, au lieu dit les Cornilliers, ce point étant, pour ainsi dire, un point central, et celui qui relie le mieux, par les routes déjà établies, les trois communes de Vincennes, Saint-Mandé et Montreuil.

Ces modifications acceptées par la Compagnie, la Commission approuve le projet de l'établissement du chemin de fer circulaire de la banlieue de Paris, cette ligne devant servir à relier entre elles des localités dont la plupart sont si mal desservies par les voies ferrées ; l'une d'entre elles, Montreuil, en est totalement privée. Son commerce actuel souffre beaucoup de l'absence d'un chemin de fer, c'est une entrave inconstestable au développement de certaines industries qui existent, et à la création de nouvelles auxquelles cette commune de 12,222 habitants offrirait bien des avantages.

Dans cette conviction, et animée du désir de voir se réaliser une entreprise dont l'utilité paraît urgente, la Commission émet le vœu que MM. les membres du Conseil général, à l'approbation desquels ce projet va être soumis, veuillent bien prendre en considération les motifs qu'elle lui expose.

Et si, comme elle l'espère, ces motifs ont à leurs yeux la valeur qu'elle leur donne, la Commission croit pouvoir compter déjà sur l'approbation du Conseil et sur son généreux et bienveillant concours.

Les membres de la Commission,

(*Suivent les signatures.*)

Nota. — Les terrains sur lesquels nous demandons la gare ont pour limites :

Au nord, la rue du Débit ; à l'est, anciennement la propriété de M. Savart Frédéric ; à l'ouest, la rue des Deux Communes ; au midi, la ruelle aux Meuniers.

CANTON DE SAINT-DENIS

Procès-verbal de la réunion tenue à Saint-Denis, le 3 juillet 1872, sous la présidence de M. E. LITTRÉ, conseiller général de la Seine et membre de l'Assemblée nationale.

ÉTAIENT PRÉSENTS :

MM. E. Littré, membre de l'Assemblée nationale.	Paris.
Lesage, conseiller général de la Seine.	Courbevoie.
Karer-Combrun, maire.	St-Denis.
Delaplace, —	Le Bourget.
Grivellé, —	Villetaneuse.
Grivet, —	Stains.
Blanc, —	Dugny.
Bordier, —	Aubervilliers.
Pagel, —	Ile Saint-Denis.
Gueret, conseiller municipal.	Pierrefitte.
Beaugrand, — (adjoint).	—
Deulin, —	—
Chatenay, —	—
Orange, —	—
Garde, —	—
Chevalier, —	—

MM. Domard,   —   Aubervilliers.
     Boudier,   —   —
     David,   —   —
     Peignez,   —   —
     Demeurs,   —   —
     Nicolle,   —   —
     Poisson,   —   —
     Demars,   —   —
     Bouquet,   —   Ile Saint-Denis.
     Gandillot,   —   —
     Arthus,   —   La Courneuve.
     Lecœur,   —   —
     Gaunet,   —   Stains.
     Michennet,   —   —
     Boudier,   —   —
     Benoit,   —   Dugny.
     Aube (Victor)   —   —
     Rouquier,   —   —
     Devaux,   —   —
     Blanc,   —   —
     Ferret,   —   Épinay.
     Lefebvre,   —   —
     Lionnet,   —   —
     Farcot,   —   Saint-Ouen.
     Guérin,   —   —
     Dupuis,   —   —
     Vallet,   —   —
     Delacroix,   —   —
     Gibault,   —   Saint-Denis.
     Devinoy,   —   (adjoint).   —
     Moreau,   —   —
     Brochin,   —   —
     Marin,   —   —
     Lampetard,   —   —
     Petit,   —   —
     Michaël, agent-voyer cantonal.   Saint-Ouen.
     Comte de Vauvineux, président de la Cᵉ.   Paris.
     E. Desfossés, administrateur.   —
     J. Brunfaut, ingénieur.   —

M. Littré, conseiller général de la Seine et président de la réunion, explique que le but de la convocation est de nommer, dans chaque commune du canton de Saint-Denis, une Commission chargée de s'entendre avec la Compagnie du chemin de fer circulaire de la banlieue de Paris, sur le tracé définitif de la ligne, sur la forme et la nature de la subvention à allouer et sur le cahier des charges, afin de pouvoir soumettre la demande en concession dès la prochaine session du Conseil général de la Seine.

M. Brunfaut, ingénieur de la Compagnie, explique ensuite le tracé du chemin de fer qui, partant de la place des Martyrs, vient aboutir à la place du Château-d'Eau, en desservant les Docks de Saint-Ouen, Saint-Ouen, Saint-Denis, La Courneuve, Aubervilliers, Pantin, les Prés-Saint-Gervais, Romainville et les Lilas.

Les représentants des communes qui ne sont pas traversées par le chemin projeté, demandent quel intérêt elles ont à son établissement.

M. le Maire de Saint-Denis leur fait observer que la ligne projetée ayant une gare à Saint-Denis et une autre à Aubervilliers, les habitants des communes situées au nord du chemin auront à venir prendre le chemin de fer lorsqu'ils voudront se rendre, soit à Paris, soit sur tel point de la banlieue desservi par le chemin suburbain.

M. le Maire de Dugny comprend très bien que le chemin en projet ne puisse pas desservir toutes les localités en les traversant effectivement, et qu'il est incontestable qu'Aubervilliers et Pantin ont une importance bien plus considérable que Stains, Le Bourget et Dugny.

M. Brunfaut dit qu'il est certain que ces localités ne tarderont pas à acquérir une importance égale à celle d'Aubervilliers, et qu'alors on pourra s'occuper utilement d'une ligne qui partirait, par exemple, de Gennevilliers, traverserait la Seine, irait à Stains, Le Bourget, Dugny, et viendrait rejoindre le chemin de fer de Soissons, mais qu'avant de s'occuper de cette étude il faut faire ce qui est impérieusement réclamé par les intérêts généraux du canton et relier les fabriques au chemin de fer.

M. le Président résume et précise l'objet de la convocation, et l'assemblée décide à l'unanimité :

Qu'une Commission de trois membres sera nommée dans chaque commune pour discuter et arrêter le tracé que la ligne devra suivre, émettre son avis sur la subvention à fournir et les conditions à insérer au cahier des charges.

Cette Commission devra avoir terminé son travail dans un mois au plus tard, et s'entendre avec l'ingénieur de la Compagnie pour tout ce qui sera de nature à activer et faciliter son travail.

La Commission de Saint-Denis, tout en acceptant, quant à ce qui la concerne particulièrement, le plan présenté par M. Brunfaut, ne peut qu'appuyer les rapports de Dugny et Stains, à moins qu'il ne soit évident que, sous peu, une autre ligne ne doive être construite pour desservir ces communes (1).

Le Maire,
KARER-COMBRUN.

(1) Cette autre ligne sera celle proposée par M. l'ingénieur en chef Duverger, représentée par une ligne jaune sur la carte du chemin de fer circulaire de la banlieue de Paris.

Compte rendu de la séance des Commissions nommées pour étudier le tracé du chemin de fer circulaire de la banlieue de Paris, convoquées à Saint-Denis, le 5 août 1872.

M. Littré, conseiller général du canton, membre de l'Assemblée nationale, préside la séance.

Après avoir rappelé en quelques mots le but de la réunion, M. le Président donne la parole à M. le Maire du Bourget.

M. le Maire fait connaître, au nom de la Commission, que le tracé ne paraît pas se relier avec toutes les grandes lignes de chemin de fer, ce qu'i est indispensable pour dégager les gares de Paris et éviter les retards causés par l'octroi, pour les marchandises qui doivent traverser Paris.

M. l'ingénieur Brunfaut répond que c'est là un des points principaux du projet du chemin de fer circulaire; que le chemin n'aurait qu'une valeur relative s'il ne devait tout d'abord se relier avec toutes les grandes lignes; que le projet se reliera avec tous les chemins de fer pour le service des marchandises, et que les divers embranchements sont indiqués dans le projet.

M. le Maire de Dugny lit son rapport, d'où il résulte que le tracé présenté dessert une partie de la banlieue, très rapprochée de Paris; qu'ainsi Aubervilliers est aux portes de la capitale, à proximité du chemin de fer de Ceinture et de la gare de Pantin; que les communes de Stains, Dugny, Le Bourget, Drancy, Bobigny, sont privées de communications directes avec les grandes lignes de chemin de fer. M. le Maire demande que la ligne, tant dans l'intérêt de la Compagnie que dans l'intérêt du pays, passe par Dugny en partant de Pantin.

M. Brunfaut est appelé à répondre. Suivant lui, il faut d'abord courir au plus pressé; il faut desservir les points où l'industrie existe. Si la ligne passait où le demande la Commission de Dugny, il en résulterait que la fabrique d'Aubervilliers n'en retirerait aucun avantage; or, il y a à Aubervilliers un mouvement de transit qui se chiffre par millions de tonnes; il y a là des intérêts si sérieux à desservir que le tracé proposé ne peut être modifié. S'ensuit-il que les communes de Stains, Dugny, Le Bourget, Drancy, Bobigny, n'aient pas le droit d'avoir un chemin de fer? Évidemment non, car il est évident que la voie ne peut que favoriser les localités et les aider à prendre un essor égal à celui d'Aubervilliers. L'ingénieur croit donc qu'il faut d'abord faire la première ligne, parce qu'elle est impérieusement réclamée par les intérêts du département de la Seine, puis faire une nouvelle ligne qui, partant de Gennevilliers et passant la Seine au nord de Saint-Denis, entre La Briche et Épinay, toucherait Villetaneuse, Pierrefitte, Stains, Dugny, Le Bourget, Drancy, Bondy, et viendrait se relier au chemin de fer de Strasbourg. Cette ligne relierait toutes ces communes entre elles, les mettrait en communication avec les grands chemins de fer et leur ouvrirait une entrée dans Paris par la place du Château-d'Eau et Notre-Dame-de-Lorette.

La commune de Stains se joint à la demande faite par MM. les Maires de Dugny et le Bourget, et ajoute que le territoire de la commune se prête à l'établissement d'usines; qu'il ne lui manque que des communications pour devenir un des points les plus importants de la fabrique parisienne.

La discussion du rapport d'Aubervilliers est venue ensuite. Cette Commission s'est partagée en deux camps : la majorité a admis le trajet proposé par l'ingénieur Brunfaut, sauf quelques petites rectifications; la minorité voulait que le tracé embrassât le sud de la commune, et non le nord; elle disait que là se trouvait la grande fabrique qui pouvait donner plus de deux millions de tonnes par an, que, un seul établissement réaliserait une économie de 200,000 francs par la création du chemin de fer circulaire.

Après une vive discussion, il a été arrêté que le tracé tel qu'il était proposé était accepté, mais qu'il était bien entendu qu'à un point à déterminer, il serait fait un embranchement pour le service des marchandises, embranchement qui desservirait la contrée connue sous le nom de Haie-Coq.

Le rapport lu par M. le Maire de Saint-Ouen ne soulève d'autre critique, sur le tracé, que l'annulation d'une ligne qui traverserait la place des Docks, et fait, d'après la Commission, double emploi sur la ligne existante du chemin de fer de cette Compagnie.

L'ingénieur se rallie à cette rectification, mais prie la Commission de prendre une décision au sujet du passage de la ligne qui doit relier Saint-Ouen à Gennevilliers, Colombes, Courbevoie, Puteaux et Suresnes, tout en se raccordant au chemin de fer de l'Ouest, vis-à-vis de La Garenne.

Le pont qui existait a été démoli lors des événements de 1870. Ce pont à péage était exploité par M. Martin. Ne serait-il pas opportun que la reconstruction eût lieu de telle sorte qu'il pût servir aux piétons et au chemin de fer? Ce serait là une grande économie, qui aurait en outre l'avantage d'affranchir les populations du péage.

M. Littré insiste pour que la question soit étudiée, et il invite la commune de Saint-Ouen à se mettre en relations avec celle de Gennevilliers.

M. le Maire de La Courneuve donne lecture du rapport qui conclut que le tracé du chemin de fer, tel qu'il est proposé, est nuisible aux intérêts de la commune, et que, dans cet état de choses, il demande qu'il se renferme exclusivement sur le territoire d'Aubervilliers.

Le rapport de Villetaneuse conclut à ce que le chemin de fer se construise le plus rapidement possible.

Ceux de Pierrefitte, de l'île Saint-Denis se rallient aux vœux exprimés pour la construction d'une deuxième ligne, qui serait celle du Nord-Est.

Enfin, M. le Maire de Saint-Denis expose les vœux exprimés par la Commission, qui est l'approbation du tracé proposé par M. Brunfaut, mais il appuie énergiquement les vœux de Dugny et Stains, et propose qu'une Commission spéciale, composée des communes du Nord-Est, se réunisse à

— 60 —

Saint-Denis, pour, de concert avec l'ingénieur, faire un tracé qui donne satisfaction à cette partie de la banlieue de Paris.

LE MAIRE DE LA VILLE DE SAINT-DENIS

MONSIEUR,

La Commission municipale chargée de s'occuper de la question des chemins de fer américains, et qui a pris connaissance de votre projet en votre présence, s'est montrée très favorable à l'exécution de cette création, qui permettra de mettre en communication Saint-Denis avec les principales communes des arrondissements de Saint-Denis et de Sceaux.

L'administration municipale partage complétement l'avis de cette Commission, et verrait avec plaisir que votre projet fût promptement approuvé, afin de faire jouir la population de Saint-Denis des avantages d'une locomotion prompte et à prix réduits, avec les communes voisines.

Comme le Conseil municipal n'est pas appelé à se réunir prochainement, je ne puis vous adresser la délibération que vous sollicitez, mais l'avis favorable de la Commission nommée par le Conseil équivaut à l'approbation implicite de ces assemblées, puisque la Commission en est une émanation et s'inspire du sentiment qui anime ceux qui l'ont nommée.

Agréez, Monsieur, etc.

Signé : KARRER-COMBRUN.

DÉPARTEMENT
DE LA SEINE

ARRONDISSEMENT
ET CANTON
DE SAINT-DENIS

MAIRIE DE DUGNY

MONSIEUR LE PRÉSIDENT,

La Commission nommée par le Conseil municipal de Dugny, pour l'examen du projet du chemin de fer circulaire de la banlieue de Paris, après examen du plan qui lui a été soumis à cet effet, propose quelques changements au tracé projeté : 1° Dans l'intérêt de l'Etat, comme ligne stratégique pouvant desservir les nouveaux forts qu'il est question de créer; 2° Dans l'intérêt des communes éloignées de Paris, et qui se trouvent privées de communications directes avec les grandes lignes de chemin de fer.

Dans le tracé projeté, la ligne partant de Pantin pour rejoindre Saint-Denis ne desservira que la commune d'Aubervilliers, qui se trouve à la porte de Paris, à proximité du chemin de fer de Ceinture et de la gare de Pantin, et qui doit avoir prochainement deux nouvelles gares sur la ligne de Soissons.

La Commission de Dugny propose donc de prendre la nouvelle ligne à Pantin, la diriger par Bobigny, Drancy, Le Bourget, Dugny, Stains, et venir s'embrancher au chemin de fer du Nord à Saint-Denis.

Dans l'intérêt de la Compagnie, ce projet ne peut que lui être avantageux, car toutes ces communes possèdent déjà un certain nombre d'usines, principalement Le Bourget, Drancy et Stains, et il est certain que le nombre s'en augmenterait considérablement si les moyens de transport et de correspondance avec les grandes lignes étaient faciles.

La Commission de Dugny espère que la Compagnie du chemin de fer circulaire voudra bien prendre cet exposé en considération.

Les Membres de la Commission,
Signé : ROUQUIER MÉLIUS, NARDIN, *rapporteur*.

DÉPARTEMENT DE LA SEINE	MAIRIE DE SAINT-OUEN
ARRONDISSEMENT DE SAINT-DENIS	**Extrait du Registre des délibérations**
CANTON DE SAINT-OUEN	**du Conseil municipal**

L'an 1872, le samedi 3 août, à sept heures du soir, les membres composant le Conseil municipal de Saint-Ouen se sont réunis, au nombre de dix-huit, au lieu ordinaire de leurs séances, sous la présidence de M. Charpentier, maire, pour la tenue de la session ordinaire, pour laquelle ils ont été convoqués individuellement et par écrit, par M. le Maire, le 28 juillet, en vertu de l'article 15 de la loi du 5 mai 1855.

ÉTAIENT PRÉSENTS :

MM. Sauriac, adjoint; Vallet, Dumas, Couty, Dumoutier, Paret, Cortade, Sidot, Farcot, Compoint, Couvreux, Guérin, Defresne, Itasse, Delacroix et Torchebeuf, lesquels forment la majorité des membres en exercice, et peuvent délibérer valablement, en exécution de l'article 17 de la loi du 5 mai 1855.

Le président ayant ouvert la séance et fait l'appel nominal, il a été procédé, en conformité de l'article 19 de la loi précitée, à l'élection d'un secrétaire pris dans le sein du Conseil, pour la présente session.

M. Torchebeuf, ayant obtenu la majorité des suffrages, a été désigné pour remplir ces fonctions, qu'il accepte.

M. le président donne lecture du rapport ci-après, présenté par la Commission chargée, par le Conseil municipal, de donner son avis sur un nouveau tracé de chemin de fer en projet.

Procès-verbal de la séance du 23 juillet 1872

Le 23 juillet 1872, à deux heures de l'après-midi, le Maire et les membres du Conseil municipal de Saint-Ouen, désignés à cet effet par leurs collègues,

Après avoir déjà assisté à plusieurs réunions générales tenues tant à la Mairie de Colombes qu'à celle de Saint-Denis,

Se sont réunis à nouveau à Paris, rue Joubert, 45, au siège de la Société d'un chemin de fer projeté autour de la banlieue de Paris;

ÉTAIENT PRÉSENTS :

MM. Charpentier, maire; Sauriac, adjoint; Farcot (Joseph), Guérin et Torchebeuf, conseillers municipaux.

Après avoir pris connaissance des documents mis à leur disposition par M. l'ingénieur Brunfaut, auteur du projet,

La Commission reconnaît tout d'abord que le tracé présenté paraît offrir de sérieux avantages pour la commune de Saint-Ouen.

Toutefois, un point de parcours est critiqué : c'est la partie comprise entre les Docks Saint-Ouen et la route départementale n° 11, dite de la Révolte.

Ce tracé, s'il était suivi, diviserait d'une façon fâcheuse la place et les habitations de la gare ; il ferait d'ailleurs double emploi avec l'autre branche du tracé à laquelle il se relie.

Le lieu d'érection de la gare aux marchandises, projetée aux Docks de Saint-Ouen, paraît bien choisi.

La Commission stipule expressément qu'une gare de voyageurs devra, en outre, être ouverte au point où finit le chemin de fer actuellement existant, c'est-à-dire sur le parcours de l'avenue même de la Gare.

Il doit être aussi bien entendu qu'une deuxième gare de voyageurs, reconnue nécessaire pour desservir le vieux Saint-Ouen, y sera également installée dans la rue de Paris, à la hauteur de la Gendarmerie, ainsi, du reste, que l'indiquait le tracé primitif.

Un des membres propose que la ligne qui arrive de Paris, après avoir traversé l'avenue de la Gare, vienne couper l'avenue des Batignolles au lieu dit la Croix-Blanche, pour aller desservir, en le contournant, le village Biron et de là, traversant l'avenue de la Chapelle, le chemin de l'Orme-aux-Bœufs et la route de la Révolte, rejoigne le premier tracé à la Gendarmerie.

Mais les autres membres présents étant d'un avis contraire,

Le tracé présenté par M. l'ingénieur Brunfaut, amendé suivant les observations ci-dessus, est accepté à l'unanimité.

Avant de se séparer, la Commission demande d'une manière expresse :

1° Que des passages à niveau soient ménagés sur chacune des voies qui viendraient à être coupées sur le territoire de Saint-Ouen ;

2° Qu'un chemin latéral praticable aux voitures soit réservé sur l'un des côtés de la voie ferrée à ouvrir.

Enfin, la Commission appuie auprès de l'administration supérieure la demande faite par la Compagnie en voie de formation, pour arriver, dans un but d'économie bien entendu, à une entente avec les concessionnaires des ponts de Saint-Ouen, afin d'amener ceux-ci à laisser passer la voie projetée sur ces ouvrages d'art, actuellement en voie de reconstruction.

Et les membres présents se sont séparés à quatre heures, après avoir signé le présent procès-verbal, dont il leur a été auparavant donné lecture.

(Suivent les signatures.)

Le Conseil municipal,

Après avoir entendu la lecture du rapport qui précède,

Déclare l'approuver dans tout son contenu, et se joint à l'unanimité à la Commission pour approuver les sages réserves qu'elle indique.

Et ont les membres présents signé après lecture.

(Suivent les signatures.)

Pour expédition conforme :

Pour le Maire de Saint-Ouen,
SAURIAC.

COMMUNE DE LA COURNEUVE

Commission communale pour le Chemin de fer circulaire
de la banlieue de Paris

Séance du 29 juillet 1872.

PRÉSENTS :

MM. Bordier, Maire de La Courneuve, Cousin (Jean-François), Fleury
(Pierre-Michel) et Pingard (Claude-Antoine).

La Commisssion, après examen des divers plans, reconnaît que ledit
chemin de fer ne fait que toucher la commune au hameau de Crèvecœur
et menace de détruire en partie ce village et d'en gêner la circulation ; car il
faut qu'il passe à niveau avec la rue ou au-dessus ; dans le premier cas, un
passage à niveau au milieu d'une rue très fréquentée rendrait la circulation
tellement dangereuse, que la Commission déclare s'y opposer de tout son
pouvoir ; deuxième cas, un passage au-dessus de la rue nécessiterait évidemment l'exhaussement de ladite rue, ce qui serait encore plus nuisible
aux habitants, en menaçant d'enterrer leurs maisons ; de plus, la circulation
des voitures, par suite des rampes, serait on ne peut plus dangereuse.

Pour ces causes :

La Commission trouve que ledit chemin de fer, ne venant dans la commune que dans les conditions ci-dessus et ne lui donnant pas d'autre
avantage, sera plus nuisible qu'utile à La Courneuve, et, par conséquent,
il n'y aurait pas lieu d'engager la Compagnie à venir sur le territoire et
qu'il y a lieu, au contraire, de la prier de passer sur Aubervilliers, à gauche du ru de Montfort.— La Commission reconnaît, en outre, que La Courneuve ne peut donner au chemin de fer circulaire aucune espèce d'avantage, du moment où il la traverse dans des conditions si défavorables pour
elle.

Signé : FLEURY, COUSIN, PINGARD,
BORDIER, *Maire.*

La Courneuve, le 29 juillet 1872.

DÉPARTEMENT
DE LA SEINE
—
ARRONDISSEMENT
DE SAINT-DENIS
—

MAIRIE DE PIERREFITTE
————

Pierrefitte, 12 septembre 1872.

MONSIEUR LE PRÉSIDENT,

Le Conseil municipal de Pierrefitte, que j'ai consulté, m'a chargé de vous informer qu'il ne fait aucune opposition au projet présenté par votre Compagnie.

Agréez, Monsieur le Président, etc.

Le Maire,
Signé : BUFFAUT.

Rapport des Membres de la Commission de Villetaneuse pour le Chemin de fer circulaire de la banlieue de Paris

Les membres de la Commission pour le chemin de fer circulaire de la banlieue de Paris, après avoir examiné les cartes du tracé dudit chemin de fer et après en avoir délibéré, reconnaissent qu'il n'y a aucun avantage pour la commune de changer ce tracé, la commune de Villetaneuse n'étant pas même indiquée, ni comprise dans le réseau que doit parcourir ce chemin.

Les membres de la Commission,
Signé : LÉCUYER, BEAUGRAND, GRIVELLÉ.

COMMUNE D'AUBERVILLIERS

Les soussignés, membres de la Commission instituée par les habitants du groupe dit *les Quatre-Chemins de la route de Flandre,* pénétrés de l'immense avantage qui résulte pour le commerce et pour l'industrie de la construction du chemin de fer circulaire de la banlieue de Paris, ont l'honneur d'adresser à la direction de ce chemin de fer le tableau ci-joint, indiquant, pour les principales usines, les sommes de transport qu'en moyenne elles effectuent par année.

Ce tableau ne comprend pas ce que pourront produire le petit commerce et les particuliers :

MM. Baudin.	645 tonnes.
Bayard.	4.000
Berthau.	556
Cartier-Bresson.	4.000
Daubrebis, Borjer et Cᵉ.	6.000
Delavallée.	500
Detiviller et Leleu.	400
Jesson.	2.000
Joigneaux-Poulain.	648
Marchal.	2.000
Michaud et Lyonnet.	3.000
Nicolle et Dubois.	9.000
Pilloat et Godet.	1.000
L. Piver.	647
Pirouley.	200
Rodier.	2.000
Remailho.	2.500
Tesson.	2.000
Vidié.	5.500
Voyher et Loreau.	26.000
Sariebourse, d'Audreville et Cᵒ.	16.000
Mᵐᵉ Veuve Delabarre.	2.500
Total.	91.096

En conséquence, nous prions la direction de bien vouloir prendre en considération les vœux exprimés par les Conseils municipaux de Pantin et d'Aubervilliers, au sujet de l'établissement d'une gare au point d'intersection de la route nationale n° 2 (dite route de Flandre) et du chemin d'Aubervilliers à Noisy, au n° 140 du profil de la 5° section.

Persuadés que les indications de la présente note seront prises en considération par la direction et par l'ingénieur en chef de la ligne projetée, nous pensons de notre devoir de les leur communiquer.

Les membres de la Commission.

(Suivent les signatures.)

COMMUNE D'AUBERVILLIERS

L'an mil huit cent soixante-douze, le deux août, à trois heures de relevée,

Les membres de la Commission municipale d'Aubervilliers, chargée d'examiner le projet et tracé du chemin de fer circulaire de la banlieue de Paris,

Réunis au siége de la Société, rue Joubert, 45, en présence de M. l'ingénieur de ladite Société, ont déclaré que le chemin de fer d'intérêt local pouvait, en tous cas, être utile à la localité d'Aubervilliers.

Mais, après un examen attentif du tracé, ils émettent le vœu qu'entre la route de Flandre et le pont de Crèvecœur, le tracé soit légèrement redressé, de manière à ne pas être obligé de tourner les chemins de la Maladrerie, du Long-Sentier, etc. Ils émettent aussi le vœu que la station d'Aubervilliers-La-Courneuve soit placée à proximité de la route départementale n° 21, de Paris à Stains, et qu'entre les chemins de La Courneuve et du Pont-Blanc soit établie une gare de marchandises desservant les nombreuses usines et le commerce de la localité, laquelle pourra servir aussi à la Compagnie de gare de triage de wagons, pour les directions des chemins de fer de l'Est, celles du Nord et la ligne de Soissons.

Pour obvier aux inconvénients apportés à la circulation par l'établissement de la voie, les membres de la Commission demandent que des chemins latéraux soient établis dans une grande partie du parcours.

Ils émettent également le vœu que la Société prenne l'engagement formel de desservir le grand centre d'industrie de la Haie-Coq par un embranchement sur la ligne principale, ou par un raccordement avec la ligne de Soissons, lequel engagement ne peut que lui être avantageux sous le rapport de la grande quantité de combustible qui s'y consomme et aux nombreux produits qui s'y fabriquent. Pour la clarté de l'émission de leurs vœux, les membres de la Commission joignent au présent un plan, où le tracé de la Compagnie figure en rouge, tandis que le projet modifié suivant leurs vœux est indiqué en bleu. Il est bien entendu que le projet présenté par la Compagnie, d'une station au croisement de la route de Flandre, demeure conservé.

Le présent procès-verbal, rédigé par les membres de la Commission soussignés.

(Suivent les signatures.)

A Aubervilliers, le 20 août 1872.

DÉPARTEMENT
DE LA SEINE

—

ARRONDISSEMENT
DE SAINT-DENIS

—

MAIRIE D'AUBERVILLIERS

Extrait du registre des délibérations du Conseil municipal

L'an mil huit cent soixante-douze et le onze mars,

Les membres composant le Conseil municipal d'Aubervilliers se sont réunis, au nombre de dix-neuf, au lieu ordinaire de leurs séances, sous la présidence de M. Bordier, maire, pour la tenue de la session.

SONT PRÉSENTS :

MM. Bordier, Crozier, David, Le Maziers, Peignez, Nicolle, Poisson, Demeurs, Roubleau, Lecomte, Loudet, Demars, Hardy, Chatonnet, David, Erié et Demeurs (Christophe) ;

Lesquels forment la majorité et peuvent valablement délibérer.

M. Demars est désigné pour remplir les fonctions de secrétaire, qu'il accepte.

M. le Maire expose qu'une Compagnie financière est en instance pour être autorisée à établir un chemin de fer circulaire reliant entre elles toutes les communes composant la grande banlieue de Paris, et se rattachant aux lignes déjà existantes.

Le plan du tracé du projet est mis sous les yeux du Conseil.

Le Conseil, à l'unanimité, reconnaît que l'établissement d'un chemin de fer mettant Aubervilliers en communication avec les localités voisines et avec Paris, présente un grand intérêt pour la commune ;

Emet un avis favorable sur le principe du projet, faisant toutes réserves en ce qui concerne la manière dont seront traversées les voies publiques.

Il émet en même temps le vœu que deux stations soient établies, l'une entre la rue de La Courneuve et le boulevard de Stains; l'autre, sur la route nationale n° 2, aux environs du fort d'Aubervilliers.

Pour copie conforme :

Le Maire,

Signé : BORDIER.

MAIRIE DU BOURGET

Rapport sur le Chemin de fer circulaire de la banlieue de Paris.

La Commission, tout en reconnaissant les avantages de l'établissement du chemin de fer, n'ayant pas les documents nécessaires pour bien apprécier le projet, présente sur le tracé indiqué sur le plan les observations suivantes :

Ce tracé ne paraît pas se relier avec toutes les grandes lignes; la voie traverse la ligne de Soissons à 4 kilomètres environ de la station du Bourget et à 2 kilomètres du chemin de Ceinture de Paris; les lignes de l'Est, de Lyon et d'Orléans sont également traversées par le chemin de fer en projet, sans s'y relier.

Si, au contraire, la voie se reliait aux grandes lignes à la première station, elle dégagerait les gares de marchandises de Paris; elle éviterait les retards causés par l'octroi pour les marchandises qui doivent traverser Paris, la voie nouvelle pourrait alors rendre un véritable service à l'agriculture et à l'industrie.

Pour ces motifs, la Commission émet le vœu que le nouveau chemin de fer se relie avec toutes les grandes lignes à leur première station (1).

Fait au Bourget, le 3 août 1872.

Les Membres de la Commission.

---

(1) C'est ce qui doit exister.

Rapport de la Commission de la commune de Stains.

Monsieur le Président,

La Commission nommée par le Conseil municipal de la commune de Stains pour l'examen du tracé projeté du chemin de fer circulaire, où la carte qui lui a été soumise émet son avis que, dans l'intérêt de la commune, de la Compagnie et de l'Etat comme voie stratégique, en un mot, pour concilier tous les intérêts, il y aurait lieu de continuer la ligne, en partant d'Aubervilliers jusqu'à Staius, pour aller rejoindre ledit chemin de fer entre La Briche et Saint-Ouen, conformément aux indications qu'elle a figurées en teinte bleue sur la carte remise, dans le cas, toutefois, où le Conseil d'administration n'admettrait pas le tracé plus étendu proposé par les Commissions des communes de Dugny, Drancy, etc., etc.

La Commission de Stains croit n'avoir pas besoin de faire ressortir les avantages qui en résulteraient, surtout pour la Compagnie, par suite de la mise en vente du parc, qui se trouve sillonné de cours d'eau et des dépendances du château, circonstance qui permet d'espérer l'établissement prochain d'usines importantes dont Stains compte déjà un grand nombre, et qui devront produire, dans un temps donné, un trafic important.

Vous apprécierez, Monsieur, les motifs qui guident la Commission, et elle a tout lieu de croire que son avis pèsera pour quelque chose dans votre décision.

Veuillez agréer, etc.

(Suivent les signatures.)

MAIRIE DE L'ILE SAINT-DENIS

Ile Saint-Denis, le 26 septembre 1872.

A Monsieur le Président du Conseil d'administration du Chemin de fer circulaire de la banlieue de Paris

Monsieur,

En réponse à votre lettre du 19 septembre courant, j'ai l'honneur de vous faire connaître que la Commission de la commune de l'Ile Saint-Denis, chargée de présenter ses observations sur le tracé d'un chemin de fer circulaire de la banlieue de Paris, tout en étant favorable au projet qui doit être présenté au Conseil général, ne peut cependant donner que son avis personnel. En effet, d'après le tracé, ce chemin devant traverser le territoire de la commune, le Conseil municipal ne peut manquer d'être consulté, par l'autorité supérieure, sur le projet en question.

Veuillez agréer, etc.

Le Maire de l'Ile Saint-Denis,
Signé : Pagel.

CANTON DE PANTIN

Procès-verbal de la réunion du 27 juin 1872, tenue dans une des salles de la mairie de Pantin, sous la présidence de M. Houdart, conseiller général du canton.

ÉTAIENT PRÉSENTS :

MM. Houdard,	conseiller général,	Drancy.
Loiseau-Pinson,	—	Paris.
Dupuis,	—	—
Topart,	—	—
Richard,	—	—
Delisy,	maire de Pantin.	
Bordier,	— de La Courneuve.	
Gennevois,	— de Romainville.	
Bonnevalle,	— de Noisy-le-Sec.	
Karrer-Combrun,	— de Saint-Denis.	
Bordier,	— d'Aubervilliers.	
Cartier-Bresson,	conseiller municipal,	Pantin.
Baille,	—	—
Vaudron,	—	—
Morand,	—	—
Hébré,	—	—
Lugagne, adjoint.		
Lecœur, conseiller municipal.		La Courneuve.
Artus,	—	—

Bara,	—	Les Prés-Saint-Gervais.
Guérin, adjoint.		—
Jeanne, conseiller municipal.		—
Goron,	—	—
Souchet,	—	—
Gauvin,	—	Romainville.
Méri, adjoint.		Bobigny.
Huet, conseiller municipal.		—
Jarry,	—	—
Crozier, adjoint.		Aubervilliers.
David, conseiller municipal.		—
Boudier, adjoint.		—
Poisson, conseiller municipal.		—
Peignez,	—	—
Nicollé,	—	—
Lecomte,	—	—
Maziers,	—	—
Patrelle, adjoint.		Les Lilas.
Ségaud,	—	—
Bazelin,	conseiller municipal.	—
Papier,	—	—
Renaudeux,	—	—
Courvoisier,	—	—
Chauvancy,	—	—
Renaud,	—	—
Henrion,	—	Saint-Denis.
Gibault,	—	—
Butet,	—	—
Moreau,	—	—
Pottier, notaire.		Noisy-le-Sec.
Comte de Vauvineux, président de la Compagnie.		Paris.
J. Brunfaut, ingénieur de la Compagnie.		—
Desfossés, administrateur de la Compagnie.		—

M. le conseiller général Houdart, en sa qualité de Président de la réunion, explique à l'Assemblée quelles furent, dans la dernière session, les résolutions du Conseil général de la Seine à l'égard des divers projets de chemins de fer qui lui ont été soumis, résolutions favorables aux seuls projets intéressant Paris et concluant à l'ajournement de ceux concernant la banlieue.

La réunion d'aujourd'hui, poursuit M. le Président, a pour but d'aider la Compagnie représentée par M. le comte de Vauvineux dans la poursuite des études du réseau suburbain, en nommant, dans chaque commune, une Commission chargée d'émettre son avis et de fournir tous renseignements sur les questions de tracé, production, consommation, etc., de chaque commune.

Sur l'invitation de M. le Président, M. Brunfaut, ingénieur de la Société, donne des explications très étendues sur le tracé du chemin projeté.

M. Genevois, maire de Romainville, prend la parole pour dire que si la réunion n'a pour but que la nomination d'une Commission dans chaque commune, cette réunion était inutile, il suffisait que M. le Président invitât les maires à former chacun leur Commission.

M. Houdart répond que l'objet de cette réunion a pour but d'ouvrir une discussion générale sur la question du chemin de fer circulaire, et que la nomination des Commissions n'est qu'un moyen d'arriver à bien s'entendre sur ladite question ; mais que l'assemblée était libre de choisir un autre moyen ; qu'il s'agit d'abord, si elle trouvait convenable aujourd'hui de discuter le principe de la création du chemin de fer circulaire, et que si ce principe est admis, comme il l'espère, l'assemblée pourra voter la nomination d'une Commission dans chaque commune, pour proposer un tracé et indiquer le trafic marchandises, voyageurs que pourra donner chaque commune.

M.   , ingénieur de la Compagnie de l'Est, entre dans des explications, sur les chemins de fer en général et spécialement sur les chemins de fer de banlieue ; il conclut en disant que la ligne circulaire n'a aucune raison d'être et qu'elle ne fera pas ses frais.

M. Loiseau-Pinson, conseiller général, réfute ses assertions, en citant plusieurs exemples de voies ferrées d'intérêt local d'une importance infiniment moindre, dont les capitaux sont très bien rétribués. M. Loiseau-Pinson insiste sur l'avenir réservé à la ligne projetée, en présence du développement considérable que ne cesse de prendre la banlieue de Paris.

M. Desfossés, administrateur de la Compagnie, obtient la parole et s'applique à réfuter l'argumentation de M. l'ingénieur de la Compagnie de l'Est, à justifier la nécessité de ce chemin de fer, à démontrer l'existence du trafic actuel déjà très-considérable, qui doit s'augmenter dans des proportions qu'il cherche à justifier par des exemples, et enfin exprime sa confiance que tous ces efforts communs auront un résultat satisfaisant. La discussion s'ouvre ensuite sur le nombre de commissaires à nommer : les uns en demandent trois, les autres cinq.

Après plusieurs avis, il est décidé que la Commission sera composée de quatre membres, savoir : le Maire, président, et trois membres du Conseil municipal.

Cette Commission, après s'être mise en rapport avec l'ingénieur de la Compagnie, émettrait son avis sur le tracé et fournirait toutes les indications du trafic et autres, relatives à chaque commune.

Il a été convenu aussi que les membres du Conseil municipal de Paris ne s'occuperaient du tracé qui traverse leurs quartiers, que lorsqu'ils connaîtraient bien celui projeté par les commissaires de banlieue.

Procès-verbal.

Le vendredi 16 août 1872, à 10 heures du matin,
Dans une salle de la Mairie, sur la convocation qui leur a été faite par
lettre-circulaire, par M. Houdart, maire de Draincy, membre du Conseil
général de la Seine, se sont réunis les Commissions nommées par les
maires et les Conseils municipaux des diverses communes du canton de
Pantin, à l'effet de donner leurs avis sur le tracé d'un chemin de fer projeté
à l'extérieur de Paris, et dont la mise à l'étude a été adoptée par le Conseil
général et M. le préfet de la Seine.

ÉTAIENT PRÉSENTS :

Les membres de la commission de Bagnolet : MM. Vienot, maire, Dréa,
Lefaucheur et Rouget ;
Les membres de la Commission de Bondy : MM. Delépine, adjoint au
maire, Bilhaut, Frenois et L. Martin ;
Les membres de la Commission du Bourget : MM. Delaplace, Ancelle,
Bocquet, Durvy, Grouillard et Lemaire ;
Membre de la Commission de Drancy : M. Houdart, maire et conseiller
général ;
Les membres de la Commission des Lilas : MM. Segaux, adjoint au
maire, Houdart, Patrelle et Philipaux ;
Les membres de la Commission de Noisy-le-Sec : MM. Delépine, Gay,
Flocand et Pottier ;
Membre de la Commission de Pantin : M. le docteur Lugagne, ad-
joint au maire ;
Les membres de la Commission des Prés-Saint-Gervais : MM. Tronchet,
maire, Guérin et Sonchet ;
Les membres de la Commission de Romainville : MM. Genevois, maire,
d'Argent, Gauvin et Mutin jeune.
Seule, la Commission de Bobigny n'était pas représentée.
Etaient également présents et avaient été convoqués à la réunion :
M. Loiseau-Pinson, membre du Conseil général de la Seine; M. Philéas-
Collardean, membre du Conseil de l'arrondissement de Saint-Denis;
M. Jules Brunfaut, ingénieur de la Compagnie, et M. Letermelier, ar-
chitecte de la Compagnie.
M. Houdard, membre du Conseil général, prend place au fauteuil et ou-
vre la séance à dix heures et demie; il se fait assister de M. le docteur Lu-
gagne, représentant le maire du chef-lieu de canton, et de M. Philéas-
Collardeau, susnommé, qui accepte les fonctions de secrétaire.

M. Houdart, président, et M. Brunfaut exposent le but de la réunion et l'état du tracé proposé par la Compagnie en formation.

Deux questions sont posées :

1° Le tracé du chemin de fer circulaire autour de Paris ;

2° Tracé d'un embranchement entrant dans Paris et se rendant place du Château-d'Eau.

MM. Houdart (des Lilas), Bilhaut, Genevois, Tronchet, Philippaux, Lugagne, Gauvin, Loiseau-Pinson, Collardeau et Souchet, prennent part à la discussion.

M. le Président met aux voix le tracé circulaire dont voici la description :

Ce tracé entre sur le territoire d'Aubervilliers, après avoir passé à niveau sur la route de Paris à Maubeuge; le chemin de fer viendra se relier à la ligne de Paris à Strasbourg, au point de vue de la marchandise au-dessus du canal, et de la route de Metz, où une station sera établie ; il se dirigera ensuite vers la gauche, pour contourner le Trou-Vassou et pour arriver à la route départementale n° 26, où une station sera établie, pour desservir Romainville et Noisy-le-Sec; la ligne se poursuivra jusqu'à Bagnolet, en traversant la route des Mallassis, et la station sera établie dans les terrains situés au bas des carrières.

Le tracé est adopté à la presque unanimité.

Les communes de Bondy et des Prés-Saint-Gervais ne prennent pas part au vote. La Commission de Bondy, tout en reconnaissant que le tracé proposé se rapproche plus de sa commune que ne le faisait le tracé précédent, déclare faire toute réserve et prendre acte de la déclaration de M. l'ingénieur au sujet d'un embranchement qui deviendrait possible par la suite.

M. le Président met aux voix le tracé de l'embranchement entrant dans Paris et dont la désignation suit :

Ce tracé part d'un point à déterminer à partir de la station de Romainville, il se poursuit vers les Lilas qu'il traverse, entre à Paris sous les fortifications, vers le bastion 21, franchit les terrains de l'Amérique, Belleville, Charonne, et se rend au Château-d'Eau.

Ce tracé est adopté à une très grande majorité; la Commission des Près-Saint-Gervais déclare protester contre ledit tracé, pour les raisons contenues dans le rapport de la Commission.

En conséquence des votes qui précèdent, la réunion exprime le vœu qu'en raison de leur utilité générale, une ligne de chemin de fer soit établie autour de Paris avec embranchement entrant dans Paris par la hauteur des Lilas, en suivant les tracés ci-dessus désignés.

M. le Président rappelle aux communes qui ne l'ont pas fait, qu'elles doivent lui remettre un rapport sur leurs travaux d'étude antérieurs à la réunion, avec leurs avis sur le tracé.

La séance est levée à une heure de l'après-midi.

COMMUNE DE NOISY-LE-SEC

Rapport de la Commission

La Commission instituée par le Conseil municipal de Noisy-le-Sec, pour donner son avis sur le tracé du chemin de fer de la banlieue de Paris, a examiné avec une vive attention le projet proposé par la Compagnie, en ce qui peut intéresser la commune de Noisy.

Exécutée dans les conditions projetées, c'est-à-dire passant entre le fort de Romainville et les Lilas, cette partie du réseau ne présenterait aucun avantage aux habitants de Noisy, ni à ceux de Bondy, formant ensemble une population de 5,000 âmes. Romainville même, auquel la Compagnie semble vouloir donner une vitalité nouvelle, se trouverait privé, en grande partie au moins, des avantages qu'il espère.

La station serait éloignée de plus de 2 kilomètres et demi de Noisy. Si donc les habitants de cette commune ou de Bondy ont des intérêts en amont de Paris ou dans les banlieues, ils préféreront la gare de Montreuil ou de Bagnolet à celle de Romainville, qui se trouverait pour ainsi dire dans les Lilas. Auront-ils des affaires en aval ou au centre de Paris? ils prendront la ligne de l'Est, par habitude d'abord et ensuite par économie de temps et de marche.

Afin que les voyageurs, les commerçants puissent sérieusement profiter des avantages de cette nouvelle ligne, pour intéresser et rattacher la commune de Noisy-le-Sec à cette entreprise, la modification déjà proposée par délibération officieuse du Conseil municipal, en date du 8 avril dernier, est nécessaire, indispensable : c'est le passage du chemin et l'établissement d'une gare au nord de Romainville.

Cette station, à environ 150 mètres de la place de l'église de ce village, tiendrait au chemin des Loriots, à la route départementale n° 23 allant à Bondy, au chemin de Bagnolet et à la route stratégique desservant les forts de Noisy et de Rosny, au point où se trouve aujourd'hui la station des omnibus de Paris-Romainville.

Cette station profiterait du nombre considérable de voyageurs déjà suffisant pour alimenter le service des voitures, et qui augmenterait encore au profit du chemin de fer circulaire, puisque de ce point on pourrait prendre toutes les directions et même gagner les grandes lignes de Paris conduisant en province.

Cet emplacement, rapproché de Noisy, permettrait au commerce de faire venir et d'exporter, sans traverser Paris, tous les produits, tels que vins, huiles, fruits, etc., qu'il tire du centre et du midi de la France, ou qu'il y envoie.

Il aurait, en outre, une grande importance stratégique par sa presque contiguïté avec le fort et les redoutes de Noisy, et son rapprochement avec le fort et les redoutes de Rosny (environ 2,000 mètres).

Cette considération a d'autant plus d'importance, que la route stratégique allant à Paris est, dans la traversée du village de Romainville, extrêmement étroite et forme des coudes à angles droits, très dangereux pour la circulation.

Bien que cette modification entraîne un parcours un peu plus long, l'exécution de ce tracé ne coûterait pas plus à la Compagnie, attendu qu'il s'opérerait dans des terrains d'une valeur bien inférieure à ceux qu'il faudrait acquérir, suivant le tracé rouge du haut de Pantin à Bagnolet.

Par ces considérations, la Commission, interprète du Conseil municipal de Noisy, qui l'a honorée de ce mandat, émet le vœu qu'une modification soit apportée au tracé proposé, dans le sens du tracé bleu indiqué sur la carte ci-jointe.

Les membres de la Commission :

Signé : BONNEVALLE, POTTIER, GAY, FLOCARD, BROCHET.

Pour copie conforme :

Le Maire,
Signé : BONNEVALLE.

Noisy-le-Sec, 1er août 1872.

CONSEIL MUNICIPAL DE BONDY

Rapport présenté par la Commission

MESSIEURS,

Dans une réunion des maires et d'un certain nombre de conseillers municipaux des communes du canton de Pantin, tenue à la mairie de Pantin, le 27 juin 1872, sous la présidence de M. Houdart, maire de Drancy, membre du Conseil général de la Seine, à l'effet d'examiner et de discuter un projet de chemin de fer circulaire-extérieur autour de Paris, avec embranchement entrant dans Paris, projet dont la mise à l'étude a été adopté par le Conseil général et M. le préfet de la Seine, le parcours à travers le canton de Pantin, la situation des stations, etc.,

Il a été décidé, ainsi que M. le maire de Bondy en a été avisé par lettre-circulaire de M. Houdart, que les maires et conseillers municipaux de chaque commune nommeraient une Commission composée du maire ou de son adjoint et de trois membres, à l'effet d'étudier l'utilité dudit chemin de fer au point de vue local.

La Commission a été composée, pour la commune de Bondy, de M. Delépine, adjoint au maire, président, et de MM. Bilhaut, A. Frenois et Lucien Martin, choisis parmi les conseillers municipaux, les premiers inscrits au tableau.

Après examen du projet et des tracés proposés, cette Commission a émis l'avis suivant :

L'utilité d'un chemin de fer à travers la banlieue de Paris est incontestable, surtout au point de vue de l'aiguillage des usines.

Le chemin de fer de Ceinture intérieur est insuffisant depuis l'annexion de l'ancienne banlieue à Paris, qui a besoin d'un chemin de fer leur rendant le même service que leur rendait le chemin de fer de Ceinture quand elles étaient dans Paris.

Le tracé proposé par M. Brunfaut, ingénieur de la Compagnie en formation, est utile aux communes de Pantin, Noisy-le-Sec et Romainville qu'il dessert directement.

La Commission de Bondy ne doit pas être jalouse de la prospérité et de l'accroissement que doit occasionner pour ces communes voisines l'établissement du chemin de fer ; mais, tout en reconnaissant que le tracé proposé en dernier lieu en desservant, par une station, à la fois Romainville et Noisy-le-Sec, au lieu dit la Maison à Fontanelle, près la station des omnibus de Romainville, se rapproche de son territoire plus que ne le faisait les tracés antérieurs, les membres de la Commission expriment le regret que ce tracé ne soit pas directement profitable à la commune de Bondy, et que son territoire soit tenu constamment en dehors du réseau.

En songeant cependant à l'importance de la voirie de Bondy, à la vente par lots du domaine de l'Etat autour de cette voirie, à la situation exceptionnelle de Bobigny, qui n'est desservi par aucune ligne de chemin de fer, il y aurait utilité pour tous d'établir un embranchement sur le chemin de fer circulaire partant des environs du lieu dit des Quatre-Chemins, et suivant la rive droite du canal de l'Ourcq jusqu'à la voirie, avec station, pour Bobigny, sur la route, entre le pont de la Folie et le village ; pour Bondy, sur le chemin d'Aulnay.

Cet embranchement serait d'une exécution facile : 1° parce qu'il traverserait une plaine à peu près uniforme ; 2° parce qu'il ne donnerait pas lieu à des ouvrages d'art considérables, attendu que la plupart des routes pourraient être passées à niveau ; 3° parce qu'en suivant les berges du canal, il ne donnerait pas lieu à des expropriations coûteuses, attendu qu'il n'y aurait pas de dépréciations pour les terrains entamés.

Si ce projet d'embranchement n'est pas accepté, la Commission pense qu'il n'y aura pas lieu pour elle de prendre part aux décisions à intervenir sur le tracé général, attendu que la commune de Bondy est située tout à fait en dehors des tracés proposés jusqu'à ce jour.

Signé : DELÉPINE, BILHAUT, MARTIN, adjoint.

Le rapporteur,
FRÉNOIS.

Bondy, le 14 août 1872.

DÉPARTEMENT DE LA SEINE	**MAIRIE DES LILAS**
CANTON DE PANTIN	**Extrait du registre des délibérations du Conseil**
OBJET	**municipal de la commune des Lilas**
Projet de chemin de fer	*Session extraordinaire*

L'an 1872, le 21 mars, à huit heures du soir, les membres composant le Conseil municipal de la commune des Lilas se sont réunis, au nombre de quinze, au lieu ordinaire de leurs séances, à la mairie, sous la présidence de M. Jacquet, maire, pour la tenue de la présente session, pour laquelle ils ont été convoqués individuellement, et par écrit, le quinze mars.

ÉTAIENT PRÉSENTS :

MM. Jacquet, maire; Ségaux, Patrelle, adjoints; Hacguart, Renaud, Kelseh, Chauvenoy, Henrion, Deval, Leconte, Collé, Lapier, Renardeux, Gedret et Courvoisier.

Absents : MM. Guerin, Delaroche, Gonel, Choisel, Boreau, Villiard et Buzelin.

Lesquels membres présents forment la majorité des membres en exercice et peuvent délibérer valablement, en exécution de l'article 17 de la loi du 5 mai 1855.

Le Président ayant ouvert la séance et fait l'appel nominal, il a été, en conformité de l'article 19 de la loi précitée, procédé à l'élection d'un secrétaire pris dans le sein du Conseil, pour la présente session.

M. Courvoisier, ayant obtenu la majorité des suffrages, a été désigné pour remplir ces fonctions, qu'il accepte.

Ces formalités remplies, le Maire donne connaissance au Conseil d'un projet qui lui a été soumis et qui a pour but l'établissement d'un chemin de fer circulaire, lequel devrait relier les diverses communes de l'arrondissement, en leur donnant une communication avec Paris.

Le tracé projeté devrait, au sortir de Paris par la porte du Pré-Saint-Gervais, traverser la commune des Lilas, dans laquelle serait établie une gare, pour se diriger sur Romainville.

En conséquence, il dépose sur la table du Conseil une lettre qu'il a reçue de M. le secrétaire du Comité, ainsi qu'un plan général, et prie le Conseil de vouloir bien examiner ces pièces.

Le Conseil, ouï l'exposé du Maire, vu la lettre de M. le secrétaire du Comité et le plan général, est d'avis qu'il n'y a pas lieu de s'opposer au tracé projeté, adopte le projet proposé et émet le vœu que la gare soit située dans le triangle formée par les rues de l'Avenir, du Tapis-Vert et des Bienfaiteurs.

· Ainsi fait et délibéré.

Pour copie conforme :

Le Maire,

Signé : JACQUET.

COMMUNE DE BOBIGNY

Rapport adressé au Conseil d'administration du chemin de fer circulaire de la banlieue de Paris

MESSIEURS,

La Commission constituée à Bobigny, à l'effet de donner son avis sur le tracé du chemin de fer circulaire de la banlieue de Paris, après avoir pris connaissance du tracé primitivement proposé et des modifications qui y ont été introduites en faveur des communes de Romainville et de Noisy par une station commune, reconnaît l'utilité du chemin de fer devenu une nécessité pour le commerce et l'industrie hors Paris.

Elle ne peut méconnaître que, dans l'intérêt de son trafic actuel, le tracé tel qu'il est prévu pouvait difficilement être modifié.

La vente probable des nombreux terrains propres à l'industrie que possède Bobigny, eût été presque sûrement déterminée avec avantages pour la Compagnie, par l'embranchement demandé par la commune de Bondy. Si, malgré leur proximité de Paris, leur position sur des routes excellentes, leur bas prix et le ruisseau qui pourrait desservir les usines, ces terrains n'attirent que médiocrement l'attention; on ne peut en accuser que le défaut de moyens de communication, mais pendant que, d'une part, ces considérations sont de l'expectative, non de l'actualité, de l'autre, un tracé qui n'effleure qu'un point extrême de son territoire, perd beaucoup de son intérêt pour les communes de Bobigny.

(Suivent les signatures.)

Bobigny, le 13 septembre 1872.

MAIRIE DE BAGNOLET

Rapport de la Commission du chemin de fer circulaire de la banlieue de Paris.

La Commission nommée par le Conseil municipal, en séance du 5 août 1872, est appelée à donner son avis sur l'utilité du projet, en ce qui concerne la commune de Bagnolet :

1° En ce qui concerne le tracé, examen fait du plan et des modifications y apportées,

La Commission déclare maintenir les conditions mentionnées dans la délibération du Conseil municipal en date du 18 mars 1872 ;

2° En ce qui concerne le commerce et l'industrie,

Le chemin de fer rendrait un service incontestable aux plâtrières qui sont très importantes, en mettant en rapport direct les producteurs avec tous les chemins de fer, de là une expédition plus prompte, plus facile et moins dispendieuse. Les produits s'écoulant plus facilement, il s'ensuivrait une extension considérable d'affaires, une plus grande quantité d'ouvriers occupés, et, par conséquent, un bien-être général dans le commerce privé.

Mais la Commission croit devoir observer que cet avantage ne sera réalisé qu'autant que la ligne de Ceinture se reliera avec les chemins de fer d'Orléans, de Lyon, de l'Est, du Nord et de l'Ouest, c'est-à-dire qu'il mettra en communication les industriels avec les cinq principales lignes.

L'établissement de ce chemin de fer serait un nouvel attrait pour les industriels, qui hésitent de se fixer à Bagnolet faute de moyens de transport pour leurs produits.

Ce qui est dit des carrières à plâtre est applicable à toutes les industries.

6

3° En ce qui concerne les produits alimentaires ; ce sont principalement les vins qui sont l'objet d'un commerce important.

Le manque de communications directes avec les producteurs nécessite des frais considérables de transport, frais qui sont nécessairement supportés par les consommateurs.

L'établissement d'une gare à Bagnolet comblerait cette lacune et mettrait les marchands en gros à même de livrer à meilleur marché et de satisfaire leur clientèle.

4° En ce qui concerce la population :

La commune de Bagnolet, bien que très rapprochée de la capitale, ne possède aucun moyen de locomotion ; les habitants se trouvent donc réduits à se rendre à Charonne par l'omnibus, ou au chemin de fer de Ceinture, dont la station est très éloignée.

Ce sont là ses seuls moyens de communication avec Paris.

Quant à des moyens de relations avec les communes suburbaines, il n'en existe aucun.

La création du chemin de fer circulaire de la banlieue amènerait à Bagnolet une nouvelle vie commerciale qui, certainement, ne serait pas sans influence sur la prospérité de la commune.

La Commission, se résumant, ne peut que donner un avis favorable au projet.

Les membres de la Commission,

(Suivent les signatures.)

DÉPARTEMENT
DE LA SEINE
—
ARRONDISSEMENT
DE SAINT-DENIS
—
CANTON
DE PANTIN
—

MAIRIE DES PRÉS-SAINT-GERVAIS

————

Prés-Saint-Gervais, le 19 août 1872.

A Monsieur Houdart, Conseiller général du canton de Pantin.

MONSIEUR LE CONSEILLER GÉNÉRAL,

J'ai l'honneur de vous adresser, au nom de la commune des Prés-Saint-Gervais, une protestation contre la décision prise, vendredi dernier, à la mairie de Pantin, relativement au tracé du chemin de fer circulaire devant relier entre elles toutes les communes du département de la Seine, décision de laquelle il résulte que notre commune n'est reliée à rien, et se trouve être la seule qui ne puisse, en aucun façon, profiter de l'établissement de cette voie ferrée.

Je proteste d'abord, parce qu'un esprit d'intérêt personnel a, selon moi, pesé fortement sur la délibération prise ; ensuite, parce que la ville de Pantin, qui a les mêmes intérêts que nous, n'avait qu'un représentant à la réunion, lequel n'avait nullement étudié le projet ; que Bobigny n'en avait pas un seul ; que nous n'étions que trois du Pré Saint-Gervais, en tout quatre représentants, ayant contre nous les communes de Romainville, Noisy-le-Sec, les Lilas, Bagnolet, et j'ose presque dire Bondy ; que la commune des Lilas, à elle seule, avait quatre représentants, les deux adjoints et deux délégués ; et surtout, — car c'est là, pour moi, le point capital, — parce qu'un conseiller municipal de Paris, propriétaire aux Lilas, — lequel, il me le semble, devait ne rien avoir à faire à cette réunion, — est venu, par sa popularité justement acquise, j'aime à le reconnaître, peser sur la décision.

Permettez-moi de vous faire remarquer, Monsieur le Conseiller général, que, depuis le premier appel, nous suivons, ainsi que Pantin, la marche du projet, et que, pour la plupart, les représentants des autres communes présents à la réunion se montraient, pour la première fois, dans le but sans doute de former une majorité selon leurs désirs.

Au nom de la commune que j'administre, au nom du Conseil municipal chargé de défendre ses intérêts, je déclare maintenir le tracé du chemin de fer suivant le plan dont quatre copies ont été adressées à ma mairie par la Commission d'études, et indiquant une station pour le Pré et Pantin, près de la butte Rouvres, entre les cimetières de ces deux communes.

Je tiens, Monsieur le Conseiller général, à constater ceci : On a adressé à notre mairie un projet, en nous proposant d'y indiquer les modifications que nous jugerions nécessaires, et nous nous sommes trouvés en face d'un tout autre projet, dont nous n'avons pas même entendu parler ; j'étais même le seul qui eût entre les mains le plan indiquant le tracé par le Pré et Pantin. D'où je conclus que des intérêts, fort respectables sans doute, ont pu décider la Commission d'études à faire un nouveau tracé qui met notre commune tout à fait en dehors de la question.

Dans ces conditions nouvelles, je tiens à vous déclarer, Monsieur le Conseiller général, que nous résisterons, et que nous protesterons toujours contre tout autre tracé que celui indiqué dans le plan qui nous a été soumis.

Je vous prie d'agréer, Monsieur le Conseiller général, l'assurance de mes sentiments distingués.

Le Maire des Prés-Saint-Gervais,
Signé : E. TRONCHET.

MAIRIE DE ROMAINVILLE

L'an 1872, le 2 septembre, à huit heures du matin,
Les membres composant le Conseil municipal de la commune de Romainville se sont, sur la convocation de M. le Maire, réunis à la mairie pour la session d'août.

PRÉSENTS :

MM. Genevoix, maire, président; Dargent, adjoint; Richard, secrétaire élu, Trotin, Blancheteau (Jean-Louis), Chevallier, Lecouteux, Blancheteau (Ch.-François), Dargent (Jacques-Pierre), Dargent (Jean-Pierre), Dargent (Joseph), Eve, Vassout, Muttin.

ABSENTS :

Dargent (Louis-Alexandre) et Gauvain.

M. le Maire expose :
Le chemin de fer circulaire de la banlieue de Paris est soumis à une nouvelle étude pour le tracé et le trafic, les premières évaluations soumises au Conseil général n'ayant pas semblé suffisamment approfondies. Quant au tracé, les communes de Noisy, des Lilas, de Bagnolet et de Romainville sont tombées d'accord pour le tracé circulaire partant de Malassie (Bagnolet), suivant derrière le moulin de Bagnolet, coupant le chemin vicinal de Romainville à Montreuil ou en avant de la première mare, et passant sous le chemin de grande communication n° 19, entre la forêt de Noisy et la maison Fontanel, en traversant sur un pont le chemin n° 23, de Bagnolet à Noisy-le-Sec, en passant en tranchée sur le territoire des Blones, où serait établie la gare de Romainville-Noisy-le-Sec, et, contournant la carrière Gauvain, arriverait au Petit-Pantin, où serait installée la gare de Pantin, d'où la ligne irait rejoindre Aubervilliers, etc.

Pour le tracé du tronçon destiné à relier le chemin circulaire à Paris, trois projets sont en présence, l'*un* reliant Pantin à Paris par les Buttes-Chaumont, les Prés-Saint-Gervais, et la terre de la Seigneurie et délaissant complétement le plateau des Lilas et de Romainville; le *second* partant également des Buttes-Chaumont et rejoignant la ligne circulaire à Romainville par les Prés-Saint-Gervais et les Lilas. Enfin, un *troisième projet,* reliant le Père-Lachaise, où le tronçon de Paris, porté dans les trois projets de la place du Château-d'Eau, traverserait dans sa partie inhabitée le vingtième arrondissement, franchirait le rempart entre les portes de Bagnolet et de Romainville, continuerait à travers les sections des Bruyères, de la Ferme et rejoindrait la ligne circulaire à la gare de Romainville-Noisy, sur le plateau des Chênes.

D'après l'enquête faite près des principaux industriels, commerçants et cultivateurs du pays, le trafic des marchandises pour Romainville s'élèverait pour l'exportation à 257,735,000 kilog., et pour l'importation à 4,145,000 kilog.

Le trafic des voyageurs pour Paris seulement, sans tenir compte des cultivateurs qui se servent de leur voiture, peut être estimé, d'après le rendement de la Compagnie des omnibus, à 150 voyageurs par jour, ce qui, à 0,60 aller et retour, donne un produit annuel de 30,000 fr. Dans ce calcul ne figurent ni les évaluations du trafic circulaire, ni le trafic nécessité par l'approvisionnement des forts et le mouvement des troupes, ni la plus-value inhérente à l'établissement d'une voie ferrée sur un plateau inaccessible et presque interdit, jusqu'à ce jour, à l'industrie, malgré la proximité de Paris. Le projet d'un cimetière situé entre Romainville, Bagnolet et Montreuil, projet remis récemment à l'étude, serait à lui seul, s'il se réalise, un motif impérieux pour la prompte exécution d'une ligne ferrée.

Il invite le Conseil à en délibérer.

Le Conseil,

Ouï l'exposé de M. le Maire,

Considérant que l'état stationnaire de Romainville provient surtout de la difficulté des moyens de communications, soit avec Paris, soit avec Pantin, Saint-Denis et les autres communes de la Seine;

Considérant que le trafic élevé des marchandises, qui ne peuvent parvenir sur le plateau qu'à l'aide d'un long et coûteux camionnage, arrête l'installation des usines sur un territoire de plus de 200 hectares, situé au nord-est de Paris, territoire très aéré et très salubre;

Considérant que le chemin de fer circulaire de la banlieue de Paris est réclamé par tous les intérêts du département de la Seine; que les tronçons destinés à le relier à Paris seront une œuvre d'humanité pour la classe ouvrière, et un acte de justice pour les communes isolées de la capitale par des routes impraticables aux grands charrois;

Considérant, au point de vue spécial de Romainville, que le tracé mettant en communication Paris avec la gare de Romainville-Noisy par les Buttes-Chaumont, les Prés-Saint-Gervais et les Lilas, donne satisfaction aux intérêts des Lilas, de Bagnolet, de Romainville et de Noisy-le-Sec, et que les Prés-Saint-Gervais pourraient avoir une gare à 200 mètres de leur église;

Considérant que le raccordement de Paris avec la ligne circulaire par les Prés-Saint-Gervais, la terre de la Seigneurie et le Petit-Pantin, déshériteraient à tout jamais le plateau de Romainville, sans servir à aucune agglomération de population, le terrain parcouru par ce tracé étant actuellement un désert ;

DÉLIBÈRE :

Le Conseil approuve : 1° Le tracé circulaire indiqué dans l'exposé de M. le Maire ; 2° l'établissement d'une gare desservant Noisy et Romainville sur le plateau des Blônes ; 3° le tronçon reliant Paris à cette gare par les Buttes-Chaumont, les Prés-Saint-Gervais, les Lilas, la plaine de la Ferme et Romainville.

Il recommande instamment ce projet à la bienveillante attention du Conseil d'arrondissement et du Conseil général.

Et ont les membres présents signé au registre.

Pour expédition conforme :

Le Maire,
Signé : GENNEVOIX.

CANTON DE NEUILLY

Monsieur le Maire,

J'ai l'avantage de vous informer que, samedi 7 septembre prochain, à deux heures de relevée, j'aurai l'honneur de présider, à la mairie de Neuilly, la réunion de MM. les membres des diverses Commissions nommées pour faire un rapport écrit sur la question du chemin de fer circulaire de la banlieue de Paris.

Je vous prie de vouloir bien en aviser MM. les membres de la Commission de votre commune.

Agréez, je vous prie, Monsieur le Maire, l'expression de mes sentiments distingués.

Le Conseiller général,

CODUR.

Procès-verbal de la réunion cantonale tenue dans une des salles de la mairie de Neuilly, le 18 juillet 1872

Présidence de M. Codur, conseiller général de la Seine

La séance est ouverte à deux heures.

SONT PRÉSENTS :

MM. les maires ou conseillers municipaux, notables habitants ou industriels des communes de Neuilly, Levallois-Perret, Clichy et Boulogne.

M. Lesage, conseiller général de la Seine, est également présent.

La Société du chemin de fer circulaire de la banlieue de Paris est représentée par M. le comte de Vauvineux, son président, assisté de MM. Brunfaut, Desfossés, Letermelier et Téterger, administrateurs.

M. le conseiller général Codur occupe le fauteuil de la présidence, il est assisté de MM. les maires de Neuilly et de Boulogne.

M. le Président ouvre la séance et explique que le but de la réunion est de s'entendre avec la Compagnie du chemin de fer circulaire de la banlieue de Paris, sur le concours à lui apporter dans l'étude de cette ligne, dans la partie de son tracé desservant le canton de Neuilly.

Pour ce faire, il convient de nommer, dans chaque commune, une Commission chargée d'étudier le tracé, de le discuter avec l'ingénieur de la Compagnie, de l'arrêter, d'aider la Compagnie dans ses études pour tous renseignements et documents, d'examiner la nature et la forme de subvention que chaque commune devra fournir, et les conditions principales à insérer dans le cahier des charges.

M. le comte de Vauvineux donne des explications générales sur l'objet, le but et l'utilité de cette entreprise ; il dit que déjà la Compagnie a obtenu plusieurs réunions dans le but de s'éclairer sur les véritables intérêts des communes et d'obtenir ainsi leur appui.

Il prie ensuite l'assemblée de vouloir bien entendre M. Brunfaut, ingénieur de la Compagnie, pour de plus amples détails.

M. le maire de Boulogne demande spécialement que la Compagnie fasse connaître le tracé qu'elle propose depuis Notre-Dame-de-Lorrette jusqu'à Boulogne, en passant par Montmartre, Saint-Ouen, Clichy, Levallois et Neuilly. M. l'ingénieur Brunfaut répond que, pour éviter les inconvénients du passage des rues si nombreuses dans ces communes, il a étudié un nouveau tracé également à examiner, tracé qui ferait passer la ligne par le boulevard Saussaye, en le prolongeant jusqu'au boulevard Saint-

Vincent-de-Paule à Clichy, d'une part, et de l'autre jusqu'au bois de Boulogne.

M. le maire de Neuilly pense qu'il serait plus avantageux pour sa commune que le chemin de fer vînt passer sur le bord de la Seine, au boulevard Bourdon.

M. le maire de Boulogne demande comment la Compagnie entend mettre sa commune en communication directe avec Paris.

M. Brunfaut répond qu'il a étudié deux voies distinctes : l'une serait la route suivie par le chemin de fer américain jusqu'à la place de la Concorde; l'autre prendrait la nouvelle route du Saut-du-Loup que l'on vient de construire devant le Parc des Princes, et aboutirait à la station d'Auteuil, pour de là rentrer à Paris par la gare Saint-Lazare.

M. le maire de Levallois explique que les moyens de communication que possède cette commune peuvent lui suffire, et que le chemin de fer proposé ne pourrait lui être utile que s'il prenait dans le haut de la commune ou près de la Seine.

M. le Président exprime la crainte que les revenus ne soient pas suffisamment rémunérateurs pour les dépenses nécessitées par une aussi grande entreprise.

M. Desfossés, administrateur de la Compagnie, répond que les études déjà faites sur le trafic probable des voyageurs et des marchandises établissent que les capitaux qui s'engagent dans cette affaire auront toute sécurité et seront largement rétribués, et que cette démonstration sera faite au Conseil général de la Seine à l'aide des documents statistiques recueillis dans chaque commune.

M. le Président résume la discussion et précise l'objet de la réunion.

Sur sa proposition, il est décidé à l'unanimité :

1° Que chaque commune nommera une Commission composée de tels membres et en tel nombre qu'elle voudra, à l'effet de présenter le tracé qui lui semble préférable;

2° Que, sans convocation nouvelle, cette réunion est ajournée au lundi 22 courant, à deux heures après midi, et que ce jour-là chacune des Commissions se réunira, afin de faire concorder ou de raccorder les divers tracés arrêtés par les différentes communes du canton, pour que la Compagnie puisse compléter les études d'après ces nouvelles données.

La séance est levée à cinq heures.

MAIRIE DE CLICHY

Extrait du Registre des délibérations du Conseil municipal de la commune de Clichy

Du procès-verbal de la séance ordinaire du Conseil municipal du 24 février 1872, où étaient présents :

MM. Monod, maire, président; MM. Dubois et Bardin, adjoints, et MM. Boileau, Bonin, Lacombe, Duvivier, Lanery, Eschard, Baudouin, Lecomte, Duval, Bassous père, Delile, Augé, Marais, Schmitt et Montreuil, conseillers,

Lesquels, formant la majorité des membres en exercice, pouvaient délibérer valablement, en exécution de l'article 7 de la loi du 5 mai 1855,

A été extrait ce qui suit :

M. le maire soumet au Conseil une lettre, en date du 12 février courant, de M. le secrétaire du Comité du chemin de fer circulaire de la banlieue de Paris, ainsi conçue :

A Monsieur le Maire de Clichy

MONSIEUR LE MAIRE,

« Nous avons conservé le meilleur souvenir de l'excellent accueil que « vous avez déjà fait à deux d'entre nous. Aujourd'hui, M. Desfossé, l'un « des membres de notre Comité, vous remettra, en même temps que cette « lettre :

« 1° Un exemplaire de notre Mémoire explicatif; 2° un plan ; 3° un pro- « fil, documents qui se rattachent à la première section de notre chemin « projeté.

« Nous venons vous renouveler la demande que nous vous avons déjà « faite, d'en saisir votre Conseil municipal, afin qu'il veuille, comme l'a « fait le Conseil municipal de Neuilly, en reconnaître l'utilité et l'oppor- « tunité.

« En nous transmettant son avis, vous voudrez bien, Monsieur le maire, « nous faire connaître ses appréciations et les vôtres, au sujet du choix de « l'emplacement de notre station, et nous fournir en même temps toutes « indications ou observations que vous croirez utiles. »

Veuillez agréer, etc.

Le Secrétaire du Comité.

Le Conseil,

Vu la lettre qui précède et les explications données par M. le maire ;

Considérant que le projet de l'administration du chemin de fer dont il est question ne peut que donner de l'importance à la commune,

Reconnaît l'utilité et l'opportunité de ce projet ;

Émet le vœu que l'administration du chemin de fer circulaire de la banlieue de Paris soit autorisée à établir son parcours sur la commune de Clichy, à la condition de passer sous le boulevard Saint-Vincent-de-Paule, et de placer la station de Clichy en face sur le boulevard.

Et ont signé, tous les membres présents.

Pour copie conforme,

Le Maire de Clichy,

Signé : AIMÉ MONOD.

JARDIN ZOOLOGIQUE D'ACCLIMATATION DU BOIS DE BOULOGNE

Bois de Boulogne, 18 mars 1872.

MONSIEUR LE SECRÉTAIRE,

Dans la séance du 14 courant, le Comité de direction du Jardin d'acclimatation a pris connaissance du Mémoire que vous nous aviez fait remettre sur le chemin de fer circulaire de la banlieue de Paris ; j'ai l'honneur de vous transmettre le résultat dudit examen.

« Le Comité, appréciant les avantages qu'il y aurait pour le Jardin d'ac« climatation à ce que le chemin de fer circulaire de la banlieue de Paris « fût exécuté, charge M. le Directeur de transmettre aux fondateurs de l'en« treprise ses vœux sincères pour le succès de ce beau projet.

« Veuillez agréer, etc.

« Le Directeur,

« *Signé :* GEOFFROY SAINT-HILAIRE. »

Procès-verbal de la réunion cantonale tenue dans une des salles de la commune de Neuilly, le 7 septembre 1872.

Après lecture du procès-verbal de la séance précédente, à deux heures précises, M. Codure, conseiller général et maire de Levallois-Perret, déclare la séance ouverte.

MM. les représentants des communes de Clichy, Levallois, Neuilly et Boulogne sont présents ; le sont également : M. Letermelier, administrateur de la Compagnie du chemin de fer circulaire de la banlieue de Paris, et M. Brunfaut, ingénieur de cette Compagnie.

La parole est donnée successivement aux représentants des communes, qui donnent lecture de leurs rapports, qui concluent tous à l'adoption du tracé proposé par l'ingénieur de la Compagnie.

M. le conseiller général résume la discussion, dit qu'il appuiera, près du Conseil général de la Seine, les conclusions des rapports, et qu'il prie ces Messieurs de vouloir bien les lui faire tenir le plus tôt possible.

La séance est levée, l'ordre du jour étant épuisé.

SOCIÉTÉ D'ENCOURAGEMENT
POUR
L'AMÉLIORATION
DES RACES DE CHEVAUX
en France
—
(JOCKEY-CLUB)
—

COMITÉ DES COURSES

———

Séance du 31 janvier 1872

———

Le Comité a examiné avec beaucoup d'intérêt les plans qui lui ont été soumis par M. Brunfaut et Ducros, auteurs d'un projet de chemin de fer dont la première section, partant de Paris, s'arrêterait à Boulogne-sur-Seine, pour être prolongée ultérieurement et former un deuxième chemin de Ceinture, reliant entre eux les centres de population situés dans la banlieue de Paris.

Après avoir entendu les explications verbales données par les auteurs du projet, considérant que, dans la traversée du bois de Boulogne, ce chemin longe la rive droite de la Seine, passe à proximité des Tribunes de Longchamp, et qu'il pourrait ainsi fournir un nouveau moyen de transport économique aux nombreux spectateurs qui affluent au bois de Boulogne les jours de courses, le Comité est d'avis que la réalisation de ce projet serait très utile pour le public et avantageux pour la Société d'encouragement, en développant et facilitant la circulation lors des réunions de courses.

Pour extrait :

Le président du Comité,
Signé : DARU.

COMMUNE DE LEVALLOIS-PERRET

—

Rapport

En l'absence d'une Commission chargée de donner son avis sur le projet d'un chemin de fer circulaire, qui a pour but de relier les communes suburbaines entre elles, le Maire, au nom de l'administration municipale, après avoir examiné l'avant-projet qui lui a été remis par les demandeurs en concession qui offrent de l'exécuter dans la traversée de la commune aux conditions ci-après :

1° Le tracé serait à niveau dans toute l'étendue de la commune;

2° Il se relierait à la commune de Clichy, au passage supérieur du chemin de fer, près de la station de Clichy-Levallois ;

3° A celle de Neuilly au boulevard de la Saussaie;

4° Le boulevard de la Saussaie serait prolongé, avec sa largeur de 30 mètres, depuis la limite de Neuilly jusqu'à Clichy, c'est-à-dire dans toute l'étendue de la commune de Levallois-Perret ;

Le chemin de fer serait placé au milieu dudit boulevard, fermé par une grille ;

5° Une voie carrossable, plantée d'arbres de chaque côté du chemin de fer, serait établie sur toute la longueur du boulevard ;

6° Les rues d'Asnières, Fazillau, Cavé ou Courcelles, Cormeille et de Villiers, traverseraient le chemin de fer au moyen de passages à niveau avec garde-barrières ;

7° Toutes les autres rues, terminées, amorcées ou projetées, auraient une passerelle par-dessus, en fer ou en fonte (suivant le modèle déposé), pour les piétons ;

Une gare pour les voyageurs et les marchandises, conforme au plan qui a été également déposé, serait établie à l'emplacement désigné, de manière à laisser passer librement les tramway, et pouvant se relier au moyen d'une ou plusieurs voies au pont projeté.

Ce chemin de fer, placé à l'extrémité de la commune, ne permettra pas aux voyageurs de s'en servir pour aller à Paris, qui sera à près de 9 kilomètres; il ne servira qu'aux rares voyageurs qui vont dans la direction de Saint-Denis et de Boulogne; cependant, l'administration reconnaît qu'il rendra des services pour les marchandises.

En résumé, si ce chemin, par son tracé, n'est pas favorable à la commune de Levallois-Perret, il a un intérêt général incontestable, et c'est en raison de cet intérêt que l'administration, sous la réserve des conditions ci-dessus et des droits de la commune, donne son adhésion à l'avant-projet qui lui a été soumis.

Fait à Levallois-Perret, le 20 septembre 1872.

Le Maire,
Signé : CODUR.

MAIRIE DE NEUILLY

Rapport

Les soussignés, Marcel, adjoint au maire, Desmis, Simonet, Leclère et Chéréot, conseillers municipaux, convoqués par M. le Maire, à l'effet d'examiner et de discuter les propositions d'un tracé de chemin de fer circulaire desservant la banlieue de Paris, se sont réunis aux représentants des communes du canton, convoqués à la mairie du chef-lieu, par M. Codur, conseiller général de la Seine.

Après deux conférences, où les questions d'exécution d'ensemble et de tracé sur le territoire de chaque commune ont été successivement développées par les auteurs du projet, la réunion des représentants du canton est tombée d'accord, le 7 septembre dernier, sur l'opportunité d'un rapport distinct pour chaque commune, et exprimant un avis officieux sur chacune des propositions examinées en séance générale.

En conséquence, et pour se conformer à la décision prise à la dernière séance du 7 septembre dernier, les soussignés, membres du Conseil municipal de Neuilly, formant Commission officieuse pour l'examen du projet de chemin de fer dont il s'agit, ont exposé ainsi qu'il suit leurs observations et conclusions, au point de vue spécial de l'intérêt de la population de leur commune.

« Le chemin de fer circulaire de la banlieue a été conçu dans la pensée « de mettre en communication entre elles toutes les communes de la ban- « lieue, en les reliant avec Paris au moyen de quatre sections pénétrant « vers le centre de la capitale.

« Examiné dans l'intérêt exclusif de Neuilly, le plan du chemin de fer « permet de constater l'excentricité de l'emplacement choisi par la Compa- « gnie pour la traversée du territoire de la commune, à son extrémité lon- « geant la Seine.

« Après cet examen sommaire, la Commission se demandait si les con-

« ditions, en apparence peu favorables du projet, n'étaieut pas de nature à le
« faire repousser, ou bien, s'il ne serait pas opportun d'exiger de notables
« modifications, en reportant le tracé vers le centre du territoire com-
« munal.

« Mais la Commission, se dégageant de toute préoccupation d'intérêt
« particulier, a cru devoir envisager la question avec un esprit de concilia-
« liation exempt de toute exigence de nature à compromettre le succès
« d'une entreprise éminemment profitable aux populations de la banlieue,
« et digne, à ce titre, de l'approbation des municipalités.

« C'est à ce point de vue que la Commission, après avoir discuté les
« deux tracés praticables sur le territoire de Neuilly, a résumé, ainsi qu'il
« suit, son examen :

« D'une part, toute modification tendant à ramener le tracé vers le centre,
« aurait pour résultat inévitable :

« 1° D'entraîner la Compagnie dans des dépenses bien plus considérables,
« en atteignant un certain nombre de propriétés de grande valeur;]

« 2° De désorganiser la plus grande partie d'un quartier créé d'après une
« disposition d'ensemble ;

« 3° De se heurter à un obstacle des plus sérieux, le fossé du bois et la
« traversée, au centre, d'une partie du bois de Boulogne.

« D'autre part, le tracé projeté par le boulevard de La Saussaye et la rue
« de Longchamp présenterait des conditions moins onéreuses pour la Com-
« pagnie. En outre, le Bas-Neuilly, partie notable de la rue de Longchamp
« dont la salubrité laisse fort à désirer en ce moment, verrait l'adoption du
« tracé profiter à son assainissement.

« Enfin, le projet de la Compagnie devrait apporter une bien moindre
« perturbation aux propriétés peu agglomérées dans cette partie du terri-
« toire parallèle à la Seine, dont le tracé se rapproche. »

La Commission a été, en conséquence, d'avis qu'il y avait lieu d'encourager, par une approbation officieuse, le tracé indiqué pour le chemin de
fer circulaire, qui, semblable à celui d'Auteuil, occupera le milieu d'un
boulevard de 30 mètres de large, en partie exécuté.

Elle propose, en outre, de déterminer les conditions d'exécution suivantes, de nature à garantir les avantages énumérés par les auteurs du projet dont il s'agit, savoir :

1° Deux stations avec gares de marchandises,

L'une au pont Bineau;

L'autre au pont de Neuilly ;

2° Chemin en tranchée, de la rue de Villiers jusqu'en amont du pont de
Neuilly ;

3° Ponts à niveau, de 8 mètres de large, au droit de toutes les voies, et,
en outre :

Ponts de 12 mètres de large, sur les boulevards Eugène et d'Argenton;

Pont de 20 mètres au moins, sur le boulevard Bineau ;

4° Passages à niveau au droit des rues du Bois de Boulogne, du Centre et de la Ferme;

5° Prolongement du boulevard de la Saussaye, à 30 mètres de large, jusqu'à Clichy d'un côté, et de l'autre jusqu'au bois de Boulogne, avec grilles en bordure de la voie ferrée, et deux voies carrossables plantées;

La commune de Neuilly ne devant être tenue à aucune indemnité envers la Compagnie et ne devant supporter d'autres charges que l'abandon du sol communal, sous la réserve expresse des droits des riverains vis-à-vis de la Compagnie.

Fait à Neuilly, le treize septembre mil huit cent soixante-douze.

Signé : Marcel, *adjoint*; Leclère, Simonet, Chérest et Desmies.

Vu et approuvé :

Le Maire,
Signé : Manie.

VILLE DE BOULOGNE

Extrait du Registre des délibérations du Conseil municipal

Délibération prise par le Conseil municipal, le 6 Avril 1872

Session extraordinaire

L'an mil huit cent soixante-douze, le six avril, à dix heures du matin, Les membres composant le Conseil municipal de la ville de Boulogne se sont réunis, au nombre de vingt, au lieu ordinaire de leurs séances, sous la présidence de M. Naudot, maire, pour la séance de la session extraordinaire pour laquelle ils ont été convoqués, individuellement et par écrit, par M. le maire, le deux du courant, en vertu de l'autorisation de M. le sous-préfet, du même jour.

Etaient présents :

MM. Naudot, maire; Tisserant et Thorel, adjoints, et MM. les conseillers Houdart, Massié, Corrard, Demartial, Malot, Penot, Labarre, Rosay,

Dehors, Barbu, Franche, Deusay, Bauregard, Brichard, Roussey, d'Ideville et Besançon.

Lesquels forment la majorité des membres en exercices et peuvent délibérer valablement, en exécution de l'article 17 de la loi du 5 mai 1855.

Le maire-président ayant ouvert la séance et fait l'appel nominal, il a été procédé, en conformité de l'article 17 de la loi précitée, à l'élection d'un secrétaire pris dans le sein du Conseil, pour la présente session.

M. Demartial ayant obtenu la majorité des suffrages, est désigné pour remplir ces fonctions, qu'il accepte.

M. le maire présente au Conseil et soumet à son approbation un projet de chemin circulaire dit de la banlieue de Paris, partant de Notre-Dame-de-Lorette et desservant Boulogne et Billancourt.

Il donne lecture d'une lettre, en date du 30 mars dernier, par laquelle les membres du Comité d'organisation de cette entreprise témoignent le désir d'obtenir d'urgence l'avis du Conseil sur les avantages que présente ce projet pour la commune, afin de pouvoir transmettre à l'autorité supérieure le résultat de ses appréciations, qui doivent être soumises au Conseil général, lors de sa prochaine session.

Le Conseil municipal,

Vu le tracé du projet de chemin de fer dont il s'agit ;

Considérant que le chemin projeté présente une certaine utilité pour Boulogne, notamment en ce qu'il relie cette ville avec les autres communes de l'arrondissement ;

Considérant néanmoins que ce point de départ du chemin de fer est trop éloigné du centre de Paris ; que, d'un autre côté, ce chemin ne pourrait être d'une utilité complète pour *Boulogne*, au lieu de faire un circuit qui entraîne une dépense importante et un trajet trop long,

Délibère :

Il y a lieu d'autoriser la construction du chemin de fer dont il s'agit, en émettant le vœu :

1° Que le point de départ soit plus rapproché du centre de Paris, du côté de Boulogne ;

2° Que le chemin soit complété par une ligne qui partirait du centre de Paris pour arriver, soit au pont de Saint-Cloud, soit au rond-point de la Reine.

Et ont les membres présents signé au présent registre, après lecture.

Pour copie conforme :   *Le Maire,*
                                 Signé : NAUDOT.

CANTON DE SCEAUX

___

SÉANCE TENUE A SCEAUX

le vendredi 30 août 1872, à laquelle étaient présents la plupart des Maires et Conseillers municipaux du canton de Sceaux, trois membres du Conseil municipal de Paris et M. Pompée, Conseiller général pour le canton de Villejuif.

M. Pompée, élu président, prend la parole. Il fait ressortir les avantages qui résulteront pour la banlieue de Paris de l'établissement d'un chemin de fer circulaire, et spécialement pour l'industrie, qui prendra un nouvel essor.

M. Brunfaut, ingénieur de la Compagnie, parle sur les divers tracés du chemin de fer. Doit-on desservir uniquement la rive gauche en suivant le quai de Javel pour aboutir sur l'esplanade des Invalides, ou, au contraire, doit-on traverser la Seine, desservir Billancourt et avoir le débarcadère sur la rive droite ?

M. Brunfaut appuie le premier projet et fait remarquer que Boulogne pourra être néanmoins desservi, en reliant le chemin de fer en question avec le chemin de Ceinture.

M. Maublanc, conseiller municipal du quinzième arrondissement de Paris, prend la parole; il est de l'avis de M. Brunfaut et croit que M. le Préfet de la Seine sera mieux disposé pour le projet de la rive gauche. A l'appui de son assertion, il rappelle qu'il a demandé l'établissement d'un chemin de fer de Meudon au quai de Javel, et que M. le Préfet de la Seine y a été opposé, par la raison, notamment, que les voitures desservant ce parcours ont peu de voyageurs et que d'ailleurs les bateaux-omnibus desservent déjà ce côté. M. Maublanc ajoute que le Conseil municipal de Paris a donné raison à M. le Préfet de la Seine en rejetant le projet.

M. Chevelier, membre du Conseil municipal du quinzième arrondissement de Paris, émet une opinion conforme à celle de M. Maublanc. M. le Président prend ensuite la parole pour faire observer que le tracé actuel ne donne pas la satisfaction aux populations agricoles.

M. Brunfaut répond que la voie ferrée doit d'abord donner satisfaction à l'industrie; que M. le Préfet de la Seine, déjà peu favorable au projet actuel, verrait d'un moins bon œil encore un chemin de fer destiné au transport des produits agricoles. Il ajoute que la Compagnie ne renonce pas à étendre plus tard son réseau afin d'en faire profiter l'agriculture, mais que le moment n'est pas encore venu et qu'il faut attendre que le Conseil général ait jugé des services rendus par le réseau projeté, pour lui demander l'autorisation de l'étendre.

M. Lesage, membre du Conseil général de Paris, indique certains inconvénients auxquels le projet actuel aura pour but d'obvier. Il espère que, pour se rendre au chef-lieu d'arrondissement, on n'aura plus besoin de se rendre d'abord à Paris pour aller prendre ensuite le chemin de fer de Sceaux, ce qui est dispendieux et fait perdre un temps précieux. Il estime que les communes doivent s'entendre entre elles sur le tracé définitif.

M. le Président prend la parole. Il y a, dit-il, des vœux à émettre sur le tracé du chemin de fer, soit dans l'intérêt de l'industrie, soit dans l'intérêt de l'agriculture, et je demande la nomination d'une Commission de trois ou de cinq membres par commune.

M. Luillier a la parole. Les plans, dit-il, ne s'accordent pas entre eux. Quel est celui qui relate le dernier projet?

M. Brunfaut répond que le plan de grande dimension est celui auquel on doit avoir égard.

M. Chevalier demande que la voie ferrée soit au niveau du quai de Javel.

M. ***, conseiller municipal de Sceaux, exprime le vœu que le tracé se rapproche de Sceaux, dans l'intérêt des populations de l'arrondissement qui ont souvent des rapports avec le chef-lieu.

M. le président du Conseil d'administration du chemin de fer projeté n'est pas opposé à ce vœu, et il demande la nomination de Commissions.

M. Pompée désire que l'on laisse de côté les questions de clocher, pour s'en tenir à l'intérêt général.

Il fait l'appel des différentes communes de Sceaux. Toutes sont représentées à la réunion. Il demande de nouveau la nomination d'une Commission par commune. Les Commissions, dit-il, devront énoncer les motifs du tracé qu'elles proposeront.

M. Claret demande où l'on pourra se procurer des plans relatant le dernier projet.

M. Pompée lui répond que ces plans sont déposés au siége dè la Société, rue Joubert, 45, où les Maires de chaque commune pourront en faire prendre.

Sur la demande faite de la nomination immédiate des Commissions, M. Lesage émet l'avis contraire, afin de ne pas exclure les absents et pour laisser aux municipalités le soin de choisir les Commissions.

M. Brunfaut se tient à la disposition des Commissions, mais demande que plusieurs communes se réunissent ensemble afin de lui éviter de nombreux dérangements. Il est d'avis que les communes se communiquent le travail, afin de se mettre d'accord entre elles sur le tracé définitif.

. La séance est levée et renvoyée à quinzaine.

Délégation des membres des Conseils municipaux des diverses communes du canton de Sceaux, chargés de l'examen du projet d'un chemin de fer dit de circonvallation des usines ou de la banlieue de Paris.

Réunion du 13 septembre 1872

PROCÈS-VERBAL

Les délégués des membres des divers Conseils municipaux du canton de Sceaux, chargés de l'examen du chemin de fer de la banlieue de Paris, se sont réunis, au nombre de 41, dans la grande salle de la mairie de Sceaux, le vendredi 13 septembre 1872, sous la présidence de M. Pompée, membre du Conseil général du département.

M. le Président ouvre la séance et rappelle que le but de la réunion est de recevoir communication des avis exprimés par les délégations des diverses communes ou des divers groupes de communes du canton, sur le projet de chemin qui leur a été soumis officieusement, lesdits avis destinés à éclairer les auteurs du projet, aussi bien que l'administration supérieure, sur les désirs des populations.

En conséquence, il invite MM. les délégués à donner lecture des rapports ou procès-verbaux qui ont pu être arrêtés par leurs délégations respectives, et il propose à la réunion, qui l'accepte, de confier la rédaction du procès-verbal de la séance à M. Claret de Latouche, membre du Conseil municipal d'Issy, qui a été déjà choisi pour secrétaire par les délégués du groupe d'Issy, Vanves, Clamart et Montrouge.

Préalablement à la lecture du rapport, M. Claret demande la parole. « Nul

de nous, dit-il, n'ignore, dès ce moment, que des vœux inconciliables entre
eux vont être soumis à la réunion, et qu'il sera par conséquent nécessaire de
choisir entre ces vœux.

« Pour que ce choix soit, autant que possible, conforme à l'intérêt général
du canton, ne conviendrait-il pas qu'une délégation cantonale fût chargée
de coordonner les vœux des diverses localités et d'exprimer un avis d'ensemble pour le canton? »

M. le Président répond que les intérêt en compétition, au sujet du projet
dont il s'agit, sont purement locaux, c'est-à-dire communaux, et n'ont
aucun caractère cantonal; qu'il lui paraîtrait peu pratique, par suite, de
confier le soin de statuer sur ces intérêts à une délégation cantonale dont
les membres ne manqueraient pas d'être choisis parmi les personnes qui
ont concouru à la manifestation des vœux qu'il s'agirait d'admettre ou
d'écarter.

Il ajoute que les circonstances administratives exigent une prompte solution; que, dans l'enquête officieuse qui a eu lieu dans le surplus de la banlieue, les vœux locaux n'ont point été l'objet d'un examen spécial au point
de vue cantonal, et qu'il craindrait que l'adoption d'une marche différente
dans le canton de Sceaux ne devînt une source de confusion et de retards
regrettables.

En conséquense, il propose à la réunion de passer à la lecture et au dépôt
des documents émanés des délégations, et demande même que toute discussion ou appréciation relative aux avis qui seront exprimés soit écartée
comme inutile.

Les pièces lues et déposées par les délégations sont les suivantes, au
nombre de douze :

1° Procès-verbal de délibération des délégations réunies d'Issy, Vanves,
Clamart et Montrouge ;

2° Plan à l'appui de cette délibération, produit dans l'intérêt spécial
d'Issy ;

3° Observations et plan produits dans l'intérêt spécial de Montrouge ;

4° État des expéditions et réexpéditions de Montrouge, produit dans
l'intérêt spécial de cette localité ;

5° État de consommations spécial aux intérêts de Vanves ;

6° Délibération de la délégation de Bagneux ;

7° Délibération de la délégation de Châtillon ;

8° Rapport de la délégation de Fontenay-aux-Roses ;

9° Délibération de la délégation de Bourg-la-Reine ;

10° Rapport des délégations de Sceaux, Plessis-Piquet, Antony et Chatenay ;

11° Note à l'appui de ce rapport, concernant le trafic des quatre communes
du groupe ;

12° Note à l'appui du même rapport, concernant le trafic spécial de Châtenay.

A la suite de la lecture de la pièce n° 10 (Rapport des délégations du groupe de Sceaux, Antony, etc.), la délégation de Bourg-la-Reine déclare se rallier à l'avis exprimé dans cette pièce et renoncer à l'avis exprimé par elle dans la pièce n° 9.

Il résulte, en somme, de ces divers documents et des observations orales présentées à la séance :

1° Que la commune d'Issy demande, pour la partie centrale de son territoire, des modifications de parcours qui ne toucheraient aux intérêts d'aucune autre localité ;

2° Qu'Issy, Vanves, Clamart et Montrouge, c'est-à-dire les communes les plus industrielles et les plus rapprochées de Paris, et en même temps la majorité des habitants du canton, demandent qu'à sa sortie du territoire de Vanves, au lieu de faire un détour vers le sud pour gagner Châtillon, Fontenay et Bagneux, le chemin de fer projeté continue à se diriger vers Montrouge et desserve cette localité, ainsi que Gentilly, Bicêtre et Ivry, au détriment, s'il le faut, de Sceaux et des communes voisines qui jouissent déjà d'un chemin de fer ;

3° Qu'au contraire, les huit communes les plus éloignées de Paris, où prédominent les intérêts agricoles ou de villégiature, et qui présentent un nombre d'habitants moindre, réclament non-seulement les avantages résultant pour elles du projet, mais encore quelques améliorations.

La lecture des pièces et les explications à l'appui étant terminées, et personne ne demandant plus la parole, M. le Président déclare que la séance est levée.

Pour copie conforme :

Le Secrétaire,
Signé : CLARET DE LATOUCHE.

Extrait du registre des délibérations du Conseil municipal de la commune de Châtillon

Séance extraordinaire du 6 septembre.

L'an mil huit cent soixante-douze, le vendredi six septembre,
Le Conseil municipal de la commune de Châtillon, dûment convoqué par M. le Maire, s'est assemblé au lieu ordinaire de ses séances, sous la présidence de M. Louveau, maire.

PRÉSENTS :

MM. Auboin, Leplaumier, Bernardon-Martine, Latour, Gounin, Sandrin, Guétard, Lasègue, Teston, Deforges, adjoint, et Louveau, maire.

Sur l'exposé du maire et 'le rapport de la Commission ;

Le Conseil municipal,

Vu le plan présenté par la Compagnie du chemin de fer circulaire de la banlieue de Paris, ayant pour objet d'établir une gare de voyageurs entre Châtillon et Bagneux, ainsi qu'une gare de marchandises ;

Vu les observations et explications présentées par M. J. Brunfaut, ingénieur de cette Compagnie, présent à la réunion ;

Considérant les avantages de toute sorte que retireraient Châtillon et les communes environnantes, privées de communications rapides et faciles entre elles et la capitale, par suite de la création de cette voie ferrée et d'une gare à marchandises et voyageurs au point projeté entre Bagneux et Châtillon, et qu'il est à désirer de voir établir le plus rapidement possible, dans l'intérêt des populations nombreuses que ce chemin de fer serait appelé à desservir ;

Délibère, à l'unanimité, d'accord avec la Commission,

Il y a lieu d'approuver le tracé du plan présenté, ainsi que l'emplacement de la gare indiqué sur ledit plan, et déclare y donner une complète approbation en ce qui concerne la commune de Châtillon, s'opposant au placement de la gare à tout endroit autre.

Et ont signé les membres présents.

Pour copie certifiée conforme :

Le Maire,
Signé : LOUVEAU.

MAIRIE DE MONTROUGE

Observations présentées par la Commission de Montrouge sur le tracé d'un chemin de fer de banlieue

La municipalité de Montrouge, consultée sur l'établissement d'un chemin de fer circulaire dans la banlieue de Paris, dit Chemin des Usines, a nommé une Commission composée de MM. Couprie, président ; Chaintron, rapporteur ; Aguettaux, Hénoc et Saintin, pour étudier, au point de vue des intérêts de cette commune, le tracé présenté à Sceaux, le 30 août 1872, par M. Jules Brunfaut.

Ce tracé, figuré sur le plan par une ligne bleue, ne peut être d'aucune utilité pour Montrouge, qui est complétement laissé à l'écart. En effet, en quittant le territoire de Vanves, il se dirige vers le sud par une courbe brusque, pour passer entre Bagneux, Fontenay et Châtillon, gagne Bourg-la-Reine et revient vers Gentilly, en suivant le chemin de fer de Sceaux, qu'on a l'espoir d'emprunter, malgré la différence de voie de ce dernier avec celle des autres lignes.

Il semblerait que c'est à plaisir qu'on a voulu ôter à Montrouge cet élément de prospérité. Le chemin de fer de Sceaux dessert Bourg-la-Reine et Fontenay par trente-quatre trains. Bagneux et Châtillon ne possèdent pas les éléments nécessaires au succès d'une voie ferrée dont le but principal est, comme son nom l'indique, de transporter des marchandises pour l'industrie et le commerce. Il n'y a, dans ces communes, que des habitations d'agrément, dont la majeure partie n'est occupée que l'été par des personnes ayant leurs occupations à Paris, et qui ne se serviront pas, pour s'y rendre, d'un chemin de fer dont la tête de ligne est à l'Esplanade des Invalides.

Il ne faudra jamais compter transporter dans les communes de Bagneux, Châtillon et Fontenay de grandes quantités de marchandises ; le commerce y est local, et l'emplacement choisi pour la gare qui doit les desservir, est d'un abord difficile qui s'oppose à l'établissement des usines et des entrepôts ; elle se trouverait au fond d'un vallon, ce qui rendrait les transports par voiture très dispendieux.

Il y aurait des avantages considérables si on adoptait le tracé direct (figuré sur le plan par une ligne rouge) entre la gare de Vanves, demandée par la Commission de cette commune, à la jonction de la ligne projetée et du chemin de fer de l'Ouest, et celle de Gentilly, à l'endroit nommé le Pont des Bœufs. Ce tracé ne traverserait que les terrains de la plaine de Gentilly et ceux situés devant le fort de Montrouge, où se trouverait la gare ; on éviterait ainsi les travaux d'art et les démolitions de maisons. La gare, placée entre la zone des servitudes militaires du fort, la route de Bagneux à Montrouge, et la route nationale n° 20, serait d'un accès très facile ; elle desservirait :

1° La plaine de Bagneux, appelée à prendre une grande importance ;

2° Le fort de Montrouge, où l'on doit, dit-on, établir un dépôt d'artillerie ;

3° La commune de Montrouge, qui représente à elle seule un trafic de 21 millions de kilogrammes, répartis entre plus de cinquante industriels et commerçants ;

4° Le quatorzième arrondissement, qui reçoit annuellement un pareil chiffre de marchandises (sinon plus considérable), et qui, étant très éloigné des gares de Batignolles, La Chapelle, La Villette, Bercy et Ivry, préférerait les faire venir à la gare de Montrouge.

Les membres de la Commission,

(Suivent les signatures.)

MAIRIE DE FONTENAY-AUX-ROSES

Le Conseil municipal de Fontenay-aux-Roses a nommé une Commission chargée de faire un rapport sur le projet de chemin de fer circulaire de la banlieue de Paris.

Cette Commission a examiné avec la plus grande attention le projet de chemin de fer qui est proposé, et surtout le dernier tracé adopté par la Compagnie, et les objections qu'elle a à présenter, portent sur deux points principaux :

1° Le tracé dans son ensemble a, pour nous, le défaut général de nous ramener toujours sous les fortifications de Paris, de sorte que si nous voulions, par ce chemin de fer, rejoindre le chemin de Versailles, nous serions obligés d'aller le prendre près d'Issy.

La Compagnie elle-même avait bien compris ces inconvénients, car son premier tracé s'éloignait beaucoup plus des fortifications, et desservait bien plus réellement les campagnes du département de la Seine.

Quoi qu'il en soit, la Commission, persuadée que ses observations ne feraient pas modifier un tracé qui répond à des intérêts puissants, se résigne à l'adopter.

2° Dans le plan qui a été présenté à la Commission, le chemin projeté traverse la vallée située entre Châtillon, Fontenay-aux-Roses et Bagneux. Ce plan porte une gare de marchandises et de voyageurs sur le chemin qui relie Châtillon et Bagneux.

Cette combinaison répond aux besoins de Châtillon et de Bagneux, mais ne donne aucune satisfaction à Fontenay-aux-Roses.

Il est donc indispensable qu'une seconde gare pour les voyageurs soit placée sur le chemin de grande communication entre Bagneux et Fontenay-aux-Roses, ou bien qu'une gare unique, destinée aux trois communes, soit établie au point central appelé le moulin Blanchard.

Sans cette modification, Fontenay-aux-Roses se trouverait sans communication avec le chemin de fer, et la Commission se verrait dans l'obligation de combattre le projet par tous les moyens en son pouvoir.

Le Président de la Commission, Maire de Fontenay-aux-Roses.

Signé : BLANCHEL.

Délégation des membres des Conseils municipaux de Montrouge, Vanves et Issy chargés de l'examen du projet de chemin de chemin de fer dit de circonvallation de la banlieue ou des usines.

Réunion du 8 septembre 1872

PROCÈS-VERBAL

Les soussignés régulièrement délégués par les membres des Conseils municipaux de Montrouge, Vanves et Issy, pour examiner le projet de chemin de fer susmentionné, se sont réunis pour cet examen en présence de M. Brunfaut, ingénieur, à la mairie de Vanves, le dimanche 8 septembre 1872, à neuf heures et demie du matin.

ÉTAIENT PRÉSENTS :

Pour Montrouge : MM. Chemin et Bonnelet ;
Pour Vanves : MM. Dupont, Coigné, Guironné et Biatte ;
Pour Issy : MM. Claret de Latouche, Guibet, Destaille, Drouard et Fontaine.

M. DUPONT, faisant les honneurs du local, prend la présidence et invite MM. les délégués à exposer les observations que leur a pu faire naître l'examen du projet qui leur a été communiqué.

M. CLARET DE LATOUCHE exprime le regret de n'avoir pu étudier le projet comme il l'aurait voulu, attendu que, comme la plupart des membres présents, il n'en a eu entre les mains que des plans inexacts, et qu'ainsi il n'en a pris connaissance que depuis quelques minutes.

Sous le mérite de cette observation, il appelle l'attention de la réunion sur le parcours du chemin de fer projeté, entre le point où ce chemin rencontre la route n° 39 et l'emplacement choisi pour la gare de service d'Issy. Il fait remarquer ce qui suit :

1° Les cotes de nivellement qui figurent sur la généralité des plans et sur la carte de l'état-major, sont telles que l'exécution, voie ferrée avec 4 centimètres de pente par mètre, paraît irréalisable dans le parcours dont il s'agit. Mais c'est là une objection technique qui échappe à la compétence de la délégation et qu'elle doit se borner à signaler.

2° D'après le projet, le chemin de fer dont il s'agit passerait à 2 kilomètres au moins du centre de la population d'Issy et, située notablement en contre-haut, la gare ne serait en communication avec le reste de la commune que par des voies absolument impraticables aux voitures par suite de leur déclivité, de sorte que la commune d'Issy ne serait réellement pas desservie par la gare projetée.

Pour éviter les difficultés, peut-être les impossibilités que présente ce parcours, et pour remédier en tout cas aux inconvénients qu'aurait l'exécution pure et simple du projet, M. Claret de Latouche propose d'y substituer un tracé nouveau, qui est indiqué au plan ci-contre par une ligne, et qui permettrait d'établir la gare au point de rencontre de la rue de la Glaisière ou dans le voisinage de ce point, c'est-à-dire au centre même de la population.

Il est vrai, ajoute-t-il, que ce nouveau tracé a l'inconvénient de traverser plusieurs jardins et parcs appartenant au couvent des Oiseaux, au séminaire diocésain ou à la maison de Santé de Vanves; mais le projet primitif couperait également la propriété de la maison de Santé; seulement l'un et l'autre projets la traverseraient en tunnel et, par conséquent, le propriétaire pourrait conserver la jouissance de la superficie du sol. Il en serait de même de la plus grande partie des terrains du séminaire, et, quant au surplus, il y a lieu d'admettre que de quelque respect qu'ils soient dignes, les intérêts spéciaux que l'exécution du projet pourrait troubler dans une certaine mesure, n'hésiteraient pas à s'incliner devant des considérations d'utilité publique et, par conséquent, de patriotisme.

En réponse à ces observations, M. l'ingénieur déclare que le parcours indiqué par le projet a été étudié avec soin; qu'il est exécutable et ne présente aucune difficulté exceptionnelle, mais que les études ayant porté à peu près uniquement sur ce parcours, il ne peut affirmer que tout autre tracé soit inexécutable ou dépourvu d'avantages. Il ajoute que le tracé proposé par la délégation d'Issy lui paraît toutefois inexécutable, et qu'alors même qu'il serait susceptible d'être adopté et présenterait même des avantages spéciaux, ce qui lui paraît douteux, ce tracé aurait tout au moins, au point de vue de l'intérêt de la commune, l'inconvénient, toujours considéré comme grave, de traverser et de diviser le centre de l'agglomération.

M. l'ingénieur termine en insistant sur ce que la gare projetée lui paraît satisfaire aux besoins réels de la commune dans des conditions suffisantes.

Cette question épuisée, M. le Président de la réunion exprime, au nom des délégués de Vanves, l'avis que l'emplacement admis par le projet pour la gare de service de Vanves, entre la route de Montrouge et la voie d'Arcueil, au point de rencontre de la nouvelle voie ferrée avec le chemin de fer de l'Ouest, satisfait pleinement aux besoins de la commune; que cet emplacement n'est pas mis en question, et qu'en conséquence la délégation de Vanves vote l'adoption du projet, soit tel qu'il est présenté, soit avec la modification proposée par la commune d'Issy.

Au nom des délégués de Montrouge, M. Chaintron critique la ligne projetée entre le point de rencontre du chemin de fer de l'Ouest et celui de la route n° 7, près le fort de Bicêtre.

Il fait remarquer que, se dirigeant directement jusque-là vers l'agglomération montrougienne, c'est-à-dire vers un groupe populaire, industriel et commercial, la ligne projetée s'en détourne brusquement pour traverser, avec un prolongement de parcours fort dispendieux, les territoires de communes bien moins importantes: Châtillon, Bagneux, Fontenay et Bourg-la-Reine, dont les trois dernières sont déjà desservies par le chemin de fer de Paris à Sceaux.

Il s'étonne qu'une faute semblable soit commise par un chemin de fer qui prend le nom de chemin des usines, et, à l'appui de son observation, il produit un état du mouvement annuel des expéditions et réexpéditions de Montrouge, s'élevant à plus de 21 millions de kilogrammes.

M. l'ingénieur répond que la nature des choses permettrait peut-être à l'auteur du projet de choisir entre le projet qui a été adopté et celui qui desservirait des agglomérations plus rapprochées de Paris : Montrouge, Arcueil, Gentilly, Bicêtre et Ivry, mais qu'il n'est pas possible de desservir à la fois ces localités et celles que favorise le projet;

Qu'un choix a dû être fait et qu'il a été motivé :

1° Par le désir de compenser, à l'égard de localités plus éloignées de Paris, les avantages que des communes plus rapprochées trouvent dans le voisinage du centre des affaires de la population;

2° Par la pensée que, si elles n'ont pas de grands intérêts commerciaux et industriels, les communes favorisées par le projet paraissent spécialement destinées à la villégiature parisienne, dont les besoins doivent être pris en considération, bien qu'ils ne constituent pas un intérêt;

3° Par l'avantage que retirerait la nouvelle voie ferrée en empruntant, ainsi que l'indique le projet, une partie du parcours du chemin de fer de Sceaux dans les conditions déterminées par les lois et règlements qui régissent la matière.

En ce qui touche les deux premiers points, il est répondu qu'un chemin de fer s'arrogerait à tort le rôle que nous assignons à la Providence, en prétendant l'astreindre à l'obligation de répartir ses faveurs avec une équité et une égalité tout humaines; que le but unique d'une entreprise de ce genre doit être de répondre à des besoins, et que la seule préoccupation de la délégation doit être, par conséquent, de faire connaître les points où les besoins sont les plus considérables, et d'indiquer les mesures qui, dans chaque cas, lui paraissent le plus utile ; qu'il n'y a donc lieu de s'arrêter à l'idée d'une compensation providentielle à établir entre des populations plus ou moins voisines de Paris, et que d'ailleurs, dans l'espèce, l'équité ferait absolument défaut à la compensation invoquée, attendu que les localités favorisées par le projet sont déjà desservies par un chemin de fer, tandis que cet avantage fait défaut aux localités plus voisines de Paris qui leur seraient sacrifiées ; quant à la question d'emprunt du chemin de fer de Sceaux, il faut observer que la voie de ce chemin de fer est établie dans des conditions spéciales qui n'en permettraient l'usage qu'à un matériel roulant également spécial; qu'aussi l'idée de l'emprunt dont il s'agit doit être considérée comme absolument fausse, à moins qu'on admette que le Ministre des travaux publics pourra consentir à imposer au chemin de fer de Sceaux, en vue d'un emprunt de quelques kilomètres, l'obligation de refaire la totalité de sa propre voie et de remplacer la totalité du matériel roulant.

Cette question épuisée, MM. les délégués déclarent adhérer purement et simplement au projet, sous le mérite des observations formulées par leurs collègues de la délégation, et personne ne demandant plus la parole, M. le Président déclare que la réunion va entrer en délibération.

En conséquence, M. l'ingénieur se retire.

Au cours de la délibération, M. Claret de Latouche, revenant sur la question soulevée par lui au sujet de la ligne à suivre entre le pont de Billancourt et Vanves, soumet à la réunion un second parcours à substituer à celui du projet, et qui est indiqué au plan ci-joint par une ligne bleue.

Indépendamment des avantages attachés au nouveau parcours que j'ai déjà proposé, dit-il, le tracé que je vous propose actuellement aurait l'avantage d'économies spéciales résultant de l'adoption, pour un parcours assez étendu, d'une seule voie pour la communication avec le Champ-de-Mars, en même temps que pour le prolongement de la ligne vers Vanves.

Ce nouveau parcours ajouté, il aurait en outre un avantage bien plus considérable qui mérite toute l'attention de la municipalité d'Issy, et dont la privation me semblerait de nature à motiver l'opposition de cette municipalité.

La commune d'Issy projette, dans toute la longueur de la rive de la Seine qui la délimite, la création de trois ports : l'un pour le tirage des bois, l'autre pour le déchargement des marchandises et le troisième pour le garage des bateaux. En ce qui concerne le tirage, le commerce des bois a déjà offert de concourir pour un tiers de la dépense, et l'État est lui-même disposé à prendre à sa charge un tiers de la dépense totale des trois ports.

La situation financière de la commune et le manque de route dans la la plaine d'Issy ont seuls retardé, jusqu'ici, la mise en exécution de ces projets, qui paraissent destinés à fournir à la commune le plus beau fleuron de sa couronne. Or, contigu au quai et construit, comme il paraît devoir l'être, à 5 mètres environ en contre-haut, le nouveau chemin de fer constituerait évidemment un obstacle très regrettable aux communications, tant avec la plaine qu'avec le centre de la population, et annulerait ainsi les avantages considérables que la commune pourrait espérer retirer de la création de ces ports.

Au contraire, suivant approximativement la ligne médiane de la plaine, et, dans tous les cas, côtoyant le quai à une assez grande distance, le nouveau chemin de fer ne présenterait plus aucun inconvénient et ne pourrait être qu'une source de richesse et d'avantages pour les terrains qu'il traverserait.

A la suite de ces observations, auxquelles il n'est pas répondu, la délégation adopte l'avis ci-après :

Le projet du chemin de fer sus-mentionné est approuvé sous les conditions suivantes :

1° Des études seront faites en vue de la modification du projet dans le sens indiqué par la proposition de la délégation d'Issy, après quoi l'administration devra se concerter et se mettre d'accord avec ladite délégation ;

2° Au point où elle rencontre le chemin de fer de l'Ouest, la voie projetée continuera à se diriger vers Montrouge, de manière à desservir convenablement cette localité, et l'intervalle compris entre la zone de servitude du fort de Montrouge et la route de Bagneux n° 20 est particulièrement recommandé comme propre à l'établissement de la gare de Montrouge.

La délégation insiste, en outre, pour que l'emplacement indiqué pour la gare de Vanves ne soit pas changé.

L'ordre du jour étant épuisé, MM. les délégués se séparent après avoir chargé MM. Duport, Chaintron et Claret de Latouche de la rédaction du procès-verbal de la séance.

Signé : Dupont, Chaintron, Claret de Latouche.

Rapport de la Commission de la commune de Bagneux

Messieurs,

Sur la convocation de M. le maire de Bagneux, le Conseil municipal s'est réuni officieusement, le dimanche 1er septembre, pour entendre les explications relatives au projet de construction d'un chemin de fer circulaire de la banlieue de Paris.

Le Conseil, après avoir accueilli favorablement ce projet et entendu l'exposé de M. le maire, a, séance tenante, nommé une Commission à l'effet :

D'étudier les divers points par lesquels il conviendrait de faire passer ce chemin de fer, ainsi que l'emplacement à proposer pour l'établissement d'une gare destinée à desservir les communes de Bagneux, Châtillon et Fontenay-aux-Roses.

La Commission,

Après avoir pris connaissance de la situation topographique desdites communes, ainsi que du plan qui lui a été confié et sur lequel figure en rouge un projet de tracé, a d'abord pensé que la gare pouvait indifféremment être établie sur la commune de Bagneux, celle de Fontenay ou celle de Châtillon :

Sur la commune de Bagneux, au point d'intersection du tracé figuré et de la route de Bagneux à Châtillon, à droite ou à gauche de cette route ;

Sur celle de Fontenay, au point d'intersection du tracé figuré et de la route de Fontenay à Bagneux. Mais, après examen, elle a reconnu qu'en optant pour un de ces deux points, ce serait favoriser une Commune au détriment de l'autre, et a pensé qu'il était préférable, pour concilier les intérêts en présence, de proposer un point intermédiaire.

Le plateau du moulin Blanchard, pris au point d'intersection du tracé figuré et du chemin de la Tour, a été adopté à l'unanimité.

Quel que soit l'emplacement adopté, soit de la route de Châtillon, soit de la route de Fontenay, la commune de Bagneux ne se trouvera ni favorisée ni lésée ; mais, par le choix du moulin Blanchard, comme point central à même distance des trois communes, elles se trouveront jouir des mêmes avantages de communications, tandis que, dans l'hypothèse du choix des Chemins ou de Fontenay ou de Châtillon, l'une des deux se trouverait à une distance beaucoup trop éloignée.

Votre Commission n'a pas perdu de vue que la construction de ce chemin de fer est d'un intérêt exclusivement industriel et commercial. Le projet de tracé répond à ces besoins, ainsi que l'établissement de la gare à un point central, ce qui n'aurait plus lieu si la Compagnie, par suite d'une déviation soit vers le sud-ouest, soit vers le nord-ouest, venait à placer cette gare dans un bas-fond, dans le premier cas, et sur une hauteur, dans le second.

En conséquence, votre Commission propose :

1° D'adopter comme tracé de la ligne le projet figuré en rouge sur le plan ;

2° D'indiquer le plateau du moulin Blanchard comme emplacement d'une gare centrale desservant les trois communes.

Si le projet de gare centrale, proposé par la Commission pour satisfaire autant que possible les intérêts généraux des trois communes, n'est pas pris en considération par Fontenay et Châtillon, Bagneux, qui n'a aucun intérêt direct dans cette question de gare, ainsi qu'il a été expliqué plus haut, se réserve la liberté de demander la modification du tracé, c'est-à-dire, en ne considérant plus que son intérêt propre, l'établissement de ce tracé et de la gare en un point plus rapproché de ses communications.

Fait et approuvé en séance, le douze septembre mil huit cent soixante-douze.

Les membres de la Commission,

(Suivent les signatures.)

MAIRIE DE BOURG-LA-REINE

Extrait du registre des délibérations du Conseil municipal
de la commune de Bourg-la-Reine

Séance extraordinaire du 11 *septembre* 1872.

D'une délibération du Conseil municipal de la commune de Bourg-la-Reine, en date du 11 septembre 1872, présidé par M. Gosse, maire,

A laquelle étaient présents : MM. Gosse, maire ; Dupré, adjoint ; Laurin, Brun, Margottin, Longpré, Barbeau, Augot, Janin, Morel, Verdereaux, Jallon, Stiegelmann,

A été extrait ce qui suit :

M. le Maire donne connaissance d'une réunion qui a eu lieu à Bagneux, et qui avait pour objet le chemin de fer circulaire de la banlieue de Paris. Il indique le tracé de ce chemin de fer, qui traverse le triangle formé par Châtillon, Fontenay-aux-Roses et Bagneux, et vient s'embrancher sur le chemin de fer de Paris à Bourg-la-Reine, entre la voie de Fontenay-aux-Roses et le pont se trouvant sur la route d'Orléans.

Il fait observer que la Compagnie n'a pas l'intention de donner une station à la commune de Bourg-la-Reine, mais qu'elle a promis d'obtenir de la Compagnie du chemin de fer d'Orléans le changement de son matériel et de sa voie ferrée, dans son parcours d'Arcueil à Bourg-la-Reine, afin que l'on puisse facilement se servir de cette voie pour transporter à la station actuelle de Bourg-la-Reine les marchandises qui seraient déposées près des aqueducs d'Arcueil, où se trouvera la gare la plus rapprochée, et il demande au Conseil d'émettre un vœu favorable à l'établissement de ce chemin de fer.

Le Conseil :

Connaissance prise du tracé du chemin de fer dont il s'agit, tout en regrettant que la Compagnie ne se décide point à faire une gare sur la route d'Orléans, ou elle serait le mieux placée pour desservir toutes les localités voisines, demande qu'il y soit au moins établi une halte pour les voyageurs ; il émet d'aillleurs un vœu favorable à l'établissement de ce chemin de fer, mais pourvu que la Compagnie tienne l'engagement dont il a été parlé plus haut ;

8*

Il reconnaît que cette voie ferrée sera d'une grande utilité pour le commerce et permettra d'utiliser de grands établissements laissés vacants par le déplacement du marché aux bestiaux.

Fait et délibéré en séance, les an, mois et jour ci-dessus.

Et ont tous les membres présents signé au registre.

Pour copie conforme :

Le Maire,

Signé : Gosse.

Réunion des Commissions des communes de Sceaux, Antony, Chatenay et Plessis-Piquet, le 7 septembre 1872.

Rapport de la Séance

Après avoir examiné le plan qui a été remis par M. l'ingénieur, sur lequel le tracé contourne le plateau de Bagneux, les Commissions ont reconnu que ce tracé ne donne aucunement satisfaction aux intérêts de toutes les communes se trouvant au sud de l'arrondissement de Sceaux, et les laisse complétement de côté.

Pour donner satisfaction à ces intérêts, la majorité des Commissions réunies émet le vœu que le tracé, en quittant Fontenay, vienne rejoindre la ligne du chemin de fer de Paris à Sceaux à la station de Fontenay, pour ensuite suivre cette ligne par Bourg-la-Reine jusqu'au chemin des chasses, entre les communes d'Arcueil et Gentilly, comme au projet.

Par cette modification audit projet, la sous-préfecture de Sceaux se trouverait mise en communication facile avec toutes les communes dépendant de l'arrondissement, pour les relations d'affaires entre ces communes et le chef-lieu.

Les intérêts industriels des communes de Sceaux, Plessis-Piquet, Châtenay se trouvaient servis par la gare de Fontenay, et ceux de Bourg-la-Reine, Antony, Fresnes, Rungis et L'Hay par la gare de Bourg-la-Reine.

Ce projet a également l'avantage, en empruntant le parcours de la ligne de Paris à Sceaux sur une plus grande longueur, de diminuer les frais de construction du nouveau réseau.

Cette modification assurerait à la Compagnie nouvelle tout le trafic des communes dont il vient d'être question, trafic qu'on peut évaluer, d'après le détail annexé au présent pour la gare qui serait établie à la station de Fontenay, à 16,200 tonnes, et pour celle de Bourg-la-Reine à un chiffre de beaucoup supérieur, fourni actuellement par les usines déjà établies dans la vallée de la Bièvre et sur la route d'Orléans, telles que rectification d'alcools, féculeries, moulins à vapeur et fabrications diverses.

Il est bien évident que, si cette modification n'était pas apportée au projet, la majeure partie de ce trafic échapperait à la Compagnie.

Les représentants des communes de Sceaux, Chatenay, Antony et Plessis-Piquet demandent donc que la modification au tracé indiquée plus haut soit adoptée comme étant le seul projet de nature à rendre des services importants aux localités environnant Sceaux et Bourg-la-Reine, et aussi comme devant favoriser l'établissement d'usines nouvelles dans la vallée de la Bièvre, le jour où toutes facilités de transport seraient acquises, ce qui assurerait pour l'avenir un développement considérable du trafic.

Sceaux, le 7 septembre 1872.

Les Membres de la Commission,

(*Suivent les Signatures.*)

COMMUNE D'ANTONY

Rapport de la Commission municipale sur le projet d'établissement du chemin de fer circulaire de la banlieue de Paris.

Les membres de la Commission soussignés sont unanimes à déclarer que le projet du tracé actuel est trop rapproché des fortifications ; que s'il n'est pas possible, dans l'intérêt même du projet, de faire passer le chemin dont il s'agit sur le territoire de la commune, par exemple, entre Antony et Bourg-la-Reine, on doit au moins le rapprocher aussi près que possible de la station actuelle de cette dernière localité, et le relier à la ligne de Sceaux et Orsay.

Pour les membres de la Commission,

Le Maire d'Antony,

Signé : CAZIN.

Antony, le 27 septembre 1872.

CANTON DE CHARENTON

MAIRIE DE CHARENTON

PROCÈS-VERBAL

Aujourd'hui samedi 17 août, à 2 heures de l'après-midi,

En la salle de la justice de paix de Charenton,

Et à la sollicitation du Conseil d'administration d'un chemin de fer projeté, dit *Chemin de fer circulaire de la banlieue de Paris*,

Se sont réunis environ soixante-dix membres des Conseils municipaux des communes du canton de Charenton, à l'effet d'entendre un exposé du projet et telles observations qui seraient jugées opportunes.

M. Béclard, conseiller général pour le canton de Charenton, préside la séance, assisté de M. Pompée, son collègue au Conseil général de la Seine, ainsi que M. le comte de Vauvineux, président du conseil d'administration du chemin de fer projeté, et de M. Brunfaut, ingénieur.

A la demande du Président de la réunion et de M. Maréchal, Maire de Charenton, le soussigné, membre du Conseil municipal de Charenton, remplit les fonctions de secrétaire.

A l'ouverture de la séance, M. Béclard expose la question dans son ensemble et justifie l'utilité de la convocation. Le Conseil général de la Seine a été saisi de divers projets de chemin de fer et de tramway, les uns embrassant à la fois la circulation dans la capitale et dans les communes suburbaines, les autres se spécialisant en chemins de fer métropolitains ou en chemin de fer de banlieue. Plusieurs Commissions ont été nommées ; les tramway, dans Paris, ont été concédés à des Compagnies et seront, dans un délai rapproché, livrés à la circulation. Quant aux chemins de fer métropolitains et suburbains, les études se poursuivent; très prochainement le Conseil général de la Seine sera appelé à statuer.

Parmi ces derniers projets, il en est un qui intéresse tout particulièrement les communes de la Seine, hors Paris ; c'est ce qui fait l'objet de la réunion présente.

Déjà, ce projet a été l'objet de réunions et de pourparlers semblables dans l'arrondissement de Saint-Denis, où il a été plus ou moins amendé, de concert entre les représentants de la Compagnie et les délégués des communes de cet arrondissement. C'est une étude analogue qu'il semble y avoir lieu de faire dans l'arrondissement de Sceaux, et conséquemment dans le canton de Charenton, pour ce qui le touche de la convocation.

M. Béclard fait remarquer qu'il s'agit ici, non d'un tramway, ou chemin dit *américain* à traction de chevaux, mais d'un véritable chemin de fer. Il fait ensuite ressortir les divers avantages qu'offrirait la création du chemin de fer circulaire : facilités données aux communes pour leur rapport de chaque jour, soit entre elles, soit avec leurs chefs-lieux de canton ou d'arrondissement; économie sensible des frais de toute nature supportés par les marchandises qui, originaires ou à destination des communes suburbaines, sont, en l'état actuel, obligées, pour la plupart, à emprunter le chemin de Ceinture dans Paris; service signalé à rendre, notamment aux nombreuses usines du département de la Seine, soit pour la réception de leurs matières premières ou de leurs combustibles, soit pour l'expédition de leurs produits; enfin, et par voie de conséquence, désencombrement du chemin de fer de Ceinture, lequel, dégagé d'un travail au-dessus de ses moyens, pourrait faire mieux le service qui lui est proposé, et dont profiteraient à la fois et les faubourgs de la capitale et les communes immédiatement circonvoisines.

M. Béclard ajoute, en terminant son exposé, que le chemin de fer projeté, ou tout autre qui viendrait à être adopté dans des conditions identiques, serait, à son avis, tellement avantageux, et pourrait, dans la suite, prendre une telle importance par ses ramifications avec les grandes lignes forcément traversées par lui, que peut-être échapperait-il aux considérations d'intérêt purement local, qui en justifieraient dès à présent la création, pour entrer dans la sphère élargie des intérêts généraux d'utilité publique.

Il n'en faut pas moins, conclut M. Béclard, étudier le tracé au point de vue local ou départemental. Et, dans ce but, il indique comme moyen pratique la composition d'une sorte de Comité, formé de délégués de chacun des Conseils municipaux des cantons, lesquels délégués, éclairés préalablement des avis recueillis par eux auprès de leurs collègues, se réuniraient ultérieurement et viendraient apporter, dans une seconde réunion générale, les idées et les *désidérats* de leur commune.

M. Pompée appuie les paroles de son collègue au Conseil général. En sa qualité de président de la réunion des Conseils généraux de la Seine pour les cantons suburbains, il annonce que les mêmes études vont se faire dans le département entier, et qu'il y a urgence à s'en occuper, afin que les résultats en arrivent utilement à la Commission spéciale des départements à la reprise des travaux du Conseil général.

M. Brunfaut, ingénieur, expose à son tour comment sa Compagnie a été amenée à s'occuper du projet, lequel est né des vœux exprimés par le Conseil général; il distribue à l'assemblée des tracés de l'itinéraire projeté et justifie sommairement son itinéraire et notamment le concours que ce tracé recevrait du chemin de fer de Vincennes, dont il emprunterait la voie presque tout entière à partir de Fontenay. Mais M. Brunfaut fait remarquer et insiste à plusieurs reprises sur ceci : c'est que son projet n'est en l'état *qu'un projet· modifiable* suivant les vœux ou les besoins des communes y intéressées ; que c'est précisément le but de l'invitation faite aux personnes présentes, et que la Compagnie qu'il représente, et lui-même en particulier, s'empresseront de prendre bonne note et de tenir tout le compte possible des avis ou observations critiques qu'on voudra bien formuler à l'égard du projet soumis; que c'est ainsi que cela s'est passé pour la partie du tracé concernant l'arrondissement de Saint-Denis, modifié à la demande de certaines communes, et qu'il espère obtenir la même collaboration dans l'arrondissement de Sceaux, en vue des intérêts communs qui peuvent amener à une certaine entente les représentants des localités et ceux de la Compagnie qui entreprendraient le chemin à construire.

M. Brunfaut se met d'ailleurs à la disposition de l'assemblée, et répondra de son mieux à toutes les questions qu'on voudra bien lui adresser.

MM. Rolland et Manessier, de Nogent, demandent alors si le projet soumis à la réunion est le seul qui existe en ce moment et ce qu'il adviendrait si, postérieurement à l'étude demandée, un ou d'autres projets venaient à se produire.

MM. Béclard et Pompée répondent que des divers avant-projets dont il a pu être question au Conseil général, le seul intéressant les communes suburbaines qui ait abouti jusqu'ici à se formuler nettement en projet réel, avec tracé et études à l'appui, est celui qui est soumis à la réunion, et qu'ils n'en connaissent pas d'autres ; mais ils déclarent formellement (et leur déclaration a été ratifiée par les représentants de la Compagnie) qu'aucun engagement n'existe ni ne doit résulter du présent échange de pourparlers; que l'Assemblée présente n'aurait d'ailleurs pas qualité pour prendre un engagement quelconque, et qu'il est bien et dûment entendu que si d'autres projets venaient à se produire, une nouvelle convocation et de semblables études pourraient se faire, de concert avec les représentants ou les auteurs des projets nouveaux, sans qu'il en puisse résulter non plus aucun engagement de part ni d'autre.

Aux questions qui lui sont posées par divers membres de la réunion, touchant l'emploi plus ou moins étendu du chemin de fer de Vincennes dans le tracé projeté, M. l'ingénieur Brunfaut répond que les chemins de fer étant la propriété de l'Etat, qui n'en concède l'exploitation que pour un temps déterminé à des Compagnies, celles-ci ne peuvent, en aucun cas, refuser leur concours à toute autre ligne ayant intérêt à se souder avec la ligne existante; que, d'autre part, il n'y a pas obligation légale pour une nouvelle ligne à se subordonner à l'ancienne; que c'est une question toute d'économie et de circonstance toute topographique; que, dans le cas particulier, par exemple, l'emploi du chemin de fer de Vincennes, dans une assez grande étendue, a paru aux auteurs du projet une disposition bonne en soi et profitable aux localités intéressées, mais qu'une opinion contraire peut se soutenir; que c'est, en un mot, une question de mesure, de dépense relative et d'examen comparatif des tracés divers qui pourraient surgir à la suite, précisément, de la collaboration attendue des représentants locaux.

MM. Manessier et Rolland demandent si la Compagnie est dans l'intention de demander une subvention aux communes. La Compagnie se propose de demander : 1° la libre disposition, à titre gratuit, des terrains communaux propres au chemin de fer projeté; 2° les emplacements nécessaires à l'établissement des gares ou stations. Pour l'acquisition de ces emplacements, la Compagnie pourrait se substituer aux communes, et celles-ci acquitteraient ensuite les intérêts des avances faites par la Compagnie.

Les mêmes membres de la municipalité de Nogent demandent si, au cas où cette commune ne demanderait rien à la Compagnie, en dehors de ce que celle-ci jugerait utile d'offrir à son exploitation, ladite commune serait exonérée de toute redevance.

M. l'ingénieur, se référant à ses assertions précédentes touchant l'emploi des terrains communaux ou la construction des gares ou stations, répond que, dans le cas posé, la Compagnie n'aurait pas de réclamations à faire à la commune.

De cette réponse, M. Manessier infère que si sa commune ne demande rien, absolument rien à la Compagnie : ni modification de tracé, ni établissement de gares, elle se trouve, ipso facto, exonérée de toute participation à la subvention qui sera ou pourra être accordée à la Compagnie.

Cette conséquence est niée de ce qu'elle paraît avoir d'absolu, par plusieurs membres de la réunion, lesquels estiment qu'il convient de distinguer entre les charges particulières devant être supportées par une commune (établissement d'une gare par exemple), que cette commune peut demander et obtenir de la Compagnie concessionnaire d'une part, et, d'autre part, les charges générales imputables à toute commune du département, à raison des avantages généraux pouvant résulter, pour chaque commune, de la création du chemin de fer projeté.

Les mêmes membres font remarquer que, d'ailleurs, la répartition de ces charges générales, ou, en d'autres termes, de la part contributive de chaque commune, dans la subvention qui serait ou pourrait être allouée par le département à la Compagnie, est du ressort du Conseil général et non d'une réunion officieuse de délégués communaux.

Une discussion s'engage alors entre les divers membres, touchant les les conséquences qu'aurait, au point de vue de l'intérêt particulier des communes, la conversion du chemin de fer projeté en chemin d'intérêt général.

Mais, sur l'observation du Président, que cette discussion est au moins prématurée et ne semble pas susceptible d'une solution immédiate et pratique, la discussion est close.

L'assemblée décide, sur la proposition de M. Béclard : 1° que la Compagnie fera connaître par écrit à chacun des Maires du canton les conditions générales ou spéciales auxquelles elle entendrait devenir concessionnaire du chemin en projet ; 2° que, dans chaque commune, le Conseil municipal, convoqué officieusement, nommerait cinq délégués chargés de soutenir les vues et intérêts de leur localité touchant le tracé proposé ; 3° enfin, que la réunion de ces délégués aura lieu, sauf avis contraire, le samedi 31.

Les représentants de la commune de Nogent demandent qu'un appel nominal des personnes présentes ait lieu.

Cette proposition n'est pas acceptée par l'assemblée, qui se borne, par l'organe de son Président, à constater la présence en nombre suffisant des représentants commis par chacune des dix communes du canton : maires, adjoints et conseillers municipaux. Les membres de Nogent croient devoir protester contre l'absence d'appel nominal et demandent qu'il en soit fait mention au présent procès-verbal, dont acte.

Fait, en la salle de la Justice de paix de Charenton, les jour, mois et an que dessus.

Le Secrétaire,
Signé : PERSONNE.

Le Président,
Signé : BÉCLARD.

Procès-verbal (N° 2)

Réunion à la mairie de Charenton, le 31 août 1872, des délégués des communes du canton chargés de présenter les observations de chaque commune, au sujet du tracé projeté du chemin de fer circulaire de la banlieue de Paris.

M. Béclard, conseiller général de la Seine pour le canton de Charenton, préside la séance, assisté de M. Pompée, conseiller général pour le canton de Villejuif;

M. Brunfaut, ingénieur, est présent.

M. Personne, membre du Conseil municipal de Charenton, lit le procès-verbal de la séance du 17 août (v. N° 1).

M. Lemancel, maire de Nogent, explique la demande d'appel nominal faite au nom de sa commune, à la séance du 17, par cette circonstance que des personnes étrangères au canton, et pouvant avoir des intérêts opposés à ceux des communes, se trouvaient présentes à la réunion et y ont pris la parole, ce qui lui semblait au moins irrégulier.

Le procès-verbal est adopté.

M. Béclard rappelle que la question du tracé définitif est tout entière réservée et de la compétence du Conseil général ; que, toutefois, ce Conseil ne peut que chercher à s'éclairer par tous les moyens possibles sur les vœux et les besoins des communes intéressées, et à recueillir les avis qui, de toutes parts, peuvent lui être soumis ; que, quant à lui et à son collègue, ils estiment que c'était leur devoir le plus étroit de provoquer la constatation des faits et les réflexions contradictoires qu'un projet tel que le chemin de fer en question était susceptible de faire naître ou de révéler, afin que, par ce moyen et tous les autres analogues et licites, le Conseil général pût se prononcer en connaissance de cause.

M. Béclard invite donc les représentants des municipalités à venir, par ordre alphabétique de commune, faire part à la réunion des observations que leur a suggérées l'examen du tracé projeté.

Le maire ou un délégué de chacune des communes du canton, se rendant à cette invitation, expose verbalement les idées qu'il est chargé d'émettre, ou donne lecture des rapports préparés à cet effet.

Ces exposés ou rapports, pour la plupart déposés entre les mains du président de la réunion et annexés au présent procès-verbal, sont résumés sommairement ci-après :

Bonneuil demande : 1° que le chemin de fer passe au sud de la partie agglomérée, au lieu de passer au nord, comme dans le projet, les terrains du sud étant moins chers et moins sujets aux inondations ; 2° l'établissement d'une gare à la limite du département, à proximité de Sucy, Boissy-Saint-Léger et Ormesson ; 3° que le chemin, en se dirigeant de Créteil sur Vitry, se rapproche autant que possible de Choisy-le-Roi.

Champigny, tant en son nom qu'au nom de la municipalité de Bry, expose que le territoire de ces deux communes est laissé de côté dans le tracé projeté ; il demande l'établissement d'une gare de marchandises dans la partie centrale de la presqu'île formée des territoires de Bry, de Champigny et de la portion de Joinville située sur la rive gauche de la Marne ; cette gare devrait être desservie soit par le chemin circulaire qui, passant la Marne à l'est de Nogent, entrerait dans ladite presqu'île, soit par un embranchement qui relierait Fontenay et la Varenne, en passant par Champigny et le viaduc *à établir* de Nogent à Fontenay.

Charenton proteste contre le tracé projeté, qui reste à plus de 4 kilomètres du territoire de cette commune, et ne dessert guère mieux Saint-Maurice, Alfort-Ville ni Ivry. Charenton demande que, sans préjudice de l'itinéraire projeté, favorable aux communes extrêmes du canton : 1° une ligne soit créée qui, partant de la route de Montreuil, passe entre Vincennes et Saint-Mandé, longe le bois de Vincennes, traverse la Marne à Saint-Maurice, passe entre l'École d'Alfort et le fort de Charenton, traverse Alfort-Ville, puis la Seine au Port-à-l'Anglais, et rejoigne le tracé projeté sur la route de Paris à Vitry, mais en passant entre Ivry et le fort, au lieu de passer derrière le fort d'Ivry ; 2° un embranchement partant du point où le tracé nouveau croiserait la ligne d'Orléans, et se dirigerait sur les Magasins généraux de Charenton, avec gare sur la rive droite de la Seine et raccordement avec la ligne de Lyon, derrière les Magasins généraux.

Créteil approuve le tracé proposé, et demande : 1° une gare de voyageurs et de marchandises placée entre les rues Joly et des Caillotins ; 2° que le chemin nouveau se raccorde avec celui de Paris-Lyon.

Joinville se réfère aux observations présentées par la commune de Champigny.

Maisons-Alfort déclare être d'accord avec Vitry sur l'emplacememnt le plus favorable au pont qui fait partie du chemin de fer projeté : ce serait le plus près possible des piles de barrage, en aval de l'écluse ; ledit pont devant servir aux voitures et aux piétons, en même temps qu'au chemin de fer.

Nogent déclare s'abstenir d'observations, soit en faveur du tracé projeté, soit contre ce tracé.

Saint-Maur demande l'établissement de gares de marchandises aux stations Saint-Hilaire et du Parc, et émet le vœu que la Compagnie de l'Est soit invitée à exécuter le raccordement projeté entre la ligne de Vincennes et celle de Mulhouse.

Saint-Maurice se déclare désintéressé dans la question et s'en remettre au Conseil du soin de choisir le tracé le plus favorable.

Au cours de la lecture ou du dépôt des rapports ci-dessus analysés, M. Brunfaut fait les observations suivantes :

1° Le tracé indiqué par la commune de Bonneuil entraînerait à sortir du département de la Seine, limite que s'est tracée le projet ;

2° En ce qui concerne le vœu de Charenton, il ne pense pas qu'on puisse obtenir de l'autorité militaire le passage d'un chemin de fer dans le bois de Vincennes ;

3° Le raccordement du chemin de fer de Vincennes avec celui de Mulhouse, par le viaduc de Nogent, entrepris puis abandonné, serait chose utile à réaliser ; sa Compagnie le demandera ;

4° Enfin, l'extension donnée au tracé projeté, vers l'extrémité du canton, a, entre autres buts, celui de desservir les usines qui ne peuvent manquer de se fonder dans cette partie du département.

M. Personne répond, à l'objection de M. Brunfaut touchant le bois de Vincennes, qu'il n'est pas question, dans le vœu de Charenton, de traverser ce bois, mais seulement de le côtoyer à l'ouest, comme le fait déjà au nord-est le chemin de la Varenne, et comme opère le projet Brunfaut lui-même, en contournant le bois de Boulogne.

M. Pompée fait observer qu'il y a en quelque sorte deux banlieues autour de Paris : l'une, immédiate, presque exclusivement industrielle ; l'autre, à la limite du département, plus généralement agricole ; la première beaucoup plus peuplée que la seconde ; qu'il est bien, sans doute, de songer à desservir les usines à naître ; mais qu'il semblerait plus urgent et à la fois plus profitable aux intérêts des populations, ainsi qu'à ceux du chemin de fer projeté, de desservir les nombreuses usines déjà installées dans la première zone autour de la capitale, zone limitée par la ligne des forts ; que c'est dans cette première zone que s'établissent de préférence et que s'établiront encore les industries refoulées hors Paris. A ce point de vue, M. Pompée appuiera, s'il en a le moyen, le tracé rectifié préconisé par Charenton, tracé qui passe *en deçà* du fort d'Ivry, relie les deux rives de la Seine aux points importants d'Ivry et de Charenton, et raccorde en dehors de la capitale les deux grands chemins de fer d'Orléans et de la Méditerranée.

M. Béclard remercie les délégués présents d'avoir bien voulu répondre à sa convocation et lui donner leur concours pour l'étude du chemin de fer circulaire en projet ; toutes les observations formulées seront soumises à l'examen du Conseil du département ; la décision qui en ressortira ne pourra sans doute pas contenter tout le monde, mais elle s'inspirera certainement de l'intérêt le plus général possible.

Sur ce, M. Béclard donne acte aux délégués du dépôt de leurs notes ou rapports, les invite à lui adresser un tableau des importations et exportations de leur commune, et clot la séance.

Fait à Charenton, en la salle de la Justice de Paix, le 31 août 1872.

Le Secrétaire,   Le Président,

PERSONNE.   BÉCLARD.

COMMUNE DE CHAMPIGNY

Observations et requête présentées au Conseil général du département de la Seine par le Conseil municipal de Champigny, réuni, le 25 août 1872, pour l'étude du chemin de fer circulaire.

La commune de Champigny-sur-Marne, commençant au lieu dit la Fourchette, après le pont de Joinville et allant, à sept kilomètres, tourner derrière le parc de Cœuilly, renferme un territoire de trente kilomètres de circonférence et contient, outre la partie agglomérée de la commune, trois hameaux : 1° la Fourchette et le Tremblay ; 2° le bois du Plant, et 3° Cœuilly. Elle forme, avec le hameau de Palissis, près Polangio, commune de Joinville, et la commune de Bry-sur-Marne, située à 700 mètres, sous le bois du Plant, un groupe considérable dépourvu de toute station et gare de marchandises.

La commune agglomérée est elle-même à un quart d'heure de la station située de l'autre côté de la Marne, sur le territoire de Saint-Maur-la-Varenne, où il n'y a aucune gare de marchandises ; la gare de marchandises la plus rapprochée est celle de Nogent ; pour y accéder, il faut faire un détour de près de huit kilomètres ; en outre, il n'y a pas de service de messagerie à la station dite de Champigny, située de l'autre côté de la Marne, et de petits articles destinés aux habitants sont quelquefois restés trois jours en gare avant que ceux-ci en aient été même avertis.

La plus grande partie de ce territoire considérable est occupée par des cultures de céréales et de légumes (nous comptons environ vingt-cinq maraîchers cultivant entre la Fourchette et Champigny pour l'alimentation de Paris, et environ deux cents cultivateurs petits ou grands).

Il y a de nombreuses exploitations de carrières, deux importantes usines de fours à chaux et une troisième moins importante, une fabrique de touches de piano, une fabrique de toupies, une fabrique de dentelle et passementerie, une fabrique de cordes à violons, plusieurs marchands de vins en gros, un moulin à farine fort important, deux petites exploitations de fleurs artificielles et plumes, environ dix laitiers, des industriels de toute nature et une briqueterie en formation. Il y avait, avant la guerre, une fabrique de feutre asphaltique, entièrement détruite par le bombardement, et que le propriétaire désirerait pouvoir faire rétablir.

Depuis dix-huit mois, de nombreux industriels sont venus faire des études pour fonder des établissements, et y ont renoncé à cause du manque de transports.

La proximité de la rivière qui entoure notre territoire de deux côtés et l'extrême proximité du canal de Saint-Maur rendraient tout ce territoire très favorable à l'établissement des usines, si des moyens de transport existaient.

Lors des premiers projets d'établissement d'un chemin circulaire dans la banlieue de Paris, nous n'avons même pas été consultés, sans doute parce que la commune est située dans une presqu'île dans laquelle on ne peut aborder que par trois ponts, dont deux sont à péage.

Nous avons été convoqués, comme toutes les municipalités du canton, le samedi 18 août, mais notre territoire a été laissé de côté sur le tracé qui nous a été présenté. Quand je dis notre territoire, je veux parler du groupe entier composé du hameau de Palissis, des trois hameaux dépendant de Champigny et de la commune de Bry.

Nous prions Messieurs les membres du Conseil général de prendre en considération notre situation, et de nous traiter avec le même intérêt que les autres communes qui sont, si heureusement pour elles, situées dans la ligne des forts, sur le parcours des chemins de fer existant ou sur le tracé indiqué jusqu'ici pour ledit chemin de fer circulaire, et nous demandons que l'on établisse une gare de marchandises dans la partie la plus centrale et la plus avantageuse du groupe en question.

Pour cela, nous présentons deux projets : l'un qui consisterait à faire passer le chemin de fer circulaire, partant de Fontenay où il aboutit, par le centre de notre presqu'île; l'autre qui consisterait à le faire aiguiller près de la Varenne sur le chemin de fer de Vincennes, à traverser la commune, à passer par le Plant, à se relier à Fontenay par le viaduc de Nogent et à établir une gare près de son embranchement avec le chemin de fer de Mulhouse.

Nous n'insistons particulièrement sur aucune de ces deux idées, notre but étant d'exposer nos besoins et de nous adresser à l'équité de Messieurs les membres du Conseil général pour la fixation des tracés des nouveaux chemins de fer.

. Champigny, le 25 août 1871.

Pour expédition conforme :

Le Maire,
Signé : PRÉVOST ROUSSEAU.

La commune de Joinville se joint à la commune de Champigny pour le projet qui consiterait à faire traverser le groupe en question par ledit chemin de fer, et qui établirait une station et une gare de marchandises dans le bois du Plant ou vers la Fourchette, à une certaine proximité du hameau de Palissis.

Pour le Maire :

Le Conseiller municipal,
Signé : CHERET.

MAIRIE DE CRÉTEIL

Le Conseil municipal consulté sur l'opportunité du chemin de fer circulaire, après avoir entendu les diverses observations des ingénieurs de la Compagnie,

Demande, à l'unanimité, qu'il soit établi dans la commune de Créteil une gare de voyageurs, pour laquelle il consentira à faire la donation d'une portion de terrain, sous la réserve que le tracé du chemin de fer sera conforme au plan qui a été soumis au Conseil municipal.

Pour le Maire :

L'adjoint,

Signé : LECOLANT.

Créteil, le 25 août 1872.

Observations de la Municipalité de Charenton, touchant le tracé du Chemin de fer circulaire de la banlieue de Paris.

(Projet de M. Brunfaut, ingénieur.)

Le Conseil municipal de Charenton, invité à présenter ses observations sur le chemin de fer projeté, dit *Chemin de fer circulaire de la banlieue de Paris*, déclare à l'unanimité et d'une manière formelle que le tracé qui a été soumis à son examen lui semble tout à fait impropre à donner satisfaction aux intérêts de cette commune.

En effet, ce tracé, en venant du Nord, se confond avec le Chemin de fer de Vincennes, dont il emprunte le concours depuis Fontenay, c'est-à-dire dans la presque totalité du parcours de ce chemin insuffisant; il passe ensuite par Bonneuil, pour de là se diriger vers l'Ouest, par derrière le fort d'Ivry; il délaisse donc absolument Charenton, dont le centre se trouve ainsi éloigné de 4 kilomètres du point le plus rapproché dudit tracé.

On remarquera que, à cet égard, le même tracé ne dessert guère mieux Saint-Maurice, ni Alfortville si plein d'avenir, ni la très importante commune d'Ivry. — Mais, de ces divers points, Charenton est incontestablement le plus sacrifié, Charenton qui, chef-lieu administratif du canton et commune des plus importantes par sa situation et le nombre de ses habitants, est visiblement appelé à un développement considérable sous le rapport de l'entrepôt et du commerce des vins.

Que gagnerait Charenton au chemin de fer proposé ? — Rien, absolument rien; car, s'il lui fallait aller à Joinville pour ses expéditions sur le Nord ou l'Est, ou jusqu'à la gare projetée au delà de Maisons pour ses réceptions du Sud-Ouest et d'une grande partie du Centre, mieux vaudrait assurément rester dans le *statu quo*, et continuer à user du chemin de *Ceinture* actuel, si incommode et coûteuse que soit cette voie, à laquelle pourtant le nouveau projet a la prétention de se subtituer pour le grand trafic entre les départements et la banlieue de Paris.

La commune de Charenton ne peut donc, en ce qui la concerne, donner son adhésion au projet dont il s'agit. Les délégués soussignés ont reçu, au contraire, la mission expresse de protester contre ce tracé, mission dont ils s'acquittent par la présente note.

Un second devoir est imposé aux soussignés, c'est celui d'indiquer quel autre tracé serait de nature à satisfaire les vœux et les besoins de leur commune, toute réserve faite, bien entendu, des besoins et des vœux des communes voisines.

Le tracé demandé par Charenton figure en bleu sur la carte ci-jointe.

Il se sépare du projet Brunfaut à la route de Montreuil, en venant du Nord; se dirige presque directement vers le fort de Charenton en longeant le bois de Vincennes, et traverse la Marne auprès de la maison de Santé de Saint-Maurice. La Marne traversée, il tourne à l'Ouest, passe entre l'Ecole d'Alfort et le fort, traverse la plaine d'Alfortville, puis la Seine au Port à l'Anglais; enfin, passant entre les dernières maisons d'Ivry et le fort d'Ivry, rejoint le tracé Brunfaut à la route départementale n° 51 de Paris à Vitry.

Ce n'est pas tout : l'itinéraire qu'on vient de décrire s'approche de Charenton et le contourne, mais il ne le dessert pas suffisamment. Dans ce but, il y aurait, vers le point où le nouveau tracé croise la ligne d'Orléans, une bifurcation avec embranchement se dirigeant du Sud au Nord, et ayant sa gare à Conflans, sur la rive droite de la Seine, auprès et en amont des Magasins généraux, sauf à se raccorder ensuite avec la ligne de Lyon, derrière les Magasins généraux.

Ainsi conçu, le tracé préconisé par Charenton serait évidemment non moins favorable à Vincennes, à Saint-Mandé, *extra-muros*, à Saint-Maurice, à Alfortville et enfin à Ivry, qu'à Charenton même.

Les soussignés se croient donc fondés à espérer que leurs observations seront prises en sérieuse considération, tant par les auteurs ou les partisans du projet de chemin de fer circulaire de la banlieue de Paris, que par le Conseil général du département de la Seine.

Le Maire et les délégués de la commune.

(Suivent les signatures.)

Charenton, le 31 août 1872.

MAIRIE DE CRÉTEIL

Extrait du registre des délibérations du Conseil municipal

Session de Février 1872

L'an 1872, le 26 février, à deux heures du soir, les membres composant le Conseil municipal de la commune de Créteil se sont réunis, au nombre de quinze, au lieu ordinaire de leurs séances, à la mairie, sous la présidence de M. Gaidelin, maire, pour la tenue de la présente session, pour laquelle ils ont été convoqués individuellement et par écrit.

ÉTAIENT PRÉSENTS :

MM. Gaidelin, maire ; Lecolant, adjoint ; Malaper, Maudemain, Steinmetz, Duvau, Liévin, Motthéau, Bord, Charpentier, Fleurimont, Saillenfait, Boison, Galand et Gaidelin (Louis).

ABSENTS :

MM. Débacq, adjoint, du Mesnil, Gobert, Beurdeley, Guyard et Higonnet.

Lesquels membres présents forment la majorité des membres en exercice et peuvent délibérer valablement, en exécution de l'article 17 de la loi du 5 mai 1855.

Le Président ayant ouvert la séance et fait l'appel nominal, il a été, en conformité de l'article 17 de la loi précitée, procédé à l'élection d'un secrétaire, pris dans le sein du Conseil, pour la présente session.

M. *** ayant obtenu la majorité des suffrages a été désigné pour remplir ces fonctions, ce qu'il accepte.

Ces formalités remplies :

En exécution de la délibération du 22 de ce mois, la Commission composée de MM. Fleurimont, Gaidelin (Louis), Gobert, Malaper, Maudemain, Mottheau, Saillenfait, et Steinmetz, rend compte de sa mission en émettant le vœu :

« Q'en suivant le tracé projeté sur le plan, la gare soit placée entre les rues des Caillotins et de Joly, en insistant fortement pour qu'une gare de marchandises y soit aussi créée ;

« Et dit qu'il y aurait peut-être lieu à l'indication d'une autre voie, d'après laquelle la gare pourrait être mise auprès de la Marne et à proxi-

9

mité de l'avenue de Créteil ; mais, dans ce cas, il conviendrait que la Compagnie envoie un ingénieur pour faire l'étude de ce tracé.

Après avoir entendu les explications de la Commission,

Le Conseil municipal, à une très-grande majorité,

Emet les vœux suivants :

« 1° Que le tracé à accepter soit celui projeté et figuré sur le plan ;

« 2° Que la gare soit placée entre les rues de Joly et des Caillotins ;

« 3° Qu'une gare de marchandises soit aussi établie sur cet emplacement ;

« 4° Et que la ligne de fer projetée s'embranche avec celle de Paris à Lyon. »

Le Conseil croit devoir appuyer avec instance sur ce que la gare soit établie entre les deux rues sus-désignées, et qu'une gare de marchandises y soit adjointe.

Fait et délibéré.

Pour copie conforme,

Le Maire ,

Signé : GAIDELIN.

MAIRIE DE SAINT-MAUR-DES-FOSSÉS

Admission de la nécessité d'un chemin de fer circulaire de banlieue.

Par suite, la commune de Saint-Maur insiste tout particulièrement auprès Conseil général pour obtenir qu'une décision intervienne en ce sens :

Attendu le surcroît de transports résultant du raccordement, à Fontenay, de la ligne du chemin de fer circulaire de la banlieue avec celui de Vincennes ;

Attendu l'emprunt de la ligne de Vincennes sur une partie de son parcours, par ce même chemin de fer ; nous insistons énergiquement auprès du Conseil général pour qu'il obtienne de l'une ou de l'autre des deux Compagnies l'établissement, sur la ligne de Vincennes, de gares de marchandises, notamment aux stations de Saint-Hilaire et du Parc.

La Commission émet aussi le vœu que la Compagnie de l'Est soit invitée à exécuter la ligne de raccordement projetée entre la ligne de Vincennes et la ligne de Mulhouse.

Les membres de la Commission :

(Suivent les signatures.)

COMMUNE DE MAISONS-ALFORT

A Messieurs les membres du Conseil général du département de la Seine

MESSIEURS,

Le Conseil municipal de Maisons-Alfort, après avoir reconnu à l'unanimité de ses membres les nombreux services qu'est appelé à rendre le chemin de fer circulaire de la banlieue de Paris, a nommé une Commission à l'effet de s'entendre avec M. Brunfaut, ingénieur de la Compagnie, sur le tracé du parcours de la voie ferrée sur le territoire de notre commune.

Rapport de la Commission

La commune de Maisons-Alfort est d'une étendue de 895 hectares, dont 125 sont occupés par deux rivières, la Seine et la Marne, par deux routes nationales n° 5 et 196, et par la ligne du chemin de fer de Paris à Lyon. 770 hectares seulement sont imposables, la plus grande partie de cette énorme surface, par le fait de sa situation à proximité des rivières et des chemins de fer, est destinée à l'industrie. Les forges de M. Mazeline y sont construites depuis quelques années et y occupent environ quatre cents ouvriers. La société des Forges de la Seine vient de faire construire des ateliers et maisons d'habitation pour occuper et loger quatre cents ouvriers. La maison Max, Springer et Compagnie fait construire en ce moment une des plus importantes usines des environs de Paris, une fonderie de fonte et un grand nombre d'industries y existent depuis longtemps, enfin, une gare de marchandises doit y être construite en 1873.

Maisons-Alfort est appelé, dans un délai très rapproché, à devenir une des plus importantes communes de l'arrondissement de Sceaux et sera d'un très grand rapport à la Compagnie du chemin de fer circulaire.

Le 18 mars dernier, la Commission s'est rendue en plaine où, en présence de M. Brunfaut, ingénieur de la Compagnie, elle a indiqué les principaux points du passage du parcours de la voie ferrée sur le territoire de notre commune.

Le 27 août, ladite Commission s'est réunie à celle de la commune de Vitry, à l'effet de se mettre d'accord sur le choix de l'endroit le plus convenable à l'intérêt des deux communes pour la jetée sur la Seine du pont de ladite voie ferrée. Les membres des deux Commissions ont reconnu à 'unanimité que l'endroit le plus convenable serait de le construire le plus près possible des piles du barrage, en aval de l'écluse, et de donner assez de largeur à ce pont pour recevoir :

1° Les deux voies ferrées ;

2° Un passage pour les voitures et les piétons, de manière à mettre en communication directe les deux rives de la Seine.

La Commission de Maisons-Alfort clôt son rapport en demandant qu'il plaise à MM. les membres du Conseil général de voter la mise à exécution du chemin de fer circulaire de la banlieue de Paris, lequel sera une source de prospérité pour les communes du département de la Seine.

Les membres de la Commission,

(*Suivent les signatures.*)

Maisons-Alfort, le 31 août 1872.

Rapport de la Commission communale de Bonneuil nommée à l'effet de donner son avis sur le chemin de fer circulaire de la banlieue de Paris

Après avoir examiné le tracé provisoire avec soin, la Commission, à l'unanimité, demande que le chemin de fer passe au midi du village, au lieu de passer au nord, la plaine du nord (île Barbière) appartient à deux grands propriétaires, qui ne voudront ni vendre de terrain, ni échanger à aucun prix. Cette plaine est en même temps souvent inondée par la Marne, au lieu que la plaine du midi, en partie, appartient à beaucoup de propriétaires; le terrain ne pourrait que gagner au chemin de fer projeté, et, en établissant une gare à un demi-kilomètre du village, à la limite du département, elle pourrait prendre une certaine importance, par la proximité des villages de Sucy-en-Brie, Boissy-Saint-Léger, Noiseau et Ormesson, tous distants de deux à trois kilomètres au plus.

La Commission exprime le vœu que le chemin qui, de Créteil, se dirige sur Vitry, passe à Choisy-le-Roi, ou du moins s'en rapproche davantage; de Choisy, il pourrait prendre une partie de la vieille route de Versailles, d'une largeur démesurée et très peu fréquentée, et ne pourrait que raccourcir la distance qui nous sépare du chef-lieu de notre sous-préfecture.

(*Suivent les signatures.*)

Bonneuil, 30 août 1872.

COMMUNE DE SAINT-MAURICE

Conformément à la décision prise dans l'assemblée des maires, adjoints et conseillers municipaux, présidée par M. Béclard, conseiller général, dans la séance du 17 août 1872, à l'effet de s'entendre sur le tracé du chemin de fer circulaire présenté par M. Brunfaut, ingénieur, cinq membres du Conseil municipal de Saint-Maurice se sont réunis en Commission pour rechercher les avantages qui pourraient résulter pour leur commune du parcours dudit chemin de fer et de la création d'une gare sur leur territoire.

Ils ont reconnu qu'il ne pouvait y avoir aucun avantage à demander une gare pour une commune qui, malheureusement, ne peut s'étendre, du moins comme industrie, puisqu'elle est bornée d'un côté par le bois de Vincennes, et de l'autre par la Marne ; que le seul point où ils peuvent espérer voir se développer des industries est le côté de Gravelles. Mais il est constant que, sur ce point, lesdites industries auront toujours un débouché facile par Joinville et Saint-Maur.

Que, par conséquent, le projet présenté par la commune de Charenton, qui demande à la fois une gare sur son territoire et un passage sur Saint-Maurice, avec une gare placée à l'extrémité de la maison de Santé, ne pourrait, s'il était pris en considération en ce qui regarde ladite commune, que venir apporter une perturbation pour elle, sans compensation.

(Suivent les signatures.)

PROCÈS-VERBAL

DE LA

SÉANCE TENUE AU PALAIS DU LUXEMBOURG

Le 19 *septembre* 1872

A deux heures et demie de relevée, la séance est ouverte.

ÉTAIENT PRÉSENTS :

MM. Arrault,
    Maublanc,
    L. Thomas,
    Méthivier,
    Rigault,
    Prétet,
    Jacques,
    Topart,
    Combes,
    Jobbé-Duval,

MM. Floquet,
    H. Chevalier,
    Lesage,
    Vauthier,
    Puteaux,
    Loiseau-Pinson,
    Beaudoin,
    Frébault,
    Denizot,
    Perrinelle,

SE SONT EXCUSÉS PAR LETTRE :

MM. Cantagrel,
    Pompée,
    Callon,
    Delzant,
    Léveillé,

MM. Frémyn,
    Frélart,
    Dupuy,
    Houdart.

M. EMILE CHEVALIER est prié par ses collègues de présider la réunion, et M. LESAGE de vouloir bien prendre les fonctions de secrétaire.

M. EMILE CHEVALIER explique qu'il a cru devoir prendre l'initiative de convoquer ses honorables collègues représentant plus particulièrement les intérêts des 5e, 7e, 9e, 11e, 13e, 15e 18e et 20e arrondissements de Paris, à l'effet de prendre connaissance du projet relatif aux quatre entrées dans Paris du chemin de fer circulaire de la banlieue, entrées qui auraient à traverser les arrondissements sus-indiqués.

« J'ai, dit l'honorable Président, assisté à deux réunions qui ont été tenues à Sceaux et présidées par notre collègue, M. POMPÉE ; tout s'est passé avec la plus grande régularité. Chaque commune suburbaine du canton de Sceaux était représentée par son maire, assisté d'une Commission, qui avait, de concert avec l'ingénieur de la Compagnie, arrêté le tracé du chemin de fer.

« La Compagnie propose quatre entrées dans Paris : La première est importante, elle serait la continuation du chemin de fer des docks de Saint-Ouen à la place des Martyrs, derrière Notre-Dame-de-Lorette. On créerait *une halle-marché*, affectée spécialement aux besoins des maraîchers des environs de Paris.

« La deuxième se propose la reconstruction du chemin de fer de l'Exposition de 1867, qui a été démoli, on ne sait pourquoi, et dont le rétablissement est réclamé par les populations des 15e et 7e arrondissements.

« La troisième, vis-à-vis la gare Notre-Dame, réclamée par les négociants en vins, qui ont leurs entrepôts à la Halle aux liquides, et principalement par ce dernier établissement, qui commande, on le sait, la haute industrie parisienne.

« La quatrième, est celle du Château-d'Eau, sollicitée par les négociants qui ont à faire leurs expéditions et leurs réceptions aux douanes, et qui est aussi demandée par les habitants de Belleville et de Charonne.

« Ce projet, Messieurs, que je vous trace sommairement, m'a paru donner satisfaction à un triple intérêt : intérêt *industriel*, *agricole*, *villégiatural* (pardonnez-moi le néologisme) ; et j'ose espérer que son étude vous convaincra, comme moi, de son utilité économique et de la possibilité de son exécution rapide. C'est pourquoi je vous proposerai, afin d'éclairer votre religion, d'appeler ici MM. les administrateurs et les ingénieurs de la Société, pour qu'ils vous exposent le projet plus complétement que je ne le pourrais faire.

« Toutefois, Messieurs, je dois, en terminant, vous faire observer que l'assemblée a été convoquée dans le but unique d'examiner dans ses détails le projet, mais qu'elle ne peut, dans l'espèce, ni donner un vote, ni émettre un vœu. »

M. JOBBÉ-DUVAL applaudit à l'initiative prise par son collègue, et l'en remercie ; il sait que toutes les communes du département de la Seine sont d'accord, que le tracé a été fait sous leur inspiration ; il sait encore que, non-seulement elles approuvent ce projet, mais qu'elles ont chargé les huit conseillers généraux qui les représentent plus spécialement, de le défendre devant le Conseil général.

« Pour mon compte, ajoute M. JOBBÉ-DUVAL, je connais le projet, je l'approuve, j'y donne mon complet assentiment ; mais beaucoup de mes collègues peuvent l'ignorer ; il faut qu'ils s'éclairent, et c'est dans ce but qu'a lieu la convocation d'aujourd'hui. »

M. le conseiller RIGAULT a été, dit-il, prié par M. le comte de Vauvineux de se rendre à la réunion. Cette invitation lui est parvenue hier fort tard, il y est venu par déférence et par curiosité, et il entend bien que la réunion n'aura aucun caractère officiel.

M. Maublanc est aussi d'avis que cette réunion ne doit avoir aucun caractère officiel; cependant, il en approuve le but.

M. le Président propose à ses collègues d'introduire MM. les administrateurs de la Société. Ces Messieurs sont introduits.

MM. le comte de Vauvineux, président du Conseil d'administration ;
Letermelier, l'un des administrateurs;
Arnold, représentant un groupe de financiers anglais;
Brunfaut, ingénieur.

M. le comte de Vauvineux demande la parole, qui lui est aussitôt accordée.

« Messieurs les Conseillers,

« Au nom de la Compagnie que je représente, je viens vous remercier
« d'avoir bien voulu m'appeler à l'honneur d'assister à cette réunion.
« Vous savez, Messieurs, le but pour la réalisation duquel je me suis
« mis à la tête de la Compagnie. Le département de la Seine, industrielle-
« ment parlant, est menacé de passer à l'état d'infériorité relativement aux
« autres pays. Si un pareil état de choses devait se continuer, ce serait au
« détriment de notre industrie parisienne, la première et la plus impor-
« tante du monde entier.
« Et vous en êtes vous-mêmes convaincus, Messieurs; car, dans votre
« avant-dernière session, vous aviez tracé le programme que notre ingé-
« nieur, M. Brunfaut, a cherché à traduire par les plans et les devis que
« nous aurons l'honneur de vous soumettre.
« Ce travail, que nous croyons complet, n'aurait pu vous être présenté
« dans l'état où il se trouve, si nous n'avions appelé à nous seconder les
« municipalités du département.
« Toutes ont répondu à cet appel; le concours a été unanime; d'exception
« il n'y en a pas, et vous vous en convaincrez en prenant connaissance des
« délibérations dont les originaux se trouvent dans les mains de vos hono-
« rables collègues, représentant plus particulièrement la banlieue de Paris,
« et dans les copies imprimées qui seront jointes au Mémoire que nous
« aurons l'honneur de vous remettre dans quelques jours.
« Messieurs les conseillers de la banlieue ont assisté, ont dirigé nos
« efforts; — nous ne venons, Messieurs, que vous demander d'être aussi
« bienveillants que vos honorables collègues, en nommant parmi vous
« une Commission qui entendra nos explications, qui verra nos plans, qui
« nous interrogera sur nos moyens, qui, en un mot, portera au sein du

« Conseil général l'expression des vœux des populations dont nous avons
« pris à cœur les besoins, et pour la prospérité, pour le bien-être des-
« quelles nous avons étudié le réseau de voies ferrées qui va faire le sujet
« de votre examen. »

Après ces paroles, et après quelques observations de M. Rigaut, M.Vau-
thier, ayant donné son approbation à l'ensemble du projet et exprimé le
désir d'entendre MM. les représentants de la Compagnie fournir des explications, 1° sur leurs plans d'exécution ; 2° sur leurs ressources financières ; et l'assemblée ayant souscrit à ce que ces deux questions fussent
posées, M. le Président prie l'ingénieur de donner les explications sur le
tracé.

M. l'ingénieur explique que le tracé teinté en rouge est celui arrêté d'un
commun accord avec les municipalités du département de la Seine ; que le
tracé bleu indique les modifications réclamées par quelques communes.

Il explique encore que le département de la Seine a été divisé en
cinq sections, correspondant à cinq entrées dans Paris, dont deux existent déjà, l'une le chemin dit des Docks de Saint-Ouen, l'autre le chemin
de fer de Vincennes.

La première section part de la place des Martyrs, destinée depuis 1848
à être une tête de ligne de chemin de fer. Cette place est occupée aujour-
d'hui par un marché provisoire et qui deviendrait, si les projets sont ac-
ceptés, la halle-marché de la banlieue ouest de Paris.

M. Brunfaut explique minutieusement le tracé qui doit se relier au chemin de fer des Docks à l'avenue de Saint-Ouen, en passant dans la zone du
cimetière Montmartre.

Cette section a deux embranchements : l'un desservant Clichy, Levallois,
Neuilly, Boulogne, Issy ; l'autre Saint-Ouen, Gennevilliers, Asnières,
Colombes, Courbevoie, Suresnes, Puteaux. Cette section se relie au che-
min de l'Ouest, met en relations toutes ces communes entre elles, les unit
avec le centre de Paris et met en relations directes les Docks de Saint-
Ouen avec les grands réseaux.

Vous remarquerez, Messieurs, dit l'ingénieur, les délibérations des communes ; vous verrez qu'elles demandent que le pont de Saint-Ouen soit
reconstruit au double usage du piéton et du charroi, et qu'il cesse d'être un
pont à péages.

Vous verrez que les Docks de Saint-Ouen, le grand entrepôt des huiles
de pétrole, recevra directement les envois du Havre ; que ce vaste établissement, aujourd'hui entrepôt de douanes, est destiné à recevoir tous les
litiges qui encombrent le tiers de la superficie de nos grandes gares. Vous
lirez, Messieurs, la délibération du Jockey-Club, qui croit que le jour où
le chemin de fer passera près de lui, il y aura 100,000 voyageurs de plus.

Les gares de marchandises manquent partout ; Asnières en aura une qui
desservira toute la presqu'île de Gennevilliers ; la Demi-Lune en possédera

une autre desservant Suresnes, Puteaux, Courbevoie, ce centre si important de fabrication, qui ne peut ni recevoir ni expédier une seule tonne de marchandise. Enfin, d'autres gares seront créées à Boulogne, Neuilly, Levallois, de manière à faire cesser cette anomalie étrange de voir les chemins de fer construits dans le département de la Seine faciliter l'envoi et la réception des marchandises pour toutes les gares des départements, la Seine exceptée.

Cette même section aurait pour deuxième rentrée dans Paris précisément celle qui est vainement demandée depuis l'ouverture de la ligne d'Auteuil, c'est-à-dire depuis 1852.

Cette ligne, si facile à construire alors, serait impossible aujourd'hui si on voulait traverser la ville de Boulogne, où il faudrait exproprier trop de constructions; mais elle est facile, si on vient rejoindre le chemin de fer d'Auteuil par un embranchement qui trouverait sa place dans le *Saut-de-Loup* séparant Boulogne du bois, embranchement qui donnerait la facilité aux voyageurs de descendre à la gare des Batignolles.

2ᵉ Section. — Le point de départ qui avait été tracé par les ingénieurs qui, les premiers, s'occupèrent de cette étude, était le Palais de l'Industrie. L'ancienne administration voyait favorablement le tracé suivre la rive droite de la Seine; sur les réclamations des conseillers généraux des septième et quinzième arrondissements, sur les nombreuses demandes des grands industriels de ces localités, la Compagnie que j'ai l'honneur de représenter, continue M. BRUNFAUT, s'est livrée à de nouvelles études qui ont démontré que le tracé devait être dirigé préférablement sur la rive gauche du fleuve.

La gare projetée sur l'Esplanade des Invalides est située en contre-bas, sur le côté qui borde la rue d'Isly. Le côté lui faisant face pourrait être aliéné par la ville et, dans ce cas, il resterait une place vis-à-vis du palais, place de 5,000 mètres carrés, et une autre entre la gare et le terrain à aliéner de 4,400 mètres.

Une gare serait créée à *Grenelle*, dans un terrain appartenant à la Ville, sur le même emplacement où se trouvait celle de l'Exposition en 1867. Le chemin de fer, passant à niveau sur les quais jusqu'à Issy, permettrait à toutes les usines de s'y relier par des aiguillages, tout en laissant un espace suffisant au service du fleuve et aux besoins de la circulation.

Le chemin se relierait au chemin de fer de Ceinture, dans les mêmes conditions qu'en 1867, aurait une vaste gare à marchandises, puis passerait à Issy, à Vanves, à Montrouge, à Bagneux, à Châtillon, à Fontenay, pour se souder au chemin de fer de Sceaux, après s'être raccordé, au Bas-Meudon, avec la première section, et à Vanves avec le chemin de fer de Versailles.

La commune de Montrouge demande une rectification au tracé, qui est indiquée sur la carte par une ligne bleue.

Dans ce projet, nous empruntons le chemin de fer de Sceaux. Mais, nous

dira-t-on, ce chemin n'a pas l'écartement de voie ordinaire, il faut donc
ou qu'il le change, ou bien que vous fassiez deux voies latérales à côté
de lui.

Arrivé à Gentilly, la ligne aboutit au bas de Villejuif.

On remarquera que le caractère que la loi veut qu'observent les chemins
de fer d'intérêt local existe en entier : la ligne proposée vient aboutir aux
chemins de fer et s'y soude, s'y raccorde, les emprunte et ne leur fait
jamais concurrence.

La *troisième section* a pour objectif l'Entrepôt des liquides, le quai Saint-
Bernard.

La gare est proposée dans cet îlot de vieilles maisons que l'administration ancienne avait vouées au marteau du démolisseur. Elle s'ouvrirait en
façade sur le quai Montebello, la ligne longeant les derrières des magasins
de la Pharmacie Centrale ; passerait en viaduc sur le boulevard Saint-
Germain, pour arriver aux Halles aux vins, où elle se raccorderait par des
embranchements parcourant toutes les rues de ce vaste entrepôt ; passerait
sur le quai Saint-Bernard pour en faire la plus vaste gare centrale qu'on
puisse créer aujourd'hui, en tenant compte des conditions actuelles de Paris.
Les vœux, vous les trouverez exprimés, ajoute l'ingénieur, dans les délibérations des notables négociants en vins, qui exprimeront, mieux que je ne
pourrais le faire, l'économie qu'apporterait la réalisation du projet, quand
on songe qu'il entre et sort journellement des magasins du quai Saint-
Bernard 600,000 kilogrammes de produits.

La ligne de chemin de fer vient rejoindre celle de la deuxième section
au bas de Villejuif. Le projet la fait passer entre la Pitié et Sainte-Pélagie,
la rue Sedaine, pour desservir la Halle aux cuirs, la place d'Italie, où se
trouverait une station, lui fait emprunter toute la route d'Italie, dans le
milieu de laquelle le chemin de fer viendrait se loger ; de là, le tracé se
dirige sur Ivry, Vitry, Maisons-Alfort, Créteil, Bonneuil, pour venir se
souder au chemin de fer de Vincennes.

La *quatrième section* n'est autre que les dix-sept kilomètres du chemin
de fer de Vincennes, que le projet vient rencontrer un peu avant son passage de la Marne, pour le quitter à Fontenay-sous-Bois et relier ensemble
Montreuil, Bagnolet, Romainville et Noisy-le-Sec.

Ce chemin de fer, que nous empruntons dans tout son entier, est notre
modèle à suivre. A ceux qui viennent soutenir qu'un chemin de banlieue n'est pas utile, nous ferons observer que ce chemin, qui n'a pas de
gare de marchandises, qui ne peut donc bénéficier de ce chef, qui souffre
des plus grandes concurrences qui puissent atteindre une voie de transport : les omnibus et les tapissières qui partent toutes les cinq minutes de
Vincennes, ce chemin, disons-nous, rapporte 130,000 fr. par kilomètre, c'est-
à-dire la recette la plus considérable parmi tous les chemins de fer français.

A ceux qui viendront soutenir qu'un chemin de fer de banlieue coûte
trop, nous montrerons encore ce qu'a coûté le chemin de fer de Vincennes.

c'est-à-dire 1,400,000 francs par kilomètre, et ce que coûtera le chemin de fer circulaire, c'est-à-dire à peine 1,000,000 par kilomètre.

Nous n'avons donc pas touché au chemin de fer de Vincennes; loin de là, notre projet lui crée des affluents qui viendront encore faire progresser ses recettes.

Par les délibérations prises par les communes du canton de Charenton, vous verrez, Messieurs, que, comme nous, elles ont compris qu'il fallait se raccorder au chemin de Vincennes, et qu'il était nécessaire de créer une ligne venant rejoindre le chemin de Mulhouse et le viaduc de Nogent à Champigny.

Notre tracé part de Fontenay-sous-Bois et se dirige vers Montreuil, en se rapprochant sensiblement de Vincennes, afin de pouvoir créer une gare à marchandises commune à ces deux importantes localités. De Montreuil, notre ligne se dirige sur Bagnolet et Romainville.

Au premier aspect, on croirait que notre chemin de fer se dévoie en voulant se porter sur le point le plus élevé des environs de Paris ; mais vous savez, Messieurs, que, depuis 1860, l'une des plus grandes industries parisiennes qui ont abandonné la capitale, s'est réfugiée dans le département de Seine-et-Oise. Nous voulons parler de l'industrie du plâtre.

Avant l'annexion, Pantin, Montmartre, Belleville, fournissaient la majeure partie des plâtres consommés, soit pour la bâtisse, soit pour l'agriculture ; depuis le recul des barrières de la capitale, ce sont les plâtrières de Seine-et-Oise qui, soit par les cours d'eau, soit par les chemins de fer, sont venues supplanter cette vieille industrie parisienne.

L'importance de cette exploitation se chiffre par millions de kilogrammes, et donne la vie à une multitude de bras. Or, notre tracé de chemin de fer passe aux pieds des carrières et découvre le plus beau banc de gypse que l'on puisse rêver. C'est donc la fortune de ces contrées que la création de ce chemin.

La *cinquième section* part de ce quartier naguère si vivant, aujourd'hui si triste, nommé le Château-d'Eau. L'objectif de cette cinquième section, pénétrant ainsi au centre de Paris, est de mettre les Douanes en communication directe avec l'ensemble de notre réseau ferré.

Qui pourrait croire que Paris, la ville qui produit le plus et qui, partant, expédie le plus, est obligée de dépenser annuellement plus de dix millions en frais d'un camionnage inutile.

Inutile, puisque, pour l'expédition d'un colis, il faut le conduire d'abord à la Douane, puis venir le reprendre et le transporter enfin à une des gares d'expédition.

Aussi, le grand commerce de Paris pétitionne sans trève afin de faire cesser au plus tôt un pareil état de choses.

Donc, en portant une de nos entrées dans Paris au Château-d'Eau, nous annihilons tous ces désavantages, au profit d'intérêts de premier ordre. La gare ferait face à l'établissement des douanes. Ce chemin suivrait l'avenue des Amandiers commencée, et dont la majeure partie des terrains appartient à la Ville, contournerait le cimetière du Père-Lachaise pour atteindre la place Puebla, sur laquelle va s'élever la mairie du vingtième arrondissement, ainsi que le plus grand hôpital de Paris.

Ici, deux tracés sont en présence : l'un se dirigerait par la rue Puebla, le boulevard de Mexico et les carrières d'Amérique; l'autre suivrait la route de la Dhuys. Vous aurez à apprécier, Messieurs, lequel des deux tracés il faudrait choisir, puisque tous les deux sont exécutables et qu'ils aboutissent au même point.

Par les dessins que nous avons l'honneur de vous soumettre, poursuit M. l'ingénieur, vous verrez que cette ligne dessert les Lilas, Pantin, Aubervilliers, La Courneuve, Saint-Denis, et vient se raccorder à Saint-Ouen avec la première section.

L'importance de ces points vous sera démontrée par les délibérations des communes ; Aubervilliers vous dira qu'il est à même de fournir au transit deux millions de tonnes; Pantin vous offrira une importance tout aussi considérable; enfin, Messieurs, vous vous convaincrez que ce chemin de fer étant relié aux principales gares, la houille qui, en définitive, est notre pain industriel, arrivera à toutes nos usines, à nos fabriques, dégrevée d'une partie des frais qui pèsent aujourd'hui si lourdement sur elle.

M. BRUNFAUT termine en priant M. le Président de bien vouloir lui faire adresser par ses honorables collègues toutes questions qu'il leur plaira ; d'après lui, il serait utile qu'une Commission fût nommée parmi MM. les conseillers généraux, Commission ayant pour but l'étude des entrées dans Paris.

M. LOISEAU-PINSON. — En présence de l'exposé de l'ingénieur, M. le conseiller général dit que lui, le premier, a eu l'idée du passage d'une ligne de la gare du Château-d'Eau aux Lilas, par le boulevard de la Dhuys; il croit, cependant, que la question doit être réservée, car il y a des intérêts à desservir à Belleville. Cette localité est la plus déshéritée de toutes ; elle n'a pas d'omnibus, elle n'aura pas de tramway, mais elle pourrait avoir la bonne fortune d'être desservie par un chemin de fer.

M. VAUTHIER. — J'ai suivi très attentivement l'exposé fait par M. Brunfaut. Il ne nous est pas possible d'entrer dans les détails, il nous faut aborder la question dans son ensemble.

Qui nierait l'utilité d'un pareil projet? — Personne. — Il est indispensable. Maintenant, que coûtera-t-il? Que rapportera-t-il? Ces questions sont résolues, si des capitalistes sont disposés à doter le département de ce réseau.

Ce qu'il m'importe de savoir, c'est si ce chemin est reconnu par le Gouvernement comme ayant un caractère d'intérêt purement local; bien des personnes veulent y voir un intérêt général.

Je demanderais donc à la Compagnie d'abord si elle s'est enquise de l'opinion du Gouvernement, et si elle est en mesure d'exécuter.

M. Brunfaut, répond à la première question, laissant à un des administrateurs de la Société le soin de répondre à la deuxième.

Pour ce qui concerne le caractère de ce chemin de fer, c'est-à-dire s'il doit être considéré comme d'intérêt local ou général, et être, suivant l'un ou l'autre cas, du domaine de l'Etat ou du domaine du Conseil général, M. l'ingénieur rappelle que M. le Ministre des travaux publics a formellement dit, ce qui a été communiqué à M. le Préfet de la Seine dans la dernière session, que le Gouvernement ne pouvait donner suite à la demande de concession qu'après que le Conseil général aurait statué.

M. Arnold, l'un des administrateurs de la Compagnie, répond à la seconde question et dit : Que lui, représentant spécialemement les intérêts anglais engagés dans l'affaire, peut assurer que les capitaux sont prêts, parce que l'affaire se présente dans de bonnes conditions, conditions bien plus économiques que les affaires semblables traitées en Angleterre.

M. Rigault ne trouve pas suffisantes les réponses faites par les représentants de la Compagnie. D'après lui, le Ministre peut très bien donner la concession ; en ce qui concerne le capital, la réponse faite n'est pas catégorique.

M. Lesage pense que la discussion n'est pas là ; en temps et lieu, on verra les ressources possédées par la Compagnie. Du reste, son avis est que le chemin de fer, qui doit se faire et qui se fera, sera mis en adjudication publique. S'il est sympathique à l'ingénieur et s'il le lui manifeste hautement, il désire néanmoins que l'adjudication ait lieu, les intérêts privés devant s'effacer devant les intérêts généraux.

« Pour ce qui me regarde spécialement, car on ne connaît que ce que l'on administre soi-même, pour mon canton, en un mot, ce chemin est impérieusement réclamé par les populations : il y a unanimité. Les communes qui ne doivent pas en profiter, Nanterre, par exemple, qui était représenté par notre député, M. Paul Morin, Nanterre, dis-je, le vote et le soutient. Ce qu'il faut, Messieurs, c'est voter l'utilité, la nécessité du chemin. »

M. Floquet. — Nous n'avons, dit l'honorable membre, pas d'avis à donner ; que nous demandions des renseignements, que nous nous éclairions, que nous formions notre jugement, c'est parfait ; aussi, en retournant chez nous, étudierons-nous la question, et nous prendrons, vis-à-vis du Conseil, l'attitude que l'étude nous aura donnée.

M. Vauthier. — Il y a, Messieurs, un fait, une preuve d'initiative individuelle à laquelle nous devons applaudir, à laquelle nous devons notre appui. Qu'avons-nous fait jusqu'ici ? Nous nous sommes toujours tenus à la remorque, alors que nous devrions être des initiateurs.

Les Conseils d'arrondissement sont saisis, et bientôt la session va nous réunir ; il faut que nous lui donnions une solution, et nous la lui donnerons.

M. Rigault relève quelques paroles prononcées par son collègue

M. Lesage. M. Vauthier avait posé la question financière. Il aurait fallu, d'après lui, qu'il fût répondu plus catégoriquement. On ne peut pas s'engager ainsi dans une affaire qui coûtera 6 à 700,000 millions, que l'on pourrait peut-être mieux utiliser ailleurs, sans être bien fixé sur la valeur financière de la Société.

M. Brunfaut dit que M. le président du Conseil d'administration de la Compagnie l'autorise à répondre que, si M. le Préfet le juge bon, il est disposé à verser immédiatement, et ce, à titre de cautionnement, telle somme qui pourra être fixée. Quant à l'allégation que le chemin de fer coûterait quelques millions par kilomètre, M. l'ingénieur répond que le prix moyen ne dépassera pas certainement 1 million.

M. Jacques. — La question lui semble devoir être étudiée au point de vue de savoir si, en présence de l'utilité du chemin pour la banlieue, utilité incontestée, il n'y aurait pas pour la ville de Paris une perte résultant de l'émigration de ses habitants et de la non entrée des produits consommés par la banlieue.

M. Lesage. — C'est une conclusion que vous formulez; alors émettez un vote, comme nous l'avons fait dans nos dernières réunions de la banlieue.

M. Floquet. — Tout en reconnaissant le mérite de l'œuvre, il ne nous appartient pas, dit-il, de voter quoi que ce soit; étudions, formons notre opinion, soyons heureux d'avoir entendu l'ingénieur, mais réservons notre avis pour le moment où le Conseil sera saisi de la question.

M. Chevalier, président. — Messieurs, avant de lever la séance, permettez-moi de me féliciter d'avoir provoqué cette réunion, et laissez-moi vous remercier d'avoir bien voulu répondre à mon appel.

Nous avions et nous avons encore une grave question à étudier; elle intéresse non-seulement nos arrondissements respectifs, mais Paris la grande métropole, mais le département de la Seine, mais jusqu'à un certain point la France entière. Pour mon compte, je ne le cache pas, ce projet me sourit, car il me semble appelé à rendre de grands services à des populations déshéritées, entre autres, à celle du quartier que j'ai l'honneur de représenter, sevré de voies de communications avec l'intérieur comme avec l'extérieur de la capitale, et destiné cependant par ses vastes usines, son immense industrie, à devenir le Manchester français. Mais, je le répète, vous êtes venus ici pour vous éclairer, non pour exprimer une opinion; en conséquence, si, comme je le crois, vous vous sentez suffisamment édifiés par les explications qui vous ont été données, vous nous aiderez, Messieurs et chers collègues, à faire prévaloir, à la prochaine session du Conseil général de la Seine, l'opinion de quarante-six communes qui réclament si justement, si vivement, si unanimement, un Chemin de fer circulaire de la banlieue.

La séance est levée à quatre heures et demie.

RAMPES, PALIERS ET PENTES

1re *Section.* — PLACE DES MARTYRS A ISSY

RAMPES, PALIERS ET PENTES

COMMUNES	LONGUEUR EN MÈTRES			Inclinaison par mètre des rampes et pentes	OBSERVATIONS
	Rampes	Paliers	Pentes		
Paris	»	509 »	»	»	
»	290 »	»	»	0.015	
»	»	100 »	»	»	
»	192 »	»	»	0.015	
»	»	398 »	»	»	
»	»	»	413 »	0.01	
»	»	150 »	»	»	
»	»	»	668 »	0.015	
»	»	155 »	»	»	
»	279 90	»	»	0.01	
»	»	58 »	»	»	
»	»	»	748 »	0.01409	
Saint-Ouen......	»	34 10	»	»	
»	»	»	25 »	0.0035	
Clichy	»	»	2.672 »	0 00005	
Levallois.......	»	»	2.873 »	0.00036	
Neuilly	»	318 »	»	»	
»	2.822 »	»	»	0.00078	
Bois de Boulogne	»	»	2.168 »	0.00076	
Boulogne........	»	855 »	»	»	
»	757 »	»	»	0.0017	
»	»	»	283 »	0.0045	
»	»	605 »	»	»	
»	550 »	»	»	0.00545	
Issy............	»	409 »	»	»	
»	690 »	»	»	0.00435	
»	»	506 »	»	»	
Total....	5.580 90	4.097 10	9.850 »		
	19.528 »				

1re *Section.* — SAINT-OUEN A SURESNES

RAMPES, PALIERS ET PENTES

COMMUNES	LONGUEUR EN MÈTRES			Inclinaison par mètre des rampes et pentes	OBSERVATIONS
	Rampes	Paliers	Pentes		
Saint-Ouen......	»	»	550	0.00163	
»	»	»	562	0.00036	
»	»	»	1367	0.00132	
Gennevilliers....	»	»	1748	0.00114	
»	»	»	285	0.0028	
»	»	650	»	»	
»	740	»	»	0.00784	
Asnières	»	500	»	»	
Colombes........	1133	»	»	0.0051	
»	1455	»	»	0.002	
»	»	1146·	»	»	
Courbevoie......	764	»	»	0.0063	
»	»	686	»	»	
Puteaux	»	»	1230	0.014	
Suresnes........	»	167 ·	»	»	
Total....	4092	3149	5742		
		12.983			

1re *Section.* — LIGNE D'AUTEUIL AU BOIS DE BOULOGNE

RAMPES, PALIERS ET PENTES

COMMUNES	LONGUEUR EN MÈTRES			INCLINAISON par mètre des rampes et pentes	OBSERVATIONS
	Rampes	Paliers	Pentes		
Bois de Boulogne	»	312	»	»	
Boulogne........	»	»	750	0.0011	
»	383	»	»	0.00228	
»	»	180	»	»	
»	1170	»	»	0.015	
Paris...........	»	113	»	»	
	1553	605	750		
		2.908			

2me *Section.* — PARIS (Esplanade des Invalides) A VILLEJUIF

RAMPES, PALIERS, PENTES

COMMUNES	LONGUEUR EN MÈTRES			INCLINAISON PAR MÈTRE	OBSERVATIONS
	RAMPES	PALIERS	PENTES		
Paris............	»	400	»	»	
»	546	»	»	0.0104	
»	»	»	761	0.0036	
»	»	»	1196	0.00104	
»	»	360	»	»	
»	976	»	»	0.00538	
»	»	320	»	»	
»	»	»	635	0.0063	
Issy............	1261	»	. »	0.0039	
»	875	»	»	0.015	
»	»	363	»	»	
Vanves.........	1033	»	»	0.015	
»	»	540	»	»	
»	760	»	»	0.012	
Bagneux.......	»	482	»	»	
»	1505	»	»	0.0122	
»	»	497	»	»	
Fontenay - aux - Roses..........	»	»	855	0.0141	
Châtillon.......	»	»	2197	0.007	
Arcueil	822	»	»	0.00918	
»	»	200	»	»	
»	127	»	»	0.015	
»	»	60	»	»	
»	»	»	396	0.0112	
»	»	»	407	0.0014	
»	»	»	451	0.015	
»	»	632	»	»	
Gentilly........	995	»	»	0.0068	
Villejuif	»	348	. »	»	
	8900	4202	6998		
		20.000			

3me *Section.* — PARIS (Notre-Dame) A BONNEUIL

RAMPES, PALIERS, PENTES

COMMUNES	LONGUEUR EN MÈTRES			INCLINAISON PAR MÈTRE	OBSERVATIONS
	Rampes	Paliers	Pentes		
Paris............	»	500	»	»	
»	»	»	750	0.01	
»	»	268	»	»	
»	721	»	»	0.015	
»	»	190	»	»	
»	950	»	»	0.0108	
»	»	205	»	»	
»	»	»	150	0.015	
Villejuif........	1282	»	»	0.015	
»	»	482	»	»	
Vitry............	»	»	2022	0.0145	
Ivry............	»	850	»	»	
Vitry............	»	»	876	0.0025	
Maisons........	»	1400	»	»	
Créteil.........	»	»	3783	0.0011	
Bonneuil........	»	2423	»	»	
	2953	6318	7581		
		16.852			

4me *Section.* — ROMAINVILLE A FONTENAY-SOUS-BOIS

RAMPES, PALIERS ET PENTES

COMMUNES	LONGUEUR EN MÈTRES			INCLINAISON par mètre des rampes et pentes	OBSERVATIONS
	RAMPES	PALIERS	PENTES		
Romainville.....	310	»	»	0.015	
Bagnolet........	»	»	1083	0.00646	
»	»	300	»	»	
»	»	»	1750	0.015	
Montreuil.......	»	350	»	»	
»	»	»	659	0.0087	
Vincennes......	»	»	548	0.0029	
»	»	»	808	0.00923	
Fontenay.	»	1052	»	»	
	310	1702	4348		
		6.360			

5me *Section.* — PARIS (CHATEAU-D'EAU) A SAINT-OUEN

RAMPES, PALIERS, PENTES

COMMUNES	LONGUEUR EN MÈTRES			INCLINAISON PAR MÈTRE	OBSERVATIONS
	RAMPES	PALIERS	PENTES		
Paris............	»	460	»	»	
»	»	»	361	0.015	
»	823	»	»	0.015	
»	»	414	»	0.006	
»	478	»	»	0.006	
»	1302	»	»	0.015	
»	»	136	»	»	
»	1943	»	»	0.015	
Les Lilas........	»	939	»	»	
Romainville.....	»	»	1255	0.015	
»	»	200	»	»	
»	»	»	1677	0.015	
Pantin..........	»	100	»	»	
»	»	»	645	0.017	
»	320	»	»	0.015	
»	»	»	1022	0.00342	
»	»	200	»	»	
Aubervilliers....	»	»	1406	0.00875	
»	»	300	»	»	
»	»	»	515	0.00495	
Saint-Denis.....	1321	»	»	0.00488	
»	»	390	»	»	
»	430	»	»	0.01	
»	»	»	1310	0.0075	
Saint-Ouen......	»	605	»	»	
	6617	3744	8191		
		18.552			

ALIGNEMENTS ET COURBES

1re Section. — PLACE DES MARTYRS A ISSY

ALIGNEMENTS ET COURBES

LONGUEUR EN			DISTANCE de la STATION		OBSERVATIONS
ALIGNEMENTS	COURBES	RAYONS	PARIS	PRÉCÉDENTE	
159 »	»	»	159 »	159 »	
»	500 »	300	659 »	659 »	
180 »	»	»	839 »	839 »	
»	57 »	385	896 »	896 »	
368 »	»	»	1.264 »	1.264 »	
»	225 »	315	1.489 »	225 »	
311 »	»	»	1.800 »	536 »	
»	308 »	300	2.108 »	308 »	
267 »	»	»	2.375 »	575 »	
»	476 »	250	2.851 »	476 »	
»	24 »	800	2.875 »	500 »	
»	160 70	200	3.035 70	660 70	
19 70	»	»	3.055 40	680 40	
»	126 »	300	3.181 40	700 10	
838 60	»	»	4.020 »	1.538 70	
»	330 »	500	4.350 »	1.868 70	
460 »	»	»	4.810 »	2.328 70	
»	572 »	580	5.382 »	2.900 70	
620 »	»	»	6.002 »	620 »	
»	90 »	575	6.092 »	710 »	
»	206 »	600	6.298 »	916 »	
517 »	»	»	6.815 »	1.433 »	
»	67 »	800	6.882 »	1.500 »	
2.005 »	»	»	8.887 »	2.005 »	
»	125 »	500	9.012 »	2.130 »	
1.970 »	»	»	10.982 »	1.970 »	
»	304 »	300	11.286 »	2.274 »	
»	257 »	300	11.543 »	2.531 »	
»	465 »	800	12.008 »	2.996 »	
80 »	»	»	12.088 »	3.076 »	
»	188 »	600	12.276 »	3.264 »	
»	834 »	650	13.110 »	834 »	
»	200 »	700	13.310 »	1.034 »	
565 »	»	»	13.875 »	1.599 »	
»	178 »	600	14.053 »	178 »	
225 »	»	»	14.278 »	403 »	
»	210 »	750	14.488 »	613 »	
210 »	» ·	»	14.698 »	823 »	
»	309 »	600	15.007 »	1.132 »	
353 »	»	»	15.360 »	1.485 »	
»	120 »	· 600	15.480 »	1.605 »	
120 »	»	»	15.600 »	1.725 »	
»	320 »	300	15.920 »	320 »	
228 »	»	»	16.148 »	548 »	
»	265 »	400	16.413 »	813 »	
658 »	»	»	17.071 »	1.471 »	
»	112 »	400	17.183 »	112 »	
970 »	»	»	18.153 »	1.082 »	
»	541 »	400	18.694 »	1.628 »	
263 »	»	»	18.957 »	1.886 »	
»	108 »	400	19.065 »	108 »	
»	388 »	300	19.453 »	496 »	
75 »	»	»	19.528 »	571 »	
11.462 30	8.065 70				
19.528 mètres					

1re *Section.* — SAINT-OUEN A SURESNES

ALIGNEMENTS ET COURBES

LONGUEUR EN			DISTANCE DE LA STATION		OBSERVATIONS
ALIGNEMENTS	COURBES	RAYONS	DE PARIS	PRÉCÉDENTE	
»	367	300		367	
192	»	»		559	
»	215	300		774	
495	»	»		1.269	
»	254	300		1.523	
168	»	»		1.691	
»	175	400		1.866	
»	188	250		2.054	
443	»	»		2.497	
»	77	400		2.574	
1.020	»	»		3.594	
»	408	600		4.002	
846	»	»		4.848	
»	314	500		5.162	
965	»	»		965	
»	235	300		1.200	
995	»	»		995	
»	178	300		1.173	
1.553	»	»		2.726	
»	500	700		500	
240	»	»		740	
»	153	500		893	
1.065	»	»		1.958	
»	298	600		2.256	
702	»	»		702	
»	57	500		759	
880	»	»		1.639	
9.564	3 419				
12.983					

1re *Section.* — LIGNE D'AUTEUIL AU BOIS DE BOULOGNE

ALIGNEMENTS ET COURBES

LONGUEUR EN			DISTANCE DE LA STATION		OBSERVATIONS
Alignements	Courbes	Rayons	Paris	Précédente	
»	312	250	»	312	
835	»	»	»	1147	
»	153	250	»	1300	
25	»	»	»	1325	
»	278	300	»	278	
980	»	»	»	1258	
»	325	300	»	1583	
1840	1068				
2.908					

2ᵐᵉ *Section.* — ESPLANADE DES INVALIDES A VILLEJUIF

ALIGNEMENTS ET COURBES

LONGUEUR EN			DISTANCE de la STATION		OBSERVATIONS
ALIGNEMENTS	COURBES	RAYONS	PARIS	PRÉCÉDENTE	
»	223	200	223	223	
750	»	»	973	973	
»	494	615	1.467	1.467	
475	»	»	1.942	1.942	
»	137	250	2.079	137	
»	236	450	2.315	373	
570	»	»	2.885	943	
»	100	500	2.985	1.043	
»	114	500	3.099	1.157	
325	»	»	3.424	1.482	
»	209	1.000	3.633	1.691	
234	»	»	3.867	1.925	
»	48	500	3.915	1.973	
»	96	500	4.011	2.069	
1.243	»	»	5.254	1.243	
»	26	500	5.280	1.269	
400	»	»	5.680	1.669	
»	150	400	5.830	1.819	
625	»	»	6.455	2.444	
»	362	250	6.817	2.806	
316	»	»	7.133	3.122	
»	680	1.000	7.813	680	
320	»	»	8.133	1.000	
»	293	400	8.426	1.293	
460	»	»	8.886	1.753	
»	265	800	9.151	265	
750	»	»	9.901	1.015	
»	1.257	600	11.158	1.257	
1.045	»	»	12.203	2.302	
»	1.152	800	13.355	1.152	
375	»	»	13.730	1.527	
»	353	500	14.083	1.880	
225	»	»	14.308	2.105	
»	527	400	14.835	2.632	
388	»	»	15.223	2.970	
»	301	300	15.524	3.271	
218	»	»	15.742	3.489	
»	510	400	16.252	3.999	
357	»	»	16.609	4.356	
»	96	550	16.705	96	
»	100	600	16.805	196	
130	»	»	16.935	326	
»	317	550	17.252	643	
565	»	»	17.817	1.208	
»	400	300	18.217	1.608	
»	135	500	18.352	135	
1.300	»	»	19.652	1.435	
»	348	350	20.000	1.783	
11.071	8.929				
20.000 mètres					

3ᵐᵉ Section. — PARIS (Notre-Dame) A BONNEUIL

ALIGNEMENTS ET COURBES

LONGUEUR EN			DISTANCE DE LA STATION		OBSERVATIONS
Alignements	Courbes	Rayons	Paris	Précédente	
190	»	»	190	190	
»	332	300	522	522	
»	288	1000	810	288	
»	175	1000	985	463	
»	420	800	1405	883	
»	290	300	1695	290	
»	544	600	2239	834	
45	»	»	2284	45	
»	244	1000	2528	289	
2738	»	»	5266	2738	
»	392	300	5658	392	
1515	»	»	7173	1907	
»	420	500	7593	2327	
265	»	»	7858	265	
»	1838	2500	9696	2103	
215	»	»	9911	2318	
»	154	800	10065	2472	
490	»	»	10555	2962	
»	328	800	10883	328	
3946	»	»	14829	3946	
»	575	1000	15404	4521	
705	»	»	16109	705	
»	743	600	16852	1448	

4ᵐᵉ Section. — ROMAINVILLE A FONTENAY-SOUS-BOIS

ALIGNEMENTS ET COURBES

LONGUEUR EN			DISTANCE DE LA STATION		OBSERVATIONS
Alignements	Courbes	Rayons	Paris	Précédente	
»	600	1600	»	600	
422	»	»	»	2022	
»	310	600	»	2330	
1235	»	»	»	3565	
»	205	800	»	3770	
798	»	»	»	798	
»	1095	650	»	1448	
380	»	»	»	380	
»	95	500	»	475	
1220	»	»	»	1695	
4055	2305				
6.360					

5me *Section*. — CHATEAU-D'EAU A SAINT-OUEN

ALIGNEMENTS ET COURBES

LONGUEUR EN			DISTANCE de la STATION		OBSERVATIONS
ALIGNEMENTS	COURBES	RAYONS	PARIS	PRÉCÉDENTE	
65	»	»	65	65	
»	218	500	283	283	
87	»	»	370	370	
»	188	500	558	558	
1.086	»	»	1.644	1.644	
»	242	300	1.886	242	
222	»	»	2.108	464	
»	246	300	2.354	710	
160	»	»	2.514	870	
»	787	365	3.301	•1.657	
190	»	»	3.491	1.847	
»	157	500	3.648	2.004	
»	246	250	3.894	2.250	
678	»	»	4.572	678	
»	130	500	4.702	808	
217	»	»	4.919	1.025	
»	356	350	5.275	1.381	
444	»	»	5.719	1.825	
»	113	500	5.832	1.938	
1.130	»	»	6.962	1.130	
»	348	700	7.310	1.478	
168	»	»	7.478	1.646	
»	628	400	8.106	2.274	
425	»	»	8.531	425	
»	926	865	9.457	1.351	
»	620	500	10.077	1.971	
2.733	»	»	12.810	2.733	
»	652	800	13.462	652	
152	»	»	13.614	804	
»	432	500	14.046	432	
450	»	»	14.496	882	
»	240.	500	14.736	1.122	
661	»	»	15.397	1.783	
»	890	600	16.287	2.673	
2.160	»	»	18.447	2.160	
»	105	400	18.552	2.265	
11.028	7.524				

18.552 mètres

ACQUISITION DES TERRAINS

1ʳᵉ *Section.* — DE LA PLACE DES MARTYRS A ISSY

ACQUISITION DE TERRAINS

COMMUNES	SUPERFICIE OCCUPÉE			SUPERFICIE APPARTENANT aux Villes et Communes			RESTE A ACQUÉRIR	Prix	SOMMES	OBSERVATIONS
	Longueur	Largeur	Total	Longueur	Largeur	Total				
	mètres	mètres	mètres	mètres	mètres	mètres		Fr.	Francs	
Paris (Gare des Martyrs).............	47	»	»	»	»	»	Mémoire	»	»	Emplacem. de la gare.
De la rue Choron au passage de l'École.	117	52 50	6.142 50	»	»	»	Mémoire	»	»	Id.
Du passage de l'École à la rue de la Tour-d'Auvergne..................	116	27	3.182	»	»	»	Mémoire	»	»	»
De la rue de la Tour-d'Auvergne à la rue Condorcet......................	93	16	1.488	»	»	»	1.488	500	744.000	
De la rue Condorcet à la place Pigalle..	500	12	6.000	286	12	3.432	2.568	125	321.000	Souterrain.
De la place Pigalle à la place Blanche..	316	16	5.056	316	16	5.056	»	»	»	
De la place Blanche à l'av. du Cimetière.	220	16	3.520	220	16	3.520	»	»	»	Souterrain.
De l'avenue du Cimetière au souterrain..	76	15	1.140	»	»	»	1.140	200	228.000	
A la suite......................	420	12	5.040	10	12	120	4.920	40	196.800	Souterrain.
Du point précédent à l'av. de Saint-Ouen.	840	14	11.760	52	14	728	11.032	50	551.600	
Avenue de Saint-Ouen...............	100	12	120	100	12	120	»	»	»	
Chemin de fer des Docks..............	683 90	»	»	»	»	»	Mémoire	»	»	
Saint-Ouen (chemin de fer des Docks)..	491 10	»	»	»	»	»	Mémoire	»	»	
Du chemin de fer des Docks au chemin du Landy.	468	8	3.744	»	»	»	3.744	10	37.440	
Clichy (du chemin du Landy au boulevard Saint-Vincent-de-Paule)........	1.304	9 50	12.388	26	9 50	247	12.141	10	121.410	
Du boulevard Saint-Vincent-de-Paule au chemin de fer de l'Ouest.............	880	7	6.160	880	7	6.160	»	»	»	
Levallois.......................	1.427	7	9.989	70	7	490	9.499	10	94.990	
Neuilly........................	2.902	7	20.314	2.461	7	17.227	3.087	350	1.080.450	
Paris (Bois de Boulogne).............	3.297	8	26.376	3.297	8	26.376	Mémoire	»	»	
Boulogne.......................	3.690	8	29.520	1.572	8	12.576	16.944	15	254.160	
Issy...........................	1.540	18	27.720	130	18	2.340	25.380	2	50.760	
Totaux.................	19.528	»	179.609 50	9.442		79.292	100.317 50		3.680.610	
Un dixième en plus........									368.061	
									4.048.671	

Nota. — Pour les parties en souterrain, on a adopté comme taux d'indemnité le cinquième de la valeur vénale, en supposant que les immeubles resteront la propriété des détenteurs actuels.

1re Section. — DE SAINT-OUEN A SURESNES

ACQUISITION DE TERRAINS

COMMUNES	SUPERFICIE OCCUPÉE			SUPERFICIE APPARTENANT aux Villes et Communes			RESTE A ACQUÉRIR	PRIX	SOMMES	OBSERVATIONS
	Longueur	Largeur	Total	Longr	Largeur	Total				
	mètres c.	m. c.	mètres c.	m. c.	m. c.	m. c.	mètres c.	fr. c.	francs c.	
SAINT-OUEN :										
Chemin de fer des Docks............	550 »	»	»	»	»	»	Mémoire	»	»	Chemin emprunté.
Aven. de la Gare à la route de la Révolte	562 »	9 50	5.339 »	40 »	9 50	380 »	4.959 »	15 »	74.385 »	
De la route de la Révolte à la Seine...	888 »	10 »	8.880 »	»	»	»	8.880 »	15 »	133.200 »	
La Seine (grand bras)................	109 »	8 »	872 »	109 »	8 »	872 »	»	»	»	
SAINT-DENIS :										
La Seine (grand bras)...........	80 »	8 »	640 »	80 »	8 »	640 »	»	»	»	
Traversée de l'île Saint-Ouen.........	170 »	12 »	2.040 »	»	»	»	2.040 »	5 »	10.200 »	
La Seine (petit bras)............	60 »	8 »	480 »	60 »	8 »	480 »	»	»	»	
GENNEVILLIERS :										
La Seine (petit bras)............	60 »	8 »	480 »	60 »	8 »	480 »	»	»	»	
De la Seine à 1,128 mètres à la suite...	1.128 »	14 50	16.356 »	6 »	14 50	87 »	16.269 »	2 »	32.538 »	
Du point précédent au chemin du Moulin-de-la-Tour...........	905 »	9 »	8.145 »	12 »	9 »	108 »	8.037 »	2 »	16.074 »	
Du chemin du Moulin-de-la-Tour à 214 mètres après l'av. de Gennevilliers...	650 »	9 30	6.045 »	20 »	9 30	186 »	5.859 »	2 »	11.718 »	
De ce point au Fossé-de-l'Aumône.....	460 »	14 50	6.670 »	»	»	»	6.670 »	2 »	13.340 »	
ASNIÈRES.	570 »	15 »	8.550 »	25 »	15 »	375 »	8.175 »	2 »	16.350 »	
COLOMBES :										
De la route départementale n° 33 au chemin des Montelairs..............	1.663 »	16 05	26.691 15	25 »	16 05	401 25	26.289 90	2 »	52.579 80	
Du chemin des Montelairs à la route départementale n° 32..............	480 »	11 20	5.376 »	»	10 30	»	5.376 »	2 »	10.752 »	
De la route départementale n° 32 au chemin de fer de Saint-Germain.....	655 »	10 30	6.746 50	15 »	»	154 50 8	6.592 »	2 »	13.184 »	
Traversée du ch. de fer de St-Germain.	110 »	»	»	»	16 05		Mémoire	»	»	
A reporter....	9.100 »		103.310 65	452 »		4.163 75	99.146 90		324.820 80	

1re *Section.* — DE SAINT-OUEN A SURESNES

ACQUISITION DE TERRAINS (suite).

COMMUNES	SUPERFICIE OCCUPÉE			SUPERFICIE APPARTENANT aux Villes et Communes			RESTE À ACQUÉRIR	PRIX	SOMMES	OBSERVATIONS
	Longueur	Largeur	Total	Long'	Largeur	Total				
	mètres c.	m. c.	mètres c.	m. c.	m. c.	mètres c.	mètres c.	fr. c.	francs c.	
Report...	9.100 »	»	103.310 65	452 »	»	4.163 75	99.146 90		384.320 80	
COLOMBES (suite) :										
Du chemin de fer Saint-Germain au chemin de Nanterre.................	1.036 »	14 »	14.504 »	»	14 »	420 »	14.084 »	2 »	28.168 »	
COURBEVOIE :										
Du chemin de Nanterre au chemin de fer de Paris à Versailles............	737 »	11 60	8.549 20	»	»	»	8.549 20	3 »	25.647 60	
Du chemin de fer de Versailles au rond-point de Courbevoie.................	373 »	13 56	5.057 88	60 »	13 56	813 60	4.244 28	2 »	8.488 56	
PUTEAUX :										
Rond-point de Courbevoie.......... .	220 »	8 »	1.760 »	220 »	8 »	1.760 »	«	»	»	Souterrain.
Du rond-point de Courbevoie au chemin de la Montagne-des-Rus........	395 »	18 52	7.315 40	12 »	18 52	222 24	7.093 16	2 »	14.186 32	
Du chemin de la Montagne-des-Rus à la sente traversière.................	185 »	16 35	3.024 75	»	»	»	3.024 75	2 »	6.049 50	
De la sente traversière à la route de Saint-Germain......................	110 »	11 91	1.310 10	15 »	11 91	178 65	1.131 45	2 »	2.262 90	
De la route de Saint-Germain à la rue du Chemin-de-fer...............	285 »	9 70	2.764 50	8 »	9 70	77 60	2.686 90	2 »	5.373 80	
De la rue du Chemin-de-fer au chemin de Nanterre......................	250 »	9 25	2.312 50	15 »	9 25	138 75	2.173 75	2 »	4.347 50	
SURESNES.................	292 »	8 96	2.616 32	10 »	8 96	89 60	2.526 72	2 »	5.053 44	
TOTAUX..............	12.983 »	»	152.525 30	822 »	»	7.864 19	144.661 11		483.898 42	
Un dixième en plus....	»	»	»	»	»	»	»		48.389 84	
									532.288 26	

1re *Section.* — LIGNE D'AUTEUIL AU BOIS DE BOULOGNE

ACQUISITION DE TERRAINS

COMMUNES	SUPERFICIE OCCUPÉE			SUPERFICIE APPARTENANT aux Villes et aux Communes			RESTE À ACQUÉRIR	PRIX	SOMMES	OBSERVATIONS
	Longueur	Larg^r	Total	Long^r	Larg^r	Total				
PARIS	mètres c.	mètres	mètres c.	mètres	mètres	mètres	mètres			
Bois de Boulogne..................	275 »	8	2.200 »	275	8	2.200	»	»	»	
BOULOGNE										
De la limite du bois à la porte de Boulogne......................	1.240 »	7	8.680 »	1.240	7	8.680	»	»	»	
De la porte de Boulogne à l'allée des fortifications....................	1.074 »	7	7.518 »	1.074	7	7.518	»	»	»	
PARIS										
Raccordement avec le chemin de fer d'Auteuil.......................	319 »	8	2.552 »	319	8	2.552	»	»	»	
Totaux.......	2.908 »		20.950 »	2.908		20.950	»	»	»	

ACQUISITION DE TERRAINS

COMMUNES	SUPERFICIE OCCUPÉE			SUPERFICIE APPARTENANT aux Villes et Communes			RESTE A ACQUÉRIR	PRIX	SOMMES	OBSERVATIONS
	Longueur	Larg'	Total	Long'	Larg'	Total				
	mèt. c.	mèt. c.	mèt. c.	mèt. c.	mèt. c.	mèt. c.	mèt. c.	fr. c.	francs c.	
PARIS (gare).............................	90 »	»	»	»	»	»	Mémoire	»	»	
De l'esplanade des Invalides à l'av. Rapp..	856 »	9 »	7.704 »	856 »	9 »	7.704 »	»	»	»	
De l'av. Rapp à l'av. de la Bourdonnaye..	521 »	7 »	3.647 »	521 »	7 »	3.647 »	»	»	»	
Traversée du Champ-de-Mars...........	480 »	10 »	4.800 »	480	10 »	4.800 »	»	»	»	
De l'av. de Suffren au pont de Grenelle..	1.159 »	8 »	9.272 »	1.159	8 »	9.272 »	»	»	»	
Du pont de Grenelle au pied du glacis...	1.894 »	8 »	51.152 »	1.894	8 »	15.152 »	»	»	»	
Issy (du pied du glacis au chemin n° 35).	1.180 »	8 »	9.440 »	1.180	8 »	9.440 »	»	»	»	
Du chemin n° 35 à la route nationale n° 189.	690 »	21 10	14.559 »	12	21 10	253 20	14.305 80	2 »	28 611 60	
De la route nat. n° 189 à 130 m. au delà.	130 »	13 56	1.762 80	»	»	»	1.762 80	2 »	3.525 60	
Du point précédent au chemin des Monts.	475 »	17 51	8.317 25	»	»	»	8.317 25	2 »	16.634 50	
A la suite.............................	350 »	12 »	4.200 »	40	12 »	480 »	3.720 »	» 40	1.488 »	Souterrain.
De l'extrémité du sout. à la rue de Clamart.	235 »	20 50	4.817 50	20	20 50	410 »	4.407 50	2 »	8.815 »	
Vanves (de la rue de Clamart au chemin de fer de l'Ouest)......................	914 »	13 85	12.658 90	50	13 85	692 50	11.966 40	3 »	35.899 20	
Du chemin de fer de l'Ouest à 270 m. au-delà de la voie des Fosses-Rouges.....	607 »	10 07	6.112 49	20	10 07	201 40	5.911 09	3 »	17.733 27	
Du point précéd. à la route de Châtillon..	445 »	13 »	5.785 »	35	13 »	455 »	5.330 »	2 »	10.660 »	
Châtillon (de la route de Châtillon à la voie des Charbonniers)...............	82 »	13 »	1.056 »	8	13 »	104 »	962 »	1 50	1.443 »	
Bagneux (de la voie des Charbonniers à 190 mètres au delà)...................	190 »	10 45	1.985 50	»	»	»	1.985 50	1 »	1.985 50	
Du point précédent à 110 m. au-delà de la route du fort de Vanves..............	590 »	10 35	6.106 50	20	10 35	207 »	5.899 50	1 »	5.899 50	
Du point précédent à la petite voie des Suisses................................	1.125 »	11 »	12.375 »	25	11 »	275 »	12.100 »	1 »	12.100 »	
A reporter..............	11.913 »		219.760 94	6.320		53.093 10	76.667 84		144.795 17	

2me *Section.* — ESPLANADE DES INVALIDES A VILLEJUIF

ACQUISITION DE TERRAINS (suite)

COMMUNES	SUPERFICIE OCCUPÉE			SUPERF.CIE APPARTENANT aux Villes et Communes			RESTE A ACQUÉRIR	PRIX	SOMMES	OBSERVATIONS
	Longueur	Largr	Total	Longr	Largr	Total				
	mèt. c.	m. c.	mèt. c.	mèt. c.	mèt. c.	mèt. c.	mèt. c.	fr. c.	francs c.	
Report.................	11.913 »		219.760 94	6.320		53.093 10	76.667 84	»	144.795 17	
BAGNEUX (suite.) De la petite voie des Suisses au pavé de Châtillon..........	497 »	11 60	5.765 20	10	11 60	116 »	5.649 20	1 »	5.649 20	
Du pavé de Châtillon au chemin de la Tour.	246 »	19 28	4.742 88	»		»	4.742 88	1 »	4.742 88	
FONTENAY-AUX-ROSES (du chemin de la Tour au chemin de Fontenay).........	270 »	16 05	4.333 50	8	16 05	· 128 40	4.205 10	2 »	8.410 20	
Du ch. de Fontenay au sentier des Sonières.	339 »	11 80	4.000 20	20	11 80	236 »	3.764 20	2 »	7.528 40	
Du sent. des Sonières au ch. des Cuverons.	260 »	11 72	3.047 20	10	11 72	117 20	2.930 »	2 »	5.860 »	
BAGNEUX (du chemin des Cuverons au chemin de fer de Sceaux).............	1.210 »	26 85	32.488 50	16	26 85	429 60	32.058 90	1 »	32.058 90	Elarg. de la plate-forme du ch. de fer de Paris à Sceaux
Chemin de fer de Sceaux.............	727 »	5 »	3.635 »	30	5 »	150 »	3.485 »	» 75	2.693 75	
ARCUEIL (chemin de fer de Sceaux)......	2.062 »	5 »	10.310 »	130	5 »	650 »	9.660 »	» 75	7.245 »	
Du ch. de fer de Sceaux au ch. d'Arcueil.	431 »	10 67	4.598 77	10	10 67	106 70	4.492 07	1 50	6.738 11	
Du chemin d'Arcueil au viaduc..........	80 »	18 »	1.440 »	»	»	»	1.440 »	1 50	2.160 »	
Viaduc.........................	312 »	8 »	2.496 »	18	18 »	324 »	2.172 »	» 75	1.629 »	
GENTILLY (viaduc)......................	88 »	8 »	704 »	8	8 »	64 »	640 »	» 75	480 »	
Du viaduc à la voie de L'Hay..........	192 »	30 »	5.760 »	»	»	»	5.760 »	1 50	8.640 »	
De la voie de L'Hay au souterrain........	150 »	19 15	2.872 50	10	19 15	191 50	2.681 »	1 50	4.021 50	
A la suite jusqu'à la rue du Fort........	460 »	12 »	5.520 »	20	12 »	240 »	5.280 »	» 30	1.584 »	Souterrain.
VILLEJUIF (à la suite)....................	315 »	12 »	3.780 »	»	»	»	3.780 »	» 30	1.134 »	Id.
De l'extrémité du souterrain au raccordement avec la 3e Section.................	348 »	18 50	6.438 »	20	18 50	370 »	6.068 »	1 50	9.102 »	
TOTAUX......	20.000 »	»	231.692 69	6.630	»	56.216 50	175.476 19		254.472 11	
Un dixième en plus.....	»		»	»		»			25.447 21	
									279.919 32	

3me *Section.* — QUAI DE MONTEBELLO A BONNEUIL

ACQUISITION DE TERRAINS

COMMUNES	SUPERFICIE OCCUPÉE			SUPERFICIE APPARTENANT aux Villes et Communes			RESTE A ACQUÉRIR	PRIX	SOMMES	OBSERVATIONS
	Longueur	Largeur	Total	Long^r	Larg^r	Total				
	mèt. c.	mèt. c.	mèt. c.	mèt.	m. c.	mèt. c.	mèt. c.	fr. c.	francs c.	
Paris (de la rue Maître-Albert au boulevard Saint-Germain)..........	215 »	35 »	7.525 »	215	35 »	7.525 »	»	»	»	Viaduc.
Du boul. St-Germain à la rue de Jussieu.	378 »	7 »	2.646 »	70	7 »	490 »	2.156 »	500 »	1.078.000 »	Emplacement de la gare.
De la rue de Jussieu à la rue Censier...	657 »	11 »	7.227 »	186	11 »	2.046 »	5.181 »	300 »	1.554.300 »	
De la rue Censier à l'av. des Gobelins..	798 »	11 »	8.778 »	»	» »	»	8.778 »	300	2.623.400 »	
De l'av. des Gobelins à la place d'Italie.	623 »	11 »	6.853 »	636	11 »	6.996 »	»	»	»	Souterrain.
De la place d'Italie au pied du glacis ...	1.522 »	10 »	15.220 »	1.522	10 »	15.220 »	»	»	»	
Villejuif (du pied du glacis au raccordement avec la 2ᵉ Section)..........	1.266 »	10 »	12.660 »	1.266	10 »	12.660 »	»	»	»	
Du raccordement avec la 2ᵉ section à la voie des Verbeuses.............	232 »	13 93	3.231 76	10	13 93	139 30	3.092 46		9.277 38	
De la voie des Verbeuses à 60 mètres au-delà du chemin de Gournay......	460 »	24 »	11.040 »	15	24 »	360 »	10.680 »	3 »	32.040 »	
Vitry (du point précédent à la route départementale n° 51).............	345 »	17 41	6.006 45	10	17 41	174 10	5.832 35	3 »	17.497 65	
De la route dép. n° 51 à la voie des Bornes.	330 »	20 41	6.735 30	8	20 41	163 28	6.572 02	3 »	19.716 06	
Ivry (de la voie des Bornes au sentier du Moulin-à-Vent)	350 »	32 30	11.305 »	»	» »	»	11.305 »	3 »	33.915 »	
Du sentier du Moulin-à-Vent à la route stratégique....	200 »	12 »	2.400 »	30	12 »	360 »	2.040 »	0 75	1.530 »	Souterrain.
De l'extrémité du souterrain à 160 mètres au-delà	160 »	22 »	3.520 »	»	» »	»	3.520 »	3 »	10.560 »	
A la suite...................	357 »	13 43	4.794 51	180	10 »	1.800 »	2.994 51	3 »	8.983 53	
Du point préc. au chem. du Chevaleret...	273 »	21 90	5.978 70	158 22	10 » 21 90	1.580 » 481 80	3.916 90	3 »	11.750 70	
A reporter.........	8.166 »		135.820 72	4.328		49.985 48	70.368 24		5.400.969 72	

ACQUISITION DE TERRAINS (suite).

COMMUNES	SUPERFICIE OCCUPÉE			SUPERFICIE APPARTENANT aux Villes et Communes			RESTE À ACQUÉRIR	PRIX	SOMMES	OBSERVATIONS
	Longueur	Largeur	Total	Long'	Larg'	Total				
	mèt. c.	mèt. c.	mèt. c.	mèt. c.	m. c.	mèt. c.	mèt. c.	fr. c.	francs c.	
Report...........	8.166 »	»	135.820 72	4.328	»	49.985 48	70.368 24		5.400.969 72	
VITRY (du chemin du Chevaleret à 207 m. au-delà du ch. de f. de Paris à Orléans).	573 »	33 74	19.333 02	25	33 74	843 50	18.489 52	3 »	55.468 56	
Du point précédent à la Seine........	780 »	34 80	27.144 »	30	34 80	1.044 »	26.100 »	3 »	78.300 »	
La Seine et chemin de Halage........	120 »	8 »	960 »	120	8 »	960 »	»	»	»	
MAISONS (la Seine et chemin de Halage).	105 »	8 »	840 »	105	8 »	840 »	»	»	»	
A la suite..................... Du point précédent au chemin de fer de Paris à Lyon.....................	135 »	32 38	4.371 30	»	»	»	4.371 30	4 »	17.485 20	
Du chemin de fer de Paris à Lyon à 220 m. au-delà du chemin de Maisons.......	552 »	28 33	15.638 16	20	28 33	566 60	15.071 56	4 »	60.286 24	
CRÉTEIL (du point précédent à 605 mèt. au-delà du chemin de Maisons à Mesly).	1.072 »	27 40	29.372 80	35	27 40	959 »	28.413 80	4 »	113.655 20	
Du point précédent à 217 mèt. au-delà du ch. de Choisy au pont de Créteil..	745 »	24 95	18.587 75	10	24 95	249 50	18.338 25	3 »	55.014 75	
A la suite....................	547 »	18 95	10.365 65	15	18 95	284 25	10.081 40	3 »	30.244 20	
Du point précédent à la rue de la Sablière.	110 »	11 23	1.235 30	»	»	»	1.235 30	3 »	3.705 90	
De la rue de la Sablière au ru du Morbras.	357 »	14 26	5.090 82	20	14 26	285 20	4.805 62	3 »	14.416 86	
BONNEUIL (du ru du Morbras au chemin du Moulin	960 »	30 »	28.800 »	40	30 »	1.200 »	27.600 »	3 »	82.800 »	
Du chemin du Moulin au raccordement avec le chemin de fer de Vincennes..	2.135 »	8 »	17.080 »	30	8 »	240 »	16.840 »	2 »	33.680 »	
	688 »	15 50	10.664 »	»	»	»	10.664 »	2 »	21.328 »	
TOTAUX............	16.852 »	»	305.403 52	4.778	»	57.467 53	248.078 99		5.967.354 63	
Un dixième en plus..............	»	»	»	»	»	»	»		596.735 46	
									6.564.090 09	

ACQUISITION DE TERRAINS

COMMUNES	SUPERFICIE OCCUPÉE			SUPERFICIE APPARTENANT aux Communes			RESTE A ACQUÉRIR	Prix	SOMMES	OBSERVATIONS
	Longueur	Largeur	Total	Longr	Largr	Total				
	mètres c.	mèt. c.	mètres c.	mètres m. c.		mètres c.	mètres c.	fr.	francs c.	
ROMAINVILLE (du chemin de Romainville à Montreuil au chemin du Puits).	310 »	51 48	15.958 80	20	51 48	1.029 60	14.929 20	3	44.787 60	
BAGNOLET (du chemin du Puits à la rue de Malassis)......................	993 »	45 88	45.581 84	38	45 88	1.743 44	43.845 40	1	43.845 40	
De la rue de Malassis à la station de Bagnolet.............................	318 »	28 26	8.986 68	»	»	»	8.986 68	1	8.986 68	
De la station de Bagnolet au chemin de Carrière	552 »	18 53	10.226 56	24	18 53	444 72	9.783 84	1	9.783 84	
Du chemin de Carrière au chemin du Moulin de l'Epine....................	520 »	13 68	7.113 60	24	13 68	328 32	6.785 28	1	6.785 28	
MONTREUIL (du chemin du Moulin de l'Epine à l'ancien chemin de Paris à Montreuil)...........................	618 »	10 80	6.674 40	30	10 80	324 »	6.350 40	5	31.752 »	
De l'ancien chemin de Paris à Montreuil au sentier des Chaveaux.............	307 50	9 25	2.844 38	14	9 25	129 50	2.714 88	5	13.574 40	
Du sentier des Chaveaux au sentier des Longues-Maures....................	591 50	10 78	6.376 37	40	10 78	431 20	5.945 17	5	29.725 85	
VINCENNES (du sentier des Longues-Maures au chemin des Carrières)......	242 »	9 75	2.359 50	»	»	»	2.359 50	5	11.797 50	
Du chemin des Carrières au chemin de Lagny	548 »	12 78	7.003 44	20	12 78	255 60	6.747 84	5	33.739 20	
Du chemin de Lagny au chemin du Parc.	260 »	9 »	2.340 »	»	»	»	2.340 »	5	11.700 »	
FONTENAY-SOUS-BOIS	1.100 »	14 30	15.730 »	26	14 30	371 80	15.358 20	3	46.074 60	
TOTAUX..........	6.360 »		131.204 57	236		5.058 18	126.146 39		292.552 35	
Un dixième en plus...									29.255 23	
									321.807 58	

5me *Section.* — DU CHATEAU-D'EAU A SAINT-OUEN

ACQUISITION DE TERRAINS

COMMUNES	SUPERFICIE OCCUPÉE			SUPERFICIE APPARTENANT aux Villes et Communes			RESTE A ACQUÉRIR	Prix	SOMMES	OBSERVATIONS
	Longueur	Largeur	Total	Longueur	Largeur	Total				
	mètres c.	mèt. c.	mètres c.	mètres c.	mèt. c.	mètres c.	mètres c.	fr. c.	fr. c.	
PARIS :										
De la rue de la Douane au quai Valmy.	343 »	35· »	12.005 »	343 »	35 »	12.005 »	»	»	»	Établiss. de la gare.
Quai Valmy à la rue Folie-Méricourt..	146 »	7 »	1.022 »	146 »	7 »	1.022 »	»	»	»	
De la rue Folie-Méricourt à la rue de Nemours	174 »	7 »	1.218 »	174 »	7 »	1.218 »	»	»	»	Mur de soutènem.
De la rue de Nemours à la rue du Chemin-Vert	1.095 »	10 80	11.826 »	1.095 »	10 80	11.826 »	»	»	»	Id.
	110 »	12 »	1.320 »	110 »	12 »	1.320 »	»	»	»	Souterrain.
De la rue du Chemin-Vert au sentier des Dives	260 »	11 »	2.860 »	260 »	11 »	2.860 »	»	»	»	Mur de soutènem.
	408 »	12 »	4.896 »	408 »	12 »	4.896 »	»	»	»	Souterrain.
	839 »	7 »	5.873 »	74 »	7 »	518 »	5.355 »	100 »	535.500 »	
Du sentier des Dives à la r. du Ratrait.	463 »	12 »	5.556 »	463 »	12 »	5.556 »	»	»	»	Souterrain.
De la rue du Ratrait à la rue de Chine.	145 »	15 »	2.175 »	145 »	15 »	2.175 »	»	»	»	
De la rue de Chine aux fortifications..	1.281 »	12 »	15.372 »	946 »	12 »	11.352 »	4.020 »	40 »	160.800 »	Souterrain.
LES LILAS :										
Des fortifications à la station des Lilas.	510 »	12 »	6.120 »	34 »	30 »	1.020 »	5.100 »	5 »	25.500 »	Souterrain.
	143 »	43 75	6.256 25	»	»	»	6.256 25	5 »	31.281 25	
De la station des Lilas au chemin de Bagnolet à Romainville	805 »	39 02	31.411 10	18 »	39 02	702 36	30.708 74	5 »	153.543 70	
ROMAINVILLE :										
Du chemin de Bagnolet, à Romainville, à la station de Romainville	875 »	45 42	17.032 50	»	»	»	17.032 50	4 »	68.130 »	
	1.146 »	12 »	13.752 »	68 »	30 »	2.040 »	11.712 »	1 »	11.712 »	Souterrain.
	68 »	39 70	2.699 60	»	»	»	2.699 60	4 »	10.798 40	
De la station de Romainville au chemin du Trou-Vassou	408 »	18 80	7.670 40	16 »	18 80	300 80	7.369 60	4 »	29.478 40	
A reporter.....	8.719 »		14.964 95	5.400 »		58.811 16	90.253 69		1.026.743 75	

5me *Section.* — DU CHATEAU-D'EAU A SAINT-OUEN

ACQUISITION DE TERRAINS (suite)

COMMUNES	SUPERFICIE OCCUPÉE			SUPERFICIE APPARTENANT aux Villes et Communes			RESTE A ACQUÉRIR	Prix	SOMMES	OBSERVATIONS
	Longueur	Largeur	Total	Longueur	Largeur	Total				
Report..........	mètres c. 8.719 »	m. c.	mètres c. 14.964 95	5.400 »	m. c.	mètres c. 58.811 16	mètres c. 90.253 69		1.026.743 75	
ROMAINVILLE (suite) : Du chemin du Trou-Vassou à la limite de la commune de Romainville......	761 »	20 66	15.722 26	16 »	20 66	330 56	15.391 70	4 »	61.566 80	
PANTIN............................ De la route départementale n° 24 à la route nat. n° 2 de Paris à Maubeuge.	1.445 » 1.350 »	15 62 9 60	22.570 90 12.960 »	76 » 30 »	15 62 9 60	1.187 12 288 »	21.383 78 12.672 »	5 » 5 »	106.918 90 63.360 »	
AUBERVILLIERS : Route nationale n° 2 au ru de Montfort	2.148 »	9 68	20.792 64	60 »	9 68	580 80	20.211 84	3 »	60.635 52	
LA COURNEUVE.....................	291 » 1.073 »	9 12 18 50	2.653 92 19.850 50	» 40 »	» 18 50	» 740 »	2.653 92 19.110 50	3 » 10 »	7.961 76 391.105 »	Viaduc.
SAINT-DENIS	130 » 210 » 100 » 360 » 50 »	8 » 17 » 8 » 16 44 8 »	1.040 » 3.570 » 800 » 5.918 40 400 »	» » 18 » 6 » »	» » 8 » 16 44 »	» » 144 » 98 64 »	1.040 » 3.570 » 656 » 5.819 76 400 »	10 » 10 » 10 » 10 » 10 »	10.400 » 35.700 » 6.560 » 58.197 60 4.000 »	Viaduc.
Ch. de fer du Nord à la com. de St-Ouen	882 »	18 80	16.581 60	10 »	18 80	188 »	16.393 60	10 »	163.936 »	
SAINT-OUEN : Jusqu'au raccord. avec la 1re section...	1.033 »	11 10	11.466 30	30 »	11 10	333 »	11.133 30	15 »	166.999 50	
TOTAUX.............. Un dixième en plus..	18.552 » »	» »	283.391 37 »	5.686 » »	» »	62.701 28 »	220.690 09 »	»	2.164.084 83 216.408 48	
									2.380.493 31	

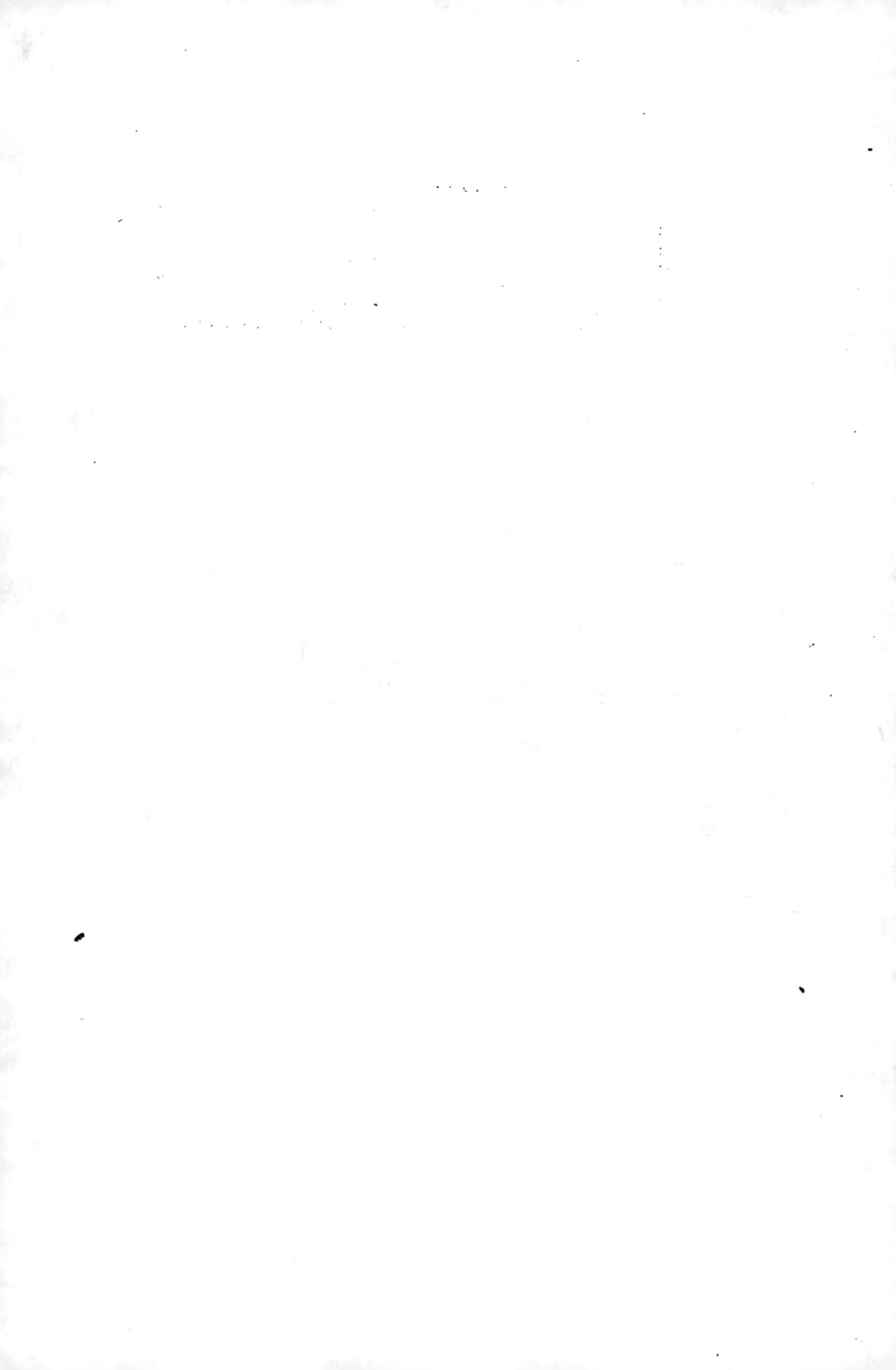

TERRASSEMENTS

1re *Section.* — DE LA PLACE DES MARTYRS A ISSY

TERRASSEMENTS

	COMMUNES TRAVERSÉES	NATURE DE L'OUVRAGE	DIMENSIONS Longueur	Largr	Hautr	CUBES En remblai	En déblai	OBSERVATIONS
			mètres c.	m. c.	m. c.	mètres c.	mètres c.	
PARIS	Partie sur viaduc.....	»	123 »	»	»	»	»	Pour tous les cubes en déblai, on a ajouté 25 0/0, pour tenir compte du foisonnement.
	Suite jusqu'au passage de l'École...........	Tranchée	40 »	52 50	1 43	»	3.753 75	
	Pass. de l'Ecole à la rue de la Tour-d'Auvergne	Id.	116 »	27 »	6 60	»	25.839 »	
	R. de la Tour-d'Auvergne au souterrain. ..	Id.	93 »	16 »	11 57	»	21.520 20	
	Rue Condorcet à la pl. Pigalle.............	Souterrain	500 »	12 »	8 50	»	63.750 »	
	Place Pigalle à la place Blanche.......... ..	Tranchée	316 »	16 »	10 56	»	66.739 20	
	Place Blanche à l'avenue du Cimetière....	Souterrain	220 »	16 »	8 50	»	37.400 »	
	Avenue du Cimetière au souterrain........	Tranchée	76 »	15 »	12 18	»	17.356 50	
	Suite.................	Souterrain	420 »	12 »	8 50	»	53.550 »	
	Du point précédent à l'aven. de Saint-Ouen	Tranchée	841 »	14 »	6 06	»	89.188 05	
	Avenue de Saint-Ouen.	Souterrain	100 »	12 »	8 50	»	12.750 »	
	Ch. de fer des Docks.	Tranchée	309 90	12 »	4 01	»	18.640 49	
	Id.	A niveau	374 »	»	»	»	»	
SAINT-OUEN	SAINT-OUEN.— Id.	Id	491 10	»	»	»	»	
	Ch. de fer des Docks au chemin du Landy.	Remblai	468 »	9 50	0 73	3.245 58	»	
CLICHY	Chemin du Landy au ch. de la Procession.	Id.	777 »	11 20	1 63	14.184 91	»	
	Ch. de la Procession au ch. de fer de l'Ouest..	Id.	1.407 »	7 »	0 50	4.924 50	»	
LEVALLOIS	LEVALLOIS.— Chem. de fer de l'Ouest à la rue de Villiers..............	Id.	1.427 »	7 »	0 58	5.793 62	»	
NEUILLY	Rue de Villiers au boulevard Bineau.......	Id.	590 »	7 »	0 67	2.767 10	»	
	Boulevard Bineau à l'avenue de Neuilly.....	Tranchée	964 »	9 »	2 25	»	244.012 50	
	Avenue de Neuilly....	Souterrain	70 »	15 »	8 »	»	10.500 »	
	Av. de Neuilly à la rue du bois du Boulogne.	Tranchée	503 »	9 »	2 15	»	12.166 31	
	Rue du bois de Boulogne à la rue du Centre	Id.	200 »	7 »	0 12	»	210 »	
	Rue du Centre au boulevard de Madrid. ...	Remblai	575 »	7 »	0 20	805 »	»	
PARIS	(Bois de Boulogne) Boulev. de Madrid au pont de Suresnes....	Id.	1.704 »	8 »	1 »	13.632 »	»	
	Pont de Suresnes au boulev. de Boulogne.	Id	1.593 »	8 »	1 05	13.381 20	»	
	A reporter.............		14.298 »			58.733 91	677.376 »	

1re *Section*. — DE LA PLACE DES MARTYRS A ISSY

TERRASSEMENTS (suite)

COMMUNES TRAVERSÉES	NATURE DE L'OUVRAGE	DIMENSIONS			CUBES		OBSERVATIONS
		Longueur	Larg'	Haut'	En remblai	En déblai	
		mètres c.	m. c.	m. c.	mètres c.	mètres c.	
Report...		14.298 »			58.733 91	677.376 »	
Boulev. de Boulogne à la rue de l'Abreuvoir.	Remblai	575 »	8 »	0 55	2.530 »	»	
Rue de l'Abreuvoir au pont de St-Cloud....	Tranchée	782 »	8 »	1 37	»	10.713 40	
Pont de Saint-Cloud à la rue de la Plaine...	id.	830 »	8 »	0 63	»	5.229 »	
Rue de la Plaine à la route nationale n° 10	id.	530 »	11 »	2 80	»	20.405 »	
Route nationale n° 10 à la r. du Point-du-Jour.	id.	583 »	10 50	2 46	»	18.823 61	
Rue du Point-du-Jour à la Seine..........	Remblai	325 »	12 30	2 13	8.514 68	»	
La Seine............	Pont	65 »	»	»	»	»	
La Seine (grand bras).	id.	60 »	»	»	»	»	
Traversée de l'île St-Germain	Remblai	185 »	15 »	3 72	10.323 »	»	
La Seine (petit bras)..	Pont	105 »	»	»	»	»	
Route de Bas-Meudon au rac¹ avec la 2e sect.	Remblai	1.190 »	17 »	4 48	90.630 40	»	
TOTAUX............		19.528 »			170.731 99	732.547 01	

(OBSERVATIONS: on a ajouté 25 0/0, Pour tous les cubes en déblai, pour tenir compte du foisonnement.)

Les déblais s'élèvent à 732.547ᵐ 01

sur lesquels il faut déduire ceux qui proviennent de la construction des ouvrages d'art, s'élevant, en chiffres ronds, à. 198.200 »

Reste............... 534.347ᵐ 01

qui, au prix moyen de 70 centimes par mètre cube, forme une dépense de.................................. ·374.042 fr. 91

Les 170,731ᵐ 99 mètres cubes de remblai sont évalués, au prix moyen de 1 fr. 20, à......................... 204.878 39

Coût total des terrassements......... 637.813 fr. 13

Un dixième en plus.................. 57.892 13

TOTAL.................. 637.813 fr. 43

1re *Section.* — DE SAINT-OUEN A SURESNES

TERRASSEMENTS

COMMUNES TRAVERSÉES	NATURE DE L'OUVRAGE	DIMENSIONS			CUBES		OBSERVATIONS
		Longueur	Largr	Hautr	En remblai	En déblai	
		mètres c.	m. c.	m. c.	mètres c.	mètres c.	
SAINT-OUEN — Ch. de fer des Docks à l'av. de la Gare....	A niveau	550 »	»	» .	»	»	Pour tous les cubes en déblai, on a ajouté 25 0/0, pour tenir compte du foisonnement.
Avenue de la Gare à la route de la Révolte..	Remblai	562 »	8 85	0 85	4.227 95	»	
Route de la Révolte à la Seine............	Tranchée	719 »	8 74	1 47	»	11.546 95	
Id.	Id.	169 »	8 62	1 23	»	2.239 79	
La Seine (grand bras)	Pont	109 »	»	»	»	»	
SAINT-DENIS. — Id.	Id.	80 »	»	»	»	»	
Ile Saint-Ouen	Remblai	170 »	12 50	4 50	9.562 50	»	
La Seine (petit bras)..	Pont	60 »	»	»	»	»	
GENNEVILLIERS — Id.	Id.	60 »	»	»	»	»	
A la suite...........	Remblai	100 »	8 20	0 10	82 »	»	
Du point précédent à 372m du ch. d'Asnières	Id.	647 »	12 30	4 30	34.219 83	»	
A la suite.....	Id.	381 »	9 23	1 23	4.325 45	»	
Du point précédent au ch. du Moulin de la Tour.............	Id.	905 »	8 40	0 40	3.040 80	»	
Ch. du Moulin de la Tour à l'avenue de Gennevilliers........	Id.	436 »	8 86	0 86	3.322 15	»	
Av. de Gennevilliers à 214m au delà	Id.	214 »	8 80	0 80	1.506 56	»	
Du point précédent au fossé de l'Aumône...	Id.	460 »	9 36	1 36	5.855 62	»	
ASNIÈRES.—Fossé de l'Aumône à r. dép. n° 33..	Id.	570 »	12 68	4 68	33.825 17	»	
COLOMBES — Route départ. n° 33 au ch. des Montelairs...	Id.	1.663 »	12 03	4 03	80.623 74	»	
Ch. des Montelairs à la route départ. n° 32...	Id.	480 »	9 61	1 61	7.426 61	»	
R. départ. n° 32 au ch. de fer de St-Germain.	Id.	655 »	9 10	1 10	6.556 55	»	
Ch.de fer de S-Germain	Id.	110 »	13 74	5 74	8.675 44	»	
Ch. de fer de St-Germin au ch.de Nanterre	Id.	1.036 »	11 »	3 »	34.188 »	»	
COURBEVOIE — Ch. de Nanterre au ch. de fer de Versailles..	Id.	702 »	9 60	1 60	10.782 72	»	
Traversée du chemin de fer de Versailles..	Tranchée	62 »	8 17	0 34	»	215 28	
Chemin de fer de Versailles au rond-point de Courbevoie.......	Id.	346 »	9 40	2 79	»	11.342 75	
A Reporter..........		11.246 »			247.220 79	25.344 77	

1re *Section.* — DE SAINT-OUEN A SURESNES

TERRASSEMENTS (suite)

COMMUNES TRAVERSÉES	NATURE DE L'OUVRAGE	DIMENSIONS			CUBES		OBSERVATIONS
		Longueur	Largr	Hautr	En remblai	En déblai	
		mèt. c.	m. c.	m. c.	mèt. c.	mèt. c.	
Report............		11.246 »	»	»	247.220 79	25.344 77	
PUTEAUX — Rond-point de Courbevoie..............	Souterrain	220 »	12 »	8 50	»	28.050 »	On a compté 25 0/0 du foisonnement. Pour tous les cubes en déblai, pour tenir compte en plus,
Rond-point de Courbevoie au chemin de la montagne des Rus.	Tranchée	395 »	13 27	10 53	»	68.993 22	
Ch. de la montagne des Rus à la sente Traversière...............	Id.	185 »	12 18	8 35	»	23.518 80	
Sente Traversière à la route de St-Germain.	Id.	110 »	9 90	3 79	»	5.159 14	
Route de St-Germain au sentr des Damattes	Id.	95 »	8 90	1 95	»	2.060 90	
Sentier des Damttes à r. du Chemin-de-Fer.	Id.	190 »	8 57	1 15	»	2.340 68	
Rue du Chemin-de-Fer au ch. de Nanterre..	Id.	250 »	8 49	0 98	»	2.600 06	
SURESNES. — Ch. de Nanterre à la route départementale n° 5.	Id.	292 »	8 48	0 95	»	2.940 43	
TOTAUX............		12.983 »			247.220 79	161.008 »	

Les déblais s'élèvent à .... 161.008m »
sur lesquels il faut déduire ceux qui proviennent de la construction des ouvrages d'art, s'élevant, en chiffres ronds, à. 29.010 . »

Reste.............. 131.998m »

qui, au prix moyen de 70 centimes par mètre cube, forme une dépense de.................... 92.398 fr. 60
Les 247.220 mètres 79 centimètres cubes de remblais sont évalués au prix moyen de 1 fr. 20................ 296.664 95

Coût total des terrassements........ 389.063 fr. 55
Un dixième en plus.................... 38.906 35

TOTAL..................... 427.969 90

1re *Section*. — D'AUTEUIL AU BOIS DE BOULOGNE

TERRASSEMENTS

COMMUNES TRAVERSÉES	NATURE DE L'OUVRAGE	DIMENSIONS			CUBES		OBSERVATIONS
		Longr	Largr	Hautr	En remblai	En déblai	
		mèt. c.	m. c.	m. c.	m. c.	m. c.	
PARIS (bois de Boulogne)........	Tranchée	275 »	8 »	0 10	»	275 »	
Abords de la porte du bois.........	Remblai						
	Elarg. du saut de loup	187 »	2 »	0 53	198 22	»	
		187 »	7 »	1 47	»	2.405 29	
Du point préc. à la p. de l'Hippodrome	Approfond. du saut de loup	578 »	2 »	1 18	»	1.705 10	
	Elarg. du saut de loup	578 »	7 »	1 18	»	5.967 85	
P. de l'Hippodrome	Tranchée	44 »	7 »	3 85	»	1.482 25	
Porte de l'Hippod. à la p. de Boulogne	Approfond. du saut de loup	294 »	2 »	2 25	»	1.653 75	
	Elarg. du saut de loup	294 »	7 »	4 25	»	10.933 13	
Porte de Boulogne	Tranchée	200 »	7 »	6 »	»	10.500 »	
Porte de Boulogne à la p. des Princes	Approfond. du saut de loup	370 50	2 »	3 63	»	3.362 29	
	Elarg. du saut de loup	370 50	7 »	5 63	»	18.251 75	
Porte des Princes..	Tranchée	25 »	7 »	4 77	»	1.043 44	
A la suite.........	Approfond. du saut de loup	251 50	2 »	1˙38	»	867 68	
	Elarg. du saut de loup	251 50	7 »	3 38	»	7.438 12	
Du point préc. aux fortications......	Remblai	200 »	3 »	1 »	600 »	»	
	Viaduc	164 »	»	»	»	»	
PARIS (de l'allée des fortifications à la ligne d'Auteuil)......	Ponts et partie à niveau	319 »	»	»	»	»	
TOTAUX........		2908 »			798 22	65.885 65	

Les déblais s'élèvent à............................ 65.885m 65

sur lesquels il faut déduire ceux qui proviennent de la construction des ouvrages d'art, s'élevant à............... 5.085 65

Reste............... 60 800m »

qui, au prix moyen de 70 centimes par mètre cube, forment une dépense de.................................... 42.560 fr. »

Les 798 mètres 22 cent. cubes de remblai sont établis au prix moyen de 1 fr. 20............................. 957 86

Coût total des terrassements.......... 43.517 86

Un dixième en plus..................... 4.351 78

TOTAL........................... 47.869 fr. 64

2ᵐᵉ Section. — ESPLANADE DES INVALIDES A VILLEJUIF

TERRASSEMENTS

COMMUNES TRAVERSÉES	NATURE DE L'OUVRAGE	DIMENSIONS			CUBES		OBSERV.
		Longueur	Largr	Hautr	En remblai	En déblai	
		m. c.	m. c.	m. c.	m. c.	m. c.	
PARIS — Gare à la rue Surcouf.	Tranchée	400 »	10 »	4 72	»	23.600 »	Pour tous les cubes en déblai, on a compté 25 0/0 en plus, pour tenir compte du foisonnement.
Rue Surcouf à l'avenue Rapp...............	Id.	546 »	8 50	1 95	»	11.312 44	
Avenue Rapp à 327 m. au-delà.............	Remblai	327 »	7 »	0 55	1.258 95	»	
Point précédent à l'av. de la Bourdonnaye..	Tranchée	194 »	7 »	0 35	»	594 12	
Traversée du Champ-de-Mars............	Id.	480 »	9 »	3 08	»	16.632 »	
Avenue de Suffren à 91 mètres au-delà du quai d'Orsay.........	Id.	343 »	7 70	1 46	»	4.820 »	
A la suite............	Remblai	213 »	7 »	0 16	238 56	»	
Point précédent au pont de Grenelle....	Déblai	603 »	8 »	1 49	»	8.984 70	
Pont de Grenelle à la rue de Javel.........	Remblai	295 »	7 »	1 32	2.725 80	»	
Rue de Javel à la rue des Marguerites.....	Id.	386 »	7 »	1 80	4.863 60	»	
Rue des Marguerites au viaduc du Point-du-Jour............	Id.	757 »	7 »	2 45	12.982 55	»	
Viaduc du Point-du-Jour au pied du glacis	Id.	456 »	7 »	1 81	5.777 52	»	
Pied du glacis à la rue de la Reine.........	Id.	194 »	7 »	0 62	841 96	»	
ISSY — Rue de la Reine au raccordement avec la 1re section.........	Id.	1.261 »	10 77	2 77	37.619 29	»	
Point précédent à la route nationale n. 189.	Id.	415 »	15 28	7 28	46.163 94	»	
Route nationale n. 189 à 140 mètres au-delà.	Id.	140 »	10 62	2 62	3.895 42	»	
A la suite............	Tranchée	123 »	9 70	3 40	»	5.070 68	
A la suite jusqu'à l'entrée du souterrain...	Id.	352 »	12 43	8 85	»	48.402 42	
A la suite............	Souterrain	350 »	12 »	8 50	»	44.625 »	
Extrémité du souterrain au chemin n. 33.	Tranchée	153 »	15 50	14 97	»	44.376 70	
Chemin n. 33 à la rue de Clamart.........	Id.	72 »	11 66	7 33	»	7.692 10	
VANVES — Rue de Clamart à la voie de Châtillon......	Id.	346 »	11 36	6 72	»	33.016 70	
Voie de Châtillon à la voie des Aumônes...	Id.	320 »	11 37	6 75	»	30.699 »	
Voie des Aumônes à 270 mètres au-delà de la voie des Fosses-Rouges............	Id.	855 »	9 50	3 »	»	30.459 38	
Voie des Fosses-Rouges à la route de Châtillon............	Remblai	445 »	10 50	2 50	11.681 25	»	
CHATILLON. — Route de Châtillon à la voie des Charbonniers.......	Id.	82 »	12 95	4 95	5.256 41	»	
A reporter......	....	10.108 »			133.305 25	310.285 24	

COMMUNES TRAVERSÉES	NATURE DE L'OUVRAGE	DIMENSIONS			CUBES		OBSERV.
		Longueur	Largr	Haut.	En remblai	En déblai	
		m. c.	m. c.	m. c.	m. c.	m. c.	
Report.........	....	10.108 »	.....	.....	133.305 25	310.285 24	
Voie des Charbonniers à 190 m. plus loin....	Remblai	190 »	10 45	2 45	4.864 48	»	
Point précédent à 110 m. au-delà de la route du fort de Vanves....	Tranchée	590 »	9 44	2 88	»	20.050 56	
Point précédent à la voie de Vanves......	Remblai	260 »	9 73	1 73	4.376 55	»	
Voie de Vanves à la petite voie des Suisses	Id.	865 »	9 72	1 72	14.461 42	»	
Petite voie des Suisses au pavé de Châtillon.	Tranchée	497 »	9 80	3 60	»	21.917 70	
Pavé de Châtillon au chemin de la Tour...	Id.	246 »	13 96	11 92	»	51.169 »	
Chemin de la Tour au chemin de Fontenay.	Id.	270 »	12 02	8 05	»	32.656 84	
Chemin de Fontenay à la ruelle des Bénards	Id.	190 »	10 31	4 62	»	11.312 65	
Ruelle des Bénards au sentier des Sorcières.	Id.	149 »	9 49	2 98	»	5.367 19	
Sentier des Sorcières au ch. des Cuverons...	Remblai	260 »	11 72	3 72	11.335 58	»	
Chemin des Cuverons au ch. de Bagneux...	Id.	343 »	18 61	9 61	61.342 84	»	
Chemin de Bagneux au sentier de Sceaux...	Id.	515 »	19 32	11 32	112.631 74	»	
Sentier de Sceaux au ch. de fer de Sceaux..	Id.	352 »	15 98	6 98	39.262 22	»	
Chem. de fer de Sceaux à 125 m. au-delà de la voie du Port-Galand.	Id.	193 »	10 37	2 37	4.743 34	»	
Point précédent à la route d'Orléans......	Id.	534 »	8 13	» 13	564 85	»	
R. d'Orléans à 80 m. au delà de la voie Creuse.	Tranchée	650 »	5 55	1 10	»	4.960 31	
Point précédent au ch. de gr. comm. n° 44..	Remblai	190 »	7 45	2 45	3.467 98	»	Elargissement de la plate-forme du ch. de f. de Sceaux.
Chem. de grande communication n° 44 à la rue Sainte-Catherine.	Id.	403 »	9 43	4 43	16.835 28	»	
Rue Sainte-Catherine à 82 m. au-delà de la rue Bertholet.......	Id	362 »	7 01	2 01	5.100 62	»	
Point précédent à 50 mètres au-delà du chem. de grande communication n° 41.....	Id.	457 »	5 25	» 25	599 81	»	
Chemin n° 41 au chemin d'Arcueil........	Tranchée	431 »	9 12	2 25	»	11.055 15	
Ch. d'Arcueil au viaduc.	Remblai	80 »	13 »	5 »	5.200 »	»	
A la suite...........	Viaduc	312 »	»	»	»	»	
A la suite...........	Id.	98 »	»	»	»	»	
Extrémité du viaduc à la voie de L'Hay...	Remblai	180 »	23 »	15 »	62.100 »	»	
Voie de L'Hay au souterrain...........	Tranchée	152 »	13 57	11 14	»	28.722 26	
A la suite........	Souterrain	460 »	12 »	8 50	»	58.650 »	
A la suite...........	Id.	315 »	12 »	8 50	»	40.162 50	
Extrémité du souterrain au raccordement avec la 3e section....	Tranchée	348 »	12 80	9 60	»	53.452 80	
Totaux...........	....	20.000 »	.....	.....	420.191 96	649.762 20	

Commune labels (vertical, left): BAGNEUX — FONTENAY — BAGNEUX — ARCUEIL — GENTILLY — VILLEJUIF

Les déblais s'élèvent à............................ 649.762^m 20

Sur lesquels il faut déduire ceux qui proviennent de la construction des ouvrages d'art, s'élevant à............. 126.350 »

Reste................ 523.412^m 20

qui, au prix moyen de 70 c. par mètre cube, forment une dépense de.. 366.388 fr. 54

Les 420,191 96 mètres cubes de remblai sont évalués, au prix moyen de 1 fr. 20........................... 504.230 35

Coût total des terrassements............ 870.618 fr. 89

Un dixième en plus....................... 87.061 88

TOTAL................ 957.680 fr. 77

3me *Section.* — QUAI MONTEBELLO A BONNEUIL

TERRASSEMENTS

COMMUNES TRAVERSÉES		NATURE DE L'OUVRAGE	DIMENSIONS			CUBES		OBSERVATIONS
			Longueur	Largr	Hautr	En remblai	En déblai	
			m. c.	m. c.	m. c.	m. c.	m. c.	
PARIS	Rue Maître-Albert à la rue de Jussieu.......	Viaduc	593 »	»	»	»	»	
	Rue de Jussieu à la rue Rollin..............	Tranchée	237 »	17 94	6 94	»	36.884 18	
	Rue Rollin à la rue Censier............	Id.	420 »	17 22	6 22	»	56.231 91	
	Rue Censier à la rue du Fer-à-Moulin........	Id.	175 »	9 64	1 14	»'	2.403 97	
	Rue du Fer-à-Moulin à l'av. des Gobelins .	Id.	623 »	16 90	5 90	»	77.649 15	Pour tous les cubes en déblai, on a compté 25 0/0 en plus, pour tenir compte du foisonnement.
	Avenue des Gobelins à la place d'Italie......	Souterrain	430 »	12 »	8 50	»	43.860 »	
	Place d'Italie au chemin de fer de Ceinture	Tranchée	901 »	20 37	8 37	»	192.022 13	
	Chemin de fer de Ceinture au boul. Masséna	Id.	355 »	10 86	2 36	»	11.373 14	
	Boulevard Masséna au pied du glacis.......	Id.	266 »	14 72	4 72	»	23.101 56	
VILLEJUIF	Pied du glacis au chemin des Coquettes...	Id.	1.016 »	11 93	2 93	»	44.392 72	
	Chemin des Coquettes à la voie des Vcrbeuses	Id.	482 »	9 96	1 96	»	11.761 76	
	Voie des Verbeuses à 185 mètres au delà...	Id.	185 »	14 09	6 09	»	19.843 10	
	Point précédent à 175 mètres au-delà du chemin de Gournay	Id.	275 »	17 25	9 25	»	54.849 61	
VITRY	Point précédent à la route départem. n° 51	Id.	345 »	12 70	4 70	»	25.741.31	
	Route départem. n° 51 à la voie des Bornes..	Id.	330 »	14 21	6 21	»	26.400 68	
IVRY	Voie des Bornes au sentier du Moulin-à-Vent	Id.	350 »	20 15	12 15	»	107.109 84	
	Sentier du Moulin-à-Vent à la route stratégique............	Souterrain	200 »	12 »	8 50	»	20.400 »	
	Route stratégique à 160 mètres au delà......	Tranchée	160 »	15 »	7 »	»	21.000 »	
	A la suite...........	Remblai	357 »	9 97	1 31	4.662 67	»	
	Point précédent au chemin de grande commun. de Paris à Vitry	Id.	238 »	14 60	4 40	15.289 12	»	
	Ch. de Paris à Vitry au chemin du Chevaleret	Id.	35 »	18 71	7 14	4.675 63	»	
VITRY	Chemin du Chevaleret à 207 mètres au delà du chemin de fer de Paris à Orléans...........	Id.	573 »	20 87	8 58	102.604 02	»	
	Point précédent à la Seine...............	Id.	780 »	21 47	8 98	15.038 45	»	
	La Seine.	Pont	120 »	»	»	»	»	
A reporter.......		....	9.446 »			142.269 89	775.025 06	

COMMUNES TRAVERSÉES	NATURE DE L'OUVRAGE	DIMENSIONS			CUBES		OBSERVATIONS
		Longueur	Largr	Hautr	En remblai	En déblai	
		m. c.	m. c.	m. c.	m. c.	m. c.	
Report..........	....	9.446 »			142.269 89	775.025 06	
La Seine...........	Pont	105 »	»	»	»	»	
A la suite..........	Remblai	135 »	20 18	8 12	22.121 32	»	
Point précédent au ch. de fer de Paris à Lyon	Id.	552 »	20 42	8 28	93.330 84	»	
Chemin de fer de Paris à Lyon à la route nationale n° 5.........	Id.	359 »	17 37	6 25	38.973 94	»	
Route nationale n° 5 à 220 mètres au-delà du chemin de Maisons..	Id.	713 »	18 07	6 68	12.883 91	»	
Point précédent à 605 mètres au-delà du ch. de Maisons à Mesly.	Remblai	745 »	16 47	5 65	69.326 35		
Point précédent à 217 mètres au-delà du chemin de Choisy au pont de Créteil......	Id.	547 »	13 48	3 65	26.913 49	»	
A la suite...........	Id.	110 »	9 62	1 08	1.142 86	»	
Point précédent à la rue de la Sablière...	Tranchée	357 »	11 13	3 13	»	15.545 96	
A la suite...........	Id.	100 »	16 37	8 37	»	17 127 11	
Point précédent à l'ancien chemin de Brie-Comte-Robert.......	Id.	400 »	20 44	12 44	»	127.136 80	
De là à la route nationale n° 19...........	Id.	125 »	22 58	14 58	»	51.315 06	
Route nationale n° 19 au ru du Morbras...	Id.	335 »	18 05	10 05	»	75.962 30	
Ru du Morbras au chemin du Moulin......	A niveau	2.135 »	»	»	»	»	
Chemin du Moulin au raccordement avec le chemin de fer de Vincennes..............	Remblai	688 »	10 50	2 50	18.060 »	»	
TOTAUX......	....	16.852 »			425.022 60	1.062.112 29	

Left margin labels: MAISONS, CRÉTEIL, BONNEUIL.

Les déblais s'élèvent à............................. 1.062.112m 29

sur lesquels il faut déduire ceux qui proviennent de la construction des ouvrages d'art, s'élevant à........... 78.880 »

Reste............... 983.232 29

qui, au prix moyen de 70 centimes par mètre cube, forment une dépense de............................. 688.262 fr. 60

Les 425,022 mètres 60 cent. cubes de remblai sont évalués, au prix moyen de 1 fr. 20...................... 510.027 12

Coût total des terrassements......... 1.198.289 72

Un dixième en plus.................... 119.828 97

TOTAL................... 1.318.119 59

4ᵐᵉ *Section.* — DE ROMAINVILLE A FONTENAY

TERRASSEMENTS

COMMUNES TRAVERSÉES	NATURE DE L'OUVRAGE	DIMENSIONS			CUBES		OBSERVATIONS
		Longʳ	Largʳ	Hautʳ	En remblai	En déblai	
		mèt. c.	m. c.	m. c.	m. c.	m. c.	
ROMAINVILLE	Tranchée	310 »	30 74	21 24	»	253.005 55	Pour tous les cubes en déblai, on a porté 25 0/0 en plus, pour tenir compte du foisonnement.
	Id.	993 »	27 94	18 44	»	639.508 87	
	Id.	258 »	19 13	9 63	»	59.411 55	
BAGNOLET...........	Remblai	612 »	14 16	7 15	61.961 33	»	
	Id.	520 »	11 85	3 50	21.567 »	»	
	Id.	618 »	10 45	1 42	9.170 »	»	
	Id.	307 50	9 63	0 20	592 25	»	
MONTREUIL..........	Tranchée	73 50	9 82	0 32	»	288 70	
	Remblai	518 »	9 39	1 41	6.858 27	»	
	Id.	242 »	9 37	0 56	1.269 82	»	
VINCENNES..........	Tranchée	548 »	11 39	1 89	»	14.746 05	
	p. mémoire	260 »	»	»	»	»	
FONTENAY-SOUS-BOIS.	Tranchée	1100 »	12 15	2 66	»	44.438 60	
TOTAUX.............		6360 »			101.418 67	1.011.399 32	

Les déblais s'élèvent à.......................... 1.011.399ᵐ 32
sur lesquels il faut déduire ceux qui proviennent de la
construction des ouvrages d'art, s'élevant, en chiffres
ronds, à.. 4.600ᵐ »

Reste............... 1.006.799 32

qui, au prix moyen de 70 centimes par mètre cube,
forment une dépense de........................... 704.759 fr. 52
Les 101,418 mètres 67 cent. cubes de remblai sont évalués au prix moyen de 1 fr. 20 cent, soit.............. 121.702 40

Coût total des terrassements....... 826.461 92
Un dixième-en plus.................... 82.646 19

TOTAL.................... 909.108 fr. 11.

5ᵐᵉ *Section*. — DU CHATEAU-D'EAU A SAINT-OUEN

TERRASSEMENTS

COMMUNES TRAVERSÉES	NATURE DE L'OUVRAGE	Longueur mètres	c.	Largr m.	c.	Hautr m.	c.	En remblai mètres	c.	En déblai mètres	c.	OBSERVATIONS
PARIS — Rue de la Douane au quai Valmy.........	Viaduc	343	»	3 5	»	»		»		»		Pour les cubes en déblai, on a compté 25 0/0 en plus, pour tenir compte du foisonnement.
Quai Valmy à la rue Folie-Méricourt......	Id.	146	»	7	»	»		»		»		
Rue Folie-Méricourt à la rue de Nemours..	Mur de soutènement.	174	»	7	»	3	46	4.214	28	»		
Rue de Nemours à la rue du Chemin-Vert.	Id.	1.095	»	10	80	5	77	»		85.295	03	
Rue du Chemin-Vert au sentier des Dives.	Souterrain	110	»	12	»	8	50	»		14.025	»	
	M. de soutènem.	260	»	11	»	6	»	»		21.450	»	
	Souterrain	430	»	12	»	8	50	»		54.825	»	
	Tranchée	817	»	7	»	9	03	»		64.553	21	
Sentier des Dives à la rue du Ratrait......	Souterrain	463	»	12	»	8	50	»		59.032	50	
Rue du Ratrait à la rue de la Chine........	M. de soutènement.	145	»	15	»	17	90	»		48.665	60	
Rue de la Chine aux fortifications........	Souterrain	1.281	»	12	»	8	50	»		163.327	50	
LES LILAS...............	Id.	510	»	12	»	8	50	»		65.025	»	
	Tranchée	143	»	25	87	17	88	»		82.681	81	
Station des Lilas au chemin de Bagnolet à Romainville........	Tranchée	805	»	23	51	15	51	»		366.919	10	
ROMAINVILLE — Chemin de Bagnolet à Romainville à la station de Romainville.	Tranchée	375	»	26	71	18	71	»		234.255	04	
	Souterrain	1.146	»	12	»	8	50	»		146.115	»	
	Tranchée	68	»	23	85	15	86	»		32.152	19	
Station de Romainville au chemin du Trou-Vassou........	Tranchée	408	»	13	40	7	15	»		48.863	10	
Ch. du Trou-Vassou à la limite de la commune de Romainville	Remblai	761	»	14	33	4	02	43.838	62	»		
PANTIN.................	Id.	1.445	»	11	81	2	75	46.929	99	»		
Route départ. n° 24 à la route nationale n° 2	Tranchée	1.350	»	8	80	0	84	»		12.474	»	
AUBERVILLIERS.......... Route nationale n°2 au rû de Montfort......	Remblai	2.148	»	8	84	0	57	10.823	34	»		
LA COURNEUVE...........	Id.	291	»	8	56	1	20	2.989	15	»		
SAINT-DENIS............	Id.	1.073	»	13	25	3	73	53.030	34	»		
	Viaduc	130	»	8	»	»		»		»		
	Remblai	210	»	12	50	6	50	17.062	50	»		
	Viaduc	100	»	8	»	»		»		»		
	Remblai	360	»	12	22	3	30	14.517	36	»		
	Pont du chemin de fer du Nord	50	»	8	»	»		»		»		
Chemin de fer du Nord à la com. de St-Ouen	Remblai	882	»	13	40	3	35	39.592	98	»		
SAINT-OUEN.............	Tranchée	1.033	»	9	55	1	94	»		23.922	99	
TOTAL		18.552	»					232.998	56	153.582	07	

Les déblais s'élèvent à.......................... 1.523.582 m. 07 c.

Sur lesquels il faut déduire ceux qui proviennent de la construction des ouvrages d'art, s'élevant, en chiffres ronds, à..................................... 523.120 »

Reste........... 1.000.462 m. 07 c.

qui, au prix moyen de 0 fr. 70 par mètre cube, forme une dépense de................................. 700.323 fr. 45 c.

Les 232,998ᵐ56 cubes de remblais sont évalués au prix moyen de 1 fr. 20, soit..................... 279.598 27

Coût total des terrassements .... 979.921 fr. 72 c.

Un dixième en plus................. 97.992 17

TOTAL........... 1.077.913 fr. 89 c.

TRAVAUX D'ART

1ʳᵉ Section. — DE LA PLACE DES MARTYRS A ISSY

TRAVAUX D'ART

EMPLACEMENT	NATURE DE L'OUVRAGE	DIMENSIONS			Prix du mètre	SOMMES	OBSERVATIONS
		Longueur	Largeur entre les têtes	Total en surface			
1° PONTS, VIADUCS, SOUTERRAINS							
Rue Choron et à la suite.	Viaduc	85	52 50	4462 50	150	669.375	
R. de la Tour-d'Auvergne.	Passage par dessus	16	8 »	128 »	100	12.800	
De la rue Condorcet à la la Place Pigalle........	Souterrain	500	»	»	1100	550.000	À construire à ciel ouvert.
Rue Neuve-Fontaine	Passage par dessus	7	8 »	56 »	75	4.200	
De la place Blanche à l'avenue du cimetière...	Souterrain	220	»	»	1100	242.000	À construire à ciel ouvert.
Rue des Carrières (à droite et à gauche)............	id.	420	»	»	1100	46.200	
Rue Fauvet.............	Passage par dessus	7	8 »	56 »	75	4.200	
Passage Floreotin.......	id.	7	4 »	28 »	75	2.100	
Villa Saint-Michel.......	id.	7	8 »	56 »	75	4.200	
Passage Lacroix........	id.	7	8 »	56 »	75	4.200	
Rue de Maistre.........	id.	7	8 »	56 »	75	4.200	
Rue Marcadet..........	id.	7	8 »	56 »	75	4.200	
Rue Championnet.......	id.	7	12 »	84 »	75	6.300	
Rue Lagille	id.	7	4 »	28 »	75	2.100	
Avenue de Saint-Ouen et chem. de fer de ceinture.	Souterrain	100	»	»	1100	110.000	
Chemin de fer de l'Ouest..	Passage par dessus	7	15 »	105 »	80	8.400	
Rue Fazillau...........	Passer. pour piéton	7	2 »	14 »	120	1.680	
Rue de Villiers.........	id.	7	2 »	14 »	120	1.680	
Boulevard Eugène.......	id.	7	2 »	14 »	120	1.680	
Rue Chauveau..........	id.	7	2 »	14 »	120	1.680	
Rue Borghèse..........	id.	7	2 »	14 »	120	1.680	
Rue Jerronnet..........	Passage par dessus	7	4 »	28 »	75	2.100	
Boulevard d'Argenson...	id.	7	4 »	28 »	75	2 100	
Rue Soyer.............	id.	7	4 »	28 »	75	2.100	
Rue du Pont...........	id.	7	4 »	28 »	75	2.100	
Avenue de Neuilly	id,	15	70 »	1050 »	90	94.000	
Rue du Bois-de-Boulogne.	Passer. pour piéton	7	2 »	14 »	120	1.680	
Rue du Centre	id.	7	2 »	14 »	120	1.680	
Rue de la Ferme	id.	7	2 »	14 »	120	1.680	
Route département. n° 1.	Pas. par dessus	8	35 »	280 »	85	23.800	
Route nationale n° 10....	id.	8	40 »	320 »	85	27.200	
R. du Vieux Pont de Sèvres	id.	8	4 »	32 »	75	2.400	
Rue du Cours..........	id.	8	4 »	32 »	75	2.400	
Rue de Meudon	Pass. par dessous	8	4 »	32 »	75	2.400	
Rue Traversière........	id.	8	4 »	32 »	75	2.400	
Chemin de halage.......	id.	8	8 »	64 »	75	4.800	
La Seine (grand-bras) ...	id.	105	8 »	840 »	100	92.400	
Ile Saint-Germain.......	id.	8	8 »	64 »	75	4.800	
La Seine (petit-bras).....	id.	105	8 »	840 »	110	92.400	
Route de Billancourt....	id.	8	8 »	64 »	75	4.800	
Passage Gévelot........	id.	8	4 »	32 »	75	2.400	
Ch. de grande com. n° 12.	id.	8	8 »	64 »	75	4.800	
Chemin.................	id.	8	4 »	32 »	75	2.400	
TOTAL DES TRAVAUX D'ART..........						2.013.275	

1re *Section*. — DE LA PLACE DES MARTYRS A ISSY

TRAVAUX D'ART (suite)

2° MURS DE SOUTÈNEMENT

EMPLACEMENT	NATURE DE L'OUVRAGE	DIMENSIONS				Prix du mètre	SOMMES	Observations
		Longueur	Largeur entre les têtes		Total en surface			
Du passage de l'Ecole à la rue Condorcet.......		2		210	8 40	3528 »	15	52.920
De la place Pigalle à la Place Blanche.........		2		306	11 90	7282 80	15	109.242
A la suite de l'avenue du Cimetière		2		75	13 »	1950 »	15	29.250
De la rue Fauvet à la rue de Maistre		2		242	8 50	4114 »	14	57.596
De la rue de Villiers à la rue Chauveau.........		2		342	1 50	1026 »	12	12.312
De la rue Borghèse à l'avenue de Neuilly.....		2		872	3 25	5668 »	12	68.016
De l'av. de Neuilly à la rue du Bois-de-Boulogne....		2		500	3 15	3150 »	12	37.800
Le long de la Seine, trav. du bois de Bouloge				1500	3 »	4500 »	12	54.000
Du boulevard de Boulogne au pont de Saint-Cloud.				1300	3 »	3900 »	12	46.800

TOTAL...................... 467.936

3° TRAVAUX D'ÉGOUT, DE GAZ ET DE VOIE PUBLIQUE

EMPLACEMENT	NATURE DE L'OUVRAGE						SOMMES	
Boulevard de Clichy, vis-à-vis la rue Couston ...	Suppression d'un égout ne paraissant pas indispensable						500	
Place Blanche..........	id.						500	
Dans tout le parcours de la ligne	Déplacement de conduites d'eau et d'app. d'arrosage						2.500	
Boulevard de Clichy.....	Suppression de 2 lignes d'arbres.						5.000	
Dans toute la traversée de Paris	Déplac. de cond. et d'appar. à gaz.						10.000	
Dans toute la traversée de Paris...............	Répar. des chaus-sées et trottoirs.						20.000	
Dans les communes sub-urbaines	id.						11.500	

TOTAL.................... 50.000

RÉCAPITULATION

1° Ponts, Viaducs, Souterrains.........................	2.013.275
2° Murs de soutènement...............................	467.936
3° Travaux d'égout, de gaz et de voie publique..........	50.000

TOTAL GÉNÉRAL...................... 2.531.211

Un dixième en plu...................... 253.121

2.784.332

1ʳᵉ *Section.* — DE SAINT-OUEN A SURESNES

TRAVAUX D'ART

EMPLACEMENT	NATURE DE L'OUVRAGE	Longueur	Largeur entre les têtes	Total en superficie	Prix du mètre	SOMMES	Observations
1° PONTS, VIADUCS, SOUTERRAINS							
La Seine (grand-bras)	Pont	168	8	1344	»	380.000	Pont de St-Ouen, à reconstr. à frais communs avec les comm. intéressées.
île Saint-Ouen	Pas.par dessous	8	8	64	100	6.400	
La Seine (petit-bras)	Pont	120	8	960	»	275.000	id.
Chemin d'Asnières à St-Denis	Pas.par dessous	8	4	32	80	2.560	
Fossé de l'Aumône..........	id.	8	10	80	80	6.400	
Chemin du Bas......	id.	8	4	32	80	2.560	
Chemin du Ménil...........	id.	8	4	32	80	2.560	
Route départementale n° 33..	id.	8	8	64	80	5.120	
Chemin des Orties	id.	8	4	32	80	2.560	
Ch. de Colombes à Asnières..	id.	8	4	32	80	2.560	
Chemin de fer d'Argenteuil..	id.	8	8	64	80	5.120	
Chemin des Aubépines......	id.	8	4	32	80	2.560	
Chemin des Montelaies......	id.	8	4	32	80	2.560	
Chemin de fer de St-Germain	id.	50	8	400	80	32.000	
Avenue de Courbevoie... ..	id.	8	8	64	80	5.120	
Chemin....................	id.	8	4	32	80	2.560	
Route départementale n° 8..	id.	8	8	64	80	5.120	
Chemin de fer de Versailles.	Pass.par dessus	8	8	64	80	5.120	
Rond-Point de Courbevoie ..	Souterrain	220	»	»	1100	242.000	A constr. à ciel ouv.
Chemin....................	Pass.par dessus	8	4	32	80	2.560	
Ch. de la Montagne-des-Rus .	id.	8	4	32	80	2.560	
Route de Saint-Germain	id.	8	4	32	80	2.560	
Chemin de Nanterre........	id.	8	4	32	80	2.560	
TOTAL...............						998.120	

2° MURS DE SOUTÈNEMENT

Néant.. » »

3° TRAVAUX D'ÉGOUT, DE GAZ ET DE VOIE PUBLIQUE

Sur tout le parcours, raccordement de chaussée... 5.000

RÉCAPITULATION

1° Ponts, Viaducs, Souterrains 998.120
2° Murs de soutènement................................. »
3° Travaux d'égout, de gaz et de voie publique.............. 5.000

TOTAL GÉNÉRAL.......................... 1.003.120
Un dixième en plus........................... 100.312

1.103.432

1re *Section.* — D'AUTEUIL AU BOIS DE BOULOGNE

TRAVAUX D'ART

EMPLACEMENT	NATURE DE L'OUVRAGE	Longueur	Largeur entre les têtes	Total en surface	Prix du mètre	SOMMES	OBSERVATIONS
1° PONTS, VIADUCS, SOUTERRAINS							
Porte de l'Hippodrome...	Pas. p. dessus	50 »	7 »	350	100	35.000	En raison
Porte de Boulogne	Id.	7 »	70 »	490	100	49.000	de la hauteur
Porte des Princes	Id.	7 »	25 »	175	100	17.500	des culées
Abords des fortifications..	Viaduc	164 »	7 »	1148	100	114.800	
Allée des fortifications...	Pas.p. dessous	7 »	8 »	56	80	4.480	
Fossé des fortifications...	Id.	30 »	7 »	210	110	23.100	
Boulevard Suchet	Id.	8 »	7 »	56	80	4.480	
	TOTAL					248.360	
2° MURS DE SOUTÈNEMENT							
Porte du Bois à la porte de l'Hippodrome	2	500 »	1 50	1500	15	22.500	
Porte de l'Hippodrome à la porte de Boulogne	2	294 »	4 75	2793	15	41.895	
Porte de Boulogne à la porte des Princes	2	370 50	6 »	4446	15	66.690	
A la suite	2	200 »	3 90	1560	15	23.400	
	TOTAL					154.485	
3° TRAVAUX D'ÉGOUT, DE GAZ ET DE VOIE PUBLIQUE							
Porte de Boulogne	Etablis. d'un syphon sous le ch. de fer pour assurer l'écoulement des eaux venant du bois.	50 »	» »	»	100	5.000	
Id.	Dém. et reconstr. d'un branch. de bouche d'égout.	70 »	» »	»	70	5.000	
Sur tout le parcours	Déplac. de cond. d'eau et d'appareils d'arrosage.	» »	» »	»	»	2.000	
Id.	Déplac. de cond. et d'app. à gaz.	» »	» »	»	»	1.000	
Id.	Rép. de chaus. et de trottoirs.	» »	» »	»	»	2.000	
	TOTAL					15.000	

RÉCAPITULATION

1° Ponts, Viaducs, Souterrains	248.360
2° Murs de soutènement	154.485
3° Travaux d'égout, de gaz et de voie publique	15.000
TOTAL GÉNÉRAL	417.845
Un dixième en plus	41.784
	459.629

2ᵐᵉ *Section.* — ESPLANADE DES INVALIDES A VILLEJUIF

TRAVAUX D'ART

EMPLACEMENT	NATURE DE L'OUVRAGE	Longueur	Largeur entre les têtes	Total en surface	Prix du mètre	SOMMES	OBSERVATIONS
		DIMENSIONS					
1° PONTS, VIADUCS, SOUTERRAINS							
Esplanade des Invalides	Passage par dessus	150	8	» 1200	» 125	150.000	»
Aven. de La Tour-Maubourg.	Id.	30	8	» 240	» 125	30.000	»
Rue Surcouff.	Id.	8	12	» 96	» 80	7.680	»
Pont d'Iéna.	Id.	8	40	» 320	» 125	40.000	»
Pont de Grenelle.	Id.	8	8	» 96	» 125	12.000	»
Chemin de grande communication n° 35.	Passage par dessous	8	8	» 64	» 100	6.400	»
Route nationale n° 189.	Id.	12	»	» 96	» 100	9.600	»
Du chemin des Monts à la rue des Pensards...	Souterrain	350	8	» »	» 1100	385.000	»
Chemin de grande communication n° 33.	Passage par dessus	8	8	» 64	» 80	5.120	»
Rue de Clamart.	Id.	8	4	» 32	» 80	2.560	»
Rue des Vinaigriers...	Id.	8	4	» 32	» 80	2.560	»
Voie de Vanves à Bagneux.	Id.	8	4	» 32	» 80	2.560	»
Sentier des Nouzaux...	Id.	8	4	» 32	» 80	2.560	»
Voie des Aumônes. . . .	Id.	8	4	» 32	» 80	2.560	»
Voie de Vanves à Arcueil.	Id.	8	12	» 32	» 80	2.560	»
Chem. de fer de l'Ouest	Id.	8	4	» 96	» 125	12.000	»
Voie des Fosses-Rouges	Id.	8	8	» 32	» 80	2.560	»
Route de Châtillon. . . .	Passage par dessous	8	4	» 64	» 80	5.120	»
Voie de Fontenay.	Passage par dessus	8	8	» 32	» 80	2.560	»
Voie de Vanves à Arcueil.	Passage par dessous	4	8	» 32	» 80	2.560	»
Pavé de Châtillon.	Passage par dessus	8	4	» 64	» 80	5.120	»
Chemin de la Tour. . . .	Id.	8	4	» 32	» 80	2.560	»
Chemin de Fontenay..	Id.	8	4	» 32	» 80	2.560	»
Ruelle des Bénards....	Id.	8	8	» 32	» 80	2.560	»
Chemin des Cuverons.	Passage par dessous	4	8	» 32	» 80	2.560	»
Chemin de Bagneux...	Id.	4	8	» 32	» 80	2.560	»
Sentiers des Coquarts.	Id.	4	8	» 32	» 80	2.560	»
Voie du Port-Galand..	Id.	4	8	» 32	» 80	2.560	»
Voie Creuse.	Passage par dessus	8	8	» 64	» 80	5.120	»
Rue de l'Y grec.	Passage par dessous	4	8	» 32	» 80	2.560	»
Chem. de fer de Sceaux	Id.	60	8	» 480	» 125	60.000	»
Rue Sainte-Catherine.	Id.	4	4	» 32	» 80	2.560	»
Chemin d'Arcueil à la Glacière.	Passage par dessus	8	8	» 32	» 80	2.560	»
Communes d'Arcueil et de Gentilly	Viaduc	400	4	» 3200	» 250	800.000	»
Voie de L'Hay.	Passage par dessus	8	»	» 32	» 80	2.560	»
Communes de Gentilly et de Villejuif.	Souterrain	775	»	» »	» 1100	852.500	»
Route d'Antibes.	Passage par dessus	8	80	» 640	» 125	80.000	»
TOTAL DES TRAVAUX D'ART.						2.516.820	»

2me *Section*. — ESPLANADE DES INVALIDES A VILLEJUIF

TRAVAUX D'ART (suite)

EMPLACEMENT	NATURE DE L'OUVRAGE	Longueur	Largeur entre les têtes	Total	en surface	Prix du mètre	SOMMES	OBSERVATIONS
				DIMENSIONS				
2° MURS DE SOUTÈNEMENT								
Esplanade des Invalides De la rue Fabert à l'av.		80	5 »	800	»	15	12.000 »	
de La Tour-Maubourg De l'av. de La Tour-		65	6.25	812	50	15	12.187 50	
Maubourg à la rue Surcouff............		70	6.25	875	»	15	13.125 »	
De la rue Surcouff à l'a- venue Rapp..........		470	3.20	3008	»	15	45.120 »	
De l'av. de La Bourdon- naye au pont d'Iéna..		300	3 »	1800	»	15	27.000 »	
Du pont d'Iéna à l'av. de Suffren...........		230	4.05	1863	»	15	27.945 »	
Abords du pont de Gre- nelle...............		175	3.60	630	»	15	9.450 »	
Abords du viaduc du Point-du-Jour.........		500	4 »	2000	»	15	3.000 »	
Route du Bas-Meudon.		300	4.40	1320	»	15	19.800 »	
TOTAL......							169.627 50	
3° TRAVAUX D'ÉGOUT, DE GAZ ET DE VOIE PUBLIQUE								
Esplanade des Invali- dés et quai d'Orsay...	Construction : d'un égout type 12 sous la chaussée long. les maisons.*	800	» »	»	»	100	80.000 »	
Quai d'Orsay..........	Enlèvement d'une ligne d'arbres	»	» »	»	»	»	5.000 »	Galerie destinée à conduire dans le collecteur de l'avenue Bosquet les eaux provenant des égouts coupés par la tranchée du chemin de fer.
Dans la traversée de Pa- ris	Déplacem. de con- duites d'eau et d'ap- pareils d'arrosage	»	» »	»	»	»	2.000 »	
Id.	Déplacem. de con- duites et d'appa- reils à gaz.	»	» »	»	»	»	2.000 «	
Id.	Raccord. de chaus- sées et trottoirs.	»	» »	»	»	»	7.000 »	
Dans les communes sub- urbaines.............	Id.	»	» »	»	»	»	4.000 »	
TOTAL..................							100.000 »	

RÉCAPITULATION

1° Ponts, Viaducs, Souterrains.......................... 2.516.820 »

2° Murs de soutènement...................... .... 169.627 50

3° Travaux d'égout, de gaz et de voie publique.......... 100.000 »

    TOTAL GÉNÉRAL...................... 2.786.447 50

    Un dixième en plus........................... 278.644 75

                                  3.065.092 25

3me *Section.* — QUAI DE MONTEBELLO A BONNEUIL

TRAVAUX D'ART

EMPLACEMENT	NATURE DE L'OUVRAGE	DIMENSIONS			Prix du mètre	SOMMES	OBSERVATIONS
		Longueur	Largeur entre les têtes	Total en surface			
1° PONTS, VIADUCS, SOUTERRAINS							
Rue Maître-Albert à la rue de Jussieu	Viaduc	215	35	» 7525 »	250	1.881.250	
Id	Id.	378	7	» 2646 »	250	661.500	
Rue des Boulangers	Pass. par dessus	8	8	» 64 »	80	5.120	
Rue Rollin	Id.	8	8	» 64 »	80	5.120	
Rue Lacépède	Id.	8	8	» 64 »	80	5.120	
Rue du Puits-l'Ermite	Id.	8	8	» 64 »	80	5.120	
Boulevard Saint-Marcel	Id.	8	30	» 240 »	125	30.000	
Rue des Cornes	Id.	8	8	» 64 »	80	5.120	
Rue Le Brun	Id.	8	12	» 96 »	80	7.680	
Rue du Banquier	Id.	8	12	» 96 »	80	7.680	
Avenue des Gobelins à la place d'Italie	Souterrain	430	»	» »	1100	473.000	
Rue Vandrezanne	Pass. par dessus	8	8	» 64 »	80	5.120	
Rue de la Maison-Blanche	Id.	8	8	» 64 »	80	5.120	
Rue du Moulin-des-Prés	Id.	8	8	» 64 »	80	5.120	
Boulevard Masséna	Id.	8	12	» 96 »	100	9.600	
Chemin des Périchets	Id.	8	4	» 32 »	80	2.560	
Chemin de Gournay	Id.	8	4	» 32 »	80	2.560	
Route départementale n° 51	Id.	8	8	» 64 »	80	5.120	
Voie des Bornes	Id.	8	4	» 32 »	80	2.560	
Sentier du Moulin-à-Vent à la route stratégique	Souterrain	200	»	» »	1100	220.000	
Voie Basse-des-Prés	Pass. par dessous	4	8	» 32 »	80	2.560	
Chemin de grande communication de Paris à Vitry	Id.	4	8	» 32 »	80	2.560	
Route départementale n° 59	Id.	8	8	» 64 »	80	5.120	
Chemin de fer de Paris à Orléans	Id.	8	8	» 64 »	125	8.000	
Sentier des Anoues	Id.	8	4	» 32 »	80	2.560	
Voie d'Amour	Id.	8	4	» 32 »	80	2.560	
Chemin de halage	Id.	12	8	» 96 »	80	7.680	
La Seine	Pont	225	8	» 1800 »	300	540.000	
Ancien chemin de Paris à Villeneuve	Pass. par dessous	4	8	» 32 »	80	2.560	
Fossé du Marais	Aqueduc	6	8	» 48 »	80	3.840	
Ch. de fer de Paris à Lyon	Pass. par dessous	8	8	» 64 »	125	8.000	
Route nationale n° 5	Id.	8	12	» 96 »	80	7.680	
Chemin de Maisons	Id.	4	8	» 32 »	80	2.560	
Ch. de Maisons à Mesly	Id.	4	8	» 32 »	80		
Ch. de grande comm. de Choisy au pont de Créteil	Id.	4	8	» 32 »	80	2.560	
Rue du Bief	Pass. par dessus	8	4	» 32 »	80	2.560	
Rue de la Sablière	Id.	8	4	» 32 »	80	2.560	
Ancien chemin de Brie-Comte-Robert	Id.	8	4	» 32 »	80	2.560	
Route nationale n° 19	Id.	8	12	» 96 »	80	7.680	
Ru du Morbras	Aqueduc	10	8	» 80 »	80	6.400	
TOTAL DES TRAVAUX D'ART						3.967.030	

3ᵐᵉ *Section.* — QUAI DE MONTEBELLO A BONNEUIL

TRAVAUX D'ART (suite)

EMPLACEMENT	NATURE DE L'OUVRAGE	Longueur	Largeur entre les têtes	Total en surface	Prix du mètre	SOMMES	OBSERVATIONS
		DIMENSIONS					
2° MURS DE SOUTÈNEMENT							
Rue Jussieu à la rue Censier		2	657 7 60	9986 40	15	149.796	
Rue Censier à la rue Fer-à-Moulin		2	175 1 70	595 »	15	8.925	
Rue Fer-à-Moulin à l'avenue des Gobelins		2	623 6 60	8223 60	15	123.354	
Place d'Italie au chemin de fer de Ceinture		2	901 9 40	16938 80	15	254.082	
Chemin de fer de Ceinture au boulevard Masséna		2	355 3 »	2130 »	15	31.950	
Boulevard Masséna au pied du glacis		2	266 5 70	3032 40	15	45.486	
Pied du glacis au chemin des Coquettes		2	482 2 50	2410 »	15	36.150	
Chemin des Coquettes au raccordement avec la 2ᵉ section		2	250 2 20	1100 »	15	16.500	
TOTAL						666.243	

3° TRAVAUX D'ÉGOUT, DE GAZ ET DE VOIE PUBLIQUE

EMPLACEMENT	NATURE DE L'OUVRAGE	Longueur	Largeur	Total	Prix	SOMMES	OBSERVATIONS
Rue des Cornes	Démolition et reconstruction de bouches d'égout.	»	»	»	»	1.000	*Dans ces évaluations ne sont pas comprises les dépenses qui résulteront de la transformation de l'avenue d'Italie et de la route d'Antibes, non plus que celles relatives à l'établissement de deux voies latérales au ch. de fer, entre le boulevard St-Germain et l'avenue des Gobelins. Ces travaux devront faire l'objet de conditions spéciales.
Avenue des Gobelins	Etablissem. d'un syphon sous le chem. de fer.	»	»	»	»	1.000	
Sur tout le parcours	Déplacement de conduites d'eau et d'app. d'arrosage.	»	»	»	»	2.000	
Dans toute la traversée de Paris	Déplacement de conduites et d'appareils à gaz.	»	»	»	»	2.000	
Id.	Réparations de chaussées et trottoirs.	»	»	»	»	8.000 *	
Dans les communes suburbaines	Id.	»	»	»	»	6.000 *	
TOTAL						20.000	

RÉCAPITULATION

1° Ponts, Viaducs, Souterrains .... 3.967.030 »
2° Murs de soutènement .... 666.243 »
3° Travaux d'égout, de gaz et de voie publique .... 20.000 »

TOTAL GÉNÉRAL .... 4.653.273 »
Un dixième en plus 465.327 30

5.118.600 30

4me *Section*. — DE ROMAINVILLE A FONTENAY

TRAVAUX D'ART

EMPLACEMENT	NATURE DE L'OUVRAGE	Longueur	Largeur entre les têtes	Total en surface	Prix du mètre	SOMMES	OBSERVATIONS
DIMENSIONS 							
1° PONTS, VIADUCS, SOUTERRAINS							
Chemin du Puits.........	P. p. dessus	4	52 »	208 »	110	22.880 »	
Chemin de la Glaisière..	Id.	4	46 »	184 »	110	20.240 »	
Chemin de Malassis.....	Id.	4	46 »	184 »	110	20.240 »	
Rue de Montreuil........	P.p. dessous	11	18 60	205 26	80	16.420 80	
Sentier des Fossillons...	Id.	7	18 60	130 20	80	10.416 »	
Chemin de Carrière	Id.	7	16 »	112 »	80	8.960 »	
Sentier des Cailloux.....	Id.	7	13 70	95 90	80	7.672 »	
Sentier de la Carrière ...	Id.	7	13 60	95 90	80	7.672 »	
Ch. du Moulin de l'Epine	Pas.à niveau	»	»	»	»	Mémoire.	
Chemin de la Plâtrière..	P.p. dessous	7	10 80	75 60	80	6.048 »	
Ancien chemin de Paris à Montreuil	Pas.à niveau	»	»	»	»	Mémoire.	
Route département. n° 41 de Paris à Gagny......	Id.	»	»	»	»	Id.	
Sentier des Chevaux.....	Id.	»	»	»	»	Id.	
Chemin de Vincennes à Montreuil	P.p. dessous	7	10 80	75 60	80	6.048 »	
Ru de Vincennes........	Aqueduc	12	10 80	129 60	80	10.368 »	
Chemin de Vincennes....	P.p. dessous	7	10 80	75 60	80	6.048 »	
Chemin de Carrières ...	Pas.à niveau	»	»	»	»	Mémoire.	
Chemin de Lagny.......	Id.	»	»	»	»	Id.	
Chemin du Mur-du-Parc.	Id.	»	»	»	»	Id.	

TOTAL................ 153.012 80

2° MURS DE SOUTÈNEMENT

Néant.. » »

3° TRAVAUX D'ÉGOUT, DE GAZ ET DE VOIE PUBLIQUE

Raccordement de chaussées et trottoirs (sur tout le parcours). 2.000 »

TOTAL.............. .... 2.000 »

RÉCAPITULATION

1° Ponts, Viaducs, Souterrains........................... 153.012 80
2° Murs de soutènement................. .... »
3° Travaux d'égout, de gaz et raccordement de voie publique. 2.000 »

TOTAL GÉNÉRAL........................ 155.012 80
Un dixième en plus........................... 15.501 20

170.514 »

5me *Section*. — DU CHATEAU-D'EAU A SAINT-OUEN

TRAVAUX D'ART

EMPLACEMENT	NATURE DE L'OUVRAGE	Longueur	Largeur entre les têtes	Total en surface	Prix du mètre	SOMMES	OBSERVATIONS
		DIMENSIONS					
1° PONTS, VIADUCS, SOUTERRAINS							
R. de la Douane au q. Valmy et av. des Amandiers.	Viaduc.	343	35	» 12005	250	3.001.250	
Id.	Id.	156	7	» 1092	250	273.000	
Rue de Nemours........	P. p. dessus	2	7	» 14	80	1.120	
Avenue Parmentier......	P. p. dessus	30	7	» 210	80	16.800	
Rue Saint-Maur.........	Id.	12	7	» 84	80	6.720	
Rue Servan	Id.	12	7	» 84	80	6.720	
Boulevard Ménilmontant.	Souterrain	110	»	»	1.100	121.000	
Boul. Ménilmontant à la rue de la Roquette.....	P. p. dessus	20	11	» 220	150	33.000	
A 50 mèt. de la rue de la Roquette............	Souterrain	430	»	»	1.100	473.000	
Rue et place de Puebla..	Id.	500	»	»	1.100	550.000	
Rue du Japon...........	P. p. dessus	12	15	» 180	80	14.400	
Rue de la Chine à 55 m. de la rue des Sablons...	Souterrain	1800	»	»	1.100	1.980.000	
Sentier de la stat. des Lilas	P. p. dessus	8	8	» 64	80	5.120	
Ch. de Bagnolet à Pantin	Id.	4	8	» 32	80	2.560	
Chemin de Bagnolet à Romainville...........	Id.	4	10	» 40	80	3.200	
Route départem. n° 23 ..	Id.	8	12	» 96	100	9.600	
A 115 m. de la r. dép. n° 23	Souterrain	1150	»	»	1.100	1.265.000	
Station de Romainville, rue de la Montagne. ...	P. p. dessus	8	10	» 80	80	64.000	
Chemin des Pays-Bas...	P. p. dessus	8	20	» 160	80	12.800	
Chemin des Brétagnes...	P.p. dessous	4	10	» 40	80	3.200	
Route nationale n° 3	Id.	10	15	» 150	125	18.750	
Canal de l'Ourcq........	Id.	40	15	» 600	125	75.000	
Fossé de décharge du canal.................	Aqueduc	15	15	» 225	80	18.000	
Fossé de décharge du canal, près du chemin du Cheval-Blanc..........	Aqueduc	15	15	60 234	80	18.720	
Chemin de fer de Paris à Strasbourg............	P. p. dessus	10	15	60 156	125	19.500	
Ruisseau du Vivier......	Aqueduc	5	10	» 50	80	4.000	
Ru de Montfort.........	Id.	5	10	» 50	80	4.000	
Chemin de fer de Paris à Soissons...............	P. p. dessus	10	10	» 100	125	12.500	
Ru de Montfort.........	Aqueduc	:	10	» 50	80	4.000	
Digue.................	P.p. dessous	30	18	50 555	80	44.400	
Chemin de Saint-Denis à Aubervilliers..........	Id.	6	10	» 60	80	4.800	
Porte de Paris	Viaduc	130	8	» 1.040	200	208.000	
Canal Saint-Denis.......	Id.	100	8	» 800	125	100.000	
Chemin de fer du Nord..	P.p. dessous	35	8	» 280	125	35.000	
R. départementale n° 20.	Id.	10	18	80 188	80	15.040	
Avenue du Château......	P. p. dessus	4	12	» 48	80	3.840	
Rue du Landy..........	Id.	4	12	» 48	80	3.840	
Rue de Paris..........	Id.	4	12	« 48	80	3.840	
TOTAL DES TRAVAUX D'ART.....						8.435.720	

5ᵐᵉ *Section.* — DU CHATEAU-D'EAU A SAINT-OUEN

TRAVAUX D'ART (suite)

EMPLACEMENT	NATURE DE L'OUVRAGE	Longueur	Largeur entre les têtes	Total en surface	Prix du mètre	SOMMES	OBSERVATIONS
colspan over DIMENSION							

2° MURS DE SOUTÈNEMENT

EMPLACEMENT	NATURE	Longueur	Largeur	Total surface	Prix du mètre	SOMMES	OBSERVATIONS
Avenue des Amandiers, de la rue Folie-Méricourt à la rue de Nemours	2	164	1 » épais.	328	15	4.920	
Rue de Nemours à la rue du Chemin-Vert	2	1095	5 8″	12702	15	190.530	
Boulevard Ménilmontant	2	260	6 »	3120	15	46.800	
Rue du Ratrait à la rue de la Chine	2	145	18 »	5220	15	78.300	

TOTAL................. 320.550

3° TRAVAUX D'ÉGOUT, DE GAZ ET DE VOIE PUBLIQUE

EMPLACEMENT	NATURE	Longueur	Largeur	Total	Prix du mètre	SOMMES	OBSERVATIONS
Boulevard Ménilmontant, devant l'entrée du Père-Lachaise	Déplacem. et reconstruct. d'égout.	200	»	»	100	20.000	Travail destiné à assurer l'écoulement des eaux venant du cim. du P.-Lachaise, la gal. act. devant être coupée p. la tranchée du ch. de fer.
Sur tout le parcours	Déplac. de conduites d'eau et d'app. d'arros.	»	»	»	»	3.000	
Dans la traversée de Paris	Déplac. de conduites et app. à gaz.	»	»	»	»	2.000	
Id.	Raccord. de chaus. et trot.	»	»	»	»	3.000	
Dans les communes sub-urbaines	Id.	»	»	»	»	2.000	

TOTAL.................. 30 000

RÉCAPITULATION

1° Ponts, Viaducs, Souterrains	....	8.435.720
2° Murs de soutènement	....	320.550
3° Travaux d'égout, de gaz et de voie publique	....	30.000
TOTAL GÉNÉRAL	....	8 786.270
Un dixième en plus	....	878.627
		9.664.897

RELEVÉ

DES

IMPORTATIONS & EXPORTATIONS

DES

71 COMMUNES DU DÉPARTEMENT DE LA SEINE

———————

RELEVÉ DES IMPORTATIONS ET DES EXPORTATIONS

NOMS DES COMMUNES	POPULATION	ÉPICERIES	BESTIAUX	BLÉS, GRAINS et FARINES	ALCOOLS Vins ET HUILES	CÉRÉALES et FOURRAGES	TOTAUX	OBSERVATIONS
		Kilog.	Kilog.	Kilog.	Kilog.	Kilog.	Kilog.	
Courbevoie.........	8.875	350.000	610.000	1.500.000	1.800.000	150.000	4.410.000	
Puteaux	9.590	100.000	380.000	3.006.000	1.140.000	120.000	4.740.000	
Suresnes..........	4.600	510.000	410.000	405.000	1.120.000	800.000	3.245.000	
Colombes	5 133	220.000	285.000	450.000	1.118.060	875.000	2.948.060	
Asnières	8.500	500.000	512.250	1.000.000	2.119.200	1.200.000	5.331.450	
Nanterre..........	3.857	195.000	250.000	500.000	1.000 000	500.000	2.445.000	
Gennevilliers.......	1.630	45.000	45.000	175.000	500.000	175.000	940.000	
TOTAL.........	42.185	1.920.000	2.492.250	7.030.000	8.797.260	3.820.000	24 059.510	
Moyenne par habitant....................							0.570	

DÉPARTEMENT DE LA SEINE. — CANTON DE COURBEVOIE

RELEVÉ DES IMPORTATIONS ET DES EXPORTATIONS

NOMS DES COMMUNES	POPULATION	PRODUITS chimiques ET ALIMENTAIRES	FERS et MÉTAUX	CARRIÈRES	POTERIES Faïences ET BRIQUETERIES	BOIS et CHARBONS	INDUSTRIES DIVERSES	TOTAUX	EXPLOITATIONS
		Kilog.	Kilog.	Kilog.	Kilog.	Kilog.	Kilog.	Kilog.	
Courbevoie	8.875	100.000	410.000	1.550 000	»	12.000.000	570.000	14.630.000	
Puteaux.......	9.590	120.000	500.000	620.000	1.215.000	26.000.000	462.000	28.917 000	
Suresnes	4.600	4.200.000	168.090	320 000	1.217.800	1.917.260	285.000	8.108.150	
Colombes......	5.133	»	250.000	250.000	955.000	24.900	320.000	1.799.900	
Asnières.......	8.500	100.000	399.450	820 000	535.000	2.580.000	300.000	4.734.950	
Nanterre	3.857	90.000	»	10.000.000	»	800.000	150.000	11.040.000	
Gennevilliers..	1.630	»	»	50.000	»	220.000	5.000	275.000	
TOTAL.....	42.185	4.610.000	1.727.540	13.610.000	3.923.300	43.542.160	2.092.000	69.505.000	
Moyenne par habitant...........								1.647	

— 208 —

RELEVÉ DES IMPORTATIONS ET DES EXPORTATIONS

NOMS DES COMMUNES	POPULATION.	ÉPICERIES	BESTIAUX	BLÉS, GRAINS et FARINES	ALCOOLS Vins ET HUILES	CÉRÉALES et FOURRAGES	TOTAUX	OBSERVATIONS
		Kilog.	Kilog.	Kilog.	Kilog.	Kilog	Kilog.	
Neuilly............	15.442	2.500.000	3.021.029	2.800.000	12.875.000	4.000.000	25.196.029	
Levallois-Perret....	15.763	2.689.720	2.015.352	2.704.242	14.794.000	2.498.910	24.702.224	
Boulogne..........	20.000	3.400.000	5.200.000	2.980.000	6.119.100	900.000	18.599.100	
Clichy.	13.000	1.500 000	2.118.800	2.400.000	5.345.200	7.304.126	18.668.126	
TOTAL........	64.205	10.089.720	12.355.181	10.884.242	39.133.300	14.703.036	87.165.479	
Moyenne par habitant.........................							1.357	

DÉPARTEMENT DE LA SEINE. — CANTON DE NEUILLY

RELEVÉ DES IMPORTATIONS ET DES EXPORTATIONS

NOMS DES COMMUNES	POPULATION	PRODUITS chimiques ET ALIMENTAIRES	FERS ET MÉTAUX	CARRIÈRES	POTERIES Faïences ET BRIQUETERIES	BOIS ET CHARBONS	INDUSTRIES DIVERSES	TOTAUX	OBSERVATIONS
		kilog.	kilog.	kilog.	kilog.	kilog.	kilog.	kilog.	
Neuilly.........	15.442	200.000	1.700.000	»	2.200.000	15.278.600	2.300.000	21.678.600	
Levallois-Perret	15.763	2.232.000	6.400.000	22.000.000	1.519.895	28.580.000	1.200.000	61.881.895	
Boulogne.......	20.000	2.700.000	2.500.000	57.047.410	580.000	15.650.000	1.600.000	80.077.410	
Clichy..........	13.000	2.180.000	580.992	28.239.978	1.290.468	7.025.932	2.500.000	41.817.370	
TOTAL......	64.205	7.312.000	11.180.992	107.287.388	5.590.363	66.484.532	7.600.000	205.455.275	
Moyenne par habitant.....................								3.199	

DÉPARTEMENT DE LA SEINE — CANTON DE SAINT-DENIS

RELEVÉ DES IMPORTATIONS ET DES EXPORTATIONS

NOMS DES COMMUNES	POPULATION	ÉPICERIES	BESTIAUX	BLÉS, GRAINS et FARINES	ALCOOLS Vins ET HUILES	CÉRÉALES et FOURRAGES	TOTAUX	OBSERVATIONS
		Kilog.	Kilog.	Kilog.	Kilog.	Kilog.	Kilog.	
Saint-Denis........	32.000	4.000.000	2.049.747	8.5'0.000	76.777.000	10.906.707	102.293.454	
Aubervilliers.......	11.600	2.100.000	231.000	4.200.000	12.000.000	5.500.000	24.031.600	
La Courneuve......	790	15.000	50.000	300.000	1.000.000	1.200.000	2.565.000	
Ile Saint-Denis.....	800	20.000	92.000	200.000	1.500.000	1.500.000	3.312.000	
Stains..............	1.500	39.000	158.000	1.000.000	608.000	3.008.000	4.797.000	
Pierrefitte.........	916	28.000	12.000	800.000	400.000	2.500.000	3.740.000	
Saint-Ouen........	5.804	60.870	2.809.000	2.120.400	424.741	3.415.075	8.830.000	
Villetaneuse........	500	18.000	10.000	100.000	110.000	1.500.000	1.738.086	
Epinay.............	1.584	28.000	155.000	1.010.200	1.210.000	2.800.000	5.203.200	
Le Bourget.........	660	23.000	18.000	155.000	108.000	1.200.000	1.494.000	
Dugny	611	20.000	15.000	120.000	90.000	1.400.000	1.645.000	
TOTAL..	56.765	6.351.870	5.599.747	18.565.600	94.227.741	34.929.782	159.648.740	
Moyenne par habitant........................							2.812	

RELEVÉ DES IMPORTATIONS ET DES EXPORTATIONS

NOMS DES COMMUNES	POPULATION	PRODUITS chimiques ET ALIMENTAIRES	FERS et MÉTAUX	CARRIÈRES	POTERIE Faïence ET BRIQUETERIE	BOIS ET CHARBONS	INDUSTRIES DIVERSES	TOTAUX	OBSERVATIONS
		Kilog.	Kilog.	Kilog.	Kilog.	Kilog.	Kilog.	Kilog.	
Saint-Denis....	32.000	974.800	15.778.500	49.192.000	4.365.287	51.636.000	2.123.473	124.070.060	
Aubervilliers ..	11.600	45.000.000	19.200.000	»	1.000.000	64.000.000	15.150.000	144.350.000	
La Courneuve..	790	»	2.100.000	»	»	11.000.000	100.000	13.200.000	
Ile Saint-Denis.	800	»	2.500.000	»	»	11.900.000	400.000	14.800.000	
Stains..........	1.500	»	30.000	»	»	1.400.000	500.000	1.930.000	
Pierrefitte.....	916	»	»	»	»	90.000	80.000	170.000	
Saint-Ouen....	5.804	800.000	158.753	»	600.000	3.976.136	1.346.192	6.881.081	
Villetaneuse...	500	»	»	»	»	400.000	200.000	600.000	
Epinay........	1.584	15.000	25.000	»	100.000	1.500.000	800.000	2.440.000	
Le Bourget....	660	»	»	»	800.000	70.000	500.000	1.370.000	
Dugny.........	611	»	»	»	»	65.000	450.000	515.000	
TOTAL.......	56.765	46.789.800	39.792.253	49.192.000	6.865.287	146.037.136	21.649.665	310.326.141	

Moyenne par habitant...................... 5.466

RELEVÉ DES IMPORTATIONS ET DES EXPORTATIONS

NOMS DES COMMUNES	POPULATION	ÉPICERIES	BESTIAUX	BLÉS, GRAINS et FARINES	ALCOOLS Vins ET HUILES	CÉRÉALES et FOURRAGES	TOTAUX	OBSERVATIONS
		Kilog.	Kilog.	Kilog	Kilog.	Kilog.	Kilog.	
Pantin.............	8.482	1.9.9.000	1.400.000	550.000	2.770.000	2.350.000	9.059.000	
Romainville........	1.700	200.000	492.000	500.000	300.000	750.000	2.242.000	
Bobigny.....	890	100.500	25).000	1.400.000	150.000	100.000	2.000.500	
Bagnolet..........	2.597	50.000	165.000	8.493	1.066.700	222.343	1.512.536	
Noisy-le-Sec.......	2.976	650.000	147.000	3.108.200	2.200.000	6.000.000	12.105.200	
Les Lilas..........	3.000	196.335	286.350	1.160.700	143.800	250.425	2.037.610	
Bondy.............	1.623	190.000	140.000	1.400.000	100.000	2.400.000	4.230.000	
Les Prés-St-Gervais	3.120	250.000	245.000	800.000	1.000.000	890.000	3.185.000	
Drancy.............	534	75.000	120.000	1.200.000	90.000	1.900.000	3.385.000	
TOTAL.......	24.922	3.700.835	3.245.350	10.127.393	7.820.500	14.862.768	39.756.846	
Moyenne par habitant...........................							1.595	

DÉPARTEMENT DE LA SEINE. — CANTON DE PANTIN

RELEVÉ DES IMPORTATIONS ET DES EXPORTATIONS

NOMS DES COMMUNES	POPULATION	PRODUITS chimiques ET ALIMENTAIRES	FERS ET MÉTAUX réduits	CARRIÈRES et PLATRIÈRES	POTERIE Faïence ET BRIQUETERIE	BOIS ET CHARBONS	INDUSTRIES DIVERSES	TOTAUX	OBSERVATIONS
		Kilog.	Kilog.	Kilog.	Kilog.	Kilog.	Kilog.	Kilog.	
Pantin.........	8.482	3.000.000	1.412.950	8.700.000	400.000	4.500.000	15.655.200	33.668.150	
Romainville...	1.700	50.000	100.000	108.000.000	20.000	800.000	500.000	109.470.000	
Robigny.......	890	»	50.000	»	3.750.000	50.000	»	3.850.000	
Bagnolet.......	2.597	»	190.450	3.868.000	350.490	400.000	7.100.000	11.908.940	
Noisy-le-Sec...	2.976	32.000	200.000	82.125.000	25.000	450.000	200.000	83.032.000	
Les Lilas......	3.000	»	10.565.500	2.930.800	2.600.000	600.000	2.664.500	19.360.800	
Bondy.	1.623	»	»	»	»	100.000	»	100.000	
Les Prés-St-Gervais.	3.120	40.000	300.000	»	450.000	650.000	1.000.000	2.440.000	
Drancy........	534	»	»	»	»	30.000	»	30.000	
Total......	24.922	3.122.000	12.818.900	205.623.800	7.595.490	7.580.000	27.819.700	263.859.890	
Moyenne par habitant.....								1.058	

RELEVÉ DES IMPORTATIONS ET DES EXPORTATIONS

NOMS DES COMMUNES	POPULATION	ÉPICERIES salaisons ET CONFISERIES	BESTIAUX	BLÉS ET FARINES	VINS alcools ET SPIRITUEUX	CÉRÉALES ET FOURRAGES	TOTAUX	OBSERVATIONS
		Kilog.	Kilog.	Kilog.	Kilog.	Kilog.	Kilog.	
Vincennes..........	10.973	1.267.500	5.190.800	1.400.000	3.860.700	2.500.000	14.219.000	
Montreuil-s.-Bois...	9.171	500.000	350 000	1.000.000	2.000.000	1.300.000	5.150.000	
Fontenay-s.-Bois ...	2.567	160.000	240.000	350.000	1.000.000	300.000	2.050.000	
Saint-Mandé.......	4.561	300.000	520.000	700.000	2.500.000	650.000	4.670.000	
Rosny	1.605	30.000	45.000	180.000	600.000	100.000	955.000	
TOTAL.........	28.877	2.257.500	6.345.800	3.630.000	9.960.700	4.850.000	27.044.000	
				Moyenne par habitant.....................			936	

RELEVÉ DES IMPORTATIONS ET DES EXPORTATIONS

NOMS DES COMMUNES	POPULATION	PRODUITS chimiques ET ALIMENTAIRES	FERS ET MÉTAUX	CARRIÈRES	FAIENCE poterie ET BRIQUETERIE	BOIS ET CHARBONS	INDUSTRIES DIVERSES	TOTAUX	OBSERVATIONS
		Kilog.	Kilog.	Kilog.	Kilog.	Kilog	Kilog.	Kilog.	
Vincennes......	10.973	106.000	18.495.800	1.071.690	6.601.860	443.654.040	12.000.000	481.929.390	
Montreuil-s.-Bois..	9.171	»	2.600.000	30.000.000	2.000.000	10.000.000	5.000.000	49.600.000	
Fontenay-s.-Bois...	2.567	»	450.000	»	»	2.200.000	30.000	2.680.000	
Saint-Mandé...	4.561	1.002.400	800.000	150.000	»	3.860.000	50.000	5.862.400	
Rosny........	1.605	»	215.000	170.000	»	1.600.000	22.000	2.007.000	
TOTAL.....	28.877	1.108.400	22.560.800	31.391.690	8.601.860	461.314.040	17.102.000	542.078.790	

Moyenne par habitant....................... 1.877

DÉPARTEMENT DE LA SEINE. — CANTON DE CHARENTON

RELEVÉ DES IMPORTATIONS ET DES EXPORTATIONS

NOMS DES COMMUNES	POPULATION	ÉPICERIES	BESTIAUX	BLÉS, GRAINS et FARINES	ALCOOLS Vins ET HUILES	CÉRÉALES et FOURRAGES	TOTAUX	OBSERVATIONS
Charenton........	6.500	200.000	1.022.500	12.847.000	44.927.000	180.000	59.176.500	
Créteil...........	2.823	600.000	295.000	13.813.000	2.445.000	2.500.000	19.653.000	
Saint-Maur........	7.300	»	140.500	»	2.000.000	»	2.140.500	
Nogent...........	5.917	»	160.000	»	»	300.000	460.000	
Saint-Maurice. ...	3.916	»	108.000	100.000	150.000	»	358.000	
Champigny........	2.500	4.600.000	700.000	1.500.000	1.200.000	3.100.000	11.100.000	
Brie..............	845	»	2.250	»	48.000	205.000	255.250	
Maisons-Alfort....	3.060	300.000	430.000	1.300.000	895.000	1.320.000	4.245.000	
Bonneuil.........	665	»	1.900	75.000	35.000	175.000	286.900	
Joinville.........	2.290	275.000	350.000	»	1.000.000	»	1.625.000	
TOTAL	35.816	5.975.000	3.210.150	29.635.000	52.700.000	7.780.000	99.300.150	

Moyenne par habitant................. 2.774

RELEVÉ DES IMPORTATIONS ET DES EXPORTATIONS

NOMS DES COMMUNES	POPULATION	PRODUITS chimiques ET ALIMENTAIRES	FERS et MÉTAUX	CARRIÈRES	POTERIE Faïence ET BRIQUETERIE	BOIS et CHARBONS	INDUSTRIES DIVERSES	TOTAUX	OBSERVATIONS
Charenton.....	6.500	746.907	157.047	2.276.559	12.496.700	14.247.972	1.404.942	31.330.127	
Créteil........	2.823	110.000	170.000	730.000	520.000	3.472.500	1.305.000	6.307.500	
Saint-Maur....	7.300	»	140.000	10.000	1.000.000	490.000	»	1.640.000	
Nogent...	5.917	859.000	»	130.000	»	2.100.000	430.000	3.519.000	
Saint-Maurice.	3.916	»	150.000	»	706.000	2.000.000	»	2.856.000	
Champigny. ...	2.500	125.000	»	218.000	200.000	3.065.000	569.000	4.177.000	
Brie..........	845	»	15.000	105.000	»	104.000	105.000	434.000	
Maisons-Alfort.	3.060	215.000	380.000	270.000	508.000	3.400.000	680.000	5.448.000	
Bonneuil.......	665	»	10.000	»	»	85.000	»	95.000	
Joinville.......	2.290	150.000	»	»	275.000	2.000.000	»	2.425.000	
TOTAL......	35.816	2.205.907	1.022.047	3.739.559	15.705.700	30.964.472	4.493.942	58.231.627	
			Moyenne par habitant.................................					1.625	

RELEVÉ DES IMPORTATIONS ET DES EXPORTATIONS

NOMS DES COMMUNES	POPULATION	ÉPICERIES	BESTIAUX	BLÉS, GRAINS et FARINES	ALCOOLS Vins ET HUILES	CÉRÉALES et FOURRAGES	TOTAUX	OBSERVATIONS
		Kilog.	Kilog.	Kilog.	Kilog.	Kilog.	Kilog.	
Villejuif...........	3.758	100.000	240.000	»	700.000	»	1.040.000	
Ivry...............	13.165	3.000.000	353.500	»	5.000.000	5,000.000	13.353.500	
Choisy-le-Roi......	5.172	220.000	380.000	400.000	1.360.000	800.000	3.160.000	
Vitry ....:.....	8.630	1.180.000	490.000	670.000	2.500.000	1.400.000	6.240.000	
Chevilly	374	2.000	12.000	23.000	180.000	»	217.000	
Arcueil	5.024	205.000	580.000	700.000	3.200 000	980.000	5.665.000	
Gentilly	8.871	1.400.000	700.000	980.000	3.500.000	1.200.000	7.780.000	
L'Hay.............	·481	5.600	15.000	426.000	220.000	»	666.600	
Thiais	1.304	30.000	42.000	160.000	620.000	430.000	1.282.000	
Orly	659	7.000	23.000	675.000	230.000	»	935.000	
Rungis............	431	5.000	18.000	438.000	210 000	»	671.000	
TOTAL........	47.869	6.154.600	2.853.500	4.472.000	17.720.000	9.810.000	41.010.100	
			Moyenne par habitant.....................				860	

RELEVÉ DES IMPORTATIONS ET DES EXPORTATIONS

NOMS DES COMMUNES	POPULATION	PRODUITS et ET ALIMENTAIRES	FERS ET MÉTAUX	CARRIÈRES	POTERIES Faïences ET BRIQUETERIES	BOIS ET CHARBON	INDUSTRIES DIVERSES	TOTAUX	OBSERVATIONS
		Kilog. 000	Kilog. 000	Kilog 000	Kilog.	Kilog 000	Kilog 000	Kilog. 000	
Villejuif.......	3.758	13.650.000	100.000	7.660.000	»	500.000	1.645.000	23.555.000	
Ivry..........	13.165	29.950.000	300.000	8.000.000	23.100.000	»	17.485.000	78.835.000	
Choisy-le-Roi..	5.172	1.400.000	500.000	2.400.000	1.400.000	1.430.000	1.500.000	8.630.000	
Vitry..........	8.630	350.000	800.000	220.000	900.000	1.600.000	850.000	4.720.000	
Chevilly.......	374	»	»	1.300.000	»	210.000	»	1.510.000	
Arcueil........	5.024	300.000	2.495.000	500.000	1.200.000	4.730.000	1.000.000	10.225.000	
Gentilly.......	8.871	1.000.000	10.000.000	12.000.000	1.920.000	11.600.000	6.950.000	43.470.000	
L'Hay.........	481	»	»	»	»	250.000	»	250.000	
Thiais.........	1.304	12.000	250.000	170.000	70.000	500.000	30.000	1.032.000	
Orly..........	659	»	»	»	»	300.000	»	300.000	
Rungis........	431	»	»	»	»	320.000	»	220.000	
Total......	47.869	46.662.000	14.445.000	32.250.000	28.590.000	21.340.000	29.460.000	172.747.000	
					Moyenne par habitant.....................			3.608	

RELEVÉ DES IMPORTATIONS ET DES EXPORTATIONS

NOMS DES COMMUNES	POPULATION	ÉPICERIES	BESTIAUX	BLÉS, GRAINS et FARINES	ALCOOLS Vins ET HUILES	CÉRÉALES et FOURRAGES	TOTAUX	OBSERVATIONS
		Kilog.	Kilog.	Kilog.	Kilog.	Kilog.	Kilog.	
Sceaux.............	2.459	85.000	302.000	200.000	800.000	250.000	1.637.000	
Montrouge.........	4.377	1.250.000	734.500	565.000	8.178.000	2.810.000	13.537.500	
Bagneux...........	1.459	»	»	365.000	300.000	»	665.000	
Antony.............	1.401	20.000	16.000	120.000	1.500	»	157.500	
Plessis-Piquet.....	338	».	»	380.000	»	»	380.000	
Chatenay..........	942	»	73.000	91.000	151.000	215.000	530.000	
Vanves.............	7.825	1.046.000	397.300	973.800	2.962.100	1.083.700	6.462.900	
Issy...............	9.500	»	705.000	»	2.737.000	4.552.350	7.994.350	
Bourg-la-Reine	2.000	»	»	»	400.000	»	1.210.000	
Châtillon..........	2.238	140.000	125.000	625.000	850.000	132.000	1.872.000	
Fontenay-aux-Roses	1.938	90.000	18.000	119.000	600.000	100.000	927.000	
Clamart...........	3.183	1.000.000	600.000	300.000	1.120.000	880.000	3.900.000	
TOTAL.......	37.660	3.631.000	2.970.800	3.788.800	18.099.600	10.833.050	39.273.250	
Moyenne par habitant..................							1.069	

RELEVÉ DES IMPORTATIONS ET DES EXPORTATIONS

NOMS DES COMMUNES	POPULATION	PRODUITS chimiques ET ALIMENTAIRES	FERS et MÉTAUX	CARRIÈRES	POTERIE Faïence ET BRIQUETERIE	BOIS ET CHARBONS	INDUSTRIES DIVERSES	TOTAUX	OBSERVATIONS
		Kilog.	Kilog.	Kilog.	Kilog.	Kilog.	Kilog.		
Sceaux	2.459	200.000	500.000	3.125.000	450 000	620.000	620.000	5.515.000	
Montrouge.....	4.377	660.000	290.000	»	»	2.410.000	900.000	4.260.000	
Bagneux	1.459	»	»	30.000	1.200	1.000.000	1.400.000	2.431.200	
Antony	1.401	35.000	100.000	140.000	10.000	60.000	40.000	385.000	
Plessis-Piquet.	338	»	»	»	800.000	»	»	800.000	
Chatenay......	942	»	308.000	859.000	100.000	865.000	438.000	2.570.000	
Vanves........	7.825	7.100	102.000	11.154.500	1.690.500	10.493.100	520.000	23.967.200	
Issy	9.500	»	2.608.800	»	6.000.000	»	2.700.000	11.308.800	
Bourg-la-Reine	2.000	313.000	105.000	»	551.000	»	4.950.000	5.919.000	
Châtillon	2.238	100.005	119.500	9.125.000	200.000	1.200.000	420.000	11.164.505	
Fontenay-aux-Roses.	1.938	20.000	»	»	15.000	600.000	80.000	715.000	
Clamart	3.183	850.000	1.200.000	3.810.000	221.000	2.000.000	1.000.000	9.081.000	
TOTAL.....	37.660	2.185.105	5.833.300	28.243.500	10.038.700	19.248 100	13.068.000	78.116.705	
					Moyenne par habitant.....................			2.074	

RÉCAPITULATION

CANTONS	POPULATION	IMPORTATIONS ET EXPORTATIONS		TOTAL GÉNÉRAL
		CONSOMMATION	INDUSTRIE	
Courbevoie...	42.185	24.059.510	69.505.000	93.564.510
Neuilly......	64.205	87.165.479	205.455.275	292.620.754
Saint-Denis..	56.765	159.648.740	310.326.141	469.974.881
Pantin.......	24.922	39.756.846	263.859.890	303.616.736
Vincennes....	28.877	27.044.000	542.078.790	569.122.790
Charenton...	35.816	99.300.150	58.231.627	157.531.777
Villejuif......	47.869	41.010.100	172.747.000	213.757.100
Sceaux.......	37.660	39.273.250	78.116.705	117.389.955
Totaux...	338.299	517.258.075	1.700.320.428	2.217.578.503
Moyenne par habitant.....................				6.555

NOTE

POUR LA FORMATION DU CAPITAL

En 1863, la proportion du capital *actions* avec le capital *obligations* était dans la suivante :

Paris-Lyon-Méditerranée....	1 action pour	6.85	obligations
Orléans....................	1 —	4.08	—
Est........................	1 —	4.70	—
Ouest......................	1 —	6.64	—
Midi.......................	1 —	5.13	—
Nord.......................	1 —	3.16	—

Depuis 1863, il n'a pas été émis une seule action, mais il a été, en revanche, placé des quantités considérables d'obligations.

Pour rester dans les limites raisonnables, les calculs de l'ingénieur chargé des études du *Chemin de fer circulaire de la banlieue* ont été établis, pour la formation du capital nécessaire à l'exécution du chemin de fer, dans la proportion suivante :

Pour 1 action = 3 obligations.

TABLE DES MATIERES

MÉMOIRE

ANNEXES

TROISIÈME PARTIE

DÉLIBÉRATION DES COMMUNES DU DÉPARTEMENT DE LA SEINE

Canton de Courbevoie

Canton de Villejuif

Canton de Vincennes

Canton de Saint-Denis

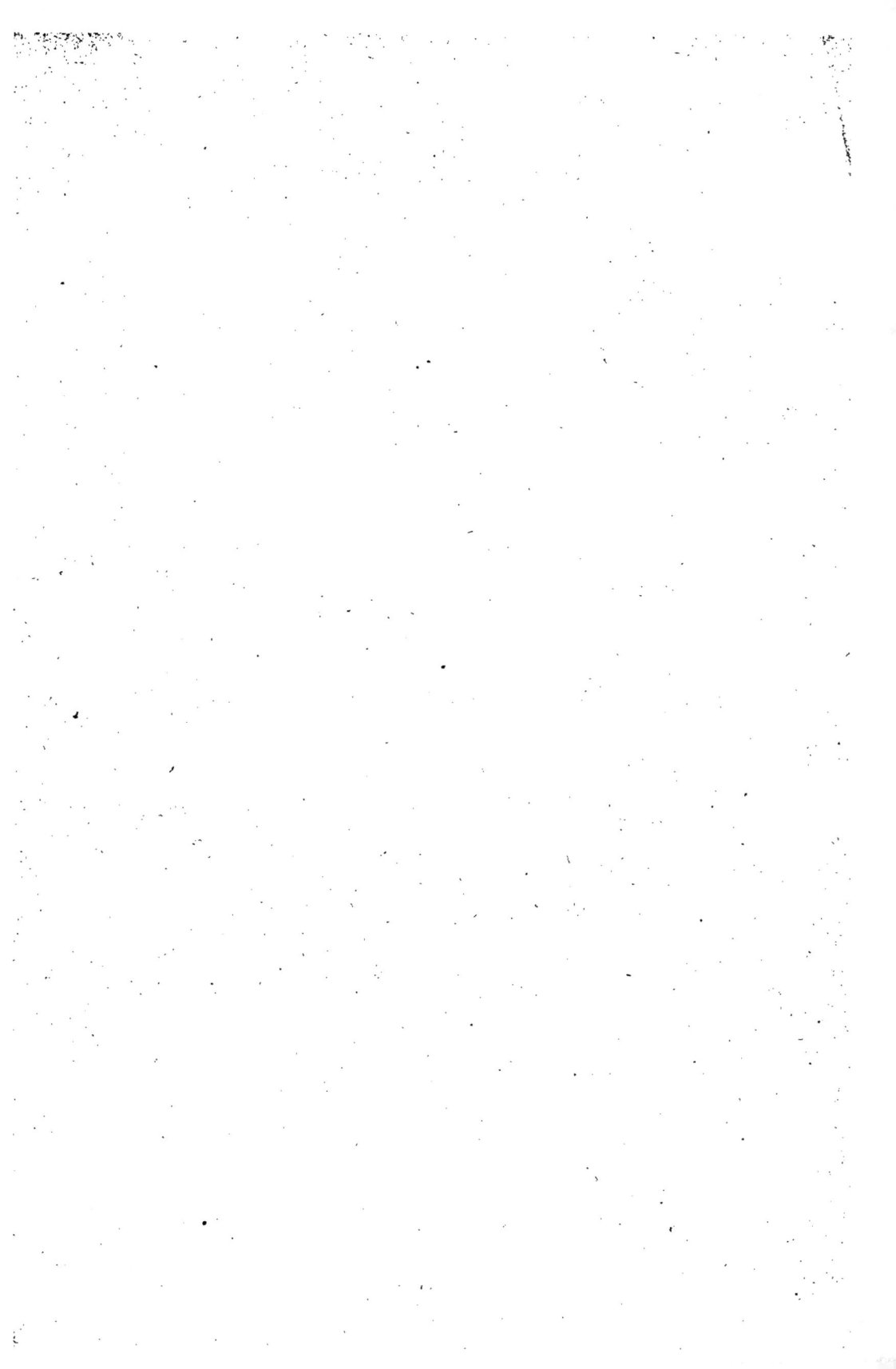

PARIS. — IMPRIMERIE NOUVELLE, 11. RUE DES JEUNEURS. — G. MASQUIN ET Cie

www.ingramcontent.com/pod-product-compliance
Lightning Source LLC
Chambersburg PA
CBHW061114220326
41599CB00024B/4038

* 9 7 8 2 0 1 1 2 6 8 6 5 5 *